Breidbach · Rosa (Hrsg.)
Laboratorium Aufklärung

Laboratorium Aufklärung

Herausgegeben von

Olaf Breidbach, Daniel Fulda, Hartmut Rosa

Wissenschaftlicher Beirat

Heiner Alwart (Jena), Harald Bluhm (Halle), Ralf Koerrenz (Jena), Klaus Manger (Jena), Birgit Sandkaulen (Jena), Georg Schmidt (Jena), Hellmut Seemann (Weimar), Udo Sträter (Halle), Heinz Thoma (Halle)

Band 1

Olaf Breidbach · Hartmut Rosa (Hrsg.)

Laboratorium Aufklärung

Wilhelm Fink

Gedruckt mit freundlicher Unterstützung der Friedrich-Schiller-Universität Jena
Eine Veröffentlichung des Forschungszentrums Laboratorium Aufklärung
www.fzla.uni-jena.de

Bibliografische Information der Deutschen Nationalbibliothek

Die Deutsche Nationalbibliothek verzeichnet diese Publikation in der Deutschen
Nationalbibliografie; detaillierte bibliografische Daten sind im Internet über
http://dnb.d-nb.de abrufbar.

Alle Rechte, auch die des auszugsweisen Nachdrucks, der fotomechanischen Wiedergabe
und der Übersetzung, vorbehalten. Dies betrifft auch die Vervielfältigung und Übertragung
einzelner Textabschnitte, Zeichnungen oder Bilder durch alle Verfahren wie Speicherung
und Übertragung auf Papier, Transparente, Filme, Bänder, Platten und andere Medien,
soweit es nicht §§ 53 und 54 UrhG ausdrücklich gestatten.

© 2010 Wilhelm Fink Verlag, München
(Wilhelm Fink GmbH & Co. Verlags-KG, Jühenplatz 1, D-33098 Paderborn)

Internet: www.fink.de

Einbandgestaltung: Evelyn Ziegler, München
Printed in Germany
Herstellung: Ferdinand Schöningh GmbH & Co. KG, Paderborn

ISBN 978-3-7705-4957-3

Inhalt

Olaf Breidbach/Hartmut Rosa
Einleitung: Was ist das Laboratorium Aufklärung?   7

Georg Schmidt
Brücken schlagen, Analogien bilden. Überlegungen zur historischen
Selbstvergewisserung des modernen Staates 19

Daniel Fulda
Die Aktualität der Aufklärung als Aktualisierung der von ihr
geprägten Kulturmuster. Das Beispiel des „Historisierens" 37

Stefan Matuschek
Aufklärung, Klassik, Romantik. Drei gleichzeitige Intentionen
in der deutschen Literatur um 1800 51

Birgit Sandkaulen
System und Leben. Das Laboratorium Aufklärung aus
philosophischer Sicht 69

Ralf Koerrenz
Latente Konfessionalität. Christliche Orientierungssuche im
Laboratorium der Gegenwart 87

Olaf Breidbach
Multiple Rationalität 113

Klaus Manger
Laboratorium „Literatur" 133

Heiner Alwart
Begriffe des Rechts 151

Albrecht von Massow
Musikalische Autonomieästhetik zwischen Geistes-, Natur- und
Sozialwissenschaften 169

Hartmut Rosa
Autonomieerwartung und Authentizitätsanspruch.
Das Versprechen der Aufklärung und die Orientierungskrise
der Gegenwart 199

HELLMUT SEEMANN
Aufklärung und kulturelles Erbe. Notizen aus der Praxis 217

Das *Laboratorium Aufklärung* in Jena und Halle..................... 231

Personenregister 233

Autorenverzeichnis 237

OLAF BREIDBACH/HARTMUT ROSA

Einleitung:
Was ist das Laboratorium Aufklärung?

Wenn wir heute von den Anfängen der Moderne reden, blicken wir zurück auf das lange 18. Jahrhundert und vielleicht mehr noch auf die Zeit um 1800. So arbeiten wir beispielsweise in Forschungsdisziplinen, die nach 1800 und vielleicht sogar in direktem Reflex auf die Situation um 1800 erwuchsen; so gelten uns ‚Freiheit' und ‚Vernunft' als Leitmaßstäbe und der Verweis auf Kant und die erste Generation seiner Interpreten als kulturelle Legitimation; so beschreiben wir Kunst in den Mustern einer um 1800 erwachsenen Kunstgeschichte und wir können die Antike noch immer in den Mustern von Winckelmann deklinieren. Es ist diese Moderne um 1800, die fortwirkt, und die sich in all dem fortschreibt, mit dem wir heute umgehen. Die Moderne von heute ist zwar eine andere, aber dennoch nutzen wir in vielem deren Begriffe zur Selbstreflexion; wir sprechen von strukturellen Veränderungen, thematisieren Beschleunigungen, reden von Komplexität und finden in all diesem Denkmuster des 18. Jahrhunderts wieder.

Das „lange 18. Jahrhundert", das sich ideengeschichtlich zwischen den Strömungen des Pietismus, der Spätaufklärung und schließlich der Klassik, der Romantik und des deutschen Idealismus aufspannt und das uns gleichsam *exemplarisch verdichtet* im Raum Halle-Weimar-Jena begegnet, lässt sich auf vielfältige Weise fruchtbar mit der gegenwärtigen Epoche der Öffnung des Nationalstaates, der wirtschaftlichen Globalisierung, den Problemen der scheinbar unaufhaltsamen Ausdifferenzierung und Disziplinierung der Wissenschaften sowie der weltweiten digitalen Vernetzung vergleichend in Beziehung setzen. Verbindend ist dabei auch, dass das 18. wie das 21. Jahrhundert als Transformationsepochen begriffen werden können, in denen einerseits die Impulse aufklärerischer Leitideen – d.h. insbesondere die Ansprüche auf Freiheit, Vernunft und auf kritische Reflexion – wirksam wurden oder sind, in denen sich aber andererseits eine fundamentale Verunsicherung bezüglich der institutionellen und epistemischen Ordnungsprinzipien beobachten lässt.

Die in dem vorliegenden Band versammelten Aufsätze versuchen nachzuweisen, dass sich aus der so angelegten Konfrontation dieser Epochen fruchtbare neue Erkenntnisse sowohl für die Deutung der Gegenwart und die Orientierung in ihr als auch für die Erforschung des Zeitalters der Aufklärung ergeben. Ein solcher „Brückenschlag" kann indessen nur gelingen, wenn er von beiden Seiten vorangetrieben wird, wenn also historische und zeitdiagnostische Wissenschaften interdisziplinär zusammenarbeiten. Deshalb sind an diesem Unternehmen sowohl Historiker, Germanisten und Philosophen als auch Naturforscher, Soziologen, Juristen oder Bildungswissenschaftler beteiligt, wobei die Blickrichtung einmal von der Analyse kultureller oder struktureller Entwicklungen des 18. Jahrhunderts in die Gegenwart geht und das andere Mal an systematischen Gegenwartsfragen ansetzt und von hier aus nach diskursiven und institutionellen Fundierungs- und Analogieverhältnissen in der Vergangenheit fragt.

Ausgangspunkt der hier zum ersten Mal vereinigten Überlegungen ist zum einen die Beobachtung, dass die Selbstvergewisserung der (westlichen) Moderne unter dem Eindruck und im Gefolge der politischen Revolutionen nach 1989 und der nahezu zeitgleichen „digitalen Revolution" und der globalen ökonomischen, kulturellen und ökologischen Herausforderungen des 21. Jahrhunderts spürbar schwieriger, unsicherer und umstrittener geworden ist. Denn sowohl das normative „Projekt der Moderne", das um spezifisch euro-atlantische Konzepte von Vernunft, Freiheit, Effizienz und Säkularisierung kreist, als auch der sozialwissenschaftlich diagnostizierte „Prozess der Modernisierung", der die Institutionen des Rechtsstaates, der repräsentativen Demokratie, der sozialstaatlich „gehegten" Marktwirtschaft und der bürokratischen Verwaltung als irreversible und irreduzible Evolutionsziele erweisen sollte, ist in der westlich dominierten Selbstreflexion ebenso wie in der Konfrontation mit außereuropäischen Traditionen fragwürdig geworden. Zum anderen zeigt es sich indessen rasch, dass die Legitimation kultureller und politischer Positionen und Forderungen nicht ohne legitimatorischen Rückbezug auf jene Werte, Prinzipien und Begründungsmuster möglich ist, welche im 18. Jahrhundert in spezifischer Weise geprägt oder dort maßgeblich transformiert wurden. Hier wurden gleichsam die „Essentials" des westlichen Selbstverständnisses formuliert, die sich heute erneut durch die innere Streitförmigkeit der modernen Kultur, die schon durch die eigene Pluralität des langen 18. Jahrhunderts bedingt ist, aber auch durch die globale Konkurrenz mit anderen Wertordnungen und Gesellschaftsmodellen herausgefordert sehen. Vernunft und Freiheit beispielsweise sind und bleiben (jedenfalls bis auf Weiteres) diskursive Appellationsinstanzen, ohne deren zumindest rhetorische Berücksichtigung sich weder Sicherheits- noch Bildungs- oder Ordnungskonzepte jedweder Art aussichtsreich rechtfertigen lassen. Es ist daher eine in vielen der folgenden Arbeiten explizierte Grundidee, dass sowohl die Zeit um 1800 als auch die gegenwärtige geschichtliche Phase um 2000 durch eine tiefgreifende institutionelle Verunsicherung über die normative, materielle und epistemische Ordnung geprägt sind, während zugleich die in jenen Leitbegriffen wirksam werdenden kritischen „Impulse" der Aufklärung hier wie dort eine orientierungsstiftende oder diskursprägende Funktion haben. Während heute wie damals über die „richtigen" politischen, ökonomischen, pädagogischen, rechtlichen, ästhetischen, wissenschaftlichen und religiösen Institutionen zur Realisierung jener Impulse Streit und Verwirrung herrschen, entwickelte sich im 19. und 20. Jahrhundert nach und nach eine politische, ökonomische, rechtliche, ästhetische, wissenschaftliche, ja sogar religiöse und lebenslaufspezifische Ordnung, die in den Institutionen des Nationalstaates, aber auch des Rechts- und Sozialstaates und der repräsentativen Demokratie eine deutliche und solide soziokulturelle „Formierung" erfuhr. Dies legte heuristisch einen gleichsam „dreiphasigen" Modernebegriff nahe, wie ihn etwa Peter Wagner vorschlägt, wenn er eine Phase der

„restringiert liberalen Moderne" konzeptuell von der „organisierten Moderne" einerseits und der seit den 1970er Jahren sich entfaltenden Periode der „erweitert liberalen Moderne" andererseits zu trennen versucht.[1] Wie auch Anthony Giddens[2] oder Richard Münch[3] legt Wagner also nahe, nicht nur *eine*, sondern *zwei* Zäsuren in der Entwicklung der modernen Sozialformation zu identifizieren: Einer institutionell und teilweise auch konzeptuell noch weitgehend „anarchischen", pluralistischen oder „wildwüchsigen" ersten Phase der Moderne folgte demnach eine Epoche der Formierung und Organisation von Kultur und Gesellschaft, die sich etwa im National-, Rechts- und Wohlfahrtsstaat, in Fordismus und Taylorismus, im disziplinär ausdifferenzierten universitären Wissenschaftssystem, im Berufs- und Bildungswesen, im Tarifsystem, im Normalarbeitsverhältnis und im Lebenslaufregime zeigt. Sie scheint insbesondere mit dem Ende des Kalten Krieges und den politischen und digitalen Revolutionen seit den 1970er Jahren erneut einer Phase der institutionellen Destablisierung und Verunsicherung, der konzeptuellen Öffnung und der verstärkten normativen Herausforderung Platz zu machen.[4] Dieses heuristische Modell der Moderne wird in der Mehrzahl der hier vorgestellten Arbeiten gleichsam experimentell erprobt und auf seine epistemische Fruchtbarkeit hin untersucht, ohne dass seine empirische Gültigkeit a priori behauptet werden müsste.

Die Offenheit, Pluralität und interne Konfliktträchtigkeit der hier in den Mittelpunkt der Untersuchung gerückten historischen Epochenlagen und die vielfältigen Bruch- und Spannungslinien zwischen den in ihnen wirksam werdenden (aufklärerischen und nicht- sowie gegenaufklärerischen) Impulsen haben uns dazu veranlasst, zunächst die Ausgangssituation im 18. Jahrhundert, wie sie sich insbesondere auch im Raum Halle und Weimar/Jena manifestierte, sodann aber auch die Selbstreflexion der Gegenwartsgesellschaft und schließlich unsere eigene Arbeit mit Hilfe der „Laboratoriums-" Metapher zu konzeptualisieren: Wie in einem Laboratorium wollen wir beobachten, was sich ereignet und welche Konsequenzen es hat, wenn die schon in sich widersprüchlichen aufklärerischen Impulse auf variierende historische Konstellationen, Institutionen, Widerstände und Dynamiken treffen.

Das Laboratorium des 18. Jahrhunderts

Im „langen 18. Jahrhundert", so lautet unsere Ausgangsthese, wurden nicht nur die Grundbewertungs- und Grundorientierungsfunktionen definiert, in denen wir unsere Kultur und unsere ‚Kultiviertheit' beschreiben. Hier sind die Begriffe angelegt, in denen das Humane und damit auch die möglichen Utopien einer modernen

---

1 Peter Wagner, *Soziologie der Moderne. Freiheit und Disziplin*, Frankfurt a. M. 1995.
2 Anthony Giddens, *Kritische Theorie der Spätmoderne*, Wien 1992.
3 Richard Münch, *Globale Dynamik, lokale Lebenswelten. Der schwierige Weg in die Weltgesellschaft*, Frankfurt a. M. 1998.
4 Vgl. auch Anselm Doering-Manteuffel/Lutz Raphael, *Nach dem Boom. Perspektiven auf die Zeitgeschichte seit 1970*, Göttingen 2008.

Gesellschaft umrissen sind. Es sind die Ideen von Autonomie und Freiheit, vom Wert des Individuums, von Rationalität und Vernünftigkeit. Dabei finden wir diese Leitvorstellungen nicht einfach als Chiffren, sondern als wirkliche Probleme, als etwas, um das gefochten und über das gestritten wird. In der Phase einer sich strukturell noch nicht verdichtenden Moderne ist das, was da diskutiert wird, offen. Die in diesen Begriffen angelegten Impulse führten zu grundlegenden Herausforderungen für die dominanten Ordnungen des Wissens, des Handelns und der Rechtfertigung von Institutionen und Organisationsformen. Zugleich werden sie selbst unablässig sowohl intern als auch extern herausgefordert: Wie eben jene Diskurse schon bei einer nur kursorischen Lektüre offenbaren, waren Sinn, Realisierbarkeit, Kompatibilität, Reichweite und Grenzen jener Schlüsselkonzepte *von Anfang an* ebenso deutungsbedürftig wie umstritten. Die aufklärerischen oder in einem weiteren Sinne neuzeitlichen Ideen von Freiheit und Vernunft sind und waren zu keiner Zeit unhintergehbar: Sie wurden (und werden) ihrerseits herausgefordert durch ihnen entgegenstehende religiöse und kulturelle Konzeptionen einer anderen menschlichen Natur, durch sich verselbständigende strukturelle Zwänge, welche Freiheits- und Vernunftkonzeptionen hinter dem Rücken der Akteure hartnäckig unterlaufen und noch aus den „vernünftigsten" und „liberalsten" Interventionen kollektive Irrationalität und Unfreiheit erzeugen, und durch die ihnen selbst innewohnenden Ambivalenzen, ja durch ihr aporetisches Binnenverhältnis: Mit den Mitteln der Vernunft und aus den normativen Forderungen des Freiheitspostulats lässt sich demonstrieren, dass Vernunft und Freiheit niemals vollständig und nicht zugleich realisierbar sind, ja dass es sich um potentiell selbstwidersprüchliche Konzepte handelt. Wie wiederum Peter Wagner[5] im Anschluss an Castoriadis herausgestellt hat, fungieren die Ideen der Vernunft und (damit verknüpft) auch der *Natur* sowie des *Gemeinwohls* seit Beginn des Diskurses der Aufklärung als limitierende Konzepte gleichsam zum Schutz gegen die Folgen einer unkontrollierbaren, entfesselten und „unmoralischen" sozialen Willkürfreiheit. Die auf diese Weise sichtbar werdende „doppelte" Herausforderung von Freiheit und Vernunft – gleichsam im *genitivus subjectivus* und *objectivus* zugleich – durchzieht die Geschichte der Moderne bis in die Gegenwart hinein; ja sie gewinnt im 21. Jahrhundert auf eigentümliche Weise just jene kulturwirksame Prägnanz zurück, die sie bereits im langen 18. Jahrhundert kennzeichnete.

Dabei war die Situation des langen 18. Jahrhunderts, der Jahre nach 1690 bis in die ersten Dekaden des 19. Jahrhunderts, ja nicht das Resultat eines einfachen Weges, der Evolution einer sich langsam entfaltenden Vernunftkonzeption, die dann über die Sinne und die Reflexion ihrer personellen Identität auch auf Freiheit und Autonomie kam, und so dann im Endeffekt aus der Idee heraus auch die Realia revolutionierte. Diese Idee eines Kults der Vernunft, wie er im revolutionären Frankreich praktiziert und in Michelets *L'Historie de la Révolution Francaise* dann auch rekursiv kodifiziert – da aber wieder an den spezifisch französischen Geist gekoppelt – wurde, ist historisch gewiss nicht haltbar. Es war nicht die Eindeutig-

---

5 Vgl. Anm. 1.

keit eines Jahrhunderts, die dann in den Schriften von Kant und Laplace ihr definitives Kondensat fand. Es war vielmehr eine Vielfalt von Entwürfen der Humanität, der Rationalität und der Freiheiten, die nebeneinander standen. Es waren die verschiedenen Bildungseinrichtungen von den Schulen bis hin zu den Ritterakademien und Universitäten, die sich Konkurrenz machten, es waren die verschiedenen politischen Modelle und die verschiedenen Vorstellungen von Religiosität, die sich in ganz heterogenen Praktiken banden. Dieses Nebeneinander löste sich im beginnenden 19. Jahrhundert auf. Erst allmählich bildeten sich dominante Linien heraus, die zur Folge hatten, dass bestimmte Verfahren, Konzepte und institutionelle Lösungen nicht weiter verfolgt wurden. Das Laboratorium der Ideen und Praktiken kondensierte sich erst danach in spezifizierten Handhabungen, Handbüchern und Verfahren. Nach 1830 wurde in der Regel nicht mehr herumprobiert, sondern zielstrebig ausprobiert. Das 19. Jahrhundert ist in weiten Teilen der Versuch, das auszubuchstabieren, was im endenden 18. Jahrhundert angelegt wurde, zu verwerfen, was dort in Teilbereichen diskutiert wurde, zu vertiefen, was in den gleichen Diskussionen mitgehandelt wurde. Die wissenschaftlichen Disziplinen als der Ausweis einer sich methodisch eingrenzenden Art, mit dem Wissen, der Vernunft und der Freiheit des Denkens umzugehen, sind das beredtste Dokument einer solchen Disziplinierung des Denkens und der Personen, die sich den Resultaten des Laboratoriums Aufklärung zu stellen suchten.

Der Ort des Laboratoriums

Das Laboratorium des 18. Jahrhunderts, wie wir es hier verstehen wollen, lässt sich in einem engen und einem weiten Sinne definieren. Im weiten Sinne bezeichnet es die gesamte kultur- und strukturgeschichtliche Anlage des euro-atlantischen Raumes jener Epoche. Als Laboratorium im konkreteren Sinne einer räumlich bestimmbaren Versuchsanstalt manifestierte es sich indessen in einem viel spezifischeren Kontext. Denn ein solches Laboratorium konnte nur dort entstehen, wo es auf einem engen Raum in dichter Verzahnung miteinander aus der Fülle der Anregungen Elemente der verschiedenen Traditionen der Aufklärung neben- und gegeneinander stellen konnte. Nur in solch einer Verdichtung konnten neue Reaktionen erhalten, Verfahren aus vorgegebenen Bahnen herausgenommen und vorgegebene Strukturen in Frage gestellt werden. Nur so war der Blick über die Bereiche des Wissens hinaus von den Vertretern der verschiedensten Bereiche in einem gemeinsamen Mit- und Gegeneinander zu leisten. Hatte um 1800 dieses Laboratorium einen *Ort,* und lässt sich dieser auf den Bereich Halle-Weimar-Jena, ggf. auch mit seinen (auch ganz bewusst forcierten) Ein- und Ausstrahlungen weit über den mitteldeutschen Raum hinaus, eingrenzen? Dabei geschahen solche Einstrahlungen und Ausstrahlungen schon auf Grund der begrenzten Personage dieses Handlungsraumes immer wieder gleichsam portioniert. Man sandte Voigt nach Paris, empfing die Arbeiten von Voltaire, wurde besucht aus London und versandte seine Schriften an den Hof von St. Petersburg. All dies waren überschaubare

Momente im Austausch von Praktiken, Strukturen und Ideen. Es war umrissen, was ausstrahlte, und es war klar, was da einsickerte. So blieb in aller Wechselwirkung das lokale Gefüge vor Ort erhalten. Natürlich war Kant für dieses Laboratorium ein Ereignis, das von außen einbrach, und natürlich hat Kant über seine Rezeption in Jena das Laboratorium umstrukturiert: Mit der Kantrezeption in Jena verschiebt sich gegen Ende des 18. Jahrhunderts das Gefüge dieses Laboratoriums. Es gewinnt einen neuen Kristallisationskern und strahlt von diesem her über ein, vielleicht zwei Jahrzehnte aus. Verdichtet wird hier die Problemlast des langen 18. Jahrhunderts kondensiert und (auch in Form der Klassiker und der Kanonisierungen) an die „Dritte Moderne" der Gegenwart weitergereicht. Das Labor entlässt nach der Kantinitiation keine Formeln, es entlässt Probleme und Problemstellungen, Personen und Positionen. Heute, in der „Dritten Moderne", wollen wir in diese Vielfalt der Diskussionen und Versuchsanordnungen zurück, wir wollen erkennen, wo sich in dieser Vielfalt Probleme brachen, Aussagen ihren Wert verloren, und sich die später zur Tradition erklärten und kanonisierten Weltsichten im Kern ihrer Verabsolutierung widersetzten.

Natürlich ist diese Eingrenzung in bestimmter Hinsicht eine Unverfrorenheit. Womit verbindet sich denn die Aufklärung? Es sind Namen wie Vico, Voltaire, D'Alembert oder Hobbes, und damit Orte wie Neapel, Paris und Edinburgh, vielleicht auch Berlin, wo am Hof von Friedrich dem Großen Maupertuis oder La Mettrie und später dann Moses Mendelsohn verortet sind, die in den Sinn kommen. Und wenn wir schon auf den deutschsprachigen Raum blicken, so wurde, wie angedeutet, die leitende Schrift *Was ist Aufklärung?* in Königsberg verfasst. Allein, und hier liegt der Grund dafür, trotz all dieser Relativierungen dem *Laboratorium Aufklärung* doch einen Ort zu geben: In all diesen Städten finden sich Aufklärer; ja, Aufklärung ist europaweit und mit Blick auf Amerika und die Jesuitenmissionen auch schon um 1700 global zu verorten. Doch die Laborsituation Aufklärung, das, was sich im Raum Halle-Weimar-Jena manifestiert, ist es nicht. Hier kulminierte etwas Spezifisches, hier überlagerten sich Momente zu einem Ganzen, das dann nicht einfach eine endgültige Form der Aufklärung zur Folge hatte, sondern in dem aus diesem gewaltigen Komplex „Aufklärung" Fäden in neuer Weise nicht nur aufgenommen, sondern verwoben wurden. Diese Verzahnungen sind spezifisch für das Laboratorium, hierdurch war die Aufklärung sich selbst in einer Form thematisch, wie sie es in den Produktionen der Einzelnen und selbst in deren Bündelung in den Folianten der Enzyklopädie nie war: Diese Einzelnen offerierten Lösungen und gaben sie in die *société des lettres*. Im Laboratorium dagegen wurden Problemstellungen abgehandelt, diese wurden in der eben auch strukturellen Verzahnung dieses engen Raumes in Nachbarbereiche übertragen, neuen Problemansätzen zugeordnet. Die resultierenden Reaktionen sind dann instantan, sie formieren nicht Regularien, sondern Strukturierungen, offene Problemausrichtungen, die disponieren, aber nicht fixieren. Diese Offenheit bleibt über eine Folge von drei bis vier Generationen erhalten, ehe sie sich zu Beginn des 19. Jahrhunderts in den Formen des sich neu aufstellenden intellektuellen und künstlerischen Diskussionsraums strukturell verfestigt und in diesen Formen Strukturen sprachlicher, disziplinärer und materialer Art weiterreicht.

Dass solch ein Laboratorium Gestalt annahm, hängt nicht zuletzt damit zusammen, dass dieser Raum so klein ist, dass es sich hier eben nicht um eine Metropole handelte, in der Konzepte in einem Tagesgeschäft zu behandeln waren; dass hier keine politische Zentralkraft die Intellektualität und auch deren Ordnung band. Hier war an der Peripherie von Ordnungsgefügen, gleichsam zwischen den Stühlen des kulturell und politisch zu Behandelnden, ein Freiraum konfiguriert, in dem sich nun in der Tat etwas ereignete, das so weder von außen bestimmt, noch kanalisiert und somit nicht auf ein Ziel hin ausgerichtet war. Dabei ist es durchaus bedeutsam, dass in dieser Phase nicht nur einfach Bekundungen formuliert, sondern Strukturen gebildet wurden. Diese Strukturen waren – objektiv gesehen – beschränkt und vorläufig, sie waren nicht in einem absoluten Sinne wirkmächtig, es waren keine Weltkulturmodelle, aber sie erlangten unversehens eine nahezu globale Ausstrahlung. Schließlich fiel auch das Kleine in dem kleinräumigen Gefüge von Halle, Weimar und in Jena ins Gewicht. Damit brachten oft kleine Investitionen und Interventionen hier Dinge in Bewegung, an diesen kondensierten sich dann Ideen, und aus diesen Ideen formierten sich die Entwürfe, die sich bis in die Gegenwart hin reproduzieren. Hier entstanden Prototypen, Einzelstücke und unfertige Entwürfe, die im Weiteren in Variationen nachgebaut und so auch im Großen strukturell gewichtig wurden.

Der von uns spezifizierte Raum unterscheidet sich mithin grundlegend von allem, was im Gefüge einer Großstadt wie Paris entstand, wo es um 1750 etwa einer regelrechten Mode bedurfte, damit ein Phänomen wie der Mesmerismus wirklich sichtbar werden konnte. Als Mode aber war dieser in einen Trend gesetzt, dem man sich anschließen oder den man außen vor lassen konnte. Er war in dieser Weise wirksam schon fertig, war nicht mehr zu diskutieren, sondern nur zu akzeptieren oder zu verwerfen. Paris bildete so eine Bühne, ein Marketing-Center, aber kein Labor. Der Raum Paris war zudem groß genug, eine Fülle von Gravitationszentren nebeneinander zu setzen, ohne dass diese sich verzahnten. Ganz anders präsentiert sich dagegen die Situation in Halle zur gleichen Zeit. Hier gibt es eine Bibliothek, hier steht eine Schule, und durch sie wird das in diesen Strukturen realisierte Konzept unmittelbar und für alle wahrnehmbar; und da neben diesen Einheiten nicht viel existierte, musste man sich zu ihnen positionieren. Jeder, der im intellektuellen Geschäft stand, war mit diesen Herausforderungen konfrontiert und konnte ihnen kaum ausweichen. Und so wurde der Hallenser Pietismus mit einer einzigen Stiftung wirkmächtig. Was bedeutete dies für eine Universität, die am gleichen Ort nur wenige hundert Meter entfernt zu finden war? Man musste sich dort mit jener Strömung auseinandersetzen, eigene Antworten finden, diese auf das, was so vorlag, beziehen. Intellektuell wie strukturell war die Situation damit aber fundamental verschieden von der Lage in Paris. Was ist der Bottich, in den eine Vielzahl von Substanzen in großen Mengen einzurühren ist, ehe ein Farbumschlag erfolgt, gegen das Reagenzglas, in dem häufig die Veränderung von Wenigem zureicht, um eine Reaktion bemerkbar zu machen?

Hier liegt das Geheimnis des Laboratoriums Halle-Weimar-Jena. Die Kontinuität des Raumes erwächst dabei gerade aus seiner Beschränkung. Dabei ist das Labor ja durchaus nicht immer zugleich an diesen drei Orten, es verlagert sich über die Zeit in seiner Kernzone, kann aber immer auf ein diese mit-tragendes Umfeld verweisen: Das Beginnen in Halle ereignet sich vor dem Hintergrund der Entwicklungen in Jena. Hier setzt sich Halle ab, schafft eigene Strukturen. Damit ist in Halle Ende des 18. Jahrhunderts etwas Bedeutsames gesetzt. Neu zu mischen sind die Karten dann woanders, aber wenn sie nach Hallenser Maßstab zu mischen sind, ist eben das, was an Problemstellungen und Strukturen angelegt ist, hinderlich, vor Ort selbst Neues aufzunehmen. In Weimar und Jena wird dann unter veränderten Prämissen neu gemischt, hier werden das Hallenser Kapital, die erarbeiteten Konzepte und Momente dieser Strukturen aufgenommen.

Solche über Variationen führende Kontinuitäten können sich personell bestimmen, sie können sich aber auch in Rezeptionslinien finden. In der Tat läuft unter den veränderten Prämissen einer Kantrezeption Ende des 18. Jahrhunderts hier in Jena nicht zufällig erneut etwas zusammen. Hat Jena doch gleich Halle eine spezifisch-protestantische religiöse Vorgeschichte, ist doch hier im Bereich der Orthodoxie des Evangelisch-Lutherischen im 16. Jahrhundert ein Selbstbewusstsein erwachsen, aus dem die nun auch aus Wittenberg erwachsene Universität immer wieder neu auf Halle, die Konkurrenzfiliation des sich universitär verankernden Protestantismus, blickt. Halle und Jena stehen damit von vornherein in einem direkten Bezugsverhältnis; es ist eine Grenzsituation in ihrer Zuordnung, die diese beiden Orte als Einheit begreifen lässt. Dabei liegt Halle Anfang des 19. Jahrhunderts nur noch im Außenbereich Preußens – Jena als Teil der Doppelstadt Jena-Weimar ist dagegen zum ökonomischen Zentrum eines kleinen Herzogtums geworden, das seine Universität braucht und sie als freie Universität nötig hat. Doch auch in Weimar finden wir die skizzierte Experimentalsituation. Es ist ja nicht einfach Goethe, der dort wirkt, es ist ein Nebeneinander von Wieland, Herder, Goethe und später Schiller. Dann, Anfang des 19. Jahrhunderts, dünnt sich dieses Weimar aus. Es bleibt der Monolith Goethe, und auch Jena ist strukturell zunächst zurückgesetzt, fängt dann aber in der direkten Auseinandersetzung mit seiner eigenen Tradition in den 1830er Jahren erneut an, sich intellektuell zu bestimmen.

Das Laboratorium heute

Dieser Ort des Laboratoriums Aufklärung als exzeptionellem Reaktions- und Verdichtungsraum ist heute natürlich nicht mehr existent. Geblieben aber sind die Strukturen, die sich in diesem Laboratorium ausbildeten. Wie aber sind diese Spuren des Laboratoriums in einem „kosmopolitisch" zu zeichnenden Raum verankert? Die Laborsituation heute ist eine globale, bzw. aus der Globalität erwachsene, das resultierende Miteinander kennt denn auch nicht mehr ein Reich der Zwecke, sondern ein Gefüge von Handlungsmöglichkeiten, die in unterschiedlichen Regularien eingebunden nebeneinander stehen. Heute ist generell kein Raum mehr einzugrenzen, in dem wir Kommunikationen und den Austausch von Verfahren oder die Bildung von Strukturen gleichsam unter Laborbedingungen beobachten könnten, es sei denn, man wollte das digitale Internet als Manifestation eines vergleichbaren neuen

Laboratoriums begreifen. Wir können kulturelle, ökonomische oder wissenschaftliche Wirkvernetzungen heute nur noch global denken. Um 1800 war das Globale eine Forderung, der kosmopolitische Ansatz war Anspruch auf weltweite Geltung, nicht auf eine genuine Vernetzung des Laboratoriums in und mit der Welt.

Wenn wir daher auch die Gegenwartsbedingungen noch mit der Leitmetapher eines „Laboratoriums Aufklärung" zu begreifen versuchen, so identifizieren wir die Spuren des historischen Laboratoriums in jenem Motivbündel, das als Konfiguration der „europäische(n) Aufklärung" bezeichnet werden kann: Das Projekt, das darin verfolgt wird, besteht – einem Vexierbild gleich – in der Konfiguration eines spannungsreichen Bedeutungsraumes, der im Widerstreit und Wechselspiel von spezifischen, in sich konfligierenden Leitideen und institutionellen Praktiken gleichermaßen reproduziert wie transformiert wird.

Mit dem Begriff des Laboratoriums möchten wir dabei auch zum Ausdruck bringen, dass es uns weder um die Identifikation oder den Nachweis eines normativ überlegenen, universalisierbaren oder auch nur ausgezeichneten „Programms" noch um die Postulierung unhintergehbarer Prinzipien „der Moderne" im Sinne einer weltgeschichtlich-totalen Formation zu tun ist. Nichtsdestotrotz sind wir davon überzeugt, dass sich in jenem historischen Laboratorium des langen 18. Jahrhunderts eine projekthafte soziokulturelle Konfiguration herausbildete, deren normative Ansprüche und institutionelle Korrelate bis in die Gegenwart hinein prägend sind. Dies zeigt sich auch und gerade etwa dort, wo es um den Konflikt zwischen „dem Westen" und „dem Islam", um die Neuregulierung des Verhältnisses zwischen Kapital und Arbeit, um die Kontrolle gentechnischer Entwicklungen, um die Legitimität der Folter, um den Umbau der Bildungs- und Forschungsinstitutionen etc. geht. Die Verfassung der Weltgesellschaft als Ganze ähnelt heute in vielerlei Hinsicht einem globalen Laboratorium: Angesichts der Öffnung und „Globalisierung" der Finanzmärkte und vieler nationalstaatlicher Handelsgrenzen sowie des Anschwellens von weltweiten Migrationsströmen und im Lichte der simultanen Etablierung digitaler und mobiler Kommunikationsmedien zeigen sich die Steuerungs- und Schließungsfähigkeiten der Nationalstaaten als begrenzt, die Regulationsmechanismen für das Verhältnis von Kapital und Arbeit verändern sich, das liberale Freiheitsverständnis gerät unter dem Einfluss neuer Sicherheitsbedrohungen und ideologischer Herausforderungen durch außer-europäische Kulturen oder inner-westliche „Fundamentalisierungen" unter Druck, und auch der überkommene westliche Bildungsbegriff befindet sich angesichts einer globalen ökonomischen und kulturellen Konkurrenzsituation und inner-westlicher, eigendynamischer Wachstums- und Beschleunigungszwänge in Legitimationsnot.

Wie es um den Geltungsanspruch und die Legitimationskraft jener aufklärerischen Konfiguration und ihrer Leitideen heute bestellt ist, welche Chancen und Varianten institutioneller Verfolgung sie haben, vor welchen Herausforderungen und Transformationen sie stehen und was gegebenenfalls an ihre Stelle treten könnte: Solchen Fragen nachzugehen begreifen wir als unsere Aufgabe im akademischen „Laboratorium Aufklärung" als Forschungszentrum und Forschungsschwerpunkt der Universitäten Jena und Halle.

Der Band

Die nun folgenden Beiträge nähern sich dem gemeinsamen Untersuchungsgegenstand auf disziplinär und methodisch ganz unterschiedliche Weise. Zunächst stellt der Historiker Georg Schmidt unter dem Titel *Brücken schlagen, Analogien bilden. Überlegungen zur historischen Selbstvergewisserung des modernen Staates* grundlegende theoretische Überlegungen dazu an, wie der von uns avisierte trans-historische Brückenschlag zwischen dem 18. und dem 21. Jahrhundert methodisch zu bewerkstelligen ist. Am Beispiel des Staates plausibilisiert er dabei die Idee eines analogiebildenden Verfahrens. In seinem Beitrag *Die Aktualität der Aufklärung als Aktualisierung der von ihr geprägten Kulturmuster. Das Beispiel des „Historisierens"* versucht dann der Germanist Daniel Fulda die Aktualität und Präsenz der Aufklärung anhand der Funktion, die ihre Begriffe, Konzepte und Wertideen für die Legitimation gegenwärtiger Handlungs- und Verfahrensmuster haben, nachzuweisen. Hierzu rekonstruiert er Idee und Praxis der Historisierung als spezifisches „Kulturmuster" der Aufklärung. Dabei zeigt sich auch, dass das Konzept einer heute noch wirksamen aufklärerischen Konstellation selbst einem spezifischen Geschichtsverständnis aufruht.

Ebenfalls aus einer literaturwissenschaftlichen Perspektive analysiert Stefan Matuschek das „Laboratorium" als eine historische Konstellation, die von Aufklärung, Klassik und Romantik zugleich konfiguriert wird: Indem er diese drei „Epochen" unter der Überschrift *Aufklärung, Klassik, Romantik. Drei gleichzeitige Intentionen in der deutschen Literatur um 1800* als drei komplementäre und aufeinander reagierende kulturelle Intentionen begreift, macht er deutlich, dass das, was wir unter „Laboratorium Aufklärung" verstehen, weit über die Aufklärung im engen Sinne hinausgeht und den gesamten durch sie erzeugten Spannungs- und Konfliktraum mit einbezieht. Zu diesem Konfliktraum gehören darüber hinaus auch die Konzeptionen des „deutschen Idealismus", welche Birgit Sandkaulen in ihrem Beitrag *System und Leben. Das Laboratorium Aufklärung aus philosophischer Sicht* anhand des Spannungsverhältnisses von System und Leben nachzeichnet. Dabei lässt sie sichtbar werden, wie sehr nicht nur das moderne Freiheitsverständnis, sondern auch der bis heute maßgebende Bildungsbegriff – mit allen ihren Problemstellungen – durch sie geprägt sind.

Dem Zusammenhang von (individueller) Bildung und Religion geht dann wiederum der Bildungswissenschaftler Ralf Koerrenz nach, der in seinen Überlegungen *Latente Konfessionalität. Christliche Orientierungssuche im Laboratorium der Gegenwart* die vermeintliche „Rückkehr der Religion" und die Krise der Säkularisierungstheorien thematisiert und dabei die unaufhebbare innere Pluralität des Christentums aufzuweisen versucht. Die inkommensurable Pluralität der disziplinären Problematisierungsweisen ist dagegen das Thema des Wissenschaftshistorikers Olaf Breidbach, der in seinem Beitrag über *Multiple Rationalität* das Dilemma zwischen einer immer weiteren disziplinären wissenschaftlichen Spezialisierung einerseits und dem wachsenden Bedarf an inter-disziplinärer Integration und Ordnung des Wissens andererseits als ein Grundproblem des historischen wie des gegenwärtigen Laboratorium Aufklärung identifiziert. Der für die politisch-soziale Konfiguration dieses Laboratoriums vielleicht grundlegendsten Kategorie des Rechts geht sodann der Jurist Heiner Alwart in seiner rechtstheoretischen Reflexion auf die *Begriffe des Rechts* nach, in der er versucht, den Status dieser Kategorie zwischen Moral und Politik, Gesellschaft und Epistemologie zu verorten. Funktion und Status der Literatur als einem für die Aufklärung (im weiten, also Klassik und Romantik erneut einbeziehenden Sinne) überaus eminenten Feld der „Experimente mit dem Menschen" untersucht dagegen der Literaturwissenschaftler Klaus Manger in seiner Studie zum *Laboratorium Literatur.*

Die beiden Beiträge von Albrecht von Massow und Hartmut Rosa widmen sich dann der Leitidee der Freiheit in der spezifisch modernen Form des Autonomieanspruches. Aus musikwissenschaftlicher Perspektive fragt von Massow in seinem Essay über *Musikalische Autonomieästhetik zwischen Geistes-, Natur- und Sozialwissenschaften* nach der Möglichkeit, am Beispiel der Musik als begriffsloser Kunst die – auch aktuelle – Diskussion um das Verhältnis von menschlichem Autonomieanspruch und -vermögen und faktischer Heteronomie neu zu interpretieren. Der Soziologe Rosa schließlich betrachtet in seinem Beitrag *Autonomieerwartung und Authentizitätsanspruch. Das Versprechen der Aufklärung und die Orientierungskrise der Gegenwart* Autonomie als „Grundversprechen" der Aufklärung und die Authentizitätsidee als ihr unverzichtbares Korrelat. Beide sieht er indessen unter dem Beschleunigungsdruck der Gegenwartsgesellschaft bedroht. Der Band schließt mit den Überlegungen Hellmut Seemanns, des Präsidenten der Klassik Stiftung Weimar, der in seinem Beitrag *Aufklärung und kulturelles Erbe. Notizen aus der Praxis* ausführt, wie diese Aufklärung heute nicht nur in der Theorie, sondern auch in der Praxis eines Kulturbetriebs zu vermitteln ist. Damit weist er einen Weg aus einer in Traditionen versunkenen Kultureuphorie hin in den Spannungsraum einer Moderne, die sich auch in ihren Traditionen den Herausforderungen der Gegenwart zu stellen sucht.

GEORG SCHMIDT

Brücken schlagen, Analogien bilden

Überlegungen zur historischen Selbstvergewisserung des modernen Staates

> „Die Methode nach der Analogie zu schließen, ist, wie überall, so auch in der Geschichte ein mächtiges Hülfsmittel: aber sie muß durch einen erheblichen Zweck gerechtfertigt und mit ebenso viel Vorsicht als Beurteilung in Ausübung gebracht werden."
> (Friedrich Schiller)

Friedrich Schiller benannte in seiner Jenaer Antrittsvorlesung am 21. Mai 1789 die Chancen und Risiken des Analogienbildens als Mittel historischer Erkenntnis: Aus der Fülle der „Begebenheiten hebt der Universalhistoriker diejenigen heraus, welche auf die heutige Gestalt der Welt und den Zustand der jetzt lebenden Generation einen wesentlichen, unwidersprechlichen und leicht zu verfolgenden Einfluss gehabt haben. [...] Seine Beglaubigung dazu liegt in der Gleichförmigkeit und unveränderlichen Einheit der Naturgesetze und des menschlichen Gemüts".[1] Johann Gustav Droysen pflichtete ihm in den 1850er Jahren bei, denn für ihn war das, „was die Menschen allerorten und aller Zeiten wahrnehmend, denkend und sprechend, wollend, handelnd und schaffend getan haben, ein Ganzes, eine Kontinuität, ein Gemeinbesitz". Allerdings sei „das Leben in der Geschichte [...] nicht ein nur fortschreitendes; die Kontinuität zeigt sich da und dort unterbrochen, überspringend, selbst zeitweise rückläufig". Als verknüpfender Gedanke bleibe sie jedoch auch dort erhalten, wo sie aufzuhören scheine.[2] Droysens Historik ist ein Plädoyer für das forschende Verstehen der Vergangenheit – auch mit Hilfe von Analogien, da es sich um „menschliche Vorgänge" handele, „die uns als solche durch unser gleich geartetes Wesen verständlich sind".[3] Analogieschlüsse und Vergleiche erlauben es demnach, offensichtlich Ähnliches wie die Sicherung eroberter Gebiete in der Antike und im Mittelalter oder die Unterdrückung des Bauernstan-

---

[1] Friedrich Schiller, *Was heißt und zu welchem Ende studiert man Universalgeschichte?*, in: ders., Sämtliche Werke, Bd. 4, München ⁷1988, S. 749–767, Zitate S. 764 u. 762. Vgl. auch Georg Schmidt, *Analogien bilden. Schillers Konzept der Universalgeschichte und seine ‚Geschichte des Abfalls der vereinigten Niederlande'*, in: Luise Schorn-Schütte u. a. (Hg.), Wege der Neuzeit. Festschrift für Heinz Schilling zum 65. Geburtstag, Berlin 2007, S. 533–551.

[2] Johann Gustav Droysen, *Historik. Vorlesungen über Enzyklopädie und Methodologie der Geschichte*, hg. v. Rudolf Hübner, Darmstadt 1974, S. 14.

[3] Ebd. S. 88 und Zitat S. 146.

des in England und Mecklenburg zu verstehen. Sie helfen – so Droysen –, nicht oder nur rudimentär überlieferte Vorgänge und Konstellationen zu erhellen[4] und – so ist anzufügen – deren Dimensionen zu verdeutlichen. Das „Analogienbilden" ist mithin eine historische Methode, die nicht etwa „Gleichheit" jenseits von Zeit und Raum unterstellt, sondern Handlungen und Verhalten in ähnlichen Konstellationen zueinander in Beziehung setzt, um daraus neue Erklärungsmöglichkeiten zu gewinnen.

Die Voraussetzungen pragmatischer Analogieschlüsse, die Einheit und der Gleichklang menschlichen Denkens und Handelns über Raum und Zeit hinweg, werden heute allerdings bezweifelt, weil der gemeinsame Sinnhorizont verloren gegangen scheint. Reinhart Koselleck hat 1976 nachdrücklich erläutert, warum der selbstvergewissernde Rückblick nicht mehr funktioniert: „Erfahrungsraum" und „Erwartungshorizont" treten seines Erachtens auseinander und liegen inzwischen nicht mehr auf einer Sinnebene, da sie aufgrund der allgegenwärtigen Beschleunigung in der Neuzeit[5] immer weiter auseinander treten. Falls diese Diagnose wirklich zutrifft, falls die erzählte Geschichte, die erst durch die auf Erfahrungen und Erwartungen basierende Deutung des Überlieferten entsteht, ihren legitimierenden gemeinsamen Sinnhorizont zwischen Gegenwart, Zukunft und Vergangenheit verloren hat, stehen die historischen Analogienbildungen im Sinne Schillers oder Droysens und mehr noch die darauf basierende historische Methode des Verstehens prinzipiell zur Disposition. Die Frage lautet daher, wie sich die vorhandene Differenz „soweit überbrücken [lässt, G.S.], dass Geschichte wieder als lehrbar begriffen werden darf"? Koselleck verweist an dieser Stelle etwas sybillinisch auf „langfristige formale Strukturen", die es zu finden gelte.[6] Die Heuristik muss daher entsprechend geschärft und offensichtliche Ähnlichkeiten als Analogien zur gegenwärtigen Welt konstruiert werden, um so den gemeinsamen Sinnhorizont herzustellen. Indem aktuelle Erfahrungen und Erwartungen deutend an das vergangene Geschehen herangetragen werden, könnte sich der gemeinsame Sinnhorizont quasi von selbst einstellen. Bevor dies für das Problem des „Staates" geprüft wird, ist allerdings noch auf die Fragen einzugehen, ob die Historie überhaupt handlungsorientierend sein will.

I.

Im letzten Viertel des vergangenen Jahrhunderts überlagerte die sog. „Postmoderne" das geistes- und sozialwissenschaftliche Denken. Die kulturwissenschaftlichen Modi der Beliebigkeit des „anything goes" und „small is beautiful" verbanden sich

---

4 Ebd., S. 340.
5 Hartmut Rosa, *Beschleunigung. Die Veränderung der Zeitstrukturen in der Moderne*, Frankfurt a. M. 2005.
6 Reinhart Koselleck, ‚*Erfahrungsraum' und ‚Erwartungshorizont' – zwei historische Kategorie*n, in: ders., Vergangene Zukunft, Frankfurt a. M. [4]1985, S. 349–375, Zitat S. 375.

mit der nicht minder illusionären Vorstellung einer „post-histoire". Das Ende der Geschichte schien erreicht, weil die lange umstrittenen Grundfragen entschieden schienen und alle Menschen im immerwährenden Frieden miteinander hätten leben können. Just in diesem Moment leerte sich jedoch der Erwartungshorizont, denn die Zukunft der Gegenwart wurde ungewiss samt aller sie beglaubigenden Kategorien wie Vernunft oder Fortschritt. Die Realität und der Modus der Kulturkritik entzauberten die dynamische Modernisierung zur statischen Moderne:[7] Die Welt war nicht vernünftig, das Projekt der „Humanität" gescheitert und das „Wohin" der Transformationen unabsehbar.

Die kulturellen Sinnpotentiale, mit denen Vergangenheit und Gegenwart bis dahin verknüpft worden waren, hatten ihren Sinn eingebüßt, wenn der Fortschritt die natürlichen Ressourcen bis zur Selbstzerstörung aufbrauchte und die Revolution ihre Kinder fraß. Dafür gab es angeblich keine historischen Erfahrungen. Gegenwart und Vergangenheit schienen sich nichts mehr zu sagen zu haben. „Mit der Verlagerung der Gegenwart aus den Horizonten der Modernität" – so resümierte Jörn Rüsen 1988 – „erlischt die Orientierungskraft eines historischen Denkens, das in einer Vergangenheit [...] eine wesentliche Bestimmungsgröße handlungsleitender Absichten und identitätsbildender Selbstverständigungen sah."[8] Wenn es kein Kontinuum menschlichen Denkens, Handelns und Wahrnehmens mehr gibt, verliert auch die historische Methode, das analogisierende Verstehen, den Anspruch, eine rationale Aufarbeitung des vergangenen Geschehens zu sein. Dies schien die Chance der Gegenwart, sich von der Last der Vergangenheit zu befreien. Der mit materiellen Interessen gefüllte Erwartungshorizont und die Gestaltungsabsichten der Sozialtechnologien wurden jedoch immer wieder von dem widerspenstigen, mit Naziterror und Vietnamkrieg gefüllten Erfahrungsraum irritiert. Diese Verunsicherung rettete die Geschichtswissenschaft in den 1970er Jahren aus ihrer vielleicht tiefsten Krise. Als anerkannter akademischer Disziplin half ihr zunächst das „Weiter-so". Die Zeitgeschichte intensivierte unterdessen ihre sozialgeschichtlichen Bemühungen um strukturelle Erklärungen des Unerklärlichen, von Nazi-Regime und Holocaust. Diese Themen bilden noch heute das Zentrum ihrer Bemühungen und sie finden im Feuilleton, bei den Multiplikatoren wie Schulbuchautoren und Didaktikern sowie in den Entscheidungszirkeln der Kulturbürokratie weiterhin große Resonanz. Erzählt wird vor allem die Geschichte eines vorgeblichen deutschen Sonderweges.

Während die Zeitgeschichte erst in allerjüngster Zeit beginnt, sich von diesem die Gegenwart nur noch vermittelt erklärenden Paradigma zu lösen[9], distanzierten

---

7 Georg Bollenbeck, *Eine Geschichte der Kulturkritik. Von J. J. Rousseau bis G. Anders*, München 2007.
8 Jörn Rüsen, *Historische Aufklärung im Angesicht der Post-Moderne: Geschichte im Zeitalter der ‚neuen Unübersichtlichkeit'*, in: Streitfall deutsche Geschichte. Geschichts- und Gegenwartsbewußtsein in den 80er Jahren, hg. von der Landeszentrale für Politische Bildung Nordrhein-Westfalen, Essen 1988, S. 17–38, Zitat S. 19.
9 Vgl. richtungsweisend Anselm Doering-Manteuffel/Lutz Raphael, *Nach dem Boom. Perspektiven auf die Zeitgeschichte seit 1970*, Göttingen 2008.

sich im letzten Viertel des 20. Jahrhunderts zahlreiche Historikerinnen und Historiker der älteren Epochen von dieser Meistererzählung. Sie orientieren sich stattdessen an sog. nachmodernen Formen und lassen die Vormoderne sich selbst genug sein. Ihre Erzählungen faszinierten mit dem Anderen und Fremden. Wo dieses sich in der Vergangenheit der eigenen Kultur nicht einstellen wollte, wähnte man sich mit Hans Medick als „Missionare im Ruderboot".[10] Im Anschluss an die großen Arbeiten von Natalie Zemon Davies, Emmanuel Le Roy Ladurie oder Carlo Ginzburg erfuhr man in Deutschland vieles über die Welt in Laichingen[11], „Unterfinningen"[12], oder auf dem „Hohen Peißenberg".[13] Die „dichten Beschreibungen" des bunten Treibens auf dem Blocksberg, bei Hofe oder beim Vollzug von Todesurteilen wiesen in die Zukunft einer erfahrungs- und wahrnehmungsgeschichtlich orientierten Historie.

Die erst verfremdeten und dekonstruierten, dann präzise erzählten Lebensformen des vorgeblich Anderen erscheinen jedoch oft zeit- und raumlos, weil ihre Autoren sie zwar genau lokalisieren, aber nicht verallgemeinernd und modifizierend in den historischen Erfahrungsraum einbringen. Die neuen Formate erstanden bewusst oder unbewusst vor der Folie der alten Meistererzählungen, die auf sie einwirkten und die vor allem der Leser an sie herantragen muss, um sie einordnen zu können. Das Feuilleton lobt solche Darstellungen als Alternativen einer ungewissen Gegenwart, weil sie – angesichts der in Deutschland besonders scharf akzentuierten Zäsur um 1800 – mit deren Genese scheinbar nichts gemein haben und keine Erwartungen generieren. Diese Form historischen Erinnerns ist jedoch „bloße Nostalgie, antimodernistischer Traditionalismus oder Traumaverarbeitung".[14] Sie versucht, die tatsächlichen oder scheinbaren Defizite der Gegenwart zu kompensieren. Als Geschichtsschreibung war und ist sie publikumswirksam, weil sie zwar verunsichert, aber erst gar nicht versucht, Vergangenheit, Gegenwart und Zukunft in einem Sinnhorizont zu vereinigen. Die Erinnerungsgeschichte floriert, denn sie verspricht „Heilung von den Wunden der Vergangenheit, worunter jeder die seine verstand und alle die Moderne".[15] Für die Historiographie als wissenschaftliche Disziplin, die derzeit vom Erinnerungsboom noch profitiert, verheißt dieser auf Dauer Ungemach: Die bloße Neugierde erschöpft sich schnell. Die Vergangenheit aber bleibt, wirkt und wird gedeutet – von wem auch immer.

---

10 Hans Medick, *„Missionare im Ruderboot'? Ethnologische Erkenntnisweisen als Herausforderung an die Sozialgeschichte*, in: Alf Luedtke (Hg.), Alltagsgeschichte. Zur Rekonstruktion historischer Erfahrungen und Lebensweisen, Frankfurt a. M. 1989, S. 48–84.
11 Ders., *Weben und Überleben in Laichingen 1650-1900. Lokalgeschichte als Allgemeine Geschichte*, Göttingen 1996.
12 Rainer Beck, *Naturale Ökonomie. Unterfinning: Bäuerliche Wirtschaft in einem oberbayerischen Dorf des frühen 18. Jahrhunderts*, München 1986.
13 Rebekka Habermas, *Wallfahrt und Aufruhr. Zur Geschichte der Wallfahrt in der frühen Neuzeit*, Frankfurt a. M./New York 1991.
14 Karin Priester, *Vom Nutzen und Nachteil der Erinnerungskultur*, in: Neue Gesellschaft. Frankfurter Hefte 56.5 (2009), S. 4–8, Zitat S. 4.
15 Ebd., S. 5.

Jörn Rüsen hat das hier skizzierte Dilemma frühzeitig thematisiert und für eine Neuorientierung geworben. Er betrachtete die Krise als Chance zur Neuorientierung: Große Historiographie bedürfe neuer, die „irritierende Zeiterfahrung" der Gegenwart aufgreifende Fragen an die „Erfahrung der Vergangenheit".[16] Die Kulturgeschichte boomt freilich weiter, ohne Orientierung für die Gegenwart bieten zu können oder zu wollen. Andere Ansätze wie derjenige der transnationalen Geschichte haben bisher längst noch nicht empirisch eingelöst, was sie versprechen. Der Blick auf die gegenwärtige Lage der Geschichtswissenschaft entspricht der auch sonst anzutreffenden Pluralisierung einer Transformationsperiode. Eine Fülle akzeptierter historischer Methoden und Theorien haben zwar das Detailwissen um das vergangene Geschehen ungemein bereichert, aber zu keiner neuen Geschichte geführt – vielleicht deswegen, weil die orientieren wollenden Meistererzählungen trotz allem methodischen Pluralismus den nationalstaatlichen Vorgaben und den Themen von Gestern verhaftet geblieben sind: Erzählt werden der lange Weg nach Westen und die angeblichen Normabweichungen des noch dazu verspäteten deutschen Nationalstaates, die Entlarvung von Tätern und Mittätern des Nazi-Regimes oder die nachvollziehende Modernisierung Deutschlands. Sind dies die Probleme, die aus den „irritierenden Zeiterfahrungen" entstehen?

Die Geschichtsschreibung bedient, kompensierend und unterhaltend, den sich nach der alten Sicherheit sehnenden Zeitgeist einer vorwiegend nationalstaatlich formierten Moderne, in der und für die im 19. und 20. Jahrhundert die alten Meistererzählungen entstanden. Was aber hat die Geschichtswissenschaft, die ihre akademische Zukunft nicht in der Vergangenheit findet, angesichts der unübersehbaren Probleme der Gegenwart, der weit verbreiteten Zukunftsängste sowie der Risiken von Freiheit in einer multipel gewordenen Welt zu bieten? Wo soll sie im und für das 21. Jahrhundert methodisch und thematisch ansetzen? Welche Ankerpunkte gibt es im Dschungel des Multiplen? Die Historik verweist auf innovative Heuristiken und nachvollziehbare hermeneutische Verfahren, um den Quellen neue Einsichten abzuringen. Dabei dürfen jedoch die Vorgaben und Blickwinkel des erkennenden Subjektes nicht verschwiegen werden, wenn es rückschreitend Sinn oder Übersinn produziert, indem es Ursachen für angebliche oder tatsächliche Wirkungen sucht, um den konstruktiv gefundenen Zusammenhang dann genetisch zu erzählen.

Die Gegenläufigkeit von Erkennen und Erzählen des vergangenen Geschehens hat schon Schiller thematisiert: „Die wirkliche Folge der Begebenheiten steigt von dem Ursprung der Dinge zu ihrer neuesten Ordnung herab, der Universalhistoriker rückt von der neuesten Weltlage aufwärts dem Ursprung der Dinge entgegen. [...] Es ist daher zwischen dem Gange der Welt und dem Gange der Weltgeschichte ein merkliches Missverhältnis sichtbar. Jenen möchte man mit einem ununterbrochen fortfließenden Strom vergleichen, wovon aber in der Weltgeschichte nur hier und da eine Welle beleuchtet wird."[17] Was herausgehoben wird, ist von der oft

---
16 Rüsen, *Historische Aufklärung*, S. 20.
17 Schiller, *Universalgeschichte*, S. 762.

zufälligen Überlieferung sowie den Fragen, Erkenntnisinteressen und Blickwinkeln der Historiker abhängig. Um eine plausible Geschichtserzählung zu generieren, benötigt man darüber hinaus jedoch „künstliche Bindungsglieder". Mit ihrer Hilfe wird – so wiederum Schiller – das „Aggregat zum System, zu einem vernunftgemäß zusammenhängenden Ganzen". Es ist der Historiker, der „einen vernünftigen Zweck in den Gang der Welt und ein teleologisches Prinzip in die Weltgeschichte" bringt.[18] Letztlich konstruiert er anhand der Quellen, aber im Rücken der Akteure, den Ablauf, der ihm als Entwicklung wahrscheinlich erscheint. Der hermeneutische Zirkel, der nur das finden lässt, wonach gefragt wurde, ist dennoch kein methodisches Defizit, sondern Chance und Risiko historischer Erkenntnis. Um angemessene, d. h. für die Gegenwart orientierende, Antworten finden zu können, müssen die „richtigen" Fragen generiert werden.

Unstrittig ist, dass die Erkenntnisse, Erfahrungen und Entscheidungen der Vorfahren die Gegenwart prägen – gleichgültig ob sie heute als richtig oder falsch, gut oder böse, zukunftsfähig oder nicht zukunftsfähig eingeschätzt werden. Das vergangene Geschehen selbst ist der jeweiligen Gegenwart allerdings nur in Form von Vorstellungen und Bildern verfügbar. Wenn diese nicht permanent aus jeweils aktuellen Blickwinkeln reproduziert werden, bleiben die Geschichtserzählungen gültig, die für eine andere, inzwischen selbst der Vergangenheit zugehörige Periode geschaffen wurden. Solche mit den gegenwärtigen Erfahrungen und Erwartungen nicht mehr kompatiblen Geschichtsbilder gerinnen oft zu mythischen Verklärungen, die zwar ebenfalls sinn- und identitätsstiftend wirken, reflektiertes Erinnern aber blockieren. Die Grundfrage lautet daher nicht, ob sich eine Gesellschaft ihre Vergangenheit aneignen will oder sich durch Verweigerung von dieser Last befreien zu können glaubt, sondern welche Vergangenheit sie sich für welche Zukunft *wie* aneignet.

In der ungewiss und unsicher, vielgestaltig und uneindeutig gewordenen Gegenwart, der die festen Bezugspunkte abhanden gekommen sind, fällt es der Historiographie schwer, einen geeigneten „Sehepunkt" zu finden. Angesichts von Pluralisierung und Globalisierung gibt es die weltanschaulich gefestigte Perspektive, von der aus sich die Vergangenheit ordnen lässt, nicht mehr oder nur noch im Plural. Die als Wertefrage didaktisch verschlüsselte Kompetenz – Verstehen des Andersseins der Anderen und des Eigensinns in der Vielfalt – hilft jedoch dort nicht weiter, wo Fundamentalismen nicht nur die eigenen Lebensformen, sondern buchstäblich das eigene Leben bedrohen und das Andere sich anmaßt, das Eigene zu kontrollieren. An dieser Stelle ist der Historiker auf die Hilfe derjenigen angewiesen, die mit ihren Diagnosen und Analysen der Gegenwart die Gesichtspunkte liefern, die es ihm erlauben, adäquate Fragen an seine Quellen zu stellen, um einen sinnvollen Dialog von Erwartungen und Erfahrungen in Gang zu bringen. Soziologen, Politologen, Philosophen, Philologen, Theologen, Juristen, auch Biologen und andere Naturwissenschaftler sind daher wichtige Gesprächspartner des Geschichtsschreibers. Die transdisziplinäre Kooperation wird zur unverzichtbaren Brücke einer Historie, die sich ihrer eigenen aufklärerischen Traditionen reflektie-

---

18 Ebd., S. 763 f.

rend erinnert, um zielsicher zu neuen Ufern in der Vergangenheit aufbrechen und heute orientierend wirken zu können.

„Brücken" werden gebaut, um bestimmte Orte auf der anderen Seite eines Flusses oder eines gegenüberliegenden Hanges schnell und bequem, ohne störende Umwege zu erreichen und so den Austausch in Gang zu bringen oder zu beschleunigen. Eine Brücke lässt aber oft auch die Orte neu entstehen, die sie verbindet. Wenn der Historiker eine Brücke zwischen Gegenwart und Vergangenheit konstruiert, arbeitet er im Prinzip wie ein Ingenieur: Gestützt auf seine Erfahrungen und Vorkenntnisse hat er zuvor das Gelände sondiert und so den geeigneten Platz gefunden. Mit seinen Fragestellungen erkundet der Historiker in der Vergangenheit die Räume, die ihm für seinen Zweck, das Finden ähnlicher oder unähnlicher, verbindender oder trennender, struktureller oder diskursiver Konstellationen erfolgversprechend erscheinen. Mit der Brücke schafft er sich einen neuen „Sehepunkt" sowohl auf das überquerte Gelände als auch auf das neue Gebiet, das nun erstmals unmittelbar mit dem Ausgangspunkt verknüpft ist. Diese Konstruktion verbürgt einen der Gegenwart entnommenen Erwartungshorizont. Den vergangenen Erfahrungsraum bringt der Historiker durch bewusste Analogiebildungen danach auf die gleiche Sinnebene. Dies ist methodisch entscheidend. Zwar spielen Ähnlichkeiten auf der Erscheinungsebene als Vorverständnis für die Ausrichtung der Brücke eine wichtige Rolle, doch erst mit dem „In-Beziehung-Setzen" entstehen eine gemeinsame Sinnebene und damit neue Erkenntnisse.

Diese Heuristik manipuliert nicht, sondern bietet ein jederzeit nachvollziehbares Instrumentarium, um nicht Institutionen, wohl aber ein unwiederholbares einmaliges Geschehen als Erfahrung für die Gegenwart aufzubereiten. Mit seinen Fragen und Perspektiven schafft der Historiker eine homogenisierende Vergleichsebene, um einen spezifischen Ausschnitt aus dem vergangenen Geschehen in vergleichender Absicht rekonstruieren zu können. Analogien werden in einem vorwissenschaftlichen Sinne vorgefunden, tatsächlich aber erst durch die Brücke konstruiert, weil diese den Erwartungshorizont mit einem scheinbar fernen Erfahrungsraum so verbindet, dass sich beide wechselseitig beeinflussen können.

Haben die beiden „Brückenköpfe" und ihr jeweiliges Umfeld sich nichts mehr zu sagen, müssen neue und andere Brücken gebaut werden, um das, was als beschleunigte Transformation oder Kontinuitätsbruch in der Gegenwart diagnostiziert wird, in eine konsistente Sinnebene mit der Vergangenheit zu bringen. Wo dies nicht geschieht, veralten die Geschichtserzählungen und können nicht mehr selbstvergewissernd und orientierend wirken. Die Geschichtswissenschaft muss sich deswegen mit immer neuen „Brücken" einen gemeinsamen Sinnhorizont und damit einen angemessenen Zugriff auf das mehr oder weniger ferne vergangene Geschehen schaffen. Die Frage, ob dies der Vergangenheit „gerecht" wird, ist insofern sinnlos, als ihre Beantwortung mit menschlichen Erfahrungen und Erkenntnissen nicht möglich ist, weil sich die Geschichte stets und nur in Bildern des vergangenen Geschehens repräsentiert. Das Gebot der historischen Objektivität kann daher nicht mehr sein als eine regulative Idee und die Aufforderung zur methodischen und erzählenden Redlichkeit.

Der Brückenschlag, also die Suche nach Analogien, zählt seit der Antike zu den gängigen historischen Verfahren: Die Vorstellung von der Geschichte als Exempel, Vorbild und Lehrer für das Leben benötigte die Brückenvorstellung ebenso wie die Universalgeschichte des 18. oder der Historismus des 19. und 20. Jahrhunderts. Das gilt auch für politisch handelnde Akteure: Die Grundgesetzväter blickten auf Weimar, der Westfälische Friedenskongress auf den Prager Frieden. Die Humanisten vergewisserten sich in der Antike und erfanden die Renaissance, um sich der als drückend empfundenen Zwänge des nunmehrigen Mittelalters zu entledigen. Wie also lassen sich Brücken zwischen heutiger Gegenwart und Vergangenheit konstruieren, um erhellende Analogien bilden zu können? Als Beispiel dient das Problem deutscher Gesamtstaatlichkeit, das 1871 mit der Gründung des kleindeutschen Nationalstaates gelöst schien, sich nun aber in anderer Form stellt und deswegen neue historische Antworten erfordert.

II.

Wer in der deutschen Geschichte nach staatlicher und nationaler Vergewisserung sucht, stößt schnell auf die Meistererzählung des Sonderweges. Sie addiert scheinbare Brüche und angeblich falsche Weichenstellungen mit festem Blick auf 1933, das Nazi-Regime und den Holocaust zu einem verhängnisvollen Abweichen vom angeblich normalen europäischen Pfad. Diese Erzählung eines eigenständigen Weges gerann nach 1945 zu einer Art negativem Kulturmuster, das die Schuld für die unfassbaren Verbrechen an der Menschheit in einen rückwärtigen Horizont verlagerte und mit lang- und mittelfristigen strukturellen Erklärungen letztlich auch entlastend anonymisierte.

Der deutsche Sonderweg begann mit dem Machtverlust von Kaiser und Reich im Mittelalter, mit der von Luther ausgelösten religiös-kulturellen Spaltung oder mit dem das Reich endgültig zersplitternden und den deutschen Nationalstaat blockierenden Westfälischen Frieden. Es bedurfte daher angeblich besonderer Kraftanstrengungen und einer preußischen Mission, um diesen „verspätet" dennoch zu realisieren. Darunter litt – so ein Kernpunkt der aktuellen Sonderwegsthese – die Ausbildung liberaler und demokratischer Verhaltensweisen. Deutschland verweigerte sich der freiheitlich-demokratischen Entwicklung des Westens und ermöglichte so die faschistische Diktatur. Den Wendepunkt zum Besseren markiert das Jahr 1945. „Der lange Weg nach Westen" scheint seitdem erfolgreich absolviert. Dank Heinrich August Winkler besitzt der deutsche Sonderweg nun zwei Fluchtpunkte: denjenigen der Verfehlung 1933, und denjenigen der erfolgreichen Westintegration 1990.[19]

Wer dieses Grundschema in Frage stellt, muss mit Sanktionen rechnen. Dabei ist weniger an die in Deutschland noch vergleichsweise milde und im Einzelnen sicher

---

19 Heinrich August Winkler, *Der lange Weg nach Westen*, 2 Bde., München 2000; ders., *Der lange Schatten des Reiches. Eine Bilanz deutscher Geschichte*, in: Merkur 56 (2002), S. 221–223.

gerechtfertigte Deutungsgesetzgebung zu denken, die etwa das Leugnen des Holocausts unter Strafe stellt.[20] Gravierender sind die Reaktionen der „Zunft" oder des Feuilletons, sobald jemand den vertrauten Konsens der gängigen Großerzählung anzweifelt. Ein angesehener Historiker unterstellte beispielsweise bei einer der vielen Projektevolutionen, die hier verfochtene Brückenkonstruktion zwischen 21. und 18. Jahrhundert diene auch dazu, die dunklen Seiten der deutschen Geschichte unter den Teppich zu kehren. Meinte er dies wirklich und wollte er die beteiligten Wissenschaftler in die Nähe rechtslastigen Gedankengutes rücken, oder trieb ihn die Sorge, „die Brücke" zwischen der Gegenwart und der Frühen Neuzeit könnte das Deutungsmonopol der Historiker des 19. und 20. Jahrhunderts in Frage stellen?

Die Meistererzählung des deutschen Sonderweges ist letztlich so etwas wie die Umsetzung der „Dialektik der Aufklärung", mit der Adorno und Horkheimer die Aufklärung für den Holocaust verantwortlich machten. Sie hielten unter dem Eindruck dieses unfassbaren Geschehens die Vorgabe von emanzipatorischen Werten wie Freiheit oder Gerechtigkeit als Ziele der Geschichte für „zynisch".[21] Doch während die Frankfurter Schule eine dem langen 18. Jahrhundert unbekannte wertfreie Rationalität kreierte, um ihre Aufklärungskritik generalisieren zu können, machten die Historiker daraus ein deutsches Lehrstück für die Menschheit.

Wegen der Doppelfunktion von Nazi-Herrschaft und Holocaust als dem „heiligen Kern" deutscher Geschichte – einerseits Erklärung des Unerklärbaren und Bruch mit ihm, andererseits didaktisches Lehrstück für die Menschheit –, erscheint es nach wie vor „heikel", „abseits des ‚deutschen Sonderweges' nach Kontinuitätslinien über diese Moralgrenze hinweg zu fragen".[22] Doch nur wer glaubt, „1945" und „1989/90" erklärten hinreichend den Erfolg der bundesrepublikanischen Verfassung und die Stabilität der deutschen Demokratie, wird nicht fragen, ob es ältere Traditionen gibt, an die auch unter den veränderten Bedingungen angeknüpft werden konnte. Er muss dann auch nicht erklären, warum es trotz solcher Gegenläufigkeiten zum Holocaust kam. Er wird sich aber fragen lassen müssen, warum dieses einfache Erfolgsmodell in anderen Weltregionen nicht funktioniert. Die ganz auf die deutschen Verhältnisse konzentrierte Zeitgeschichte hat nie auch nur versuchsweise den Umkehrschluss gewagt, dass die Demokratie in Deutschland auch deswegen erfolgreich gewesen sein könnte, weil es hier eine lange politisch-kulturelle Tradition gab, an die sich anknüpfen ließ und an die angeknüpft wurde.

In diesem Sinn beobachtet der Frühneuzeithistoriker mit großem Interesse die neuen Bemühungen, die deutsche Geschichte zwischen 1871 und 1933 als geprägt von Pluralismus und Offenheit darzustellen. Dies kann allerdings nicht darüber hinwegtäuschen, dass der Erste Weltkrieg zu Schließungen und Verhärtungen führte und die kulturelle Pluralität der Weimarer Republik 1933 ihr Ende fand. Welche

---

20 Winfried Schulze, *Erinnerung per Gesetz oder ‚Freiheit für die Geschichte'?*, in: Geschichte in Wissenschaft und Unterricht 59.7/8 (2008), S. 364–381.
21 Max Horkheimer/Theodor W. Adorno, *Dialektik der Aufklärung*, Frankfurt a. M. 1975.
22 Dieter Langewiesche, *Der ‚deutsche Sonderweg'. Defizitgeschichte als geschichtspolitische Zukunftskonstruktion nach dem Ersten und Zweiten Weltkrieg* (2004), in: ders., Zeitwende. Geschichtsdenken heute, hg. v. Nikolaus Buschmann u. Ute Planert, Göttingen 2008, S. 164–171, Zitat S. 169.

Wege, Brücken oder gemeinsame Sinnhorizonte führen aus dieser formierten Moderne in eine Gegenwart, die Pluralisierung nicht mehr nur mit Angst verbindet und die vielgestaltige Lebensformen längst als Bereicherung und Gewinn akzeptiert hat?[23]

Wenn der Erfahrungsraum der unmittelbaren Vorgegenwart nur geringe Anknüpfungspunkte für die Selbstvergewisserung und den wie auch immer bestückten aktuellen Erwartungshorizont bietet, ist zumindest zu prüfen, ob nicht weiter zurückliegende Phasen und Konstellationen es dem Historiker eher ermöglichen, strukturelle und diskursive Analogien zu bilden. Die häufig postulierte Einheit der Moderne legt den Versuch nahe, mit den Brücken aus der Gegenwart versuchsweise im 18. Jahrhundert anzulanden, in dem die Grundlagen der westlichen Zivilisation gelegt wurden. Aufgrund der Einheit der Moderne müsste sich so vergleichsweise einfach eine gemeinsame Sinnebene generieren lassen, wobei die Initiationsphase erhellende, orientierende, vielleicht aber auch irritierende Analogien zur Gegenwart verspricht.

Im langen 18. Jahrhundert standen Öffnung, Mannigfaltigkeit und Freiheit für einen fortschrittsoptimistischen Prozess, der Wirtschaft und Gesellschaft, Politik und Kultur unauflöslich miteinander verzahnte, um den Menschen und die Menschheit zu erziehen und zu vervollkommnen. Dagegen erhob sich bereits zeitgenössischer Widerspruch: Die Bemühungen, den Wandel durch Vernunft zu erzwingen, die Unwissenheit zu überwinden, den Menschen zu sich selbst zu bilden und der vielgestaltig gewordenen Wahrheit zum Sieg zu verhelfen, verliefen daher von Beginn an alles andere als geradlinig und eindimensional. Mit der Aufklärung begannen die Probleme der Moderne und die Herausforderungen durch Freiheit und Vernunft, sich entscheiden zu können und zu müssen. Die so allerdings nie intendierte verabsolutierte Vernunft, die ohne moralische Bindungen agiert, lässt sich seitdem für fast alles verantwortlich machen, was geschah und geschieht: die Überwindung von Dogmatismen und Fundamentalismen aller Art, aber auch die Privilegierung eines Rationalismus, der einem extremen Individualismus Bahn gebrochen hat, der jeden Gemeinsinn vermissen und sich für gegenemanzipatorische Zwecke in Dienst nehmen lässt.[24] Wenn die aufklärerischen Ideen mit den heute zur Verfügung stehenden Wissensbeständen, Theorien und Erklärungsmöglichkeiten zeitlich und räumlich, rhetorisch und sozioökonomisch kontextualisiert werden, lässt sich freilich zeigen, dass Barbarei keine deformierte Frucht, sondern der Feind jeder Aufklärung ist – und dies von Anfang an auch war.[25]

---

23 An dieser Stelle scheint auch die im Einzelnen sicher berechtigte Kritik an den Thesen Ulrich Becks überzogen, der von der Zweiten Moderne bzw. einer um 1970 einsetzenden reflexiven Modernisierung spricht. Vgl. vor allem Richard Münch, *Die ‚zweite Moderne': Realität oder Fiktion? Kritische Fragen an die Theorie der ‚reflexiven' Modernisierung*, in: Kölner Zeitschrift für Soziologie und Sozialpsychologie 54 (2002), S. 417–443.

24 Vgl. James Schmidt, *Introduction. What is Enlightenment? A Question, its Context, and some Consequences*, in: ders. (Hg.), What is Enlightenment? Eighteenth-Century Answers and Twentieth-Century Questions, Berkeley u. a. 1996, S. 1–44.

25 Robert Wokle, *Multiculturalism and Ethnic Cleansing in the Enlightenment*, in: Ole Peter Grell/Roy Porter (Hg.), Toleration in Enlightenment Europa, Cambridge 2000, S. 69–85.

Die Versuchsanordnung einer „Staats-Brücke" vom 21. ins 18. Jahrhundert, zwischen dem prä- und dem postnationalstaatlichen Gemeinwesen, überspannt eine Phase, die für die Fragestellung wenig herzugeben scheint. Aus der Perspektive deutscher Gesamtstaatlichkeit bestätigt sich die dem Jenaer Forschungsprojekt zugrunde liegende Hypothese einer dreiphasigen Moderne. Diese beginnt mit der Annahme eines vernünftig, nach Maßgabe des gemeinen Nutzens zu gestaltenden Staatswesens in der zweiten Hälfte des 17. Jahrhunderts. Die Öffnung gegenüber der alten, gottgewollten „biblischen" Ordnung mündet noch im Alten Reich in die Entdeckung der Freiheit als Möglichkeit eines mannigfaltigen Nebeneinanders und einer befruchtenden Pluralisierung. Die damit heraufbeschworene Ungewissheit provozierte nach dem Untergang des Reiches Forderungen nach einer verstärkten Homogenisierung und formierenden Ordnungen. Sie wurden in der Zweiten Moderne bedient, die in Deutschland in den 1840er Jahren begann, als der Gedanke des geschlossenen mächtigen Nationalstaates alle staatenbündischen Lösungsversuche überwucherte. Dieses Staatsmodell steht in Deutschland und Europa nicht nur für zentrale Normierungen und totalitäres Regieren, sondern auch für Demokratie oder soziale Sicherheit. Es stieß allerdings im gesamten Raum der westlichen Zivilisation um 1970 an seine Grenzen, denn von nun an ließen sich immer mehr Fragen in diesem staatlichen Rahmen nicht mehr lösen. Rückblickend folgte daher die bis heute fortdauernde dritte Phase des modernen Staates, der immer noch als Nationalstaat verstanden wird, der aber vor allem durch Aushandeln auf unterschiedlichen Ebenen mit unterschiedlich legitimierten Partnern seine Steuerungsfunktionen erfüllt. Der Nationalstaat hat sich gezwungenermaßen geöffnet, weil die alten Mechanismen mit der neuen Wirklichkeit nicht mehr harmonierten und die anstehenden Probleme nicht mehr lösen konnten.

Wie lässt sich die heutige Staatswirklichkeit erfassen? Thomas Ellwein hat 1992 das Nationalstaatsmodell des 19. Jahrhunderts, das Georg Jellinek so idealtypisch wie folgenreich charakterisiert hatte – ein Staatsvolk, ein Staatsgebiet und eine Staatsregierung –, als „Verständnisbarriere" bezeichnet.[26] Während die These vom Absterben des Nationalstaats[27] erst kürzlich in der Finanzkrise drastisch widerlegt wurde, finden sich zunehmend Konzepte, die eine neue funktionale Füllung des Staats- und Souveränitätsbegriffs verheißen. Die wirtschaftliche Globalisierung und die technischen Innovationen haben in der westlichen Hemisphäre zu einem Umbau von Staatlichkeit geführt, zu „eine(r) neue(n) Architektur des Staates".[28] Mit der großräumigen Ausbreitung wirtschaftlicher, sozialer und kulturell-zivilisatorischer Errungenschaften „erleiden die Staaten Autarkieverluste, die staatliche Souveränität wird faktisch eingeschränkt und genau komplementär dazu erhöht sich der

---

26 Thomas Ellwein, *Staatlichkeit im Wandel. Das Staatsmodell des 19. Jahrhunderts als Verständnisbarriere*, in: Beate Kohler-Koch (Hg.), Staat und Demokratie in Europa, Opladen 1992, S. 47–69.
27 Vgl. Herbert Dittgen, *Grenzen im Zeitalter der Globalisierung. Überlegungen zur These vom Ende des Nationalstaates*, in: Zeitschrift für Politikwissenschaft 9 (1999), S. 3–26.
28 Edgar Grande, *Die neue Architektur des Staates*, in: Roland Czada/Manfred G. Schmidt (Hg.), Verhandlungsdemokratie, Interessenvermittlung, Regierbarkeit. Festschrift für Gerhard Lehmbruch, Opladen 1993, S. 51–71.

Zwang zur Kooperation in internationalen Organisationen."[29] Auf dieser Ebene ist der Staat zu einem Akteur unter anderen geworden. Dies gilt selbst für die innenpolitische Steuerung: Massenorganisationen, regionale Interessenvertretungen und Bürgerkommunitäten beteiligen sich längst am Aushandeln von inner- wie überstaatlich wirksamen Kompromissen. Der neue Staat ist vielfältig gegliedert und unentrinnbar in unterschiedliche groß- und kleinräumige Bezugssysteme verwoben.

Die Vorstellung, dass sich beim modernen Staat drei Phasen unterschiedlichen Regierens und politischen Steuerns fassen lassen, provoziert geradezu den Versuch eines Brückenschlags zwischen dem 21. und dem 18. Jahrhundert, zwischen der Dritten und der Ersten Phase. Angesichts des angedeuteten Profils scheint es hier eine Reihe von Ähnlichkeiten zu geben, die durch bewusste Analogiebildungen auf eine gemeinsame Sinnebene gebracht und in Beziehung gesetzt werden können. Eine Brücke zum Alten Reich, die vom offenen Modell des heutigen Staates[30] ausgeht, mag noch wenig Vertrauen erweckend erscheinen. Dies hängt damit zusammen, dass sie nicht nur den Sicherheit und Gewissheit verheißenden, das Bewusstsein nach wie vor prägenden Maßstab des formierten Nationalstaates, sondern auch den Mythos von der preußischen Mission zu dessen Herbeiführung in Frage stellt. Das 19. und 20. Jahrhundert werteten aufgrund dieses Bezugssystems das Heilige Römische Reich deutscher Nation als zersplittert und machtlos ab und stilisierten das zunächst ersehnte, dann von Bismarck verwirklichte neue Reich, den modernen, souveränen und geschlossenen Nationalstaat, zum Ziel der Geschichte. Im 20. Jahrhundert hat dieser (klein)deutsche Nationalstaat Europa in Schutt und Asche gelegt. Wieder waren sich die Historiker weitgehend einig: Schuld waren weder die preußischen Werte noch der Nationalstaat, sondern dessen verspätetes Entstehen, was wiederum dem Alten Reich angelastet wurde. Diese in der Forschung inzwischen überwundene Deutung durchzieht noch heute die Schulbücher. Die im 19. Jahrhundert aus der Reichsgeschichte gezogene Lehre – ein starker deutscher Nationalstaat ist nötig, um die vielen benachbarten Feinde abzuwehren – war um 1900 in einer nationalstaatlich geprägten Welt plausibel. Sie ist es heute nicht mehr, weil sich der gegenwärtige Nationalstaat von seinem Vorgänger grundlegend unterscheidet. Um die Differenzen zu bestimmen und um die Chancen und Risiken alternativer Staatsformen auszuloten, lohnt es sich, die Modelle und Erscheinungsformen aktuellen Regierens an die Verhältnisse vor dem Siegeszug des Nationalstaates heranzutragen, und sei es nur, um dessen formierte Version als eine historische Ausprägung unter anderen bestimmen zu können.

Die Frage, ob der heutige „Nationalstaat" noch ein solcher ist, oder ob für den gegenwärtigen Staat nur noch kein besserer Begriff gefunden wurde, ist vielleicht noch verfrüht. Fest steht, dass Regieren und politisches Handeln im aktuellen „Nationalstaat" wenig mit demjenigen gemein hat, was es vor einem Jahrhundert aus-

---

29 Hermann Lübbe, *Politische Organisation in Modernisierungsprozessen. Verfassungspolitische Aspekte*, in: Elisabeth Weisser-Lohmann/Dietmar Köhler (Hg.), Verfassung und Revolution. Hegels Verfassungskonzeption und die Revolutionen der Neuzeit, Hamburg 2000, S. 17–39, Zitat S. 18.
30 Arthur Benz, *Der moderne Staat. Grundlagen der politologischen Analyse*, München 2001.

zeichnete. Die Selbstvergewisserung staatlichen Handelns ist daher in der Zweiten Moderne kaum möglich, denn das, was heute Staatlichkeit und Souveränität ausmacht, nämlich die Chance des sich Einmischens und der Mitbestimmung bei verbindlichen internationalen Regelwerken, gab es damals nicht – wohl aber in der vornationalstaatlichen Phase der Ersten Moderne. Auf der Ebene des Alten Reiches und des Alten Europa war politisches Gestalten auch eine Frage des Aushandelns. Interventionen in die autonomen Gliedstaaten des Reiches waren an der Tagesordnung, und die Souveränität teilten sich viele Träger, die teilweise sogar außerhalb des Reiches residierten. Für das 19. und 20. Jahrhundert war das Reich deshalb kein Nationalstaat. Gilt dieser Kernsatz deutscher Staatsgeschichte auch heute noch? Wenn die Bundesrepublik Deutschland ein Nationalstaat ist, warum ist dann das Heilige Römischen Reich deutscher Nation keiner? Steht die Bundesrepublik zwar nicht mit Blick auf die Institutionen, wohl aber auf das politische Handeln und Verhalten nicht dem Alten Reich näher als etwa dem Bismarckreich oder der Weimarer Republik?

Die Konstruktion einer „Staats-Brücke" zwischen den beiden deutschen Gesamtstaaten wirft sofort die Frage auf, warum zwar Weimar und Bonn, nicht aber Worms oder Osnabrück als verfassungsgeschichtliche Erinnerungsorte der Deutschen gelten. Gewiss – in Weimar oder Bonn wurden parlamentarisch-demokratische Verfassungen geboren, die die politische Kultur bis heute prägen. Doch sie ruhen auf älteren Traditionen und Voraussetzungen, die weit über das Paulskirchenparlament von 1848 hinaus zurückreichen. 1495 wurden in Worms der Ewige Landfriede, das staatliche Gewaltmonopol und die Kontrolle von Herrschaft durch Herrschaft fixiert. Das Heilige Römische Reich deutscher Nation konnte sich auf dieser Basis zu dem komplementär-zusammengesetzten Reichs-Staat entwickeln, der bis 1806 die deutsche Geschichte formte und ein zentraler Teil des europäischen Staatensystems war. Die sich im 16. Jahrhundert ausbildende Reichsverfassung wurde 1648 in Osnabrück den aktuellen politischen Bedingungen einschließlich der pluralen Konfessionsverhältnisse angepasst und als Grundgesetz fixiert. Wenn man so will, beginnt damit der moderne Staat in Deutschland. Das Reichsgrundgesetz Westfälischer Frieden galt immerhin 158 Jahre und damit länger als alle anderen bisherigen deutschen Verfassungen. Das Wormser bzw. Osnabrücker Geschehen ist jedoch nicht einmal versuchsweise in eine konsistente Beziehung zum Grundgesetz gebracht worden. Damit blieb eine Möglichkeit ungenutzt, Analogien zu definieren und die ältere deutsche Geschichte in einen angemessenen Sinnkontext mit der Gegenwart zu bringen.

Der historiographische Umgang mit der deutschen (Gesamt-)Staatlichkeit vor 1871 erweist sich angesichts aktueller Staatsmodelle als ein Scheinproblem, das durch einen heute fragwürdig gewordenen Maßstab oder „Sehepunkt" verursacht wurde. Analogien zum formierten Nationalstaat ließen sich damit nur auf der Ebene der Gliedstaaten finden – vor allem in Preußen. Die Versuchsanordnung wurde im ausgehenden 20. Jahrhundert jedoch sukzessive in Richtung auf die heutige europäische Staatswirklichkeit verschoben. Der eine Brückenkopf ist nun im Zentrum der aktuellen Staatsmodelle verankert.

Die mit dem Modell eines auf mehrere Ebenen verteilten, offenen, multiplen oder gar zerfasernden Staates im 18. Jahrhundert angelandete Brücke zeigt ein Reich, das sich nun als ein netzartiges Gefüge von Staatlichkeit erweist. Es kannte Mehrebenenregieren ebenso wie multiple und verschachtelte Rechtsregime oder Konfessionsverhältnisse. Die weit verbreitete Kontrolle von Herrschaft durch Herrschaft kam Bürgern und Untertanen zugute, weil sie die fürstliche bzw. staatliche Allgewalt auf allen Ebenen begrenzte. Nicht Abschottung, sondern Teilhabe an übergreifenden Regelungen war das Signum staatlicher Autonomie.[31] Die Personalunionen deutscher Fürsten verbanden den Reichs-Staat im 18. Jahrhundert zudem mit allen umliegenden Königreichen außer Frankreich: Diese europäischen Souveränitätsvernetzungen stabilisierten den Reichs-Staat, der auf einer verfassten, die politische Willensbildung regelnden Ordnung basierte. Das Fehlen eines alles dominierenden Zentrums schien vielen Interpreten des späten 18. Jahrhunderts als ein Vorteil, weil nur die Mannigfaltigkeit Fortentwicklungen und Höchstleistungen garantiere, Einförmigkeit und Stagnation verhindere.

Die großen Ideen der Aufklärung verbinden das 18. mit dem 21. Jahrhundert, mit einer zwar noch immer nationalstaatlich organisierten, aber globalisierten und pluralisierten Gegenwart. Wie damals ist heute darüber zu befinden, wie sich kulturelle Vielfalt, das Nebeneinander aller Formen des Religiösen und Fundamentalistischen mit den Freiheits-, Autonomie- und Identitätsansprüchen friedlich organisieren lässt. Der komplementäre Reichs-Staat und die kosmopolitischen Visionen einer mannigfaltigen Welt vermögen die Debatten um Globalisierung und Multikulturalität sowie die Grenzen eines immer weniger homogenen Nationalstaates durchaus zu beflügeln. Sie verweisen auf einen strukturellen und diskursiven historischen Erfahrungsraum, der als eine Art Laboratorium genutzt werden kann. Damit werden die großen politischen, sozialen und kulturellen Unterschiede zwischen dem 18. und dem 21. Jahrhundert, zwischen der Bundesrepublik und dem Reichs-Staat keineswegs negiert. Selbstverständlich blieben der gemeine Mann und seine Frau Objekte despotischer Beglückung. Die Erziehungsdiktatur der Herrscher wollte das Volk zu seinem Glück zwingen. Wenn dennoch Umsturzbemühungen gerade in Deutschland selten waren, belegt dies weder die Schwäche des Bürgertums, noch eine generelle Rückständigkeit oder gar eine angeborene Untertänigkeit. Dieses Verhalten entspricht dem europäischen Normalfall, denn eine Revolution gab es letztlich nur in Frankreich.

Die Ideale der Aufklärungsepoche, das nationale Weltbürgertum und die weltbürgerliche Nation, Bürger, die mit ihrer Freiheit vernünftig umgehen, weil sie die kulturelle Vielfalt und die Pluralisierung nicht als Bedrohung, sondern auch als Bereicherung begreifen, stehen dem 21. Jahrhundert spürbar näher als der Epoche des formierten Nationalstaates. Diesen geistig-kulturellen Horizont gilt es für die Selbstvergewisserung der gegenwärtigen Transformationsprozesse neu zu entde-

---

31 Vgl. Abram Chayes/Antonia H. Chayes, *The New Sovereignty: Compliance with International Regulatory Agreements*, Cambridge, M.A. 1995.

cken. Zu erforschen ist, wie offen und plural die Einheit in der Vielheit gedacht wurde und wie „modern" die politische Kultur des späten Alten Reiches war.

Die politischen Steuerungsprobleme, die mit der Implementierung „vernünftiger" und transformativer Ordnungen verbunden waren, müssen daher möglichst exakt bestimmt werden. Die neueren Staats- und Souveränitätsmodelle bieten methodische Verfahren, um die Steuerungsleistungen der politischen Akteure und ihrer Netzwerke im Alten Reich zu analysieren, ohne den gemeinsamen Sinnhorizont zu verlassen. Das Alte Reich war ein multiples und hochkomplexes Gemeinwesen. Es musste sich ebenso wie seine staatlichen Glieder mit (1.) den Anforderungen, Partizipations- und Kontrollwünschen organisierter Herrschaftsberechtigter (Einungen, Reichs- und Landstände, Gemeinden etc.), (2.) den Vorstellungen und dem Widerstand lokal, regional oder national organisierter Gruppierungen, den Konfessionskulturen sowie den „Parallelgesellschaften", die in gewisser Weise etwa Hugenotten oder Juden bildeten, sowie (3.) den Einwirkungen der europäischen Mächte arrangieren. Aushandeln und Konsenssuche blieben nicht auf die politischen Akteure beschränkt: Herrschaft wurde durch Herrschaft, aber auch durch eine politische Kultur beschränkt, deren Vorgaben – Freiheit, Eigentums- und Rechtssicherheit etc. – politisch und vor den höchsten Gerichten eingeklagt werden konnten. Diese Aushandlungsprozesse sind gut belegt und lassen sich auf den unterschiedlichen Ebenen mit den heutigen Verhältnissen vergleichen. Damit kann eine historische Tiefendimension für komplexe politische Steuerungsvorgänge gewonnen werden, die auch Aufschlüsse darüber verspricht, ob machtstaatlicher Absolutismus wie in Preußen ein unverzichtbares Durchgangsstadium moderner Staatlichkeit war oder ob es andere Entwicklungsmöglichkeiten hin zu den neuen republikanischen Staatsformen gab.

III.

Das lange 18. Jahrhundert in einen Dialog mit der Gegenwart zu bringen, heißt den Erfahrungsraum einer freiheitlichen, wertgebundenen und fortschrittsoptimistischen, sinnstiftenden und handlungsorientierenden Vernunft und der zeitgenössischen Widerständigkeit für die heutigen Debatten verfügbar zu machen. Es heißt aber auch, das Bild dieser Vergangenheit mit aktuellen Deutungsmöglichkeiten zu modifizieren. Das eine wird ohne das andere nicht zu haben sein. Der transdisziplinäre Dialog über etablierte Epochengrenzen ist für beide Seiten befruchtend und relativiert scheinbar feststehende Entwicklungsannahmen. „Wirkung" ist keine Einbahnstraße vom „Vorher" auf das „Nachher". Ursache und Wirkung verlieren im hermeneutischen Zirkel die Eindeutigkeit, die jede genetische Erzählung unterstellt. Der Brückenschlag von der Gegenwart in die Aufklärungsepoche ist zudem alles andere als blind für den Holocaust und die Verbrechen des Dritten Reiches, denn:

1. Eine Brücke ist kein Tunnel: Beide Formen dienen den gleichen Zwecken – dem bequemen Erreichen eines neuen Ortes und der schnellen Vermittlung hin

und her. Während es jedoch im Tunnel dunkel ist, bietet die Brücke eine neue freie Sicht aus höherer Position auf das überspannte Gelände. Sie konstruiert somit auch für das Überbrückte einen neuen „Sehepunkt", den es vorher nicht gab und der Strukturen und Konturen deutlicher profiliert.

2. Die „Brücke" zwischen Vergangenheit und Gegenwart war stets ein wichtiges Erkenntnismittel – auch und vor allem im Sinne eines sinnstiftenden „In-Beziehung-Setzens" von ähnlichen Diskursen und Strukturen in unterschiedlichen Zeiten.

3. Die Brückenkonstruktion hilft, die Gegenwart und die Vergangenheit besser zu verstehen, als dies genetische Erzählungen des Übergangs ermöglichen. Erst aus heutiger Sicht wird beispielsweise der tiefe Bruch in der zweiten Hälfte des 20. Jahrhunderts als ein solcher erkennbar, der weder in die Postmoderne noch ins Ende der Geschichte, wohl aber in eine weiterhin offene Zukunft geführt hat.

Die um 1800 kosmopolitisch und vielgestaltig gedachte Welt, die alle Anlagen des Menschengeschlechts zum Blühen bringen wollte, mündete im 19. Jahrhundert in die organisierte und formierte Moderne, deren Symbol der mächtige und souveräne, normierende und homogenisierende Nationalstaat geworden ist. Ob dieser Umbruch zwingend oder kontingent war, ob und welche Vor- und Nachteile er der Zivilisation brachte, muss hier nicht entschieden werden, denn diese aus der Aufklärung hervorgegangene Welt macht seit dem späten 20. Jahrhundert etwas anderem Platz. Dieses Andere und Neue gründet jedoch ebenfalls im langen 18. Jahrhundert. Das postmoderne Gerede vom Ende der Aufklärung oder der Moderne meint somit allenfalls das Ende einer bestimmten Form der Aufklärung und Moderne.

Es liegt daher nahe – und ist die zentrale Hypothese der Jenaer Forschungen –, dass sich die Einheit der Moderne in drei Phasen gliedern lässt, wobei sich die Grenzen angesichts der Gleichzeitigkeit des Ungleichzeitigen aus den Inhalten ergeben. Die Erste Moderne umfasst jedenfalls das lange 18. Jahrhundert. Sie beginnt mit der Infragestellung der göttlichen Ordnung im späten 17. und endet im 19. Jahrhundert in dem Augenblick, als sich die im Zeitalter der Aufklärung erreichte Offenheit zunehmend schließt. Im deutschen Staatsdenken sind dies vor allem die 1840er Jahre. Danach setzt sich der nationalstaatliche Normierungs- und Formierungspfad durch, vermochte aber in der zweiten Hälfte des 20. Jahrhunderts angesichts des europäischen Einigungsprozesses, der weltweiten Verflechtungen und der wirtschaftlichen Globalisierung immer weniger zu überzeugen. Die neue Ungewissheit führte in eine Transformationsphase und in die Suche nach Orientierung. Ihr fehlte bisher die Möglichkeit der Selbstvergewisserung, weil in der überschaubaren Vergangenheit alles anders zu sein schien. Die Annahme einer dreiphasigen Moderne bietet jedoch die Möglichkeit, das andere der Zweiten Moderne zu überbrücken und bewusste Analogien mit der Ersten Moderne zu bilden, um so reflektiert auf den Erfahrungsraum des langen 18. Jahrhunderts und die Optionen zurückgreifen zu können, die in der Zweiten Moderne zwar nicht verschwunden, wohl aber unterdrückt waren.

Diese Form der Historisierung bedeutet die methodisch kontrollierte Rückgewinnung eines dynamischen „Erfahrungsraumes" der Moderne, in dem sich die

Entwicklungen und Konfigurationen formierten, die den aktuellen „Erwartungshorizont" noch immer bestimmen. Die unmittelbare Vorgeschichte, die Zweite Moderne, bietet dafür aufgrund ihrer anderen Prämissen, Strukturen und Zielsetzungen keine ausreichende Basis. Es ist mithin *die* Brücke, die den gemeinsamen Sinnkontext herstellt und die Erste Moderne für die Probleme der Gegenwart zum Sprechen bringt. Die Brücke bietet drei neue Sehepunkte für: (1.) eine mit dem Wissen des 18. Jahrhunderts angereicherte Gegenwart; (2.) eine mit dem Wissen der Dritten neu gedeuteten Ersten Moderne und (3.) den Blick „von oben" auf eine historisch gewordene Zweite Moderne. Die „Drei-Phasen-Moderne" und *die* Brücken bedingen sich gegenseitig.

Wenn Frühneuzeithistoriker solchermaßen Brücken bauen, so geschieht dies, um einerseits das besser zu verstehen, was uns heute bewegt, andererseits und vor allem jedoch, um die Strukturen, Entwicklungen und Diskurse der Ersten Moderne mit den Erkenntnissen, Theorien und Modellen von heute in einen Sinnhorizont zu bringen und besser als bisher erklären zu können. Lassen sich die aktuellen Fragen und Probleme, Unsicherheiten, Ängste und Hoffnungen verstehen, wenn wir die Denkweisen und Strukturen, in denen die Grundlagen der westlichen Zivilisation als Freiheitsversprechen für die Menschheit geboren wurden, dekonstruieren? Ist es nicht sinnvoller, sich der Ansätze und Konflikte des langen 18. Jahrhunderts, das nicht nur Mehrebenenstaatlichkeit, Pluralisierung und kosmopolitisches Denken, sondern auch Bemühungen um die Versöhnung von Vernunft und Gefühl, Ästhetik und Rationalität kennt, aneignend zu vergewissern? Dabei spielt es keine Rolle, ob das Potential der Aufklärung affirmativ oder ablehnend, irritierend oder orientierend aufbereitet wird. Es ist das Fundament der Gegenwart und muss ihr als Erfahrungs- und Diskursraum zur Verfügung gestellt werden.

DANIEL FULDA

Die Aktualität der Aufklärung als Aktualisierung der von ihr geprägten Kulturmuster

Das Beispiel des „Historisierens"

I. Die Aufklärung aktualisiert sich laufend in ihren Kulturmustern

Dass in der Epoche der Aufklärung Grundlagen der modernen westlichen Gesellschaften gelegt wurden, ist nahezu ein Gemeinplatz. Selbst die Castelgandolfo-Gespräche beim Papst wurden 1996 mit der Feststellung eröffnet, „daß unsere heutige Welt in das Licht der Aufklärung getaucht ist. Die Überzeugung, daß alle Menschen frei sind, ihr Denken und Leben zu gestalten (und daher auch dafür verantwortlich), ist seit dem Ende des 18. Jahrhunderts ein fester Bestandteil unserer Kultur geworden."[1] Ebenso berufen sich nach wie vor solche Forscher auf die Grundlegungsarbeit der Aufklärung, die die Lösung aus kirchlicher Autorität für den ersten und wichtigsten Schritt in die Moderne halten.[2] Unbestreitbar erscheinen uns „Westlern" die von der Aufklärung entwickelten Leitideen – wenn nicht in der jeweiligen Ausgestaltung, so jedenfalls im Prinzip –, denn sie prägen unsere Vorstellungen von politischer Ordnung ebenso wie unsere Ansprüche an die eigene und fremde Lebensführung oder unsere Erwartungen an die Wirtschaft, die Wissenschaften oder die Künste: also Freiheits- und Partizipationsrechte, die Trennung von Staat und Kirche, Kritik und Verantwortung vor der Öffentlichkeit, Selbstbestimmung durch Bildung, Marktkonkurrenz, Erkenntnisfortschritt, Autonomie des Ästhetischen, um nur einige Leitideen aus den genannten Bereichen anzuführen.

Schwieriger ist es anzugeben, *wie* diese (und verwandte) Prinzipien eine so langfristige Geltung erlangen, ja wie sie überhaupt praktisch wirksam werden konnten. Während viele Aufklärer davon ausgingen, dass die Überzeugungsgründe der Vernunft einfach unwiderstehlich seien, dürfte dieser schon im 18. Jahrhundert bezweifelte Optimismus mittlerweile gründlich widerlegt sein. Vielmehr gilt es im einzelnen zu untersuchen, wie aufklärerische Prinzipien kulturprägend wurden, wie sie sich in Institutionen niederschlagen, wie sie das Bewusstsein der Subjekte beeinflussten oder gar steuerten, wie sie Erwartungen erzeugten, Handeln anleiteten sowie Wertmaßstäbe ausformten, an denen individuelle Handlungen ebenso wie die öffentlichen Zustände immer wieder gemessen werden können – und wie

---

1 Krzysztof Michalski, *Einführung*, in: ders., Aufklärung heute. Castelgandolfo-Gespräche 1996, Stuttgart 1997, S. 7–12, hier S. 7.
2 Vgl. Terence James Reed, *Mehr Licht in Deutschland. Eine kleine Geschichte der Aufklärung*, München 2009, S. 7–13.

sie dies alles womöglich bis heute tun. Erklärungsbedürftig ist dabei sowohl die mehr oder weniger weitreichende Durchsetzung von Aufklärung in den verschiedenen Dimensionen und Bereichen von Kultur und Gesellschaft (in Rechts- und Verfassungsnormen, Handlungsmustern, Denkstilen, Mentalitäten usw.) als auch die historische Reichweite dieses durchaus wechselhaften Durchsetzungsprozesses. Besonders dieser zweite Punkt ist gegen das ältere Bild geltend zu machen, die Bemühungen der Aufklärung seien „im 19. Jahrhundert mit harter Plötzlichkeit abgerissen" – und seien der Moderne ohnehin nicht mehr gemäß wegen ihrer (angeblich) einseitigen und naiven Orientierung auf Vernunft.[3] Wie aber konnten die in der Aufklärungsepoche entwickelten Prinzipien und Muster eine teilweise bis in die Gegenwart reichende Langlebigkeit gewinnen?

Wirksam werden Argumente und Denkweisen, indem sie sich mit Praktiken verbinden, mit Praktiken, die aus ihnen hervorgehen oder die durch eine neue Denkweise spezifisch umgestaltet werden und eine neue Bedeutung erhalten. Verbunden mit Praktiken, können Denkweisen sich geradezu habitualisieren und dadurch zu Denkmustern werden, die bereits die Wahrnehmung von Sachverhalten, ja die „Konstruktion von Welt" steuern. Für ein Forschungskonzept, das die kulturelle und gesellschaftliche Verbreitung aufklärerischer Konzepte und zudem die Langfristigkeit dieser Durchsetzungserfolge erhellen soll, empfiehlt es sich daher, den Fokus auf die Aneignung und das Praktischwerden von Konzepten zu legen.[4] In Praktiken bilden sich Routinen aus, und Praktiken verbinden Akteure, so dass sich intersubjektiv geteilte und sozial verankerte Wahrnehmungs-, Deutungs- und Handlungsmuster etablieren können. Damit wiederum ist die Chance sowohl auf eine mehr oder weniger weitreichende, womöglich zeitlich gestaffelte Durchsetzung in der jeweiligen Gesellschaft wie auch auf Langfristigkeit eröffnet. Als Begriff für derartige Kopplungen von Konzepten und Praktiken, die die relative Beständigkeit kultureller Habitualitäten gewonnen haben, schlagen wir *Kulturmuster* vor.[5] Zu einem Kulturmuster gehören sowohl Deutungsschemata, mit deren Hilfe die Welt kategorial erschlossen, strukturiert und interpretiert wird, als auch eine gesellschaftlich organisierte wie individuell aktualisierte Praxis, die ihnen folgt oder aus der sie entstehen. Entsprechende soziale Institutionen können diese Praxis dann auf Wiederholbarkeit stellen, weitgehend ohne neuen Konzeptionsaufwand.

---

3 So Niklas Luhmann in seiner Antrittsvorlesung von 1967: *Soziologische Aufklärung*, in: ders., Soziologische Aufklärung. Aufsätze zur Theorie sozialer Systeme (Bd. 1), Opladen 1970, S. 66–91, hier S. 66.

4 Hans Erich Bödeker/Martin Gierl, *Einleitung*, in: dies. (Hgg.), Jenseits der Diskurse. Aufklärungspraxis und Institutionenwelt in europäisch komparativer Perspektive, Göttingen 2007, S. 11–21, hier S. 11: „Aufklärung [...] ist zwar in ihrem Wesen Diskurs, jedoch dort, wo sie historisch wirkungsmächtig zu werden beginnt, Lebenswelt organisierende Praxis."

5 Das „wir" vermeidet hier nicht die 1. Person Singular, sondern steht tatsächlich für eine Gruppe von Wissenschaftlern. An der konzeptionellen Ausformulierung des Kulturmuster-Begriffs haben sich in letzter Zeit vor allem die Kollegen Stefan Matuschek und Ralf Koerrenz in Jena sowie Harald Bluhm und Dorothee Röseberg in Halle beteiligt.

Ausgangspunkt für die Wahl des Begriffs „Kulturmuster" waren die „Deutungsmuster", die Georg Bollenbeck thematisiert hat.⁶ Den Begriff „Deutungsmuster" bestimmt Bollenbeck so, dass er mit dem hier verwendeten Kulturmusterbegriff weitgehend übereinstimmt: „Das Deutungsmuster leitet Wahrnehmungen, interpretiert Erfahrenes und motiviert Verhalten."⁷ Die im letzten Teil der Definition angetippte Praxis vermag eine Historische Semantik, wie Bollenbeck sie betreibt, allein jedoch kaum zu erfassen. Dementsprechend beschränkt sich die Kulturmuster-Heuristik nicht auf semantische Analysen, sondern zielt auf deren Vermittlung mit der Rekonstruktion von Praktiken. Die Verschiebung im gewählten Begriff – von Mustern der „Deutung" zu den breiter gelagerten Mustern der „Kultur" – zeigt eben dies an. Verbreiteter als im Deutschen ist unser Begriff im Englischen, vor allem dank der Ethnologin Ruth Benedict. Allerdings unterscheidet sich das in Benedicts Buch *Patterns of Culture* von 1934 Thematisierte in einer wichtigen Hinsicht von den Kulturmustern, die unser Begriff bezeichnet. Denn Benedict versteht unter „patterns of culture" oder auch „cultural patterns" die Tiefengrammatik, die jede Kultur zu einer in sich stimmigen Ganzheit mache.⁸ Vorausgesetzt ist also ein holistischer Kulturbegriff. Demgegenüber bezeichnet der Kulturmuster-Begriff, so wie wir ihn verwenden, keine totalisierenden Prägungen, sondern veränderliche Einheiten mittlerer Größe, die untereinander durchaus in Konkurrenz und Widerspruch stehen können. Kulturmuster in unserem Sinne sind keine geschlossenen und essentialistischen Zeichensysteme, die als ahistorische Invarianten der Konstruktion von kultureller wie sozialer Bedeutung zugrunde liegen würden.⁹

Auch von Kulturstandards¹⁰ oder Konventionen (wie das Anstoßen bei Tisch) sind Kulturmuster zu unterscheiden, denn sie generieren über die jeweilige Aktualisierungssituation hinaus ganze Handlungsfelder und führen eine Reflexion über das ihnen zugrunde liegende Problem sowie über ihre Bearbeitung dieses Problems mit sich. Dabei können sie sowohl mit explizit berufener Vorbildlichkeit

---

6 Vgl. Georg Bollenbeck, *Bildung und Kultur. Glanz und Elend eines deutschen Deutungsmusters*, Frankfurt a. M./Leipzig 1994. Konkret analysiert wird bei Bollenbeck *ein* bestimmtes Deutungsmuster von „enormer Zentralität" in Deutschland, nämlich „Bildung und Kultur" (S. 25). Bezeichnenderweise handelt es sich um ein Muster, das im „Laboratorium Aufklärung" geprägt wurde!

7 Ebd., S. 19.

8 Vgl. Ruth Benedict, *Patterns of Culture*, Boston 1989; dt.: *Urformen der Kultur*, Reinbek 1955. Vorsichtiger, aber ebenfalls mit einer Tendenz zur Totalisierung bezeichnet Clifford Geertz als „Kulturmuster" diejenigen symbolischen Komplexe, die im „intersubjektiven Bereich allgemeiner Verständigung angesiedelt sind, in den *alle* Menschen hineingeboren werden, in dem sie ihre getrennten Lebenswege verfolgen und der nach ihrem Tod ohne sie weiterbesteht" (Clifford Geertz, Religion als kulturelles System, in: ders., *Dichte Beschreibung. Beiträge zum Verstehen kultureller Systeme*, Frankfurt a. M. 1983, S. 51, Hervorhebung DF).

9 Ebensowenig sind sie als holistische Rahmungen ganzer Epochen konzipiert wie die *épistémè* der Foucaultschen Wissensarchäologie (vgl. Michel Foucault, *Die Ordnung der Dinge. Eine Archäologie der Humanwissenschaften*, Frankfurt a. M. 1971, S. 213; ders., *Archäologie des Wissens*, Frankfurt a. M. 1973, S. 272 f.).

10 Vgl. Dorothee Röseberg, *Interkulturalitätsforschung in Europa. Versuch einer Bilanz*, in: Ralph Ludwig/Dorothee Röseberg u. a. (Hgg.), *Tout-monde. Interkulturalität, Hybridität, Kreolisierung. Gesellschaftskonzepte zwischen alten und neuen Räumen*, (i. E.).

ausgestattet sein wie auch als „stille Matrix" wirken. Ihre Musterhaftigkeit setzt keine beanspruchte und/oder anerkannte Normativität voraus, sondern lediglich, dass Kulturmuster hinreichend konturiert sind, d. h. dass sie Konzepte und Praktiken in einer prägnanten Weise miteinander verbinden, sowie dass sie relativ stabil sind (wenngleich nicht unveränderlich), d. h. dass sie trotz internen und externen Wandels über einen längeren Zeitraum hinweg bestehen und Wirkung zeigen, indem sie Wahrnehmungen formieren und Handlungen induzieren. Solange auf sie zurückgegriffen wird, wie variierend auch immer, verbinden sie Formationsphasen wie das 18. Jahrhundert mit späteren Epochen – für viele Kulturmuster der Aufklärung gilt das, wie es scheint, bis in unsere Gegenwart. Sich (bewusst oder unbewusst) auf Muster zu beziehen ermöglicht kommunikative Anschlüsse[11] und damit kulturelle Reproduktion und Innovation zugleich. Was einmal den Status eines Kulturmusters gewonnen hat, hat daher bessere Fortsetzungschancen als bloße Leitideen oder Lehrgebäude.

II. „Historisieren" als im Laboratorium Aufklärung geprägtes Kulturmuster

Erläutert sei das Kulturmuster-Konzept hier anhand eines Beispiels aus dem Bereich der Weltdeutungen, die im 18. Jahrhundert neu entstehen, nämlich am Beispiel des „Historisierens". Wie von Friedrich Meinecke über Reinhart Koselleck bis Michel Foucault zahlreiche prominente Gelehrte herausgestellt haben,[12] wird seit dem 18. Jahrhundert alles Kulturelle und Gesellschaftliche und z. T. auch die Natur „historisiert", d. h. es wird in den zeitlichen und räumlichen Zusammenhang gestellt, in dem es entstanden ist, und soll daraus verstanden werden. Alles Sein kann nun durch sein Gewordensein in einer bestimmten Konstellation des historischen Prozesses bestimmt werden. Geschichte wird nicht mehr nur als Reservoir vieler einzelner Geschichten begriffen, sondern als Kontinuum mit Vorwärtsdrang und dadurch als eigenständige Macht, die alles Menschliche bedingt und prägt. Statt von einer unveränderlichen Menschennatur geht man nun von einer kulturell und sozial vermittelten Entfaltung menschlicher Möglichkeiten im geschichtlichen Prozesses aus, statt von ein für allemal geoffenbarten oder durch Vernunft deduzierbaren Normen von deren Bedingtheit durch die jeweiligen Zeitumstände. Folgen

---

11 In diesem Sinne benutzt, wenngleich nur gelegentlich, Niklas Luhmann den Kulturmuster-Begriff: „Kulturmuster sorgen für die Reaktivierbarkeit von Verhaltensmustern, für die Reaktivierbarkeit etwa von Rollen und einzelnen Handlungstypen in zeitlich weit auseinander liegenden Situationen" (ders., *Einführung in die Systemtheorie*, hg. v. Dirk Baecker, Heidelberg 2002, S. 32).
12 Vgl. Friedrich Meinecke, *Die Entstehung des Historismus* [EA 1936], hg. u. eingel. v. Carl Hinrichs, in: Friedrich Meinecke, *Werke*, Bd. 3, München 1965; Reinhart Koselleck, Geschichte, Historie, in: Geschichtliche Grundbegriffe. Historisches Lexikon zur politisch-sozialen Sprache in Deutschland, hg. v. Otto Brunner, Werner Conze u. Reinhart Koselleck, Bd. 1–8 (in 9), Stuttgart 1972–97, Bd. 2 (1975), S. 593–717 (595–647 von Christian Meier, Odilo Engels und Horst Günther), hier S. 687–694; Foucault, *Ordnung der Dinge*, S. 439–447.

hat dies für zahlreiche, womöglich für alle Lebensbereiche: Geschichtlich zu denken steuert seitdem politische Legitimationsstrategien ebenso wie ästhetische Wertmaßstäbe, die Methodik der Geisteswissenschaften ebenso wie das Identitätsmanagement moderner Subjekte in der Form des eigenen „Lebenslaufs".

Das Kulturmuster „Historisieren"[13] ist ein Produkt des *Laboratoriums Aufklärung* par excellence, zumal wenn man darunter nicht allein die Epoche der Aufklärung im üblichen Sinne versteht, sondern auch die unmittelbar auf die Aufklärungsimpulse reagierenden Strömungen einbezieht – gesamteuropäisch gesprochen: Revolution und Romantik, in den traditionellen Begriffen der deutschen Literatur- und Geistesgeschichte: Klassik, Romantik und Idealismus.[14] Faktoren für die Entstehung des modernen historischen Denkens hat die Forschung in einiger Fülle herausgearbeitet. Sie lassen das „lange" 18. Jahrhundert in der Tat als ein „Laboratorium" erscheinen, in dem nach dem Geltungsschwund des christlichen und dann auch des vernunftdeduktiven Weltdeutungsrahmens mit unterschiedlichen Reagenzien experimentiert wurde, aus denen schließlich das neue Kulturmuster des Historisierens hervorging: die Entstehung einer säkularen Geschichtsphilosophie unabhängig von der christlichen Heilsgeschichte; der neue Kollektivsingular der einen, das Geschehen aller Zeiten integrierenden „Geschichte"; die Beschäftigung mit den „wilden" Völkern in Übersee, die als auf einer „primitiven" Stufe der Menschheitsentwicklung stehend interpretiert werden; das Bekenntnis zur historischen Relativität ästhetischer Maßstäbe anstelle einer ewigen Vorbildlichkeit der Antike; die Erfahrung der Französischen Revolution einerseits als Traditionsbruch, andererseits als Beweis der Veränderbarkeit der gesellschaftlichen Ordnung; allgemeiner die Erfahrung einer wachsenden Diskrepanz zwischen Erfahrungsraum und Erwartungshorizont; die Aneignung narrativer Repräsentations- und dramatischer Konfigurationsmodelle für die Repräsentation einer sowohl dynamischen als auch kohärenten Geschichte und – ich hoffe, damit die wichtigsten genannt zu haben – panentheistische oder idealistische Aufladungen des historischen Prozesses als Entfaltung eines immanenten und zugleich metaphysischen Sinnes.[15]

---

13 Im Deutschen ist der Begriff „Historisieren" ungewohnt, während das englische Äquivalent „historicizing" mittlerweile häufiger begegnet, vor allem in „postmodernen" Kontexten. Wie im von mir vorgeschlagenen Gebrauch bezeichnet es dort einen „process of construction the past" durch unterschiedliche „cultural practices" (John E. Toews, *A New Philosophy of History? Reflections on Postmodern Historicizing*, in: History and Theory 36 [1997], S. 236–248, hier S. 246), allerdings mit dem typisch postmodernen Akzent darauf, dass auf diese Weise unendlich verschiedene „histories" zustande kommen. Dagegen arbeitet das Kulturmuster Historisieren vor allem an der Kontinuität der „einen Geschichte", wenngleich es diese Einheit in der Tat nur in unendlich vielen Variationen und niemals vollständig erzeugen kann

14 Bereits Peter Pütz, *Die deutsche Aufklärung*, Darmstadt ⁴1991, S. 189–191 stellt Aufklärung und Frühromantik in einen engen Zusammenhang, der sich aus der Tendenz der Aufklärung zur „progressiven Universalisierung" ergibt (S. 5, im Orig. hervorgeh.). Vgl. auch Georg Schmidt, *Wandel durch Vernunft. Deutsche Geschichte im 18. Jahrhundert*, München 2009, S. 11.

15 Anstelle umfangreicher Literaturhinweise sei hier nur eine neue Studie von Gewicht genannt, die mehrere der o. g. Faktoren berührt: Lucas Marco Gisi, *Einbildungskraft und Mythologie. Die Verschränkung von Anthropologie und Geschichte im 18. Jahrhundert*, Berlin/New York 2007.

Dies sind nun vornehmlich neue Weisen der *Deutung* von Vergangenem und dessen Zusammenhang mit Gegenwart und Zukunft; lediglich die – besonders von den Weimarer und Jenaer Autoren Herder, Schiller, Goethe und den Schlegels geleistete – Adaption bestimmter literarischer Darstellungsweisen für das *Schreiben von Geschichte*[16] kann man als *praktisch* relevantes Muster verbuchen. Indessen hat die Forschung auch zahlreiche Praktiken des Historisierens beschrieben, wie sie sich um 1800 herausbilden: von der Sammlung und Musealisierung von (häufig aus ihrer traditionellen Funktion herausgebrochenen) Kunstwerken über neuartig historische Begründungen von Politik und Recht oder den massiven historischen Stoffhunger von Literatur, Theater und Künsten und die Neo-Stile in Architektur und Wohnungsausstattung bis hin zu den entstehenden historisch verfahrenden Geisteswissenschaften, der öffentlichen Fest- und Gedenkkultur oder dem „Sich-selbst-historisch-werden" im Medium der Autobiographie.[17] Sowohl die Konzepte als auch die Praktiken des Historisierens sind demnach im Prinzip bekannt (wenngleich gewiss noch nicht in angemessenem Umfang). Was fehlt, ist eine Erklärung, wie all dies zusammenhängt und eine so breite wie hartnäckige Geltung gewinnen konnte. Zeigen die vielen verschiedenen Ausprägungen des Historisierens syn- und diachron eine durchgängige Grundstruktur, die es rechtfertigen würde, von einem einzigen Kulturmuster zu sprechen, das sich in zahlreichen Varianten ausgeformt hat? Offensichtlich reicht es nicht aus, wie üblich von einer „grundsätzlichen Historisierung alles unseres *Denkens* über den Menschen, seine Kultur und seine Werte" zu sprechen (so die vielzitierte Historismusdefinition Ernst Troeltschs),[18] denn

---

16 Vgl. dazu Daniel Fulda, *Wissenschaft aus Kunst. Die Entstehung der modernen deutschen Geschichtsschreibung 1760–1860*, Berlin/New York 1996.

17 Vgl. stellvertretend für eine Fülle von Studien: Francis Haskell, *History and Its Images. Art and the Interpretation of the Past*, New Haven 1993; John Edward Toews, *Becoming Historical. Cultural Reformation and Public Memory in Early Nineteenth-Century Berlin*, Cambridge u. a. 2004; Wolfgang Hardtwig, *Geschichtskultur und Wissenschaft*, München 1990; James Chandler, *England in 1819. The Politics of Literary Culture and the Case of Romantic Historicism*, Chicago/London 1998; Christian Drude, *Historismus als Montage. Kombinationsverfahren im graphischen Werk Max Klingers*, Mainz 2005; Angelika Jacobs, *Goethe und die Renaissance. Studien zum Konnex von historischem Bewußtsein und ästhetischer Identitätskonstruktion*, München 1997.

18 Ernst Troeltsch, *Der Historismus und seine Probleme. Erstes Buch: Das logische Problem der Geschichtsphilosophie (1922)*, hg. v. Friedrich Wilhelm Graf in Zusammenarbeit mit Matthias Schloßberger, in: ders., Kritische Gesamtausgabe, Bd. 16, Berlin/New York 2008, S. 281 (Hervorhebung DF). Weit seltener wird die Historismusdefinition Karl Mannheims zitiert, die diese Einseitigkeit zumindest im Prinzip aufbricht: „ein Prinzip, das nicht nur mit unsichtbarer Hand die gesamte geisteswissenschaftliche Arbeit organisiert, sondern auch das alltägliche Leben durchdringt. Man kann heute keine Politik treiben, keinen Menschen verstehen […], ohne alle jene Realitäten, die uns dabei entgegentreten, als dynamisch gewordene und werdende hinzunehmen." (*Historismus* [1924], in: Karl Mannheim, *Wissenssoziologie. Auswahl aus dem Werk*, eingel. u. hg. v. Kurt H. Wolff, Neuwied/Berlin 1970, S. 246–307, hier S. 246). Mannheims Hinweis auf die (außerwissenschaftliche) Praxis ist von der Historismus-Diskussion jedoch nicht aufgenommen worden. – Kenner werden bemerken, dass das von mir als Kulturmuster angesprochene „Historisieren" dem weiter gefassten Verständnis von „Historismus" z. B. bei Troeltsch und Mannheim recht nahe steht (vor allem in seiner Periodisierung), jedenfalls näher als dem Verständnis von Historismus als Epoche vornehmlich der deutschen Geschichtswissenschaft im 19. und frühen 20. Jahrhundert, durch das sich dessen Kritiker „jenseits des Historismus" (Wolfgang Mommsen) verorten. Als Ver-

wir haben es keineswegs allein mit einer neuen Denkweise, sondern ebenso mit neuen Praktiken zu tun, und es ist zu fragen, wie beides zusammenkommt und sich womöglich wechselseitig herausfordert und vorantreibt. Kurzgefasst: Wie diese Formierung oder Organisation, u. U. auch Institutionalisierung von (unterschiedlichen) Praktiken mit bestimmten Wahrnehmungs- und Deutungsschemata zusammenhängt, ist die eine entscheidende Frage, auf die das Kulturmuster-Konzept führt. Die andere entscheidende Frage ist, wie Konzepte und Praktiken so zusammenwirken, dass diese Kopplung immer wieder aktualisiert wird und sich dadurch als ein langfristig produktives Muster etabliert.

III. Das Geschichtserlebnis des jungen Jacob Burckhardt

Obgleich es sich um ein auf „mittlerer Ebene" operierendes Konzept handelt (zwischen den abstrakten Prinzipien oder Leitideen z. B. der Aufklärung und situationskonkreten Kulturstandards oder Konventionen), sind die Forschungsfelder, die das Kulturmuster-Konzept erschließt, in den allermeisten Fällen recht groß dimensioniert. Denn zu einem Kulturmuster gehört per definitionem, dass es Konzepte und Praktiken verbindet und dass es über einen längeren Zeitraum wirksam ist (mindestens über eine Generationenspanne hinaus, damit gesichert ist, dass eine kulturelle Tradierung oder besser Fortschreibung stattfindet). Die Untersuchung von Kulturmustern wird daher in der Regel – wenn nicht bloß ein Überblick intendiert ist – exemplarisch verfahren, sich also eine bestimmte Ausprägung des jeweiligen Kulturmusters in einem bestimmten gesellschaftlichen Bereich und zu einer bestimmten Zeit, womöglich auch an einem konkreten Ort vornehmen. Konstitutiv bleiben indes die Berücksichtigung sowohl der relevanten Konzepte als auch der jeweiligen Praktiken sowie der Nachweis der Musterhaftigkeit über einen längeren Zeitraum hinweg.

Im schmalen Rahmen dieses Beitrags lässt sich sogar dies nur andeutungsweise leisten. Anhand einiger Zitate aus den Briefen des jungen Jacob Burckhardt kann und möchte ich in diesem dritten Abschnitt zunächst nur demonstrieren, dass Kulturmuster mehr sind als Denkweisen oder geistige Prinzipien, weil sie nämlich wahrnehmungs-, deutungs- und handlungsregulierende Relevanz haben. Im vierten Abschnitt folgen Überlegungen zu den Gründen für die Langlebigkeit vieler Kulturmuster. Die Briefe des jungen Burckhardt ermöglichen Einblicke, wie das Kulturmuster Historisieren funktioniert, indem es die Wahrnehmung und Interpretation von Welt durch ein konkretes Subjekt steuert, und in Ansätzen auch, welche Praktiken daraus folgen (können). Dass es sich um ein langfristig produkti-

---

kürzung sehe ich jedoch beide Historismusbegriffe: den weiteren, weil er sich allein auf eine Denkform bezieht, nicht aber auf die dazugehörigen Praxen; den engeren, weil er zwar die Ausgestaltungen des Historismus in einem Praxisbereich in den Blick nimmt, aber eben nur *einen* Bereich, nämlich den der Wissenschaft. Beiden Verkürzungen kann die Thematisierung des Historisierens als ein Kulturmuster entgegenwirken. Mehr dazu in meinem Beitrag: *Historicism as a Cultural Pattern: Practising a Mode of Thought*, in: Journal of the Philosophy of History 42 (2010), S. 136–151.

ves Kulturmuster handelt, das hier wirksam ist, darf man voraussetzen, weil die Grundstruktur des Historisierens aus vielen anderen Quellen des 19. und 20. Jahrhunderts bekannt ist, wenngleich sich seine wahrnehmungssteuernde Wirkung kaum je so präzise beachten lässt wie hier. (Die Außenseiterstellung, die Burckhardt in der Geschichtswissenschaft seiner Zeit hatte, spielt unter dem allgemeinen Gesichtspunkt, wie das Kulturmuster Historisieren funktioniert, keine Rolle, zumal der junge Burckhardt dem Mainstream seiner Berliner Lehrer ohnehin noch nahe steht.[19])

Nachdem Burckhardt drei Semester lang in Berlin studiert hatte, reiste er im Frühjahr 1841 an den Rhein. Aus Frankfurt schreibt er an seine Schwester: „Mein Kopf schwindelt mir, wenn ich all das überdenke, was mir in den letzten zehn Tagen Deutschland Ernstes und Freudiges geboten hat."[20] Was ihn so überschwänglich begeistert, ist nicht allein die Freundschaft, die er im Gespräch mit Kommilitonen erfährt, sondern auch – und öfter noch – seine Wahrnehmung von Geschichte. Als er nachts von Halle nach Eisleben kommt, „wo Luther geboren ist", „ging [eben] der Nachtwächter durch die Straßen und sang noch ein Lied Luthers. Ich empfand einen heiligen Schauer bei dem Gedanken, nach drei Jahrhunderten auf derselben Stelle ein Factum noch wirkend zu finden."[21] Man beachte die unscheinbare Bedeutsamkeit der Grammatik an dieser Stelle: Lat. *factum* hat die Form des Partizips Perfekt Passiv, aber Burckhardt nimmt darin ein Partizip Präsens Aktiv wahr, analog zum Übergang von der natura naturata zur natura naturans, wie er für die Geschichtsphilosophie des späten 18. Jahrhunderts charakteristisch ist[22]; er erkennt, mit Wilhelm von Humboldt zu sprechen, nichts geringeres als die „schaffenden Kräfte der Weltgeschichte".[23] Einige Tage später in „Sancta Colonia"[24] ist es sogar das ganze Land, das der junge Reisende als „heilig" wahrnimmt, wobei er die Schwester – die beiden sind Kinder eines reformierten Pfarrers – schon anlässlich seines Besuches am Fuldaer Bonifatiusgrab beruhigt hat: „fürchte keine katholische Regung […]; es war bloß historische Verehrung, was mich vor dem Altare festhielt."[25] In Köln ist es insbesondere der Dom, der die Präsenz und das Fortwirken der Geschichte erleben lässt. Über die „sonderbare Luft, die jetzt hier weht", berichtet Burckhardt in einem weiteren Brief: „Vorgestern wurde in

---

19 Vergleiche mit Ranke, Droysen und anderen Historikern des 19. Jahrhunderts nimmt vor: Wolfgang Hardtwig, *Geschichtsschreibung zwischen Alteuropa und moderner Zeit. Jacob Burckhardt in seiner Zeit*, Göttingen 1974.
20 An die Schwester Luise, 5. April 1841. Jacob Burckhardt, *Briefe*. Vollständige und kritisch bearb. Ausg., mit Benützung d. hsl. Nachlasses hergest. v. Max Burckhardt. Bd. 1–10 u. Registerbd, Basel 1949–1994, Bd. 1, S. 162.
21 Ebd., S. 167.
22 Vgl. Annette Graczyk, *Das literarische Tableau zwischen Kunst und Wissenschaft*, München 2004, S. 170.
23 Wilhelm von Humboldt, *Über die Aufgabe des Geschichtsschreibers*, in: ders., Werke in fünf Bänden, hg. v. Andreas Flitner u. Klaus Giel, Darmstadt 1960–81, Bd. 1, S. 585–606, hier S. 597.
24 An Eduard Schauenburg, 15. April 1841, datiert aus „Sancta Colonia", S. 46, Burckhardt, *Briefe*, Bd. 1, S. 175.
25 An die Schwester Luise, 5. April 1841, ebd., S. 171.

feierlicher Sitzung beschlossen, man wolle es ‚in Gottes Namen' wagen, zum Ausbau des Domes zu schreiten; die ganze Stadt ist voll davon; selbst die geringen Bauleute sind davon ergriffen und beseelt. [...] Es ist aber auch ein großes Gefühl, an der Vollendung eines solchen Baues zu arbeiten."[26] Was sieben Jahrhunderte zuvor begonnen wurde, „wirkt" – um Burckhardts Begriff aufzunehmen – noch immer und „macht" Geschichte.

Dass Geschichte ein Kontinuum von wirkenden Kräften ist, erscheint in den Briefen des jungen Burckhardt nicht als geschichtstheoretisches Postulat und auch nicht bloß als Denkform, sondern als lebendige Erfahrung. Zwar erlebt der Zweiundzwanzigjährige keine spontane Epiphanie der Geschichte, sondern eine „programmierte". Denn durch sein Geschichtsstudium ist er bereits darauf eingestellt, in den Überresten der Vergangenheit deren „Zeugen" wahrzunehmen, und mehr noch: die so bezeugten Vergangenheiten zu einem Entwicklungskontinuum zu verbinden. Für den Studenten bei Ranke, Droysen und Franz Kugler „gewinnen", so Burckhardt in einem Brief aus dem folgenden Jahr, „die Fakta der Geschichte, die Kunstwerke, die Monumente aller Zeiten als Zeugen eines vergangenen Entwicklungsstadiums des Geistes Bedeutung".[27] Doch reiste Burckhardt nicht als Historiker an den Rhein. Seine Briefe dokumentieren mithin nicht weniger als eine Habitualisierung des Historisierens, wie es sich im Laboratorium Aufklärung des langen 18. Jahrhunderts als Denkweise herausgebildet hatte. Aus Überresten vergangene Zustände zu rekonstruieren, die in einem dynamischen Kontinuum stehen, und dies als Geschichte wahrzunehmen, die zur Gegenwart führt und diese antreibt – diese gedankliche Operation stellt für Burckhardt und viele seiner Generation nicht allein eine wissenschaftliche Methode dar, die ihren Einsatzort in der akademischen Berufsarbeit hat. Vielmehr handelt es sich um ein habitualisiertes Deutungsschema, mit dessen Hilfe die Welt kategorial erschlossen, strukturiert und interpretiert wird. Indem Burckhardt durch Deutschland reist, hört und sieht, ja „fühl[t]" er Geschichte: „Glaube mir," schreibt er nach seiner Rückkehr nach Berlin, „es erregt mir oft einen ehrfurchtsvollen Schauer, wenn ich in der Vergangenheit die Gegenwart schon deutlich daliegen sehe."[28] Geschichte ist für ihn nicht allein ein Gegenstand der Erkenntnis oder ein Konstrukt historiographischer Arbeit, sondern Erfahrung und Erlebnis. Zu historisieren ist hier nicht weniger als eine Lebensprägung, die identitätsfundierende Bedeutung hat.

Wie aber sieht es mit den dazugehörigen Praktiken aus? In den zitierten Briefen ist mit dem Kulturmuster Historisieren keine spezifische Praxis verbunden, außer einer Reisepraxis, die aus der Anschauung historischer Überreste Anlässe und Stützen für die Imagination von Vergangenheit und das Erlebnis historischer Kontinuität zieht. Jedoch ist erkennbar, dass eine ganze Reihe unterschiedlicher Praktiken darauf aufbauen kann: Ansätze zeigen sich sowohl für eine nationalpolitische Praxis als auch für eine religionskritische („historische Verehrung", man könnte auch

---

26 An Eduard Schauenburg, 15. April 1841, ebd., S. 175.
27 An Karl Fresenius, 19. Juni 1842, ebd., S. 206.
28 Ebd., S. 206 f.

sagen: eine säkulare Geschichtsreligion statt katholischer Transzendenz), ebenso für Lebensführung und das Bild vom eigenen Lebenslauf, für Kunstverehrung und Denkmalskult – und natürlich auch für geschichtswissenschaftliche Forschung. Wie wir wissen, hat es all diese Praktiken als typische Praktiken des Historismus gegeben. In Burckhardts Briefen wird demnach der „Punkt schöpferischer Indifferenz" zwischen diesen verschiedenen Ausprägungen, ja potentiell zwischen allen Ausprägungen des Historisierens greifbar.[29] Die große Vielfalt der anschließbaren Praktiken lässt sich von einem Subjekt aus bzw. auf so begrenzter Quellengrundlage zwar nicht fassen, doch deutet sie sich an dem Indifferenzpunkt, auf dem das Geschichtserlebnis des jungen Burckhardt angesiedelt ist, immerhin an.

IV. Externer Bedarf und interne Struktur

Es mag irritieren, dass das „Erbe" der Aufklärung hier am Beispiel eines 1818 geborenen Autors aufgewiesen werden soll. Der Ansatz, die langfristige Wirkung der Aufklärung in den von ihr geprägten Kulturmustern nachzuweisen, erfordert indes eben den Schritt über die Entstehungsphase des Historisierens hinaus, das heißt zunächst ins post-romantische, post-napoleonische 19. Jahrhundert – und potentiell bis in die Gegenwart. Auf diesem Weg wäre dann zu prüfen, welche Rolle das Kulturmuster Historisieren weiterhin in unserer Kultur spielte und spielt – trotz der „Krise des Historismus", über die um und nach 1900 diskutiert wurde, trotz der immer wieder auftretenden Prätentionen, Geschichte zu transzendieren (ästhetisch, naturrechtlich, revolutionär, in einer „Präsenzkultur" oder wie auch immer) und trotz der wiederholten Proklamation eines Posthistoire sowie poststrukturalistischer Diskontinuitätspräferenz im letzten Drittel des 20. Jahrhunderts.[30]

Fragt man danach, welche Faktoren ein Kulturmuster über längere Zeit hinweg lebendig halten, so ist sowohl Externes als auch Internes zu berücksichtigen: Extern geht es um den gesellschaftlichen wie individuellen Orientierungsbedarf, den Kulturmuster befriedigen sollen. Denn anders als Kulturstandards, die man weitgehend unreflektiert beachtet, sind Kulturmuster auch für diejenigen, die sie ergreifen, sichtbar und daher reflektierbar und geeignet für die Bearbeitung von Orientierungsproblemen intellektueller wie praktischer Art. Im „Laboratorium Aufklärung" entstand jener Orientierungsbedarf, als die traditionalen Ordnungen des Wissens, des Handelns und des Glaubens aufbrachen mit der Folge einer neuartig

---

29 Vgl. Benjamins Überlegung, „ob die Geschichtsschreibung nicht den Punkt schöpferischer Indifferenz zwischen allen Formen der Epik darstellt". (Walter Benjamin, *Der Erzähler. Betrachtungen zum Werk Nikolai Lesskows*, in: ders., Gesammelte Schriften, unter Mitw. von Theodor W. Adorno u. Gershom Scholem, hg. v. Rolf Tiedemann u. Hermann Schweppenhäuser [Bd. 2,2], Frankfurt a. M. 1977, Bd. 2, S. 438–465, hier S. 451).

30 Paul Hamilton (*Historicism*, London/New York 1996) geht so weit, selbst Foucault, Derrida und Lacan in einen weit gefassten „Historicism" zu integrieren, worunter er allerdings wie die meisten Forscher allein eine Denkweise versteht und nicht auch die Praktiken, die zum Kulturmuster Historisieren gehören.

offenen Situation. Das Kulturmuster „Historisieren" scheint insbesondere auf die Unsicherheit zu antworten, die sich durch das Auseinandertreten von Erfahrungsraum und Erwartungshorizont einstellte.[31] Denn zu historisieren fungiert seit dem 18. Jahrhundert als individuell geübtes wie institutionell gepflegtes Verfahren zur sinnhaften Integration des Einzelnen (einzelner Zeitphasen, Akteure, Lebensstile, Überzeugungen usw.) in ein größeres Ganzes (die Geschichte, die Gesellschaft, die Kultur), das nicht mehr als ewige Ordnung begriffen werden kann. Zu historisieren hebt Unsicherheit nicht auf durch Bezug auf etwas als absolut Gesetztes, aber es relativiert sie durch Kontextualisierung. Da jene offene Situation aber seit der Aufklärung anhält – verschiedene ideologische Schließungen haben sich als nicht dauerhaft erwiesen –, haben wir es auf der Bedarfsseite mit einer fortdauernden Anforderung zu tun.

Ob ein bestimmtes Kulturmuster ebenso langfristig diesen Bedarf zu erfüllen vermag, hängt – wie anzunehmen ist – auf der anderen Seite aber auch von seiner internen Struktur ab. Sie muss hinreichend konturiert sein, um kommunikative Ansprechbarkeit, praktische Aneignung sowie diskursive Auseinandersetzung mit dem Kulturmuster zu ermöglichen. Zudem muss sie Spielraum für neue und kreative, bei kontinuierlicher Grundstruktur zugleich verändernde Aktualisierungen bieten, die auf die jeweils zeitspezifischen Ausformungen des Orientierungsbedarfs, auf den das Kulturmuster antwortet, reagieren. Die Produktivität des „Laboratoriums Aufklärung", nach der wir fragen, ist mithin *nicht* als eine Geschichte kausaler *Wirkungen* zu denken und „nicht als der ‚Transport' eines vergangenen Sinnkomplexes in die Gegenwart [...], bei dem das ‚transportierte' Element identisch bliebe", sondern als „Prozess nicht-determinierter ‚hermeneutischer Applikation'" und selektiver „sozialer ‚Resonanz'".[32] Es ist keineswegs zu erwarten, dass ein Kulturmuster stets die gleiche Gestalt zeigt, denn jede Aktualisierung eines Kulturmusters verändert dies zugleich, weil sie Variation und Selektion ermöglicht. Dementsprechend sind zahlreiche unterschiedliche, sogar sich widersprechende Ausgestaltungen ein und desselben Kulturmusters möglich – für den Historismus ist dies weidlich bekannt.[33] Eben dieser Wandel hält ein Kulturmuster aber auch lebendig und

---

31 Burckhardt verbindet diesen Traditionsbruch vor allem mit der Französischen Revolution und Napoleon: „Fast sämmtlichen europäischen Völkern ist das, was man historischen Boden nennt, unter den Füßen weggezogen worden [...]. Alle Restauration [...] kann das factum nicht auslöschen, daß das XIX Jahrhundert mit einer tabula rasa aller Verhältnisse begonnen hat." (An Gottfried Kinkel, 13. Juni 1842, *Briefe*, Bd. 1, S. 201). Gleichwohl nimmt er soviel fortlaufende Entwicklungslinien wahr, dass er von seinen Forschungen über den hochmittelalterlichen Kölner Erzbischof Konrad von Hochstaden aufblickend jubeln kann, „wie die Geschichte Deutschlands so schön und deutlich in die Gegenwart mündet." (An Gottfried Kinkel, 30. Dezember 1841, ebd., S. 184).
32 So Andreas Reckwitz über die Bedingungen kultureller Dynamik in modernen Gesellschaften in seinem Aufsatz: *Der verschobene Problemzusammenhang des Funktionalismus: Von der Ontologie der sozialen Zweckhaftigkeit zu den Raum-Zeit-Distanzierungen*, in: Jens Jetzkowitz/Carsten Stark (Hgg.), Soziologischer Funktionalismus. Zur Methodologie einer Theorietradition, Opladen 2003, S. 57–81, hier S. 77.
33 Vgl. Daniel Fulda, *Historismus in allen Gestalten. Zu einigen kulturwissenschaftlichen Problemgeschichten der Moderne*, in: Rechtshistorisches Journal 16 (1997), S. 188–220.

attraktiv: Es bleibt wirksam, solange seine Struktur die jeweils relevanten Fragen und Antworten zu formulieren erlaubt.

Was die spezifische Struktur des Historisierens angeht, so lässt sich bereits an den zitierten Briefstellen ablesen, dass sie durch eine grundlegende Spannung zwischen Bruch-, Distanz- und Diskontinuitätserfahrungen einerseits sowie Kontinuitäts- und Präsenzverlangen und entsprechenden Konstruktionen andererseits geprägt ist, wobei die Kontinuitäts- und die Präsenzkonstruktion ihrerseits in einer starken Spannung stehen, weil jeweils immer nur einzelne Momente der Geschichte präsent sein oder erscheinen können. Diese Grundspannung prägt das im „Laboratorium Aufklärung" ausgebildete Historisieren in einer ganzen Reihe von Dimensionen: 1. zwischen der postulierten *Ganzheit* der Geschichte im „Kollektivsingular" und dem Bezug, der nie auf das Ganze der Geschichte genommen wird, sondern stets auf *Ausschnitte*, die erforscht, dargestellt oder rezipiert werden; 2. zwischen historischer *Prozessualität* und *momentanen* Konstellationen in der Geschichte, die erforscht, dargestellt oder rezipiert wird;[34] 3. weil der wahrgenommene Traditionsbruch eine qualitative Differenz zwischen die eigene und jede frühere Zeit legt: Das Historische ist zunächst einmal notwendig *inaktuell* und steht in mehr oder weniger großer Distanz zur Gegenwart. Zugleich jedoch sind die qualitativ geschiedenen Zeiten des Heute und des Damals durch die Prozessualität der Geschichte miteinander verknüpft: Das Historische gilt immer auch als etwas, das bis in die jeweilige Gegenwart nachwirkt. 4. Eine ähnliche Spannung prägt die Geschichts*darstellung*: Während das Vergangene einerseits in seiner *Nicht-Identität* mit dem Gegenwärtigen darzustellen ist (sonst würde Geschichte nicht als ständige Zeitigung von Neuem kenntlich), soll es andererseits den Jetztlebenden so nah wie möglich gebracht werden: In ihrer Darstellung soll Geschichte vergegenwärtigt, verlebendigt, evident gemacht werden, sei es politisch, historiographisch, literarisch, auf dem Theater, in der Bildenden Kunst, museal, architektonisch, als Festumzug oder *re-enactment* oder wie auch immer. 5. Alle historische Darstellung steht dabei wiederum in der Spannung zwischen der behaupteten oder suggerierten *Tatsächlichkeit* von Geschichte einerseits und deren mehr oder weniger bewusster *Konstruktion* andererseits.

In der an zweiter Stelle genannten Dimension bildete diese Grundstruktur des Historisierens vor einiger Zeit übrigens den Ansatzpunkt einer kritisch gemeinten Beweisführung, dass der Historismus des 19. Jahrhunderts in eine Sackgasse führen musste. Hannelore und Heinz Schlaffer zufolge unterminierten die Neigung der Historisten, über Geschichte als etwas zu sprechen, das sinnlich wahrnehmbar ist, und die damit verbundene Darstellungsambition, Geschichte zu bildhafter Deutlichkeit und Fülle zu bringen, eben die Ganzheit und Dynamik des historischen Prozesses, die die Historisten erst verkündet hatten: Das historistische „Den-

---

34 Beide Spannungen sind grundlegend für das Historisieren (vgl. Frank R. Ankersmit, *Sublime historical experience*, Stanford 2005, S. 144) und stellen sich nicht erst ein, wenn Geschichte wie von Burckhardt als Objekt der Anschauung gedacht wird. Geschichte in der tendenziellen Achronie von Bildern wahrzunehmen oder darzustellen, treibt jene Spannungen lediglich auf die Spitze.

ken von Geschichte löst Geschichte in eine imaginäre Welt erinnerter Bilder auf."[35] Denn im Bild erscheinen lauter einzelne Zeitpunkte, während Handlungsverläufe sich allenfalls andeuten lassen und vom Betrachter nach Maßgabe seines Vorwissens extrapoliert werden müssen. In Bildern gehe daher, so die Schlaffers, die Prozessualität von Geschichte verloren; in Bildern kehre die Vergangenheit wieder, statt zu vergehen: Geschichte komme so zum „Stillstand".[36] Durchaus zustimmen kann man der Beschreibung, dass der Historismus durch eine Spannung zwischen der Bildhaftigkeit einzelner Situationen und der Prozessualität der Geschichte insgesamt gekennzeichnet sei. Sogar für das (im Verhältnis zum Historismus) umfassendere Kulturmuster Historisieren lässt sich dieser Befund übernehmen. Fraglich scheint hingegen, ob man darin die Ursache für ein notwendiges Scheitern erkennen muss. Aus jener Spannung – und ebenso aus den anderen eben genannten – könnte das Historisieren vielmehr einen wesentlichen Teil seiner lang anhaltenden Attraktivität bezogen haben und weiterhin beziehen.

Denn in jenen Spannungen vermochte das Kulturmuster Historisieren augenscheinlich besser den Spannungen zu antworten, die bereits in dem Orientierungsbedarf liegen, den es befriedigen soll, nämlich z. B. eine Balance herzustellen in der für persönliche und gesellschaftliche Identitäten gleichermaßen relevanten Spannung zwischen der Rückbindung an etwas historisch Gewachsenes und der Freisetzung durch den Traditionsbruch. Außerdem scheinen die Spannungen, die das Kulturmuster Historisieren strukturieren, geradezu als Herausforderung zu immer neuen Aktualisierungen gewirkt zu haben: als Herausforderung, neue Varianten auszuprobieren, wie sich Historizität und Gegenwärtigkeit oder Narrativität und Bildhaftigkeit ins Verhältnis setzen lassen.[37] Nutzt man die Bildhaftigkeit, die im Begriff „Spannung" selbst angelegt ist, so kann man in diesem Sinne sagen, dass die eben angeführten Spannungen wie gespannte Federn oder Bogen wirken, die das Kulturmuster Historisieren antreiben und produktiv halten. So versucht Burckhardt, die Spannung zwischen Prozessualität und Bildhaftigkeit in der Metapher vom „herrlichen, wenn auch geheimnißvollen Schauspiel" der Geschichte auszugleichen.[38] Denn die Schauspiel-Metapher impliziert sowohl eine als dramatisch-antagonistisch gesehene Verlaufsstruktur als auch den Anspruch, Geschichte anschauend zu erkennen und anschaulich darzustellen, und zwar gerade auch in ihren Konflikten und ihrem Wandel. Anschaulichkeit hat die Geschichte für Burckhardt demnach nicht nur in bildhaften einzelnen Momenten, sondern ebenso als Pro-

---

35 Hannelore Schlaffer/Heinz Schlaffer, *Studien zum ästhetischen Historismus*, Frankfurt a. M. 1975, S. 18.
36 Ebd.
37 Vgl. den ähnlichen, im Ausgang von der Geschichtskultur des späten 18. und der ersten Hälfte des 19. Jahrhunderts gefassten Grundgedanken bei Ann Rigney, *Imperfect Histories. The Elusive Past and the Legacy of Romantic Historicism*, Ithaca/London 2001, S. 11: „it is precisely the tension between different types of imperfection that ensures that the dialogue with the past and hence the evolution of modes of historical writing and new conceptions of the function of history continues in ever-changing form."
38 An Gottfried Kinkel, 30. Dezember 1841, *Briefe*, Bd. 1, S. 184.

zess. Während die Schlaffers diese beiden Aspekte der Geschichte in einen lähmenden Widerspruch geraten sehen, verträgt sich der „enorme Durst nach Anschauung", den Burckhardt wiederholt bekundet, sehr wohl mit einem ebenso vitalen Interesse für den historischen „Prozeß".[39]

Und wie steht es gegenwärtig um das Kulturmuster Historisieren? Dazu wenigstens ein Ausblick: Heute scheint die Spannung zwischen historischer Prozessualität und Bildhaftigkeitsverlangen wieder besonders aktuell: Die Medienrevolution der Gegenwart hat vor allem den Bildmedien enorm gesteigerte Bedeutung verschafft, während die mit der Schrift und dem Buchdruck verbundenen Kulturtechniken an Terrain zu verlieren scheinen. Geht man mit manchen Theoretikern davon aus, dass die vom modernen historischen Denken vorausgesetzte „Linearität der historischen Zeit mit der Linearität des geschriebenen Textes in Beziehung stehe",[40] so könnte man annehmen, das Kulturmuster Historisieren komme nun an sein Ende. Gleich, ob sich Befürchtungen oder Hoffnungen an die zugleich annoncierten neuen „Möglichkeiten nicht-linearer Erkenntnisbildung" knüpfen: sie dürften gedämpft werden, sobald man berücksichtigt, dass prozessuale Historizität und gegenläufige Bildhaftigkeit immer schon die interne Struktur des Kulturmusters Historisieren prägen. Es könnte daher sein, dass aus der medientechnisch tatsächlich neuen Situation der Gegenwart nicht mehr, aber auch nicht weniger als eine weitere Variante des Historisierens resultiert. Auch dies wäre als Teil der Aktualisierungs- und daher Fortsetzungsgeschichte eines im „Laboratorium Aufklärung" entstandenen Kulturmusters zu untersuchen.

---

[39] An Willibald Beyschlag, 14. Juni 1842, ebd., S. 205; an Karl Fresenius, 19. Juni 1842, ebd., S. 208. – Die Bedeutung des Dramas (als literarischer Gattung) für eine zugleich prozessuale und bildhafte Repräsentation von Geschichte ist, von Ausnahmen abgesehen (vgl. Wolfgang Struck, *Konfigurationen der Vergangenheit. Deutsche Geschichtsdramen im Zeitalter der Restauration*, Tübingen 1997), wenig untersucht; besonders auffällig ist diese Forschungslücke mit Blick auf das für sich genommen ebenso wie wirkungsgeschichtlich hochbedeutsame Dramenwerk Schillers.

[40] Fabio Crivellari u. a., *Einleitung. Die Medialität der Geschichte und die Historizität der Medien*, in: ders. u. a. (Hgg.), Die Medien der Geschichte. Historizität und Medialität in interdisziplinärer Perspektive, Konstanz 2004, S. 9–45, hier S. 17. Das folgende Zitat ebd., S. 18.

Stefan Matuschek

Aufklärung, Klassik, Romantik

Drei gleichzeitige Intentionen in der deutschen Literatur um 1800

I. Epochenbegriffe

Wenn man die literaturgeschichtlichen Epochenbegriffe einmal alle aneinanderzulegen versuchte, ergäben sie kein Kontinuum. Es liefe vielmehr auf ein Durcheinander von Über-, Unter- und Nebenordnungen hinaus, auf Überlappungen hier und Lücken dort. Der Grund dafür liegt auf der Hand: Epochenbegriffe folgen keiner zeitlichen Logik, sondern sehr verschiedenen Deutungslogiken, die sich mal an der Ideengeschichte („Aufklärung"), mal an politischen Ereignissen („Vormärz"), an programmatischen Selbsterklärungen („Romantik") oder an der Mentalität („Empfindsamkeit") und manch anderem orientieren. So heterogen diese Orientierungen sind, so heterogen ist insgesamt die Epochendiskussion. Politische und soziale, philosophische, stilistische und viele andere Aspekte wechseln sich ab. Diese Heterogenität ist kein Makel, sondern ein Gewinn. Denn die Leistung der Epochenbegriffe liegt gerade darin, dass sie die geschichtlichen Prägungen und Veränderungen der Literatur mit anderen kulturgeschichtlichen Perspektiven korrelieren. So vielfältig diese Korrelationen sind, so vielfältig sind auch die Periodisierungsmöglichkeiten. Wer die Epochen der Literatur als eine stetige Chronologie entwickeln wollte, müsste der Literatur eine eigene, autonome Entwicklungslogik unterstellen. Wer literarhistorisch einigermaßen belesen ist, wird wohl kaum dieser Idee verfallen und stattdessen unterschiedliche Wechselwirkungen zwischen der Literatur und anderen Bereichen der Kulturgeschichte sehen. Das Durcheinander der Epochenbegriffe ist ein Ausdruck davon.

Zur Heterogenität kommt hinzu, dass die Epochenbegriffe auf verschiedenen Ebenen liegen. Sie gehören verschiedenen Abstraktionsniveaus der Geschichtsbetrachtung an oder anders gesagt: Sie haben unterschiedliche Reichweiten. Die Begriffe „Aufklärung" und „Romantik" zum Beispiel liegen auf einer gemeinsamen europäischen Betrachtungsebene; der Begriff „Klassik" dagegen hat als literaturgeschichtlicher Epochenbegriff nur auf nationaler Ebene einen Sinn. Es gibt eine Epoche der europäischen Aufklärung und der europäischen Romantik; eine Epoche europäischer Klassik gibt es dagegen nicht. Die „Klassiken" bleiben jeweils nationalliterarisch begrenzt und gehören je verschiedenen, übergeordneten europäischen Epochen zu. Die französische Klassik etwa ist ein Produkt der Hofkultur im ausgehenden 17. Jahrhundert und damit ein Teil des europäischen Barock. Die Begriffe „Aufklärung" und „Romantik" bezeichnen Phänomene von europäischer Reichweite, und wenn es auch Unterschiede in den jeweiligen nationalen Ausprägungen gibt, so bilden beide Phänomene doch je eine zusammenhängende Epoche der europäischen Literatur. Die Klassiken in den europäischen Literaturen bilden keinen vergleichbaren sachlichen oder zeitlichen Zusammenhang.

Wenn man nach dem Verhältnis von Aufklärung, Klassik und Romantik fragt, muss man sich zunächst diesen „Niveauunterschied" der drei Begriffe klar machen. Zwei von ihnen liegen auf europäischer, einer auf nationaler Ebene. Die Begriffe „Aufklärung" und „Romantik" sind Antworten auf die Frage, was die europäische Literatur im 18. und beginnenden 19. Jahrhundert prägte. Der Begriff „Klassik" gibt dagegen Auskunft darüber, was in nationalliterarischer Perspektive als musterhaft angesehen wird oder wurde. In der deutschen Literatur ist es so, dass die Verbindung von Aufklärung und Romantik klassisch geworden ist. Der Kern des nationalen klassischen Literaturkanons in Deutschland, die so genannte „Weimarer Klassik" (die sich der Sache nach als eine Kombination aus Weimarer Hof- und Jenaer Universitätskultur darstellt), ist Aufklärung und Romantik zugleich, d.h. sie entsteht in den Jahrzehnten um 1800, die gleichermaßen vom Fortwirken der europäischen Aufklärung wie vom Einsatz der Romantik geprägt sind. Goethes *Iphigenie* zum Beispiel ist ein Aufklärungsdrama, insofern es die Botschaft moralischer Autonomie und Selbstverantwortung trägt, und es ist ein romantisches Stück, da seine Hauptfigur als Verkörperung sehnsüchtiger Innerlichkeit auftritt und sich am Ende zu einem neuen Mythos friedvoll erlösender Weiblichkeit verklärt. Im Vergleich zu Racines *Iphigénie* (1674) zeigt sich exemplarisch auch die verschiedene Epochenzugehörigkeit der französischen und der deutschen Klassik. Racines Tragödie ist auf die Höfische Gesellschaft Ludwigs XIV. bezogen und verhandelt im antiken Gewand deren Psychologie und Rollenkonflikte. Man kann beide Stücke, Racines wie Goethes, „klassizistisch" nennen, wenn man mit diesem Begriff ihre Orientierung an der Antike meint. Als „klassisch" sind sie im Blick auf ihre jeweilige nationalliterarische Musterfunktion zu bezeichnen. Racines Stück ist ein französischer Klassiker durch seine Rhetorik des Alexandriners und deren psychologische Subtilität; Goethes Stück ist ein deutscher Klassiker durch die aufklärerische und zugleich romantische Konzeption seiner Hauptfigur.

Da der Klassik-Begriff in der Literaturgeschichte nationalkulturell definiert ist, da er mit Auswahl und Anerkennung, mitunter sogar mit Bekenntnis zu tun hat, ist er im Blick auf die deutsche Literatur in der zweiten Hälfte des 20. Jahrhunderts begreiflicherweise problematischer geworden als in anderen Nationalliteraturen. Mit der Deutschen Klassik steht zugleich das Deutsche zur Debatte, insbesondere der deutsche Bildungskanon und seine Trägerschicht, das deutsche Bildungsbürgertum. Nach dem Nationalsozialismus und in der Streitstellung von West und Ost gewann die Klassik-Debatte in Deutschland eine eigene politische Schärfe und polarisierte sich in die Fluchtpunkte westlicher Ideologiekritik und sozialistischen Erbe-Anspruchs. Dieser Streit ist mittlerweile vergangen. In der Germanistik zeigt sich indes bis heute eine kritische Distanz zum Klassik-Begriff. Sie ergibt sich aus der Ansicht, dass dieser Begriff hauptsächlich mit der Eigendynamik eines sekundären Deutungs- und Sinnstiftungsphänomens[1] zu tun habe und weniger mit der Literatur um 1800 selbst. Daneben bleibt der hergebrachte Epochenbegriff in Kurs, bis hin zur Sicherung in Hand- und Lehrbüchern jedoch nicht als Einheit, sondern in der Doppelkonstruktion der „klassisch-romantischen Epoche". „Klassik" und „Romantik", so hält es heute schon der Umschlagtext eines Reclam-Bändchens fest, „bezeichnen keineswegs zwei Epochen, sondern vielmehr einander ergänzende Stilvarianten der deutschen Literatur um 1800".[2] Diese Doppelfigur Klassik-Romantik geht allerdings über den Unterschied zwischen der europäischen und der nationalen Perspektive hinweg. Auch wird, wenn man das Klassische nur als Stilphänomen betrachtet, der entscheidende Aspekt verdrängt, dass Klassik etwas mit Rezeptionserfolg, d.h. mit nachträglicher Anerkennung zu tun hat. „Klassisch" nennt man das, was tatsächlich als musterhaft anerkannt wird. Die bloße Absicht, es zu sein, reicht nicht. Wenn es um Stil geht, ist es daher angemessener, statt von „klassisch" von „klassizistisch" zu sprechen. Denn mit diesem Begriff ist ja nicht die Anerkennung als Muster, sondern die normative Ausrichtung an der Antike gemeint. Klassisch heißt, was selbst zum Muster geworden ist. Klassizistisch ist dagegen, was sich seinerseits die Antike zum Muster nimmt. Nur in diesem zweiten Fall handelt es sich um ein bestimmtes Stilphänomen. Wenn man die Stilvarianten der deutschen Literatur um 1800 unterscheiden will, ist es deshalb angemessener, nicht von Klassik, sondern von Klassizismus und Romantik zu sprechen. So vermeidet man die Verwirrung, die dadurch entsteht, dass man das Romantische in der deutschen Literatur mit allem Recht als „klassisch", nämlich nationalliterarisch musterhaft bezeichnen kann. Zumal aus der Perspektive der europäischen Nachbarn ist das Romantische das klassisch Deutsche in der Literaturgeschichte.

Gegen die Ansicht, dass mit dem Begriff „Klassik" bloß die Eigendynamik eines sekundären Deutungsgeschehens getroffen wird, und auch gegen die bipolare Konstruktion einer „klassisch-romantischen Epoche" möchte ich hier einen Vorschlag machen, der die deutsche Literatur um 1800 als ein Dreiecksverhältnis versteht: als Konstellation von Aufklärung, Klassik und Romantik. Die deutsche Literatur um 1800 hat ihren kennzeichnenden Charakter darin, dass in ihr drei Intentionen zusammenkommen: 1. die fortdauernde Intention der europäischen Aufklärung, 2. die neu einsetzende und von deutschen Autoren wesentlich mit initiierte Intention der Romantik und 3. die Absicht, die deutsche Literatur aus ihrer bisherigen Rezeptivität hinaus zu eigenen mustergültigen, d.h. klassischen Werken zu bringen. Die erste und zweite Intention sind, wie gesagt, europäische Strömungen um die Jahrhundertwende 1800. Die dritte Intention tritt zu dieser Zeit nur in der

---

1 Vgl. Gottfried Willems, *„Ihr habt jetzt eigentlich keine Norm, die müßt ihr euch selbst geben".* Zur Geschichte der Kanonisierung Goethes als *„klassischer deutscher Nationalautor"*, in: Gerhard R. Kaiser/ Heinrich Macher (Hgg.), Schönheit, welche nach Wahrheit dürstet. Beiträge zur deutschen Literatur von der Aufklärung bis zur Gegenwart, Heidelberg 2003, S. 103–134 sowie Rolf Selbmann, *Sinnstiftung durch Erfindung. Der Mythos „Deutsche Klassik"*, in: Matteo Galli/Heinz-Peter Preusser (Hgg.), Deutsche Gründungsmythen, Heidelberg 2008, S. 115–126.
2 Albert Meier, *Klassik – Romantik*, Stuttgart 2008, hintere Umschlagseite.

deutschen Literatur auf. In den übrigen größeren europäischen Literaturen (der italienischen, spanischen, französischen und englischen) liegen diese Intentionen und deren Erfolge, die Etablierung nationalliterarischer Muster, je verschieden lange zurück. Die deutsche ist in dieser Hinsicht „später dran", und sie ist die einzige, bei der die Intention auf nationalliterarische Muster, die durch spätere Anerkennung tatsächlich als solche bestätigt wurden, in die Überlappungszeit von Aufklärung und Romantik fällt. Aus dieser Koinzidenz ergibt sich die eigene Qualität der deutschen Literatur um 1800. Sie ist nicht aufklärerisch, klassisch oder romantisch. Sie ist vielmehr alles drei zugleich. Ihre eigene Qualität liegt in der Wechselwirkung dieser drei Intentionen. Das gilt nicht nur insgesamt für das Corpus der hier einschlägigen Texte, in dem die verschiedenen Intentionen je ihre eigenen Vertreter hätten. Es gilt nicht erst in der Summe der Texte, sondern zumeist für jeden einzelnen Text selbst. Dass diese Intentionen auseinander fallen oder sogar in Opposition zueinander treten, kommt vor, ist aber der seltenere Fall. Er tritt am stärksten wohl in der Konfrontation zwischen Friedrich Nicolai und den Schlegel auf, in der sich programmatisch (Spät)Aufklärung und Romantik gegeneinander wenden. Doch lässt sich die Literatur dieser Zeit nicht insgesamt und auch nicht in ihrem überwiegenden Teil in Lager ordnen, so dass hier die Aufklärer, dort die Klassiker und an dritter Stelle die Romantiker stünden. Sehr viele Texte stehen dazwischen und haben auf bestimmte Weise an allen drei Intentionen teil. Je genauer man diesen Platz dazwischen, die jeweilige Teilhabe an den Intentionen und deren bestimmte Art der Wechselwirkung beschreibt, desto genauer erfasst man das Spezifische, auf das es hier ankommt. Wenn man die Epochenbegriffe als Intentionen versteht, ist das Dreiecksverhältnis von Aufklärung, Klassik und Romantik die beste Heuristik für die deutsche Literatur um 1800.

II. Intentionen

Der Begriff „Aufklärung" drückt von sich aus eine Absicht aus. Man kann ihn wörtlich nehmen: Es geht darum, Klarheit zu schaffen. Diese Intention wird in der zugehörigen Epochendiskussion bis heute ernst genommen, und zwar in zunehmender, sogar durchschlagender Weise, so dass die Aufklärungsforschung heute von einem affirmativen Aufklärungsbegriff geprägt ist, der die Kritik an der Aufklärung als eine Sache der Aufklärung selbst aufzufassen tendiert. So wird, um nur die Grundfigur zu nennen, die Kritik am einseitigen Rationalismus längst nicht mehr als „Gegenaufklärung" gesehen, sondern als ein selbstkritisches Moment der Aufklärung selbst. Und auch ein anderes, spezifisch germanistisches Motiv, das einen pejorativen Aufklärungsbegriff motivierte, hat sich bis heute wohl erledigt: das Autonomiepostulat, das jede didaktische Funktionalisierung der Kunst verschmäht. Dass man literarische Satiren des 18. Jahrhunderts, etwa Wielands *Musarion*, deshalb für zweitrangig hält, weil sie die Kunst auf Philosophiedidaktik ausrichten, gehört mittlerweile vergangenen Zeiten der Germanistik an. Die Wertschätzung, die Diderots und Voltaires Erzählungen und Märchen genießen, hat sich auf die

Wahrnehmung der deutschen Literatur übertragen und die einstmals in der Germanistik verbreitete Unterordnung des Aufklärungsschriftstellers, der außerliterarische Ziele verfolgt, unter den autonomen als den wahren Künstler beendet. Anstatt sie als eine vorautonome, didaktische Kunst zu distanzieren zielt die aktuelle Auseinandersetzung mit der Erzählliteratur des 18. Jahrhunderts vielmehr darauf, das Erzählen selbst als eine Alternative zur abstrakten Moralphilosophie zu würdigen: als eine vom konkreten Einzelfall her geschaffene Klarheit, die dem allgemeinen begrifflichen Moralisieren überlegen ist. Insoweit lässt die gegenwärtige Aufklärungsforschung eine starke Solidarität mit ihrem Gegenstand und dessen Kernintention erkennen. Denn freilich ist diese Intention nicht etwas epochal Vergangenes. Die große Mehrheit der an Universitäten Lehrenden und Forschenden, also auch die große Mehrheit der Literaturwissenschaftler wird sich zu ihr bekennen. Der epochale Bezug ergibt sich dadurch, dass die Gelehrtenkultur des 18. Jahrhunderts mit ihrer Umsetzung dieser Intention musterhaft für sie geworden ist. Insofern ist der Philosoph oder der philosophische Schriftsteller des 18. Jahrhunderts der klassische Aufklärer. Nach ihnen und bis heute, auch vor[3] ihnen gibt es ebenfalls Aufklärerfiguren; nur keine, die in vergleichbarer Weise musterhaft mit ihrer Intention geworden wären.

Klassik lässt sich dort als Intention verstehen, wo ausdrücklich die Absicht auf Musterprägung vorliegt. In der deutschen Literaturgeschichte ist dies in besonderer Weise im Übergang vom 18. zum 19. Jahrhundert der Fall. Hier vollzieht sich der erste Schritt von der Nachahmung der benachbarten europäischen Literaturen hin zum Anspruch auf Eigenständigkeit. Bekanntlich blieb es nicht bei der bloßen Absicht; hinzu kam der Erfolg. Absicht und Erfolg kommen dabei allerdings nicht immer überein; die intendierten und die kanonisierten Muster sind nicht immer dieselben. Goethes *Faust* und das kanonisierte Faustische geben dafür den wohl krassesten Beleg. Insofern ist es richtig, die Autoren und deren Werke um 1800 von der kanonisierten Nationalklassik zu unterscheiden und diese Klassik als ein eigendynamisches Rezeptions- und Deutungsgeschehen zu beschreiben. Diese Unterscheidung aber sollte nicht dazu führen, die Klassiker-Intention der Autoren selbst ganz zu vergessen und alles nur als ein mehr oder weniger missverständliches, mehr oder weniger bedauerliches Rezeptions- und Deutungsphänomen zu betrachten. Die Absicht, literarische Muster zu prägen, ist eine kennzeichnende Eigenschaft vieler deutscher Autoren um 1800. Sie ist ein konstitutives Merkmal der Literatur dieser Zeit. Und sie steht zumeist nicht in Konkurrenz zu den beiden anderen hier benannten Intentionen, sondern verbindet sich mit ihnen: Es sind aufklärerische und romantische Orientierungen, die hier musterhaft werden wollen.

---

3 Vgl. z. B. *Aufklärung im Mittelalter? Die Verurteilung von 1277*. Das Dokument des Bischofs von Paris übersetzt und erklärt von Kurt Flasch, Mainz 1989.

Um Romantik knapp und zusammenfassend als Intention benennen zu können, schlage ich hier ein neues Wort vor: das Wort „Infinitisierung".[4] Darunter soll strukturell die Entgrenzung und die Aufhebung klarer Konturen verstanden werden. Das Wort „Infinitisierung" dient damit als Vorschlag, mehrere entscheidende Kennzeichen der Romantik als eine Intention zusammenzufassen: die Aufhebung der Gattungsgrenzen, auch die Verbindung von Wissenschaft und Kunst („Universalpoesie"), die strategische Verunklärung der Aussagen, die auf einen spekulativ unendlichen Prozess des Denkens und Argumentierens weisen soll („romantische Ironie"), die Überschreitung der eigenen Gegenwart in historischen oder utopischen Projektionen (Wiederentdeckung des Mittelalters, „Neue Mythologie").

Indem man Romantik als Infinitisierung erfasst, ist zugleich ihre Opposition zum Klassizismus markiert, der ja im genauen Gegensatz auf die Antike, die Reinheit der Gattungen, die klaren Konturen und die alte Mythologie ausgerichtet ist. An Goethes *Iphigenie* kann man sehen, wie sich unter einem äußerlich klassizistischen Gewand (die klare Dramenform, die Namen und der Stoff der alten Mythologie) die romantische Intention als Infinitisierung vollzieht: Das Orakel verunklärt sich zur Doppeldeutigkeit von göttlicher und menschlicher Schwester; der alte, auf attische Iphigenie-Kultstätten wie Brauron bezogene Mythos des griechischen Kulturanpruchs (Iphigenie als Überwindungsfigur des Menschenopfers) wird zum neuen, utopischen Mythos erlösender, friedfertiger Weiblichkeit.

III. Zum Beispiel: Mythos in der Literatur um 1800

Die literarische Verwendung des Mythos ist überhaupt ein gut geeignetes Feld, um die hier vorgeschlagene Heuristik vorzuführen. Zum Beispiel der Anfang von Goethes Autobiographie. Er ist sattsam bekannt. Er sei trotzdem noch einmal zitiert, um diesmal vor allem auf seine mythische Dimension zu achten:

> Am 28. August 1749, Mittags mit dem Glockenschlage zwölf, kam ich in Frankfurt am Main auf die Welt. Die Konstellation war glücklich; die Sonne stand im Zeichen der Jungfrau, und kulminierte für den Tag; Jupiter und Venus blickten sie freundlich an, Merkur nicht widerwärtig; Saturn und Mars verhielten sich gleichgültig: nur der Mond, der so eben voll ward, übte die Kraft seines Gegenscheins um so mehr, als zugleich seine Planetenstunde eingetreten war. Er widersetzte sich daher meiner Geburt, die nicht eher erfolgen konnte, als bis diese Stunde vorübergegangen. Diese guten Aspekten, welche mir die Astrologen in der Folgezeit sehr hoch anzurechnen wußten, mögen wohl Ursache meiner Erhaltung gewesen sein: denn durch Ungeschicklichkeit der Hebamme kam ich für tot auf die Welt, und nur durch viel-

---

4 Eine Anregung ist zu finden bei Peter L. Oesterreich, der die romantische Ironie als „Infinitisierung der rhetorischen Ironie zur existenziellen Ironie" bezeichnet. (Peter L. Oesterreich, *Zwischen infiniter Ironie und Neuer Mythologie. Zur Tropologie des romantischen Denkstils*, in: Stefan Matuschek (Hg.), Wo das philosophische Gespräch ganz in Dichtung übergeht. Platons Symposion und seine Wirkung in der Renaissance, Romantik und Moderne, Heidelberg 2002, S. 97–107, hier S. 101.) Ich nehme diesen Terminus zur strukturellen Kennzeichnung der Romantik insgesamt.

fache Bemühungen brachte man es dahin, daß ich das Licht erblickte. Dieser Umstand, welcher die Meinigen in große Not versetzt hatte, gereichte jedoch meinen Mitbürgern zum Vorteil, indem mein Großvater, der Schultheiß Johann Wolfgang Textor, daher Anlaß nahm, daß ein Geburtshelfer angestellt, und der Hebammenunterricht eingeführt oder erneuert wurde; welches denn manchem der Nachgebornen mag zu Gute gekommen sein.[5]

Mit diesen ersten beiden Absätzen seiner Autobiographie gibt Goethe zwei verschiedene Erklärungen für das glückliche Gelingen seiner schwierigen Geburt: eine astrologisch-mythische und eine medizinisch-reale. Und es ist keine Frage, welche von beiden als die eigentliche gelten soll. Der Modus der Verben stellt es klar: Die astrologische Erklärung verwischt sich im Konjunktiv („mögen wohl"); der Hinweis auf die Hebamme bezeichnet dagegen indikativisch, worum es tatsächlich geht: nicht um die Gunst der Sterne, sondern um das praktische Geburtshelferwissen. Hier erzählt jemand so von seiner Geburt, als gehörte er zugleich zur Fachaufsicht, die für die medizinischen Begleitumstände dieses Vorgangs Verantwortung trägt. Es ist der diesem Autor eigene ministerielle Blick, der sich auf die eigene Lebensgeschichte zurückwendet. Er ist von aufgeklärtem, praxisorientiertem Realismus geprägt. Dass Jupiter und Venus auf seine Geburt einwirkten, glaubt er nicht ernsthaft. Der himmlische Auftakt ist deshalb kein Bekenntnis zur Astrologie. Er ist vielmehr ein literarisch-ästhetisches Verfahren, um die eigene Existenz über das faktisch Verifizierbare hinaus in die Aura schicksalhafter Begünstigung zu erheben. „Die Konstellation war glücklich": Das sagt hier nicht der fromme Augenaufschlag eines Sternengläubigen, sondern das Selbstbewusstsein eines Menschen, der sich für schicksalhaft begünstigt hält. Wenn man das praktische Interesse am Geburtshelferwissen aufklärerisch nennen kann, so kann man den himmlischen Auftakt als Infinitisierung bezeichnen. Er entgrenzt die reale Person, die sich hier erzählt, über ihre faktisch bürgerliche Kontur hinaus in einen quasi-religiösen Glauben an sich selbst. Insofern verbinden sich im Anfang von *Dichtung und Wahrheit* Aufklärung und Romantik.

Noch deutlicher wird dies, wenn man Goethes Text neben seine Vorlage hält. Mit dem astrologischen Auftakt und dem Motiv der Geburtsschwierigkeiten orientiert sich *Dichtung und Wahrheit* an der Autobiographie des Girolamo Cardano. Auch diese beginnt mit der Konstellation der Geburtsstunde und den Auswirkung, die sie auf den Geburtsvorgang hatte. Die epochale Differenz zeigt sich darin, dass der überzeugte Astrologe Cardano die Sterne selbst und keine unausgebildete Hebamme für das Missgeschick verantwortlich macht. Sein Missgeschick erzählt und erklärt er so:

Nachdem, wie man mir erzählt, vergebens Abtreibungsmittel angewandt worden waren, kam ich zur Welt im Jahre 1501, am 24. September, als die erste Stunde der Nacht noch nicht vollendet, nur wenig mehr als die Hälfte, aber noch nicht zwei

---
5 Johann Wolfgang Goethe, *Aus meinem Leben. Dichtung und Wahrheit*, hg. v. Klaus-Detlef Müller, Frankfurt a. M. 1986 (Sämtliche Werke. Briefe, Tagebücher und Gespräche, I. Abt., Bd. 14), S. 15.

Drittel verflossen war. Die wichtigste Stellung der Figuren des horoskopischen Aspektes war so, wie ich sie im 8. Kapitel des als Anhang zu meinem Kommentar der vier astronomischen Bücher des Ptolemaeus gegebenen Buches der 12 Nativitäten mitgeteilt habe. Ich habe festgestellt, daß damals die beiden großen Sterne [Sonne und Mond] unter bestimmten Winkeln niederstiegen [...]. Des weiteren aber, weil der Ort der vorhergehenden Konjunktion unter dem 29. Grad der Jungfrau lag, die den Merkur beherrscht, und da weder der Merkur noch der Ort des Mondes, noch der meines Horoskopes zusammenfielen und keiner von ihnen den vorletzten Grad der Jungfrau beschaute, so mußte ich mißgestaltet zur Welt kommen. Tatsächlich hätte es auch leicht geschehen können, daß ich zerstückt aus dem Leibe meiner Mutter kam; nur wenig hat gefehlt. So ward ich denn geboren, oder vielmehr aus der Mutter herausgezogen, fast wie tot, mit schwarzem, krausem Haar. [...]
Um aber wieder auf mein Horoskop zurückzukommen: da die Sonne und die beiden verderbenbringenden Sterne, auch die Venus und der Merkur, gerade in männlichen Zeichen des Tierkreises standen, behielt mein Leib normale menschliche Gestalt. Und weil der Jupiter am Ort des Horoskopes stand und die Venus Herrin der ganzen Konstellation war, so ward ich nirgends verletzt als an den Geschlechtsteilen, so daß ich von meinem 21. bis zum 31. Lebensjahre nicht mit Weibern verkehren konnte und oft darob mein trauriges Schicksal beklagt, jeden anderen um sein glücklicheres Geschick beneidet habe.[6]

Was bei Goethe zwei verschiedene Ausdrucksregister sind – das Mythische und das Reale –, fällt bei Cardano in eins zusammen. Die astronomische Mathematik, die mythische Benennung der Planeten und die körperliche Selbstbeobachtung bilden *einen* Erklärungszusammenhang. Der Mythos spielt dabei die zentrale Vermittlerrolle, denn nur durch ihn und durch keine noch so subtile Himmelsmathematik ergibt sich der Bezug des Planeten Venus zu den Geschlechtsteilen. Insofern schießen das, was der Astronom berechnet, was der mythisch informierte Astrologe glaubt und was der junge Mann körperlich empfindet, zu *einem* Realitätsbewusstsein zusammen.

Goethe verwendet den Mythos dagegen so, wie es die Aufklärung möglich gemacht hat: als Ausdrucksmittel des emotional-affektiven Welt- und Selbstverständnisses. Das ist der moderne Mythos-Begriff, den die Aufklärung hervorgebracht hat. Dieses Mythos-Verständnis löst die alten fabelhaften Geschichten aus der Alternative wahr/falsch heraus, um sie als gültigen Ausdruck der menschlich-affektiven Natur- und Selbstsicht zu würdigen. Die Geschichten der Odyssee erscheinen in dieser Perspektive nicht als Lügenmärchen oder Aberglauben, sondern als authentischer Ausdruck dafür, wie ein Seefahrervolk seine Welt mit ihren Gefahren wahrnahm und verstand. Es sind vor allem Vico und Herder, die dieses Konzept entwickeln, und es ist der Altphilologe Heyne, der dafür die neuzeitlich bislang ungebräuchliche Redeweise von „dem Mythos" und „den Mythen" einführt, um damit die gebräuchlichen, von alters her Lüge und Irrglauben konnotierenden Be-

---

6 *Des Girolamo Cardano von Mailand eigene Lebensbeschreibung*, aus dem Lateinischen übersetzt von Hermann Hefele, München 1969, S. 12 f. (Lateinisches Original von 1575/76, Erstdruck 1643).

zeichnungen „Fabel" und „Mythologie" abzulösen.[7] Goethes Mythos-Verwendung entspricht genau diesem aufklärerischen Konzept. Seine Rede vom freundlichen Blick zwischen Jupiter und Venus und von der Gleichgültigkeit bei Saturn und Mars drückt sein emotional-affektives Selbstbild aus: Um Macht, Schönheit und Sexus steht es bei ihm günstig; Melancholie, Krieg und Gewalt sind nicht seine Sache. Ob diese mythische Astrologie wahr oder falsch ist, steht nicht zur Debatte. Gültig ist sie als Ausdruck eines menschlichen Selbstgefühls. Indem dieses Gefühl sich mythisch artikuliert, hebt es sich aus der bürgerlichen Realität heraus. Auf der Grundlage eines aufgeklärten Mythos-Verständnisses nutzt Goethe den Mythos so zur Verklärung seiner eigenen Person. Anders gesagt: Die Geste, sich selbst romantisch zum Schicksalsgünstling zu verfabeln, setzt die Aufklärung über die Fabel voraus. Insofern bezeugt gleich der Anfang von Goethes Autobiographie deren aufklärerische wie deren romantische Intention.

Der dritte Aspekt schließlich, die Musterbildung, zeigt sich nicht erst durch den Erfolg, den *Dichtung und Wahrheit* als neuer Formtyp der Autobiographie gehabt hat.[8] Er ist dem Werk vielmehr schon intentional eingeschrieben, und zwar in seinem Vorwort, in dem Goethe mit dem fingierten Brief eines Freundes vom Anlass seiner Autobiographie spricht. Dieser Brief formuliert den Wunsch, die zuletzt erschienene zwölfbändige Ausgabe der Goetheschen Werke um einen weiteren Band zu ergänzen. In ihm seien die jeweiligen Entstehungsbedingung zu erläutern, so dass man jedes einzelne Werk in seinem zugehörigen Zusammenhang verstehen könne. *Dichtung und Wahrheit* gibt sich damit als Auftragsarbeit; nicht geschäftlich, sondern freundschaftlich. Ein Freundschaftsdienst für die treuen Leser. So stellt es Goethe in seinem Vorwort dar, nicht ohne genauestens hinzuzufügen, wie er diesen Auftrag auszuführen gedenkt. Die Anforderungen an den neuen Formtyp, den seine Autobiographie schafft, werden also normativ formuliert, bevor sie schriftstellerisch eingelöst werden. Und zwar so:

> Denn dies scheint die Hauptaufgabe der Biographie zu sein, den Menschen in seinen Zeitverhältnissen darzustellen, und zu zeigen, in wiefern ihm das Ganze widerstrebt, in wiefern es ihn begünstigt, wie er sich eine Welt- und Menschenansicht daraus gebildet, und wie er sie, wenn er Künstler, Dichter, Schriftsteller ist, wieder nach außen abgespiegelt.[9]

Das hier angesprochene Wechselverhältnis von Individualität und historischen Bedingungen prägt das Goethesche Autobiographiekonzept, das als neues Muster der historisch reflektierten bildungsgeschichtlichen Selbstdarstellung die älteren Muster der Gelehrten-Autobiographie, der religiösen Konfessionsliteratur und der abenteuerlichen Lebensgeschichte ablöst. Was Goethe hier die „Hauptaufgabe der

---

7 Ausführlicher dazu mein Beitrag *Fabelhaft und wunderbar in Aufklärungsdiskursen. Zur Genese des modernen Mythosbegriffs*, in: Hans Adler/Rainer Godel (Hgg.), Formen des Nichtwissens der Aufklärung, München 2010 (i. E.).
8 Dazu ausführlich der Kommentar von Klaus-Detlef Müller in: Goethe, *Aus meinem Leben*, S. 1045–1061.
9 Ebd. S. 13 (Vorwort).

Biographie" nennt, ist die programmatische Setzung eines neuen Konzepts. Es sind die Leser und Nachahmer, die *Dichtung und Wahrheit* zur klassischen Autobiographie gemacht haben. Doch trägt der Text selbst diesen Geltungsanspruch bewusst in sich. Der Klassikerstatus widerfährt ihm nicht einfach. Schon gar nicht wider Willen. Der Text legt es darauf an.

IV. Aufklärerische und romantische Ironie in den *Athenaeums-Fragmenten*

Nun verbindet nicht jeder literarische Text des ausgehenden 18. und beginnenden 19. Jahrhunderts alle drei Intentionen. Es gibt wechselnde Verbindungen, wechselnde Dominanzen, Ausfälle und Negationen der einen oder anderen von ihnen. Das Phänomen aber, dass alle drei in einem Werk zusammen kommen, erscheint nicht als die seltene Ausnahme; und es ist, wie man aus den bisherigen Beispielen vielleicht schließen könnte, auch kein Privileg Goethes. Denn ein weiteres Beispiel sind etwa die *Athenaeums-Fragmente*. Deren Ironie ist gewiss ein einschlägiger Fall für die romantische Infinitisierung, insofern sie Klarheit und Deutlichkeit der Aussagen verwischt und die Gedanken nicht zu einem Schluss, sondern in einen unabgeschlossenen Reflexionsprozess bringt. Doch ist dies nicht die einzige Eigenschaft der *Fragmente*, und nicht alle von ihnen sind als ein Fall romantischer Ironie anzusehen. Einige von ihnen sind unironisch. Sie induzieren keinen unendlichen Prozess der Reflexion, sondern setzen Impulse der Aufklärungsphilosophie fort, zum Beispiel die Kritik am Offenbarungsglauben durch ein historisches Bibelverständnis. Schlegel formuliert witziger und lässiger, mit mehr Nonchalance, als es die aufklärerischen Offenbarungskritiker tun. In der Sache aber zielt sein *Fragment* mit seiner abschließenden rhetorischen Frage in dieselbe Richtung:

> Man hat von manchem Monarchen gesagt: er würde ein sehr liebenswürdiger Privatmann gewesen sein, nur zum Könige habe er nicht getaugt. Verhält es sich etwa mit der Bibel ebenso? Ist sie auch bloß ein liebenswürdiges Privatbuch, das nur nicht Bibel sein sollte?[10]

Und auch dort, wo die Ironie beginnt, ist die Klarheit der Aussage nicht ganz verloren. Zum Beispiel eine kleine Folge von drei *Fragmenten*, die trotz ihrer Doppeldeutigkeiten doch eindeutig die Position des analytisch-rationalen Kunstkritikers formulieren und dessen eindringliche Genauigkeit von oberflächlichen Wissensansprüchen absetzen:

> Wenn der Autor dem Kritiker gar nichts mehr zu antworten weiß, so sagt er ihm: Du kannst es doch nicht besser machen. Das ist eben, als wenn ein dogmatischer Philosoph dem Skeptiker vorwerfen wollte, daß er kein System erfinden könne.

---

10 *Athenaeums-Fragment Nr. 12*, in: Kritische Friedrich-Schlegel-Ausgabe, 1. Abt., 2. Bd.: Charakteristiken und Kritiken I (1796–1801), hg. u. eingel. v. Hans Eichner, München u. a. 1967, S. 167.

> Man redet immer von der Störung, welche die Zergliederung des Kunstschönen dem Genuß des Liebhabers verursachen soll. So der rechte Liebhaber läßt sich wohl nicht stören!
> Übersichten des Ganzen, wie sie jetzt Mode sind, entstehen, wenn einer alles einzelne übersieht, und dann summiert.[11]

Dass „der rechte Liebhaber sich wohl nicht stören" lasse, ist ironisch doppeldeutig: Es kann die Borniertheit oder die Erhabenheit meinen, Liebhaberei als dumme Urteilslosigkeit oder als höhere Fähigkeit, nach der begrifflichen Analyse auch wieder zur ästhetischen Synthese zu gelangen. Im letzten der drei Beispiele liegt die Ironie in der Doppeldeutigkeit des Verbs „übersehen": Es stellt sich zunächst als zugehörige Verbform zu den erwähnten „Übersichten" dar und meint dann im Sinne von „überblicken" die Fähigkeit, mehrere Dinge im Zusammenhang zu sehen. Die andere Bedeutung von „übersehen" aber ist „nicht sehen", und in genau diesem Sinne ergibt sich die spöttisch-kritische Aussage dieses *Fragments*, in dem implizit der Genauigkeitsanspruch des besseren Kenners steckt. Nicht jede Schlegelsche Ironie also eröffnet gleich einen romantischen Infinitisierungsprozess der Reflexion. Es gibt auch eingegrenzte Formen, die eine klare satirische Aussage machen. In ihnen herrscht eine keineswegs unverständliche, sondern klar verständliche Ironie, die mitunter sogar zu einem Moment der Aufklärung wird, wenn sie sich zum Beispiel Begriffsprägungen der zeitgenössischen Literaturtheorie zuwendet:

> Zum großen Nachteil der Theorie der Dichtarten vernachlässigt man oft die Unterabteilungen der Gattung. So teilt sich zum Beispiel die Naturpoesie in die natürliche und die künstliche, und die Volkspoesie in die Volkspoesie für das Volk und die Volkspoesie für Standespersonen und Gelehrte.[12]

Was sich hier als Untergliederung der Termini „Natur- und Volkspoesie" ausgibt, ist in Wahrheit deren Verspottung und Entlarvung. Mit dem Mittel ironischer Begriffskritik klärt dieses *Fragment* darüber auf, dass die – zeitgenössisch in Märchen und Lied – vermeintlich wiederentdeckte poetische Natürlichkeit und Volkstümlichkeit eine künstliche Konstruktion ist.

Die typische Eigenschaft der *Athenaeums-Fragmente* erklärt sich also nicht nur als romantische Ironie. Sie erklärt sich vielmehr aus dem Spannungsverhältnis, in das diese infinite, auf fortgesetzte Reflexion zielende Ironie mit der finiten, d.h. in bestimmter Weise kritisierenden und spottenden Ironie tritt. In dieser finiten Form setzt sich in Schlegels Ironie die Intention des Aufklärers fort, der als autonomer Kopf über die Gewohnheiten, insbesondere Denkgewohnheiten seiner Zeitgenossen zu Gericht sitzt. Dass die ersten Proben dieser neuen Gattung, die Schlegel im *Lyceum der schönen Künste* veröffentlichte, „Kritische Fragmente"[13] überschrie-

---

11 *Nr. 66, 71, 72*, ebd. S. 175.
12 *Nr. 4*, ebd. S. 166.
13 *Lyceum der schönen Künste*. Ersten Bandes, zweiter Teil, Berlin 1797, S. 133.

ben sind, ist kein Zufall. Diese Haupteigenschaft der Aufklärung kommt ihnen der Sache nach zu.

Auch die dritte Intention schließlich, die Musterprägung, spielt bei den *Fragmenten* eine Rolle. In einem Brief an seinen Bruder August Wilhelm nennt Friedrich Schlegel sie „eine ganz neue Gattung".[14] Der Anspruch, den Prototyp einer neuen literarischen Form zu schaffen, besteht damit explizit. Anders als bei Goethe indes kommen Absicht und Erfolg dabei nicht so glatt zusammen. Das „ganz Neue" wurde von den Zeitgenossen zwar wahrgenommen, jedoch in der Mehrheit bekanntlich nicht affirmativ in Anerkennung eines neuen Musters, sondern polemisch im Streit gegen die publizistischen Frechheiten der Schlegel. Der Erfolg stellte sich erst später im 20. Jahrhundert ein in der wahlverwandten Wiederentdeckung des jungen Friedrich Schlegel, und insbesondere seiner *Fragmente*, durch die literarisch-philosophischen Intellektuellen von Walter Benjamin bis zur Postmoderne. Die „Aussicht auf […] Klassizität",[15] die das 116. *Athenaeums-Fragment* der romantischen Poesie gibt, hat sich insofern aber bestätigt.

V. Spannungsgefüge

Sieht man die verbundenen Intentionen innerhalb der einzelnen Texte, dann stellen sich auch die Beziehungen zwischen mehreren Texten plastischer dar. Dafür ein Beispiel, das zum Mythos um 1800 zurückführt: Wielands *Alceste* und zwei satirische Reaktionen darauf: Goethes Farce *Götter, Helden und Wieland* sowie Tiecks Schauspiel *Die verkehrte Welt*. Wieland schreibt seine *Alceste* in derselben Absicht, die auch in Schlegels *Fragmenten* und in Goethes Autobiographie liegt: Er will den Prototyp einer neuen Form geben. Wieland nennt sie „Singspiel", um sie als bescheidenere Gattung von dem pompösen multimedialen Kunstanspruch der „Oper" abzugrenzen. Er denkt dabei auch an die beschränkten Theatermittel der kleineren Höfe in Deutschland.

Die *Alceste*, die *Athenaeums-Fragmente* und *Dichtung und Wahrheit* sind sehr verschiedene Texte. Ihre Entstehung umspannt einen Zeitraum von etwa vier Jahrzehnten. Die Uraufführung der *Alceste* fällt in das Jahr 1773, die *Fragmente* erscheinen 1798, der erste Teil von *Dichtung und Wahrheit* 1811. Doch haben sie alle drei ihre epochale Gemeinsamkeit darin, dass sie neue literarische Muster prägen wollen und dass sie diese Muster zugleich als neue Selbständigkeit der deutschen Literatur gegenüber den bislang dominierenden europäischen Nachbarliteraturen verstehen. Bei Wieland hat dieser Anspruch einen national repräsentativen Charakter,

---

14 Friedrich an August Wilhelm Schlegel, ca. 1. Dezember 1797, in: Kritische Friedrich-Schlegel-Ausgabe, 3. Abt., 24. Bd.: Die Periode des Athenäums. 25. Juli 1795 – Ende August 1799, mit Einleitung und Kommentar hg. v. Raymond Immerwahr, München u. a. 1985, S. 51.

15 *Athenaeums-Fragment*, in: Kritische Friedrich-Schlegel-Ausgabe, 1. Abt., 2. Bd.: Charakteristiken und Kritiken I, S. 183.

den seine beigegebene Abhandlung *Über das deutsche Singspiel*[16] ausdrücklich macht. Sie konturiert ihre Gattungsinvention deutlich gegen die italienische und französische Operntradition. Friedrich Schlegel sieht sich dagegen nicht als Sachwalter einer gemeinsamen nationalen Angelegenheit, er fasst seine Nation vielmehr polemisch und antagonistisch als ein Streitfeld strategischer Partner- und Gegnerschaften auf. Gleichwohl zeigt auch er das neue Selbstbewusstsein des deutschen Schriftstellers, indem er seine eigene Form als eine durch philosophische Horizonterweiterung gewonnene Überbietung der französischen Aphoristik Chamforts ausweist.[17] Von Goethe weiß man, dass er den Titel des „klassischen Nationalautors" für sich wie für seine deutschen Zeitgenossen überhaupt ablehnte – allerdings unter der Voraussetzung, dass mit diesem Titel der Anspruch auf umfassende nationale Repräsentanz verbunden sei, den er bei der politischen und kulturellen „Zerstückelung" Deutschlands für unangebracht hielt.[18] Gleichwohl spricht er im selben Zusammenhang ganz affirmativ von literarischen Beispielen, die zu einer „Lehre des Geschmacks"[19] taugen – ausdrücklich in Bezug auf Wieland. Sein Aufsatz über den *Literarischen Sansculottismus* und auch seine Hinweise *Für junge Dichter*,[20] die für diese Frage einschlägig sind, formulieren insgesamt das Selbstbewusstsein, nach einer generationslangen Dominanz der ausländischen Literatur als einer der Besten an der Erarbeitung eigener deutschsprachiger Muster mitgewirkt zu haben und noch mitzuwirken – anders als bei Schlegel allerdings ohne alle Überbietungspose. Goethe hat – wie das zitierte Vorwort zu *Dichtung und Wahrheit* zeigt – eine ruhigere Art, das Eigene für das Wahre zu halten. Auch Goethes Stellungnahmen gegen einen deutschen Nationalklassiker also zeigen: Die Absicht zur Musterbildung hat in diesem Zeitraum der deutschen Literatur eine einzigartige Konjunktur.

Um aber zur angekündigten Trias Wieland, Goethe, Tieck und damit auch zum Mythos zu kommen: Die Satiren, die Goethe und Tieck gegen die *Alceste* richten, betreffen die literarische Verwendung des Mythos. Wielands Singspiel richtet die antike Fabel ehelicher Opferbereitschaft ganz nach seiner eigenen, bürgerlichen Moral aus. Die mythischen Vorlagen werden so zu Figuren der Empfindsamkeit, die sich am glücklichen Ende im Freundschaftskult des 18. Jahrhunderts vereinen:

---

16 Christoph Martin Wieland, *Versuch über das deutsche Singspiel und einige dahin einschlagende Gegenstände* (1775), in: C. M. Wielands Sämmtliche Werke, 26. Bd.: Singspiele und Abhandlungen, Leipzig 1796 (ND Hamburg 1984), S. 229–267.

17 Bei allem affirmativen Bezug zu Chamfort schreibt Schlegel ihm doch den Mangel zu, dass seine „französische Philosophie nicht hinreicht", um „den unendlichen Wert des Witzes" zu begreifen, vgl. Lyceums-Fragment Nr. 59, in: Kritische Friedrich-Schlegel-Ausgabe, 1. Abt., 2. Bd.: Charakteristiken und Kritiken I, S. 154.

18 Vgl. Johann Wolfgang Goethe, *Literarischer Sansculottismus*, in: ders., Ästhetische Schriften 1771–1805, hg. v. Friedmar Apel, Frankfurt a. M. 1998 (Sämtliche Werke, Briefe, Tagebücher und Gespräche, I. Abt., Bd. 18), S. 319–324, bes. S. 320 f.

19 Ebd. S. 322.

20 Vgl. Johann Wolfgang Goethe, *Für junge Dichter und Noch ein Wort für junge Dichter*, in: ders., Ästhetische Schriften 1824–1832, hg. v. Anne Bohnenkamp, Frankfurt a. M. 1999 (Sämtliche Werke, Briefe, Tagebücher und Gespräche, I. Abt., Bd. 22), S. 564–566 u. S. 932–934.

ALCESTE
Ich hab' Elysiums Glück empfunden!
Allein dem Augenblick, wo ich Dich wiederfunden,
Ist keine andre Wonne gleich.
ADMET zu Herkules.
O Freund! wie kann ich dir vergelten?
Was ist ein Königreich?
Sind ganze Welten
Dem Werthe deiner Wohltat gleich?
HERKULES.
Ich bin belohnt an euern Freuden
Mein mitempfindend Herz zu weiden,
Ich bin der glücklichste von euch!
[…]
ADMET, ALCESTE.
Ihr Götter, die uns zu beglücken
Diess Wunderwerk gethan:
ALLE.
Nehmt unser dankendes Entzücken
Zum Opfer an![21]

Das ist ein ganz anderes Ende als in Euripides *Alkestis*, wo statt des „dankenden Entzückens" der Opferaltar noch raucht und Herkules alles andere ist als der empfindsame, rettende Freund des Ehepaares. Goethes Farce und Tiecks Schauspiel spotten gegen diese Verbürgerlichung des Mythos, die Wieland sich selbst allerdings als moralischen und zugleich auch künstlerischen Vorzug anrechnet.[22] Goethe legt diesen Spott der Alceste-Figur selbst in den Mund. In seinem als Totengespräch inszenierten Stück klagt sie über die Wielandsche Version: „Da erschienen zwei abgeschmackte gezierte hagre blasse Püppgens die sich einander Alzeste! und Admet! nannten, vor einander sterben wollten, ein Geklingele mit ihren Stimmen machten […]."[23] Bei Tieck führt der Gatte Admet die Klage über seinen neuen Zustand:

Ja, beste Gattin, ich will mich bequemen,
Und, was ich sonst nicht tu, Vernunft annehmen.
Wir wollen unser Elend standhaft dulden,
Es sei uns Trost, daß wir es nicht verschulden.
Du bist jetzt, Teure, Hoffnung mir und Labe,
Drum ließ mir ja das Glück die schönste Gabe,
Wir steigen willig von des Thrones Stufen,

---

21 Christoph Martin Wieland, *Alceste. Ein Singspiel in fünf Aufzügen*, in: Wielands Sämmtliche Werke, 26. Bd., S. 1–72, hier S. 71 f.
22 In seinen „Briefen an einen Freund über das Singspiel Alceste", die er 1773 im *Teutschen Merkur* veröffentlichte.
23 Johann Wolfgang Goethe, *Götter Helden und Wieland. Eine Farce*, in: ders., Dramen 1765–1775, hg. v. Dieter Borchmeyer unter Mitarbeit von Peter Huber, Frankfurt a. Main 1985 (Sämtliche Werke, Briefe, Tagebücher und Gespräche, I. Abt., Bd. 4), S. 425–437, hier S. 426 f.

Zur Bürgertugend werden wir gerufen,
Und schmerzlos seh ich auf den Glanz zurück,
Er wandelt sich in ein Familienstück [...].

Als Reaktion darauf folgt die Begeisterung des in Tiecks Stück gleich mit inszenierten Publikums, so plump und übertrieben, dass sie als Parodie der aufklärerischen Theaterpädagogik dasteht:

SCÄVOLA O große Menschheit!
PIERROT Ich bitt Euch, Leute – es sind da Sachen in dem Stück, – ich sage Euch nur so viel, – sie sind ganz ungemein.
DER ANDRE Was man doch jetzt immer zur großen Denkungsart angeführt wird! – Ja, das klingt anders, als ehemals.
WACHTEL *ein Zuschauer:* Es muß morgen wieder sein, und dann bringe ich alle meine Kinder mit.[24]

Im Spott über die sittliche und stimmungshafte Verbürgerlichung des antiken Mythos kommen Goethe und Tieck überein. Auch entsprechen sich ihre satirischen Verfahren, insofern beide die mythischen Figuren aus einer Position alter Erhabenheit über ihre Wielandsche Neudimensionierung klagen lassen. Ein wichtiger Unterschied besteht allerdings darin, dass Tiecks Text mehrdeutig ist und nicht allein als Wieland-Satire, sondern – zehn Jahre nach der Revolution entstanden – zudem als Anspielung auf die zwangsverbürgerlichten französischen Adligen gelesen werden kann. Überhaupt ist Tiecks Schauspiel gegenüber Goethes Farce der komplexere Text, in dem die Alceste-Admet-Handlung nur eine Episode unter vielen ist. Als poetologische Satire gegen Wielands *Alceste* aber nimmt sie Goethes Impuls auf und setzt ihn fort.

Schaut man von dem Satirischen weg auf das Mythische und seine Funktion, dann ergibt sich jedoch eine andere Solidarität. Dann gehören nicht die beiden Satiriker, sondern Goethe und Wieland zusammen. Sie treffen sich in der Überzeugung, dass der Mythos die Artikulation des affektiv-emotional Menschlichen ist. In dieser Hinsicht sind Wielands Singspiel und Goethes Farce gleichermaßen Produkte der Aufklärung. Wieland drückt seine Überzeugung in der schon erwähnten Abhandlung *Über das Singspiel* aus. In ihr vertritt er die auf den ersten Blick paradoxe Auffassung, dass ein Singspiel mit einem mythologischen Stoff dem Publikum viel wahrscheinlicher vorkommen müsse als eines mit zeitgenössisch bürgerlichem Sujet. Sein Argument: Wenn man realistisch bürgerliche Figuren auf dem Theater nicht sprechend, sondern singend sich unterhalten höre, dann müsse dies einem höchst unglaubwürdig erscheinen; mythischen Figuren nehme man dies dagegen viel eher ab, weil sie von sich aus eine gesteigerte Emotionalität zeigen: „Es scheint uns eben so natürlich, dass Menschen aus diesem [i.e. dem heroischen oder mythischen] Zeitalter eine unendlich vollkommenere, kräftigere und die Saiten unsers Gefühls stärker rührende Sprache reden, das ist, dass sie statt zu

---

24 Ludwig Tieck, *Die verkehrte Welt. Ein historisches Schauspiel in fünf Aufzügen*, in: ders., Phantasus, hg. v. Manfred Frank, Frankfurt a. M. 1985, S. 567–660, hier S. 606 f.

reden singen, als dass sie stärkerer Leidenschaften [...] fähig sind als wir."[25] Was Wieland weiter dazu ausführt, entspricht der Vicoschen Vorstellung, dass sich in den antiken Mythen ein ursprünglicher, natürlich-affektiver Menschheitszustand dokumentiere. Das mythisch Wunderbare erhält damit seine natürlich-menschliche Erklärung. Es ist kein Aberglaube und keine Lüge, sondern die Wahrheit des affektiv Menschlichen. In Wielands Argumentation:

> Ich sage also, Stoffe, die aus der heroischen Zeit genommen sind, haben eine vorzügliche Schicklichkeit zum Singspiele, weil alles, was diese Zeit so stark von der unsrigen abstechen macht, zusammen genommen, ein Gefühl des Wunderbaren in uns erregt, dessen Stärke dem Grade unsrer Entfernung von dem ursprünglichen Leben und Weben der noch unbezwungenen, muthvollen und mit allen Naturkräften wirkenden Menschheit proporzioniert ist.[26]

Anders als bei Vico ist Wielands Vorstellung vom heroischen oder mythischen Zeitalter nicht zugleich pejorativ als tierisch konnotiert. Im Gegenteil: Wieland idealisiert es wie Herder zur gefühlsstärksten Menschlichkeit. Und genau mit dieser Eigenschaft empfiehlt sich der Mythos für die Dichtung. Das gilt für Wieland nicht anders als für den jungen Goethe. Seine Farce beruht auf derselben Überzeugung, die auch den Singspieldichter zum Mythos führt. Der Streit geht allein darum, ob Wielands künstlerische Lösung dieser Überzeugung gerecht wird. Goethe – so könnte man sagen – streitet mit den theoretischen Positionen Wielands gegen dessen praktische Ausführung. Seine Farce will den mythischen Figuren ihre menschliche Wahrheit verleihen, die er in Wielands Stück durch Verzärtelung verfehlt glaubt. Ausdrücklich kommt dies in dem Schlussdialog zwischen Herkules und Wieland zur Sprache, in dem nun ein Goethescher Herkules dem *Alceste*-Dichter eine Strafpredigt hält:

> Was kann ich davor daß Er so eine engbrüstige Imagination hat. Wer ist denn Sein Herkules auf den Er sich so viel zu Gute tut? Und was will Er? *Für die Tugend!* Was heißt die Devise? Hast du die Tugend gesehen, Wieland? Ich bin doch auch in der Welt herumgekommen und ist mir nichts so begegnet.[27]

Geht es zwischen Wieland und Goethe auf der Basis einer gemeinsamen aufklärerischen Mythos-Verwendung nur um die konkrete Ausführung, so geht es bei Tieck um das Mythos-Verständnis und die Mythos-Verwendung selbst. Die aufklärerische Basis wird hier durch eine neue Intention überstiegen, die den Mythos von seiner natürlichen Vermenschlichung ab- zu einer quasi-religiösen Verheißung umwendet. In der *Verkehrten Welt* ist die Alceste-Admet-Episode mit der Handlung um die Götterfigur Apoll verbunden, die als eine Allegorie über die Vertreibung und Wiederkehr des Mythischen zu lesen ist: des Mythischen in religiöser, d.h. nicht mehr anthropologisch fundierter Dimension von Verheißung. Die

---

25 Wieland, *Versuch über das deutsche Singspiel*, S. 264 f.
26 Ebd. S. 264.
27 Goethe, *Götter Helden und Wieland*, S. 435.

Handlung, die sich durch das ganze Stück zieht, zeigt die Vertreibung Apolls vom Parnass durch Skaramuz, der bei Tieck die Karikatur eines materialistischen Aufklärers abgibt (er verlangt Mietzahlungen von den Musen und richtet eine Brauerei auf dem Berg ein), dann in verschiedenen Episoden den verborgen-verkleideten Wandel des vertriebenen Apoll – eine dieser Episoden ist seine Begegnung mit dem verbürgerlichten Paar Alceste und Admet –, bis er sich schließlich in neuer/alter Göttlichkeit offenbart:

> Der Gedanke einer neuen schönern Zeit eines edleren Jahrhunderts wird Euch begeistern, wird Euch Kraft und Mut verleihen, die Barbarei, die Geschmacklosigkeit, die Autoritäten zu stürzen. Wer so nicht denkt, der ziehe sich zurück. Aber es ist kein solcher unter uns, und darum will ich mich Euch jetzt entdecken. – *Er wirft die Verkleidung ab:* Ich bin Apollo!
> ALLE Apollo?
> APOLL Niemand anders. Erschreckt nicht, meine Freunde, vor meiner Gottheit, denn im Grunde bin ich doch nur ein armer Narr, wie Ihr alle.
> WIRT Einen Gott in meinem Hause zu haben! Welche Wollust!
> APOLL Hört auf zu erstaunen, geliebten Freunde, ja, ich bin der echte, weltberühmte Apollo.
> AULICUS *zu Myrtill:* Bauerntölpel! willst du wohl den Hut abnehmen?[28]

Auch wenn diese Göttererscheinung nach ernstem Beginn schnell zur Karikatur wird, so ist die gegenüber Wieland und Goethe ganz andere Intention doch deutlich: Tieck nimmt dem Mythos seine aufgeklärt menschliche Kontur und inszeniert ihn als quasi-religiöse Frohbotschaft. Dies freilich nicht mit neuer Frömmigkeit, sondern selbstironisch. Die Allegorie von der Rückkehr des Gottes bleibt spielerisch. Die klare Kontur, wie das Mythische zu verstehen ist, verliert sich gleichwohl. Insofern kann man hier von Romantik als Infinitisierung sprechen.

Man hat in Tiecks Apoll Goethe erkennen wollen und seinen verheißungsvollen göttlichen Glanz als Teil des frühromantischen Goethe-Kults interpretiert.[29] Wenn man es so sieht, muss man auch die Selbstironie einrechnen sowie den Schluss des Stücks, der nicht auf den endgültigen Sieg Apolls hinausläuft. Sein Triumph bleibt vorläufig und scheitert letztlich an der großen Popularität des Skaramuz. Die Mehrheit der Schauspieler und des von Tieck mit inszenierten Publikums bestehen auf seiner Herrschaft: „Es ist da nichts zu lachen, wir beschützen sein Königreich; er hat tugendhaft und gut regiert, *wir* wollen seine treuen Untertanen sein."[30] Allegorisch gelesen: Das Selbstbewusstsein und die Selbstzufriedenheit der Aufklärer sträubt sich gegen alle romantischen Verklärungen und Verheißungen. Es ist keine romantische, sondern satirische Ironie, dass Tieck diesen Aufklärungsstolz als Untertanengeist präsentiert.

---

28 Tieck, *Die verkehrte Welt*, S. 646.
29 Vgl. den Kommentar von Karl Pestalozzi in der Ausgabe: Ludwig Tieck, *Die verkehrte Welt. Ein historisches Schauspiel in fünf Aufzügen.* Text und Materialien zur Interpretation besorgt von Karl Pestalozzi, Berlin 1964, S. 120 f.
30 Tieck, *Die verkehrte Welt*, S. 659.

Tiecks *Verkehrte Welt* vollzieht also nicht die romantische gegen die aufklärerische Intention, sie stellt vielmehr das Spannungsverhältnis der beiden dar. Das eigene Engagement des Stücks ist in seiner durchgängigen Ironie nicht absolut, sondern nur graduell zu sehen: Seine Aufklärungssatire nimmt breiteren Raum ein als die ironisierte romantische Verheißung. Wo Wieland und Goethe innerhalb derselben Intention um deren richtige Umsetzung streiten, nimmt Tiecks Stück Abstand und reflektiert den Widerstreit, in den die alte Wielandsche und Goethesche Intention geraten ist. Dass Goethe dabei mit der neuen, romantischen Intention in Verbindung zu bringen ist, liegt an seiner weiteren Entwicklung. Sein *Iphigenie*-Drama zum Beispiel betreibt seinerseits (wie gesagt) die Infinitisierung seiner Hauptfigur, indem es sie zur neuen mythischen Figur erlösender Weiblichkeit verklärt. In einem neueren Goethe-Kommentar findet sich das Urteil, Goethes *Iphigenie* zeige „die gleiche „humane" Nivellierung", die seine Farce der Wielandschen *Alceste* vorgeworfen habe.[31] Das ist nicht als Goethe-Tadel gemeint, sondern als Wieland-Rehabilitation: Der reifere Goethe sei am Ende doch auf die Ästhetik seines einstigen Gegners eingeschwenkt. Dieses Urteil greift zu kurz, weil es den grundsätzlichen Unterschied in der Mythos-Verwendung nicht erfasst. Goethes Iphigenie enthält eine ganz andere utopische Verheißung als Wielands Alceste. Ihre „Menschlichkeit" ist in einem viel suggestiveren Sinne mythisch als die „mit allen Naturkräften wirkende Menschheit",[32] die Wieland im Mythos sucht. Es ist der Unterschied zwischen Aufklärung und Romantik.

VI. Fazit

Große, viel umfassende Begriffe wie „Aufklärung", „Klassik" und „Romantik" setzen über die Generationen kulturwissenschaftlicher Forschungsdiskussion so viel Diskursmasse an, dass sie in ihrer Verwendbarkeit schwer und unhandlich werden. Um sie neuerlich aussagekräftig zu machen, tut gelegentlich eine Verschlankung gut. Zu genau diesem Zweck schlage ich vor, die drei Epochenbegriffe als Intentionen zu verstehen und sie damit – wie hier in Ansätzen gezeigt – neuerlich zur konkreten Analyse einzelner Texte und intertextueller Bezüge zu verwenden. So kann man sich das Spannungsgefüge und die Produktivität der deutschen Literatur um 1800 eindringlicher klar machen. Auch die Makroperspektive, die man in der Regel mit Epochenbegriffen einnimmt, kann nur gewinnen, wenn man die Begriffe mikrologisch auf ihren heuristischen Wert erprobt.

---

31 Vgl. den Kommentar in Goethe, Dramen 1765–1775, S. 886 f.
32 Wieland, *Versuch über das deutsche Singspiel*, S. 264.

BIRGIT SANDKAULEN

System und Leben

Das Laboratorium Aufklärung aus philosophischer Sicht

I. Der sogenannte „deutsche Idealismus"

Bekanntlich kann man im Internet interessante Funde machen. Der Fund, der mir für diesen Beitrag in die Hände gefallen ist, stammt von der Homepage der Konrad-Adenauer-Stiftung, die über eine Soirée in ihrem Hause berichtet. Mit dem Titel *Der Idealismus – europäische Chance oder deutsches Verhängnis?* war die Veranstaltung überschrieben. In Zeiten der Wirtschaftskrise über Ansprüche des Idealismus zu diskutieren, wirke vielleicht unangebracht oder gar vermessen, so wird der Bericht eröffnet. Aber dem Nachdenken bot der Festredner Rüdiger Safranski dann doch genügend Stoff. Im Mittelpunkt des Idealismus, der sich mit Namen wie Schiller und Goethe, Kant und Hegel verbinde, stehe der „Wert der Freiheit". Dieser Freiheitsenthusiasmus habe dem „deutschen Verhängnis" zwar nicht unmittelbar Vorschub geleistet. Jedoch sei die „konstitutive Weltfremdheit'" der Idealisten, deren politischer Verstand verkümmert gewesen sei, verantwortlich dafür, dass Missbrauch mit ihren Ideen getrieben werden konnte. Bedeutet das, dass wir uns vom Idealismus distanzieren sollten? Keineswegs – denn dann gingen uns „zahlreiche Aspekte von erstaunlicher Aktualität" verloren, wie etwa die Rechtfertigung des freien Willens bei Kant und Schiller, und nicht zuletzt die Verteidigung des Werts der Bildung, die hier nicht ökonomischen Interessen der Ausbildung, sondern der „Entfaltung des Individuums als Selbstzweck'" galt.[1]

Man mag sich vorstellen, dass dies ein rundum gelungener Abend war. Trotz Wirtschaftskrise hat man sich wieder einmal mit den wesentlichen Dingen des Lebens befasst. Und ist es nicht begrüßenswert, dass dazu auch die Philosophie des Idealismus zählt, die somit über akademische Verhandlungen hinaus gebührende öffentliche Aufmerksamkeit erfährt? Nicht nur Philosophen sollten sich darüber freuen. Denn geradezu perfekt, so scheint es, kommt hier doch auch das gemeinsame Anliegen des Forschungszentrums *Laboratorium Aufklärung* zum Ausdruck, das sich ja nicht im Staub historischer Quellen vergraben, sondern die Gegenwartsrelevanz des langen 18. Jahrhunderts zur Diskussion stellen will.

---

[1] www.kas.de/wf/de/33.16656/. Abgerufen am 06.06.09. Vgl. zur Auseinandersetzung mit Safranskis Schiller-Monographie auch: Birgit Sandkaulen, *Schönheit und Freiheit. Schillers politische Philosophie*, in: Klaus Manger/Gottfried Willems (Hgg.), Schiller im Gespräch der Wissenschaften, Heidelberg 2005, S. 37–55; sowie dies., *Allerlei Spiele. Anmerkungen zu Schillers ästhetischer Erziehung*, in: Friedrich Schiller. Sonderausgabe des Uni-Journals der Friedrich-Schiller-Universität zum Schiller-Jahr 2005, Jena 2005, S. 24–25.

Inzwischen hört man vermutlich längst heraus, dass ich meine ernsthaften Einwände gegen diese Präsentation zunächst nur ironisch verkleidet habe. Tatsächlich also bin ich der Überzeugung, dass es nicht etwa hilfreich, sondern fatal wäre, wenn man das Interesse an einer Gegenwartsdiagnose, die sich aus dem Reflexionsraum des langen 18. Jahrhunderts speist, auf solche Vergegenwärtigungen des Idealismus stützen müsste. Man bedenke nur, in welche Lage man sich damit manövrierte. Die „konstitutive Weltfremdheit" des Idealismus soll für das „deutsche Verhängnis" wenigstens mittelbar verantwortlich sein. Aus derselben Weltfremdheit aber soll eine Idee von Bildung entspringen, die uns aktuell mit wichtigen Impulsen bereichern kann. Wie geht das zusammen? Bestünde auch nur der mindeste Verdacht, dass der Freiheitsentwurf des Idealismus in furchtbare politische Konsequenzen umzumünzen war, wäre doch auch das ihm zugeschriebene Bildungskonzept desavouiert, anstatt es umgekehrt als Orientierungsvorgabe für die Gegenwart zu empfehlen.

Solche Widersprüche festzustellen, ist aber nicht umsonst. Es bestätigt sich so nämlich, und wenigstens darüber kann man sich freuen, wie triftig es ist, heuristisch zwischen drei Phasen der Moderne zu unterscheiden. Dieser Unterscheidung gemäß stellen sich die Erste und Dritte Moderne als offene Transformationsphasen mit analogen Problembeständen dar, während die maßgeblich im 19. und 20. Jahrhundert zu lokalisierende Zweite Moderne demgegenüber als eine Phase der Schließung erscheint. Was dies im Fall der Philosophie bedeutet, ist der Darstellung Safranskis direkt zu entnehmen. Ohne sich über die Fragwürdigkeit der ins Spiel gebrachten Topoi im Klaren zu sein, wird hier nicht mehr und nicht weniger als ein Konstrukt reproduziert, dessen Genese und Kanonisierung in die Zweite Moderne fällt. Dazu gehört das Amalgam aus weltfremder Freiheitsschwärmerei und politischer Instrumentalisierung ebenso wie die schöngeistige Bildungsidee, die wie der sprichwörtliche Elfenbeinturm über praktischen Erfordernissen thront. Und was vor allem hierher gehört und für die genannten Motive dieses, mit Bollenbeck gesagt, idealistischen „Deutungsmusters"[2] geradezu ursächlich verantwortlich ist, ist die Rede vom „Idealismus" selbst.

Gemeint damit ist der sogenannte „Deutsche Idealismus" – und nur an diesen deutschen Idealismus und nicht etwa an den Idealismus eines Platon oder Berkeley kann man überhaupt die Frage adressieren, ob er eine „europäische Chance" oder nicht vielmehr das „deutsche Verhängnis" repräsentiert. Symptomatischerweise wird dabei das entscheidende Faktum übersehen, dass es nämlich diesen sogenannten deutschen Idealismus im langen 18. Jahrhundert gar nicht gab. Sowohl der Name als auch der angebliche Inhalt dieser philosophischen Formation sind eine Erfindung der Zweiten Moderne. Ex post hat man hier den Idealismus zunächst als weltanschauliches Gegenstück zum Materialismus etabliert und dann, exemplarisch bei Wilhelm Windelband, auch philosophiegeschichtlich aufstilisiert: um das geistige Erbe Deutschlands akademisch zu verwalten und es in eins damit auch im

---

2 Vgl. Georg Bollenbeck, *Bildung und Kultur. Glanz und Elend eines deutschen Deutungsmusters*, Frankfurt a. M./Leipzig 1994.

nationalistischen Interesse des Wilhelminismus politisch zu inszenieren. Ein mehr als peinliches Zeugnis dieser Tendenz stellt das Buch des Philosophen und Nobelpreisträgers Rudolf Eucken dar, in dem 1915 unter dem Titel *Die Träger des deutschen Idealismus* das „deutsche Wesen" beschworen wird. Noch das bekannte, 1921 zuerst und kürzlich in Neuauflage erschienene Werk Richard Kroners sieht im teleologischen Gang *Von Kant bis Hegel* die „idealistische Mission des deutschen Volkes" am Werk. Über diese Genealogie des deutschen Idealismus habe ich mich andernorts ausführlicher geäußert, nicht ohne auf die zahlreichen Aporien zu verweisen, die daraus bis heute für die Darstellung und den Umgang mit der klassischen deutschen Philosophie erwachsen.[3]

II. Der Gang über die Brücke: Methodische Konsequenzen

Was folgt aus diesem Anlauf auf das Laboratorium Aufklärung, soweit hier die Philosophie in Rede steht? Insofern man zwischen der ursprünglichen Formation des Laboratoriums und ihrer verfehlten Kanonisierung in der Zweiten Moderne unterscheiden muss, habe ich auf einen positiven Effekt bereits hingewiesen. Nicht zuletzt im Spiegel der Philosophie bekräftigt sich, so meine These, dass der Ansatz einer Binnendifferenzierung der Moderne ebenso nötig wie fruchtbar ist. Umgekehrt formuliert heißt das, dass eine philosophische Auseinandersetzung mit dem langen 18. Jahrhundert nur dann Erfolg versprechend sein und sinnvoll mit einer Analyse der Gegenwart verknüpft werden kann, wenn man sich von den Topoi des sogenannten deutschen Idealismus als einem Konstrukt der Zweiten Moderne wirklich befreit.

Welche Sicht sich unter dieser Bedingung auf das Laboratorium Aufklärung eröffnet, möchte ich im Folgenden in einigen Zügen umreißen, wobei es sich bei dieser Gelegenheit in der Tat nur um programmatische Grundlinien handeln kann. Alles andere wäre angesichts der singulären philosophischen Komplexität und Produktivität der Epoche schlicht vermessen. Zunächst aber liegt mir viel daran, dass sich aus dem Anlauf, den ich bewusst gewählt habe, ja eben nicht nur der positive Effekt ergibt, dass eine Binnendifferenzierung der Moderne triftig und fällig ist. Im Umkehrschluss zeigt sich negativ, mit welcher Dominanz die zweite Moderne, zumindest was ihre festsitzenden Ideologeme betrifft, offenbar immer noch regiert.

Weil dem so ist und man davor die Augen nicht verschließen darf, sind deshalb an erster Stelle methodische Konsequenzen zu ziehen. Auch dann, wenn man sich

---

3 Vgl. mit Angabe der Textnachweise: Birgit Sandkaulen, *Jena als Chiffre des ‚deutschen Idealismus'. Motive und Folgen einer historischen Konstruktion*, in: Jürgen John/Justus H. Ulbricht (Hgg.), Jena. Ein nationaler Erinnerungsort? Köln/Weimar/Wien 2007, S. 113–122. Erstmals ist Walter Jaeschke dieser Problematik nachgegangen: *Zur Genealogie des Deutschen Idealismus. Konstitutionsgeschichtliche Bemerkungen in methodologischer Absicht*, in: Andreas Arndt/Walter Jaeschke (Hgg.), Materialismus und Spiritualismus. Philosophie und Wissenschaften nach 1848, Hamburg 2000, S. 219–234.

vor allem für die Analogien zwischen der Ersten und der Dritten Moderne interessiert, ist die Berücksichtigung der dazwischen liegenden Phase notwendig und unvermeidlich. Mit dem Bild der Brücke gesagt, so wie es Georg Schmidt im vorliegenden Band erläutert[4]: Die Brücke ist kein Tunnel. Geht man über eine Brücke, so hat man freie Sicht: auf den Ausgangs- und den Zielpunkt, wobei die Richtung in unserem Kontext aus der Gegenwart in die Vergangenheit und aus der Vergangenheit in die Gegenwart führen kann. Freie Sicht hat man im Gang über die Brücke aber auch auf die Landschaft, die überquert wird. Es ist unabdingbar nötig, das will ich in Sachen Philosophie methodisch unterstreichen, diese Sicht auf die Landschaft der Zweiten Moderne tatsächlich zu haben, um überhaupt abschätzen zu können, ob man sich auf besagter Brücke oder nicht vielmehr auf einem überwucherten Pfad befindet, der in den Konstrukten des 19. und 20. Jahrhunderts steckenbleibt.

Die Konsequenz aus dieser methodischen Maxime lässt sich auch so formulieren, dass man sich auf die grandiose philosophische Aura des Laboratoriums Aufklärung in gar keiner Weise verlassen kann. Es genügt nicht, sich selbst und anderen zu versichern, dass die Philosophie dieser Epoche Entwürfe von Weltgeltung hervorgebracht hat. Zwar ist dies insbesondere bei Kant und Hegel völlig fraglos der Fall. Und völlig außer Frage steht auch, dass die klassische deutsche Philosophie insgesamt, die nach dem Auftakt der Frühaufklärung ab den 1770er Jahren die intellektuelle Debatte der Moderne unter Mitwirkung einer Vielzahl von unterschiedlichsten Philosophen durchgreifend prägt, eine internationale Prominenz für sich beanspruchen kann, die nicht zuletzt Jena und Weimar ins Blickfeld rückt, de facto aber weit darüber hinaus ausstrahlt. Überall in Europa, in Frankreich, Italien, in den Niederlanden, in Spanien, in Belgien, gibt es Zentren, die der klassischen deutschen Philosophie gewidmet sind. Dasselbe gilt für die USA, China, Russland und Südamerika. Aber noch einmal: Verlassen kann man sich auf diese Prominenz nicht, solange nicht sichergestellt ist, dass es sich nicht lediglich um die Prominenz einer vergangenen Epoche handelt, die jederzeit Gefahr läuft, in die Falle des sogenannten deutschen Idealismus zu geraten. An einer Aktualität, die vor diesem Hintergrund beschworen wird, kann nicht gelegen sein, weil sie jenseits bildungsbürgerlicher Reminiszenzen und philosophiehistorischer Befassung längst nicht mehr überzeugt. Man wäre mit Amnesie geschlagen, würde man vergessen, dass zu den typischen und gleichfalls bis in die Gegenwart hinein wirksamen Konstrukten des 19. Jahrhunderts – in spiegelbildlicher Verkehrung zu seiner Aufstilisierung – auch der Topos vom „Zusammenbruch des deutschen Idealismus" gehört.[5]

Dieser Zusammenbruch ist, so will es die hier einschlägige Version, dem Aufkommen des Historismus, des Positivismus, des Pragmatismus und des Naturalismus geschuldet. Im Verein mit der technisch-ökonomischen Modernisierung und

---

4 Vgl. Georg Schmidt, *Brücken schlagen, Analogien bilden. Überlegungen zur historischen Selbstvergewisserung des modernen Staates*, in diesem Band.
5 Vgl. Herbert Schnädelbach, *Philosophie in Deutschland 1831–1933*, Frankfurt a. M. [4]1991, S. 15.

der Ausdifferenzierung der Einzelwissenschaften geht damit einher, dass man mit der Freiheits- und Vernunftmetaphysik des Idealismus nicht das Geringste mehr anfangen kann. Passend dazu überlebt die angebliche idealistische Schwärmerei für das Absolute dann entweder als das Schreckgespenst eines totalitären Hegelianismus, das bekanntlich Karl Popper mit erheblicher Resonanz als maßgeblichen Feind einer offenen, liberalen Gesellschaft gebrandmarkt hat, oder aber sie überlebt aufgrund eines verqueren Ausweichmanövers, das vor dem Abdriften ins „deutsche Verhängnis" Schutz bieten soll, im Hinterhof einer bildungsbürgerlichen Idylle.

Mit der Wirkmächtigkeit solcher Topoi muss rechnen, wer vorhat, nicht nur, aber auch mit der klassischen deutschen Philosophie im Gepäck besagte Brücke zu überqueren, um in der Gegenwart oder umgekehrt in der Ersten Moderne anzukommen. Alles andere wäre fahrlässig, wenn nicht gar naiv. In methodischer Hinsicht heißt das nicht allein, wie schon gesagt, die Konstrukte der Zweiten Moderne jederzeit mitreflektieren zu müssen, wenn im Gegenzug dazu etwas sachlich Überzeugendes über die Philosophie des Laboratoriums Aufklärung zu Tage gefördert werden soll. Es heißt auch, darauf zu reflektieren, inwieweit wir selbst noch in den topischen Zurüstungen der Zweiten Moderne befangen sind, sofern wir die schöne Reihe von Klassik, Romantik und Idealismus und sei es zum Zweck des Nachweises bemühen, dass diese drei im Verbund die ehrlichen Kinder der Aufklärung sind. Dass die Unterscheidung zwischen Idealismus und Romantik immer noch zu den philosophischen Standardauskünften über die Epoche gehört, macht sie ja nicht per se schon triftig, zumal dann nicht, wenn man sieht, dass auch sie eine nachträgliche Erfindung der Philosophiegeschichtsschreibung ist. Nicht umsonst ist sie den fraglichen Philosophen selber vollständig fremd.[6] Insofern wäre bereits viel damit gewonnen, die philosophischen Anliegen des Laboratoriums, soweit es die ab den 1770er Jahren einsetzende intellektuelle Formation betrifft, konsequent unter den Titel der *klassischen deutschen Philosophie* zu rücken, der sich gegenüber dem des „deutschen Idealismus" immerhin langsam durchzusetzen scheint. Klassische deutsche Philosophie – dieser Name steht in Analogie zur *klassischen griechischen* Philosophie und will insofern nicht mehr und nicht weniger sagen als dies, dass es sich um eine vergleichbar grundlegende Formation der Philosophie von paradigmatischem Zuschnitt handelt. Aber wie gesagt: Mit der Zuschreibung solch überragender Bedeutung ist es nicht getan. Die Frage ist, was inhaltlich für sie einsteht und in eins damit auch gegenwärtig von Belang sein kann.

---

6 Vgl. dazu z. B. Hegels *Vorlesungen über die Geschichte der Philosophie*, die im letzten Teil unter dem Titel „Neueste deutsche Philosophie" folgende Autoren in dieser Reihenfolge behandeln: Jacobi, Kant, Fichte, Friedrich Schlegel, Novalis, Fries, Bouterwek, Krug, Schelling.

III. Kritische Modernität:
Zur Bestimmung des *Laboratoriums* Aufklärung

Mein Beitrag steht unter dem Titel „System und Leben". Dass ich mit dieser Konstellation eine Problematik vorstellig machen will, die im Sinne des Brückenschlags beide Desiderate erfüllt, ist nach dem bisher Gesagten klar. Unvermittelt kann ich damit aber nicht beginnen, weil es eines Rahmens bedarf, um die Problemkonstellation von System und Leben überhaupt ins Bild zu rücken. Worauf ich damit ziele, zeigt sich am besten im Ausgang von Kant, wobei ich nicht den notorisch zitierten Ausgang aus der selbstverschuldeten Unmündigkeit wähle, sondern ein Stück aus der Vorrede zur ersten Auflage der *Kritik der reinen Vernunft*. „Unser Zeitalter", so schreibt Kant hier, „ist das eigentliche Zeitalter der *Kritik*, der sich alles unterwerfen muß. *Religion*, durch ihre *Heiligkeit*, und *Gesetzgebung*, durch ihre *Majestät*, wollen sich gemeiniglich derselben entziehen. Aber alsdenn erregen sie gerechten Verdacht wider sich, und können auf unverstellte Achtung nicht Anspruch machen, die die Vernunft nur demjenigen bewilligt, was ihre freie und öffentliche Prüfung hat aushalten können."[7] Wie so oft, versteckt Kant auch diese entscheidende Äußerung in einer Fußnote, und neben dem berechtigten Respekt vor Kants schwierigem Hauptwerk ist das vermutlich auch der Grund, warum man sich in der Regel allein auf seine populäre Programmschrift über Aufklärung bezieht. Das ändert aber nichts daran, dass sich eine treffendere Charakterisierung des Laboratoriums Aufklärung kaum finden lässt. Geltungsansprüche können sich im „Zeitalter der Kritik" nicht mehr auf überkommene Instanzen stützen. Geltung und damit verbundene Achtung gewinnt nur diejenige Überzeugung, die sich einer kritischen Prüfung ausgesetzt und diese freie und öffentliche Prüfung durch die Vernunft bestanden hat. Davon sind auch die mächtigen Institutionen von Kirche und Staat betroffen. Sich auf die fraglose Autorität von „Heiligkeit" und „Majestät" zu berufen, kennzeichnet diese Institutionen zwar (noch Kant selbst unterliegt ja der preußischen Zensur), aber im wahrsten Sinne ist das kein überzeugendes Argument, das sich Hoffnung auf allgemeine Anerkennung machen dürfte.

Freiheit und Vernunft – dass dies die maßgeblichen Leithinsichten der Moderne sind, liegt auf der Hand. Dass sie sich aber mit der Hinsicht auf Öffentlichkeit zu einer Trias verbinden, in deren Zentrum bei Kant die *Kritik* steht, darauf kommt es im Folgenden an. Deshalb ist auch eigens darauf zu achten, dass Kant vom *„eigentlichen* Zeitalter der Kritik" spricht. „Uneigentliche" Zeitalter der Kritik hat es demnach auch früher schon gegeben. Genau besehen führt dieser Gedanke bis an die antiken Ursprünge der Philosophie überhaupt zurück und deckt dann vor allem auch den Auftakt der neuzeitlichen Philosophie mit ab, der im Gefolge der Renaissance mit dem cartesischen Einsatz im 17. Jahrhundert und dessen bahnbrechenden Wirkungen erfolgt. Descartes, Hobbes, Pascal, Spinoza, Leibniz und Locke: an berühmten Namen fehlt es im 17. Jahrhundert offenkundig nicht,

---

7 Immanuel Kant, *Kritik der reinen Vernunft*. Werkausgabe Band 3, hg. v. Wilhelm Weischedel, Frankfurt a. M. 1968, A XI.

und ebensowenig an radikal neuen, bis heute diskutierten Entwürfen, die die traditionelle Geltung von „Heiligkeit" und „Majestät" längst ihrerseits im Namen von Vernunft und Freiheit unterwandert haben. Insofern kann und muß man einerseits sagen, dass die Moderne deutlich früher beginnt, als es die Rede vom langen 18. Jahrhundert als der hier maßgeblichen Epoche suggeriert.

Andererseits aber kann man Kants Ansatz, und deshalb berufe ich mich hier auf ihn, zwei Kriterien entnehmen, die es mit guten Gründen nahelegen, im Laboratorium Aufklärung den Beginn *eigentlicher, nämlich kritisch artikulierter Modernität* zu sehen. Das erste Kriterium liefert der Hinweis auf die Öffentlichkeit. Es ist ein beträchtlicher Unterschied, ob Kritik im lateinischsprachigen Binnenraum eines intellektuellen Diskurses verbleibt, der sich oft genug rhetorisch tarnen und teilweise sogar anonymisiert im Untergrund agieren oder gar das Hauptwerk erst posthum zur Veröffentlichung vorsehen muß (den exemplarischen Fall stellt hier Spinoza dar), oder ob Kritik den normativen Anspruch auf öffentliche Prüfung und allgemeine Zugänglichkeit erhebt. Der Öffnungsprozess der Ersten Moderne ist somit buchstäblich als ein öffentlichkeitswirksamer Prozess zu fassen, der nicht zufällig mit dem Übergang in den Gebrauch der Nationalsprachen zusammenfällt und in Deutschland eine sensationelle, literarische und philosophische Kreativität sprachlicher Darstellung freigesetzt hat. Den Begriff „Selbstbestimmung" zum Beispiel, den wir völlig selbstverständlich verwenden, hat überhaupt erst Kant geprägt. Die nicht weniger vertraute Rede von der „Außenwelt" stammt von Fichte. Und mit Jacobi, der Spinozas Rede von „substantia" und „modus" in die wirkmächtigen Ausdrücke „Sein" und „Dasein" übersetzt, wird allererst spürbar, dass metaphysische Fragen essenziell unser konkretes „In-der-Welt-Sein" betreffen. Dass man es in allen drei Fällen mit Hinsichten des wirklichen Lebens zu tun hat, zeichnet sich damit schon auf sprachlicher Ebene ab.

Das zweite Kriterium, das man Kant zur Bestimmung kritischer Modernität entnehmen kann, ist mindestens so bedeutsam. Die freie und öffentliche Prüfung jedweder Geltungsansprüche ist ein Anspruch, „dem sich *alles* unterwerfen muß", das heißt: Die Vernunft selbst lässt das nicht etwa unangetastet, sondern erfasst sie substanziell. Solange man also im Namen der Vernunft zwar öffentlich prüft, was als wahr und richtig gelten darf und was nicht, dabei aber die Autorität der Vernunft nun ihrerseits in den Mantel sakrosankter „Majestät" und „Heiligkeit" hüllt, solange gibt sich Aufklärung selber noch dogmatisch. Deshalb gilt umgekehrt: Zu einer wirklichen Herausforderung werden Freiheit und Vernunft erst dann, wenn der Prozess der Kritik selbstreflexiv und, wie es bei Kant im Haupttext zur zitierten Fußnote heißt, „als eine Aufforderung an die Vernunft" begriffen wird, „das beschwerlichste aller ihrer Geschäfte, nämlich das der Selbsterkenntnis aufs neue zu übernehmen".[8]

Im „eigentlichen Zeitalter der Kritik", im Zeitalter kritischer Modernität, steht die Vernunft mithin selber und zwar öffentlich vor Gericht. Sie ist nicht nur Richterin über andere Ansprüche, sondern auch Angeklagte in eigener Sache, über de-

---

8 Ebd.

ren rechtmäßige oder illegitime Ambitionen befunden werden muss, wobei entscheidend ist, dass sie selbst und niemand sonst ihren Gerichtsprozess führt. Kants Bedeutung liegt darin, dass er diesen Prozess, einschließlich der Gerichtsmetaphorik, in Gestalt der im *genitivus objectivus* und *subjectivus* zu lesenden *Kritik der reinen Vernunft* exemplarisch ausgearbeitet und dabei dessen selbstreflexive Struktur erstmals als solche herausgestellt und in ihrer Unverzichtbarkeit unterstrichen hat. Die Würdigung dieses Verdiensts sollte allerdings nicht dazu verleiten, die spezifische Ausprägung des Kantischen Modells der Vernunftkritik sogleich zu verabsolutieren. Verfährt man so, wozu ein orthodoxer Kantianismus durchaus neigt, dann resultiert daraus die paradoxe Figur, dass der Kritizismus seinerseits dogmatisch erstarrt, womit man tendenziell die Zweite Moderne am Horizont aufscheinen sieht.[9]

Für das Laboratorium Aufklärung hingegen sind ausgehend von Kants Diagnose zunächst einmal die folgenden drei Punkte festzuhalten. Der erste Punkt versteht sich inzwischen von selbst. Aufklärung konstituiert sich in der öffentlichen Kritik sakrosankter Autoritäten und bleibt ihrerseits von solchen Autoritäten angegriffen. Ein *Laboratorium* Aufklärung aber entsteht in genau dem Maße, wie der Prozess kritischer Prüfung zu einer selbstreflexiven Befragung vernünftiger Kompetenzen und damit verbundener Ansprüche auf Freiheit führt. Allererst kritische Modernität in diesem Sinne setzt die *Binnendynamik* fortgesetzter Selbstvergewisserung frei, der massive Verunsicherung bis hin zum Skeptizismus und immer neue und andere Orientierungsbemühungen von Grund auf und auf Dauer eingeschrieben sind. Diese Dynamik kommt in den Debatten der nachkantischen Philosophie unübersehbar zum Austrag. *Dass* Vernunft und Freiheit die normativen Vorgaben sind, ist gewiss. Aber *was* genau damit in Anspruch genommen werden soll, ist nicht gewiss, sondern steht immer von neuem zur Diskussion: in einer sich geradezu überschlagenden öffentlichen Debatte von größtmöglicher Produktivität, Differenziertheit der Argumente und streitbaren Härte. Auf die mit Kant einsetzende Denkbewegung ist dieser Typus kritischer Modernität indes nicht zu beschränken. Hier kommt der laboratorische Charakter der Ersten Moderne gleichsam in Reinform zum Ausdruck, während es Schübe solcher selbstreflexiven Prüfung der Vernunft selbstverständlich auch vorher schon gibt. Man denke nur an Vico oder Rousseau.

Mit diesen Namen – im Raum der klassischen deutschen Philosophie kann man hier unter anderen Herder, Hamann oder Jacobi ergänzen – gerät der zweite Punkt in den Blick. Was diese Autoren verbindet, ist nämlich der eigenartige Befund, dass man sie aus einer bestimmten Einstellung heraus vorzugsweise der sogenannten Gegenaufklärung subsumiert. Das widerfährt ihnen bereits zu Lebzeiten und wiederholt sich bis in die Gegenwart, wie es etwa der Oxforder Ideenhistoriker Isaiah

---

9 In einer der Hauptströmungen des späteren 19. Jahrhunderts, der Strömung des sogenannten Neukantianismus, wird das dann buchstäblich greifbar. Im Abstoß vom Hegelianismus hat man hier die Parole „Zurück zu Kant" ausgegeben und dabei Kants Vernunftkritik auf das Programm einer erkenntnistheoretischen Begründung der Wissenschaften reduziert.

Berlin musterhaft demonstriert.[10] Ich erwähne diesen Punkt, weil Zuschreibungen solcher Art eine Facette der Ersten Moderne beleuchten, über die man sich ebenfalls Klarheit verschaffen muss. Stellt man den durchgreifenden Prozess reflexiver Selbstprüfung der Vernunft in Rechnung, dann ist es evidentermaßen unsinnig, Positionen als gegenaufklärerisch zu identifizieren, die tatsächlich nichts anderes als eine besonders radikale Prüfversion ins Werk gesetzt und genau damit den Verlauf der Debatte inspiratorisch vorangetrieben haben. Als gegenaufklärerisch im strengen Sinne sind demgegenüber nach Kants Kriterien vielmehr nur solche Positionen zu bezeichnen, die man heute „fundamentalistisch" nennt und damit anzeigt, dass sie sakrosankte Trutzburgen von „Majestät" und „Heiligkeit" besetzen. Damit fordern sie die modernen Leithinsichten von Vernunft und Freiheit heraus, was jede Befassung mit dem Projekt der Moderne zu berücksichtigen hat. Davon zu unterscheiden sind aber radikale Herausforderungen dergestalt, die nicht von außen, sondern aus dem Binnenraum des Laboratoriums Aufklärung selber kommen. Sofern man sie als gegenaufklärerisch brandmarkt – und je nachdem, welche Einstellung man wählt, gehören auch Schelling, Hegel, der späte Fichte und die sogenannten Romantiker hierher – verrät sich darin ein Reflex, der einem, wie man wiederum im Rekurs auf Kant sagen kann, latenten oder offenen Dogmatismus der Moderne entspringt.

Als Kehrseite kritischer Modernität sollte man dieses Phänomen eines Aufklärungsdogmatismus nicht ignorieren. Vernunft und Freiheit gegen Kritik zu immunisieren, anstatt sie ihrerseits dem „beschwerlichen Geschäft" der Selbstkritik zu unterziehen, führt nämlich nicht allein zu all den Formen penetranter Selbstzufriedenheit, die das lange 18. Jahrhundert eben auch aufweist und die sensibleren und wacheren Geistern von jeher auf die Nerven gefallen ist. Damit geht vielmehr auch einher, die Leithinsicht der Vernunft auf Rationalitätsstandards epistemischer Rechtfertigung herunterzubrechen, die Gehalt und Geltung des Vernünftigen eindimensional verkürzen. In der Konsequenz muss dann aber auch aus dem Blick geraten, worum es im Zuge der anhaltenden Selbstvergewisserung der Vernunft geht: nämlich in der Tat nicht um die Sicherstellung formaler Prozeduren oder kognitiver Prozesse, sondern um die Frage, inwieweit und welche Vernunft in der Lage ist, Aufschluss über die konkreten Belange der Lebenswelt zu geben. Ohne zu übertreiben, kann man deshalb den dritten hier einschlägigen Punkt so formulieren. Die Kriterien kritischer Modernität sind Öffentlichkeit und Selbstreflexivität. Das Kriterium aber, an dem im Laboratorium Aufklärung seinerseits bemessen wird, ob diese Selbstprüfung der Vernunft hinreichend komplex und überzeugend ausgefallen ist oder vielmehr fortgesetzt werden muß, den Test auf Erfolg gleichsam, bilden diejenigen Erfahrungen, Erwartungen und Überzeugungen, die dem praktischen Lebensvollzug entspringen und dabei ethische, soziale, politische, äs-

---

10 Isaiah Berlin, *Die Gegenaufklärung* (1980), in: ders., Wider das Geläufige. Aufsätze zur Ideengeschichte, Frankfurt a. M. 1994, S. 63–92.

thetische und metaphysische Motive einschließlich des Verhältnisses zur Natur umfassen.[11]

IV. System und Leben: Versionen im Spiegel der zweiten Moderne

Der Test kritischer Modernität ist das wirkliche Leben. In diesen Test sind Vernunft und Freiheit als Leithinsichten involviert – dies jedoch nicht als ein für allemal definierte Gewissheiten, sondern als Problemhinsichten fortgesetzten Streits, in dem die überzeugende Umsetzung oder Realisierung vernünftiger Freiheit im Leben in Frage steht. Und erst vor diesem Hintergrund kann ich nun die Konstellation ins Spiel bringen, die mit dem Titel „System und Leben" bezeichnet ist. Denn maßgebliche Philosophen des Laboratoriums Aufklärung, wozu Kant, Fichte, Schelling und Hegel gehören, sind der Ansicht, dass allein der in sich geschlossene Zusammenhang eines wissenschaftlichen Systems die fragliche Umsetzung vernünftiger Freiheit zu leisten verspricht. Der Ausdruck „System", so sieht man sofort, ist hier also nicht einfach ein anderer Ausdruck für Vernunft. Im Ansatz des Systems ist vielmehr die übergreifende Hinsicht auf die Selbstverständigung des realen Lebens bereits impliziert – so wie es umgekehrt eine Reihe gegnerischer Positionen wie die Jacobis, Friedrich Schlegels oder Hardenbergs gibt, die im Interesse des Lebens systemkritische Einwände formulieren und sich dabei sehr wohl auch ihrerseits auf die Geltung der Vernunft berufen.

Die Dynamik der Ersten Moderne rückt demnach erst dann wirklich vor Augen, wenn man das Spezifikum kritischer Modernität als grundlegende Auseinandersetzung zwischen den Optionen des *Systems und der Systemkritik* fasst, die wohlgemerkt in beiden Fällen auf die Interessen der Lebenswelt zielen. Dass die Bahnen dieser Auseinandersetzung multikomplex verlaufen, folgt aus dem Gesagten, und das nicht zuletzt deshalb, weil auch die Vertreter des Systemansatzes selbst in erbitterten Streit untereinander geraten. Entscheidend ist im Moment, dass man sich strikt von jedem Aufklärungsdogmatismus freihalten muss, um in dieser Debatte tatsächlich diejenige Herausforderung zu erkennen, die nicht allein Kennzeichen der Ersten Moderne ist, sondern sie auch mit der Dritten verbindet.

Das bedarf der abschließenden Erläuterung, die nach meiner eingangs formulierten methodischen Überlegung impliziert, zugleich auf den Schließungsprozess

---

11 Mit Recht hat Rolf-Peter Horstmann (*Grenzen der Vernunft. Eine Untersuchung zu Zielen und Motiven des Deutschen Idealismus*, Frankfurt a. M. 1991), „auf eine wenig bemerkte, jedoch augenfällige und bedeutsame Gemeinsamkeit zwischen den Positionen von Kant, Fichte, Schelling und Hegel" hingewiesen, die in ihrem „eigentümlichen Philosophiebegriff", nämlich in der Überzeugung besteht, „dass eine philosophische Theorie in bestimmter Weise der Weltauffassung des natürlichen, vorphilosophischen Bewußtseins Rechnung zu tragen hat, und zwar so, dass sie dies Selbstverständnis erklären, wenn auch nicht unbedingt rechtfertigen kann, und dass sie so zur *Rekonstruktion* der natürlichen Weltauffassung beiträgt" (S. 29). Von einer weitergehenden Auseinandersetzung mit Horstmanns Darstellung, die mir hinsichtlich der Bestimmung des „natürlichen Bewußtseins" erforderlich scheint, sehe ich an dieser Stelle ab.

der Zweiten Moderne zu reflektieren. Dieser Schließungsprozess stellt sich gesellschaftlich, ökonomisch und politisch als das großangelegte Bestreben nationalstaatlich gebundener Formierung und Institutionalisierung dar, dem auf der kulturellen Ebene die erwähnte Kanonisierung von „Weltanschauungen" entspricht. Was diese Engführung aber durchgehend leitet, ist ein Motiv, das der Ersten Moderne selber entspringt. Damit meine ich die dogmatische Gefährdung des Aufklärungsprojekts, die in ihm selber, seine Irritationspotentiale gleichsam kompensierend, steckt und die jetzt zur Dominante wird. Die Selbstreflexivität kritischer Modernität wird weggekürzt, womit einhergeht, die Dimension der Vernunft fraglos auf ein Vermögen instrumenteller Rationalität zu reduzieren. Was in diesem Sinn vernünftig ist, muss sich propositional aussagen und in eindeutiges Wissen überführen lassen.

Nur auf den ersten Blick ist verblüffend, was unter solchen Vorzeichen mit der klassischen deutschen Philosophie geschieht, die ja nun erst unter dem Titel des „Deutschen Idealismus" wiedergeboren wird. Relativ zu solchen Standards von Rationalität zerspaltet sich jetzt nämlich die Wahrnehmung der Epoche in zwei Versionen, die sich oberflächlich betrachtet eklatant zu widersprechen scheinen, tatsächlich aber als die beiden Seiten einer Medaille zu lesen sind. Gemeinsam ist beiden, und eben dafür sorgt die hier unterstellte rationalistische Deutung der Vernunft, den deutschen Idealismus auf eine Serie sogenannter idealistischer Behauptungen abzuziehen.

Der ersten Version zufolge kommt damit die „konstitutive Weltfremdheit" des Idealismus zum Vorschein. In einer affirmativen, wenngleich die wahre Sachlage definitiv verstellenden Variante dieser Version führt dies dazu, im Rekurs auf den Idealismus so etwas wie eine schöngeistige Gegenwelt zu beschwören, die inmitten der formierten Moderne die Ausflucht in den Elfenbeinturm eröffnet. Der Bildungsbegriff, der unter dieser Voraussetzung zum neuhumanistischen „Deutungsmuster" deutscher Kultur avanciert, hat mit derjenigen Bildungsdiskussion, die im Laboratorium Aufklärung selber geführt worden ist, so gut wie gar nichts zu tun, zeigt aber exemplarisch, dass man sich den Überschuss einer nicht dogmatisch auf Propositionalität reduzierten Vernunft nur mehr so zurechtlegen kann, als hätte die klassische deutsche Philosophie den wahren Sinn des Lebens gezielt von seinen realen Bedürfnissen und praktischen Vollzugsformen getrennt.[12]

---

12 Vgl. dazu und den weit reichenden Folgen für die gegenwärtige Bildungsdebatte: Birgit Sandkaulen, *La Bildung*, in: Frankfurter Allgemeine Zeitung, Die Gegenwart, vom 19.11.2004; dies., *Zwischen Schellings Kunst und Hegels Arbeit. Perspektiven der (philosophischen) Bildung*, in: Rudolf Rehn/Christina Schües (Hgg.), Bildungsphilosophie. Grundlagen – Methoden – Perspektiven, Freiburg i. Br. 2008, S. 63–85; dies., *Bildung und lebenslanges Lernen. Eine kritische Analyse des Bildungsbegriffs aus normativer Perspektive*, in: Ursula M. Staudinger/Heike Heidemeier (Hgg.), Altern, Bildung und lebenslanges Lernen. Nova Acta Leopoldina NF, Nr. 364, Band 100, Halle (Saale) 2009, S. 21–29; dies., *Wissenschaft und Bildung. Zur konzeptionellen Problematik von Hegels Phänomenologie des Geistes*, in: Birgit Sandkaulen/Volker Gerhardt/Walter Jaeschke (Hgg.), Gestalten des Bewusstseins. Genealogisches Denken im Kontext Hegels, Hegel-Studien Beiheft 52, Hamburg 2009, S. 186–207; dies., *Knowing how. Ein Plädoyer für Bildung jenseits von Modul und Elfenbeinturm*, in: Jürgen Stolzenberg/Lars-Thadde Ulrichs (Hgg.), Nur als ästhetisches Phänomen

Idealistische Ambitionen und eine realistische Sicht auf die Welt treten auseinander – das widerspricht zwar völlig den Intentionen der fraglichen Philosophen, aber das Label des deutschen Idealismus legt dies nahe, worauf man in der anderen Variante dieser Version nicht affirmativ, sondern entschieden kritisch reagiert. Dass man sich unter der Bedingung rationalistischer Engführung des Vernünftigen auf den kritischen Überschuss selbstreflexiver Vernunft keinen Reim mehr machen kann, und schon gar nicht darauf, in welchem Zusammenhang dieser komplizierte Überschuss mit der Hinsicht auf die Verständigung des realen Lebens steht, heißt hier, den Idealismus als unverantwortlichen Hokuspokus spekulativen Wahnsinns zu entlarven. Wenn er Glück hat, bleibt Kant von diesem Urteil verschont, in jedem Fall trifft es Fichte und Schelling und vor allem Hegel, der nach dieser Auffassung mit dem Anspruch absoluten Wissens die Grenze seriösen Philosophierens endgültig überschritten hat. Es scheint mir ein besonders interessantes Phänomen zu sein, dass Schopenhauer einer der Ersten ist, der so argumentiert. Durchschlagenden Erfolg, der weit über die Philosophie hinaus alle kulturellen Milieus erfasst, hat *Die Welt als Wille und Vorstellung* ab der Mitte des 19. Jahrhunderts, inmitten der Zweiten Moderne also, deren Schließungsfigur in Schopenhauers These eines universal herrschenden blinden Willens offenbar perfekt zum Ausdruck kommt.

Dabei übersieht man aber leicht, weil sie resonanzlos blieb, dass die Erstauflage bereits von 1818 stammt. Zeitlich somit noch unmittelbar in das Laboratorium Aufklärung fallend, antizipiert Schopenhauer zugleich de facto den Übergang von der Ersten Moderne in die Zweite. Und zwar tut er dies mit Mitteln, die er, wie man inzwischen weiß, nicht allein Kant, sondern vor allem Fichte und Schelling parasitär entnommen und deren Denken im selben Augenblick um seine Reflexionsbewegung erleichtert hat. Was ich als die Dominante des Aufklärungsdogmatismus bezeichnet habe, verkörpert Schopenhauer in persona[13], und nur, wenn man das sieht, fällt überhaupt auf, dass er zwar überaus wirkmächtig gegen die nachkantische Philosophie als Ausgeburt spekulativen Wahnsinns polemisiert, dabei aber keinen Anstoß am Systemdenken nimmt. Nicht allein tritt *Die Welt als Wille und Vorstellung* völlig fraglos mit Systemanspruch auf. Anders als Fichte, Schelling und Hegel, deren Systementwürfe aufgrund provokativer systemkritischer Einwände vielfachen Veränderungen unterliegen, zieht dieser Anspruch bei Schopenhauer auch keinerlei Selbstkorrektur nach sich, um offenkundig mit genau dieser Selbstgewissheit, ein für alle Mal die gültige Universalerklärung der Welt geliefert zu haben, in der Werkstatt des Laboratoriums Aufklärung zu scheitern, später aber umso mehr zu überzeugen. Im universalen System, sofern es die Welt

---

gerechtfertigt? Aufklärungs- und Bildungskonzepte bei Fichte, Schiller, Humboldt und Nietzsche (i. E.).

13 Damit ziele ich vor allem auf Schopenhauers Konzept der Vernunft, das ausdrücklich mit diskursiver Rationalität kurzgeschlossen wird. Die damit verbundene Behauptung, mit dieser Festlegung im Kontrast zur Annahme einer intuitiven Vernunft in der klassischen deutschen Philosophie sowohl den Wortsinn als auch die übereinstimmende Meinung aller Philosophen seit der Antike wiederhergestellt zu haben, ist eine verhängnisvolle Fehlleistung, deren Auswirkungen gar nicht zu überschätzen sind.

rational nachvollziehbar zum irrationalen Vollzugsort blinder Notwendigkeit erklärt, fühlt sich die Zweite Moderne getroffen und zu Hause.[14]

Vor diesem Hintergrund gewinnt auch die angekündigte zweite Version des sogenannten deutschen Idealismus Kontur. Während Schopenhauer das Systemdenken fraglos vollstreckt, entspringt das Konstrukt dieser zweiten Version im Gegenteil einem vehement systemkritischen Einspruch. Dieser Einspruch formiert sich im Protest gegen den Schließungsprozess der Zweiten Moderne, projiziert aber, und das ist hier entscheidend, diese Schließung zugleich auf die Erste Moderne zurück. Deshalb steht hier nicht die angebliche schöngeistige oder wahnsinnig gewordene „Weltfremdheit" des deutschen Idealismus im Visier. Ganz im Gegenteil: Anstatt den Überschuss kritischer Modernität durch Fehlverständnisse zu verstellen, wird er hier schon gar nicht mehr gesehen. Er verschwindet aus einer Rezeption, die die geltenden Standards instrumentell-propositionaler Rationalität nunmehr rückwirkend als die typischen Standards des sogenannten deutschen Idealismus selber identifiziert. Auf die Alleinherrschaft solcher Rationalität wird folgerichtig jetzt das Systemdenken zurückgeführt: im Sinne der Behauptung abstrakter Identität, die die freie Heterogenität und Pluralität des Lebens nicht nur nicht erschließt, sondern erkennbar – ganz realistisch also – von jeher tyrannisiert.

Für diese vernunftkritische Version stehen in der Zweiten Moderne exemplarisch Kierkegaard und Nietzsche, Heidegger und Adorno. Beachtet man aber, was genau hier eigentlich geschieht, dann reichen die Konsequenzen noch weiter. Wird nämlich der Schließungsprozess der Zweiten Moderne rückwirkend auf den sogenannten deutschen Idealismus und dessen Denkfiguren projiziert, dann führt eben dieses Konstrukt dazu, dem Paradigma der *einen* Moderne Bahn zu brechen, die insgesamt totalitäre Züge trägt und sich in den Totalitarismen des 20. Jahrhunderts erfüllt. Sich dem Bann dieser Moderne zu entwinden, ist dann – ob der Titel verwendet wird oder nicht – in jedem Fall ein *post-modernes* Projekt, das schon bei Heidegger und Adorno/Horkheimer, aber genauso im Dekonstruktivismus Derridas schließlich nicht weniger als die Last des ganzen abendländischen „Logozentrismus" abzuarbeiten hat.

Unter dieser Voraussetzung ist die Annahme einer Dritten Moderne abwegig. In Wahrheit aber bin ich inzwischen in genau dieser Dritten Moderne angelangt, und das nicht etwa deshalb, weil die Dritte Moderne lediglich eine Variation oder ein anderer Name für die sogenannte Postmoderne wäre. Was ich im Gegenteil sagen will, ist dies, dass es eine Post-Moderne im strengen Sinn gar nicht gibt. Damit ziele ich nicht auf die kurze Phase am Ende des 20. Jahrhunderts, in der man glaubte, aus den totalitären Identitätsfiguren der *einen* Moderne, deren Deutung sich ja, wie sich gezeigt hat, allein dem Konstrukt einer entgrenzten Zweiten Moderne verdankt, in eine ästhetische Welt des freien Spiels entkommen zu sein.

---

14 Im Gefolge Schopenhauers gehört hierher auch die Strömung der sogenannten „Lebensphilosophie". Philosophie mutiert hier zur „Weltanschauung", deren Spezifikum Schnädelbach darin ausmacht, dass ein „*universelles* Deutungsmuster" die „traditionelle Rolle des philosophischen Systems" übernimmt (Schnädelbach, *Philosophie*, S. 184).

Dass diese Diagnose getrogen und mitfolgend sogar der Titel „Postmoderne" merklich an Einfluss verloren hat, ist angesichts der Probleme, vor denen wir wirklich stehen, längst evident. Worauf ich mich vielmehr beziehe, sind die genannten Ansätze etwa von Heidegger, Adorno oder Derrida, die man nicht zuletzt deshalb viel ernster nehmen muss als die mancherlei Varianten eines postmodernen Ästhetizismus, weil sie ihre systemkritisch geführte Kritik der Moderne mit Recht an den Gedanken gekoppelt haben, dass Kritik immer und notwendig abhängig bleibt von dem, was sie kritisiert. In diesem Sinne ist diesen Autoren selber die Auskunft zu entnehmen, dass es den Eintritt in eine Post-Moderne, der sich von solchen Bedingungen dann ja befreit haben müsste, in der Tat nicht gibt.

Auf den ersten Blick scheint daraus nun zu folgen, dass eine so angelegte Kritik den Bann über das System der Moderne erst recht verhängt. Anstatt den Systemzwang zu brechen, bildet solche Kritik ihn immer aufs Neue ab und ist darin nicht weniger totalitär als das von ihr Kritisierte. So kann man und muss man vielleicht sogar argumentieren. Worauf ich hingegen das Augenmerk lenken möchte, ist etwas anderes. Wenn Kritik trotz allem mit der Welt, die sie kritisiert, nicht einfach zusammenfällt, sondern sich ins Verhältnis zu ihr setzt: in wessen Namen und unter welcher Inanspruchnahme von welchen normativen Ansprüchen verfährt sie denn so? Was führt sie gegen die „total verwaltete Welt", wie der sprechende Richtspruch Adornos über die Schließung der Zweiten Moderne lautet, ins Feld? Selbstverständlich führt sie die Ansprüche von Freiheit und Vernunft ins Feld – einer *anderen* Freiheit und Vernunft allerdings, als sie sich nach Maßgabe allein instrumentell-propositionaler Rationalität dingfest machen lassen.

Unter den Bedingungen einer Konstruktion, die die Formation der Zweiten Moderne zur Figur der *einen* Moderne verabsolutiert, hängt dieser Gedanke sichtlich in der Luft. Er wirkt nicht allein aporetisch, weil unklar ist, woher die Kritik solche Orientierungen einer anderen Vernunft und Freiheit eigentlich bezieht, sofern sie ja zugleich deren radikale Abwesenheit behauptet. In eins damit wirkt er auch ebenso unverbindlich wie destruktiv. Anstatt die Stärken und Schwächen, die Gewinne und Verluste des Projekts der Moderne nüchtern und differenziert gegeneinander abzuwägen und sich an die Vernunft zu halten, deren Rationalität man trotz allem als Richtschnur fälliger Entscheidungen anerkennen kann, wird hier das Projekt der Moderne überhaupt boykottiert. Bekanntlich hat Habermas so argumentiert. Die Querdenker der Zweiten Moderne erscheinen ihm als Irrlichter, aus eben dem Grund, als sich ihre Voten den Standards rationaler Verständigung nicht fügen.[15]

Im Kontrast zu Habermas will ich hingegen auf den Punkt hinaus, dass die kritische Inanspruchnahme einer gegenüber der geschlossenen Moderne anderen Vernunft und Freiheit genau dann nicht mehr als aporetisch oder unverbindlich-destruktiv erscheint, wie man sieht, wenn sie *de facto* die Debattenlage im Laboratorium Aufklärung reproduziert. Ob sie dies wissentlich oder unwissentlich tut, ob

---

15 Jürgen Habermas, *Der philosophische Diskurs der Moderne. Zwölf Vorlesungen*, Frankfurt a. M. 1985.

sie also zumindest ahnt, dass ihr Konstrukt des sogenannten deutschen Idealismus als rationalistischer Zwangsherrschaft des Systems so nicht trägt oder ob sie überzeugt ist, ganz neue Aspekte erstmals ins Spiel zu bringen, kann man für jetzt völlig dahingestellt sein lassen. Entscheidend ist, diesem Befund die Bestätigung dafür zu entnehmen, dass die klassische deutsche Philosophie, die genau aus diesem Grund den paradigmatischen Titel des Klassischen verdient, die Problemlagen am Beginn der Moderne laboratorisch ausgeleuchtet und in der Tat das ganze Reservoir einschlägiger Reflexionen im fortgesetzten Streit der Positionen durchgearbeitet hat. In diesem Sinn behaupte ich, dass es eine Post-Moderne nicht gibt und sich statt dessen der Blick auf eine Dritte Moderne öffnet, die sich als *Wiederkehr* der Ersten Moderne bestimmen lässt, und dies zumal deshalb, als die organisierten Gewissheiten der Zweiten Moderne gegenwärtig längst verloren und neuen Fragen und Unsicherheiten gewichen sind. Was sich in einem seinerseits dekonstruktivistischen Zugriff auf Autoren wie Heidegger, Adorno oder Derrida indirekt zeigt, wird mit der aktuellen Hegel-Renaissance in den USA im Übrigen explizit.[16] Dabei erscheint diese Renaissance umso auffälliger, als sie über kontinentale philosophische Traditionen hinaus auch den analytischen Strang der Philosophie erfasst, zu dessen Gründungsüberzeugungen ja die Abkehr vom „deutschen Idealismus" gehört.[17]

V. System und Leben: Offene Leitfragen

System und Leben: Was steht mit dieser Problemkonstellation auf dem Spiel? Warum ich dies am Ende bewusst als eine Frage formuliere, sollte nach allem deutlich geworden sein. Deshalb liegt es mir auch völlig fern, zuletzt mit eindeutigen Auskünften aufzuwarten: nicht nur aus dem äußerlichen Grund, dass eine erschöpfende Darstellung der Diskussionslage im Laboratorium Aufklärung schon kaum in einem Buch, geschweige denn in einem einzelnen Aufsatz zu leisten ist, sondern weil die Pointe meiner Ausführungen eben darin besteht, den sogenannten deutschen Idealismus nicht mehr auf eine Serie angeblicher Behauptungen abzuziehen. Der Vorzug, sich mit den Denkentwürfen der Ersten Moderne zu befassen, liegt mit anderen Worten nicht in der Erwartung, definitive Lösungen zu finden, sondern in der Erwartung, angesichts der Bandbreite laboratorisch entwickelter Posi-

---

16 Vgl. hier insbesondere Robert Pippin, *Die Verwirklichung der Freiheit. Der Idealismus als Diskurs der Moderne*, Frankfurt a. M. 2005. Um mögliche Missverständnisse meiner Argumentation zu vermeiden, möchte ich an dieser Stelle noch einmal ausdrücklich unterstreichen, dass die Sicht auf Analogien zwischen der Ersten und Dritten Moderne nur dann wirklich frei wird, wenn man die Debattenlage der klassischen deutschen Philosophie in ihrer ganzen Fülle zur Kenntnis nimmt und sich nicht ausschließlich auf Hegel (im Rückbezug auf Kant) konzentriert. Ohne die Bedeutung Hegels im Mindesten zu schmälern, genügt es mit anderen Worten nicht, ein negatives gegen ein positiveres Hegel-Bild zu vertauschen, wenn nach wie vor Hegels Philosophie als so etwas wie der Inbegriff des „deutschen Idealismus" gilt. Insofern bleibt auch im Zuge der Hegel-Renaissance in den USA noch einiges zu tun.

17 Es ist nicht ohne Pointe, dass sich diese Abkehr in Gestalt Freges ebenfalls in Jena, und zwar zu der Zeit vollzogen hat, als hier „neoidealistische" Strömungen dominierten.

tionen relevante Fragehorizonte und ein beträchtliches Niveau an Problembewusstsein und argumentativer Differenziertheit überhaupt zurück zu gewinnen, das die Diagnose und Klärung aktueller Probleme befördern kann.

Der vordringlichste Effekt dürfte darin liegen, die Leithinsichten von Freiheit und Vernunft auf ihre multiple Semantik hin zu öffnen, anstatt sie für fixe Größen zu halten, deren Gehalt angeblich eindeutig bestimmt ist, die man also nur noch daraufhin abklopfen muss, ob man ihre Ansprüche als nach wie vor gültig und überzeugend ausweisen kann oder nicht.[18] So ist Vernunft in der klassischen deutschen Philosophie keinesfalls identisch mit propositionaler Rationalität, gleichgültig ob man in solcher Rationalität unhintergehbare Standards oder das Drama des „Logozentrismus" sieht. Gerade weil der Aufschluss realer Lebensformen interessiert, scheut Vernunft insbesondere in der nachkantischen Philosophie die Verbindung zu Anschauung und Gefühl ebenso wenig wie ihre tiefe Einlassung in die Geschichte der Natur und des Geistes, und allein schon damit sind Problembereiche berührt, die gegenwärtig überall auf der Agenda stehen. Das gilt auch für ganz neue Aufschlüsse des ästhetischen und politischen Felds und seinen institutionellen und symbolischen Darstellungen, und es gilt nicht zuletzt für Fragen der Metaphysik. Dass die klassische deutsche Philosophie nicht davor zurückgeschreckt ist, diesen Problemkomplex im Augenblick der Abkehr von der sankrosankten Geltung der Religion und einer vorkritischen Metaphysik um- und durchzugraben, hat ihr in der Zweiten Moderne geschadet. Heute sieht dies anders aus, nachdem Fragen nach dem Ganzen der Wirklichkeit genauso wenig ausgestorben sind wie das Phänomen des Religiösen, das im Gegenteil von Neuem größte Aufmerksamkeit auf sich zieht. Alle diese Problemkomplexe, und das ist im Sinne kritischer Modernität letztlich entscheidend, hat die klassische deutsche Philosophie im Blick auf das Leben unter die Leithinsicht freier Subjektivität gestellt. Dass diese normative Hinsicht den angeblichen Tod des Subjekts überlebt hat und dass ohne deren Berücksichtigung weder die aktuellen Fragen der ethischen Autonomie von Personen noch die vielfachen Probleme der Bildung zu behandeln wären, liegt schließlich auch am Tage.

Was aber hat all dies mit dem System zu tun? Kein Vertreter der Systemoption hat sich je in weltfremde, wahnsinnige oder schlicht rationalistische Domänen zurückgezogen – das ist nun klar. Der Anspruch und die Überzeugung dieser Option bestehen darin, alle die eben genannten Fragen und Bereiche sowohl im ganzen Ausmaß ihrer jeweiligen Perspektiven zu beachten als auch in einen durchgehenden Zusammenhang zu integrieren. Systemkritisch wird gegen diesen Anspruch damals nicht eingewandt, dass er die Philosophie per se epistemisch überfordert.

---

18 Ein aktuelles und besonders eindringliches Beispiel für die Folgen eines solchen Verfahrens bietet die durch die Neurowissenschaft angestoßene Debatte über Freiheit und Determinismus. In den allermeisten Reaktionen seitens der Philosophie ging und geht es überhaupt nicht darum, sich auf die eine oder andere Seite dieser Alternative zu schlagen, sondern darum zu zeigen, dass dem neurowissenschaftlichen Angriff auf die Freiheit unreflektiert ein eklatant verkürztes Freiheitsverständnis zugrunde liegt, das Freiheit schlicht mit Willkürfreiheit identifiziert. Dasselbe gilt aktuell für den Begriff des „Geistes", der mit kognitiven Prozessen enggeführt wird.

Wenn Philosophie im Laboratorium Aufklärung nicht mehr nur „Liebe zur Weisheit", sondern ihrerseits eine, wenngleich in metarationalen Standards begründete Wissenschaft sein will, dann muss sie so verfahren, zumal das Bedürfnis nach Einheit und Kohärenz, wie man damals ebenfalls zugesteht, kein exklusives Begehren der Wissenschaft ist, sondern im Leben selber wurzelt. Auf die aktuelle Diskussion um Disziplinarität und Transdisziplinarität wirft dieser Punkt nun ebenfalls noch einiges Licht.

Was der systemkritische Einwand tatsächlich reklamiert, und darin nimmt er spätere systemkritische Invektiven durchaus vorweg, ist, dass das auf Einheit und kohärente Durchführung des Ganzen fokussierte Interesse solche Aspekte des Lebens präferieren muss, die einer epistemischen und ontologischen Durchdringung von Einzelnem und Allgemeinem zugänglich sind, während es die Existenz und Freiheit des Einzelnen als solchen in seiner zeitlichen Kontingenz nicht adäquat berücksichtigen kann. Folgerichtig hat diese Reklamation im Laboratorium Aufklärung zu anhaltenden Debatten darüber geführt, was denn unter Freiheit – im Kontrast oder im Verein mit Notwendigkeit – überhaupt zu verstehen ist. Erfordert nicht wirkliche Freiheit die Rücksicht auf Kohärenz? Ist nicht schon im Verhältnis zur Natur der nicht-reduktionistische Gedanke einer tiefer liegenden Einheit verlangt, um sowohl unsere eigene Leiblichkeit als auch unser reales Handeln in der Welt zu verstehen? Und ist erst recht soziale und politische Freiheit ohne diesen Aspekt eigentlich denkbar, demgegenüber alles andere als Willkür erscheint? Oder wird umgekehrt als vermeintlich willkürlich nur verdächtigt, was in der Jemeinigkeit einer konkreten Person in Wahrheit die Basis aller Selbstbestimmung darstellt, die wir aber deshalb auch nicht hintergreifen und uns davon einen zureichenden Aufschluss verschaffen können? Fasst man diese Streitlage auch nur auszugsweise ins Auge, dann dürfte klar sein, dass man mit der Problemkonstellation von System und Leben mitten in den Problemen der Dritten Moderne steht.[19]

---

19 Vgl. dazu Birgit Sandkaulen, *System und Systemkritik. Überlegungen zur gegenwärtigen Bedeutung eines fundamentalen Problemzusammenhangs*, in: dies. (Hg.), System und Systemkritik. Beiträge zu einem Grundproblem der klassischen deutschen Philosophie, Kritisches Jahrbuch der Philosophie, Band 11, Würzburg 2006, S. 11–34.

RALF KOERRENZ

Latente Konfessionalität

Christliche Orientierungssuche im Laboratorium der Gegenwart

I. Die Gegenwart des Religiösen

Zu den unendlichen Meeren, in die zu erforschen das Denken aufbrechen kann, zählt zweifelsohne der ewig fließende Phänomenbereich des Religiösen.[1] Wie immer das Phänomen der Religion bestimmt werden mag – ob „eng" (bezogen auf Ausdrucksformen irgendeiner expliziten und organisierten Konfessionalität) oder „weit" (als anthropologisches oder soziostrukturelles Elementarphänomen) – erscheint doch zu Beginn des 21. Jahrhunderts eines sicher: Die zwischenzeitlich in der klassischen Moderne des 19. und 20. Jahrhunderts formulierten Diagnosen eines Sich-Auflösens oder gar Verschwindens der Religion sind insofern widerlegt, als dass bei einer Gegenwartsdiagnose sowohl des Individuums als auch sozialer bzw. gesellschaftlicher Formationen die Negierung dieses Phänomenbereichs nichts anderes als eine Ausblendung einer offensichtlich bedeutsamen Dimension zur Erfassung von Wirklichkeit wäre. Nur allzu klar hallen sie nach, jene Renaissancen einer öffentlichen Wahr- und Ernstnehmung von Wertedebatten um Kruzifix und Kopftuch, auch wenn sich einstige Stichwortgeber („die" Kirche) dahinter zu verflüchtigen scheinen. Zu offensichtlich führen Re-Kult-Ivierungen und Ritualisierungen des Alltags (vom Fernseh- und Internetkonsum über Fußball-„Fan"-Strukturen bis zur Sprache der Kriegsberichterstattung) Dimensionen mit sich, die schwerlich ohne Rekurs auf das Thema „Religion" sachlich und sprachlich angemessen differenziert behandelt werden können. Eindeutig erscheint jedoch dabei kaum etwas – das religiöse Meer ist in Bewegung, die Ufer sind schwer zu kartographieren und die Wasserqualität an den einzelnen Stellen, vor allem den institutionellen Stränden, lässt sich nur unscharf bestimmen. In diesem Kontext ist es weniger ein Sprachspiel als vielmehr eine mit Gedankenspielelementen versehene Arbeitshypothese, der Gegenwart eine Korrespondenzformation gegenüberzustellen, um von dieser aus vielleicht einen neuen Ordnungs- und Interpretationsimpuls für das Hier und Jetzt zu gewinnen.

Das Eigene des Jetzt ist – wie angedeutet und nachfolgend in erweiterten Überlegungen auszuführen – verwirrend an sich. Zunächst: Die Ode an die Säkularisie-

---

[1] Die Identifizierung von „Religion" ist natürlich zuallererst ein hermeneutisches Problem, hängt doch alles von dem Arbeitsbegriff der „Religion" bzw. des „Religiösen" ab. Eine Übersicht über wesentliche Religionstheorien bietet der Band von Volker Drehsen/Wilhelm Gräb/Birgit Weyel (Hgg.), *Kompendium Religionstheorie*, Göttingen 2005.

rung², ein oftmals auch humanistisch-anthropozentrisch oder materialistisch-vulgärmarxistisch angestimmter Lobgesang auf das Empirisch-Innerweltliche, sollte zu Beginn des 21. Jahrhunderts weitgehend verklungen sein. Insbesondere die gelegentlich euphorisch gefeierte Ansicht, Säkularisierung sei Voraussetzung für das, was gemeinhin mit dem Label „modern" oder „Modernisierung" belegt wird, ist fraglich und als Selbsttillusionierung erkennbar geworden. Zugespitzt lässt sich heute mit guten Gründen behaupten, dass sich „Modelle eines notwendigen Zusammenhangs von Modernisierung und Säkularisierung" geradezu „empirisch falsifizieren" lassen³. Zwei Gründe sind es vor allem, die für einen solchen Abgesang auf die Säkularisierung sprechen: die inzwischen weitgehend offengelegte Ersatz-Sakralität des modernen Säkularisierungsgesangs selbst und zu gleicher Zeit die Evidenz neuer Sakralisierungen, allen voran in den Grundpfeilern der sich immer weiter zeitlich und räumlich ausdehnenden Waren- und Konsumwelt. So ist einerseits in den innerweltlichen Erlösungsstrategien (in der Frontstellung gegen das reale, aber auch das nur vermeintliche Opium des Volkes bzw. für das Volk) im Rückblick genau dieses nur zu deutlich sichtbar geworden: ein gleichermaßen anthropologisch und gesellschaftlich fixierter Erlösungsanspruch, der gerade für religionskritische Religionsauffassungen aus religiösen Gründen schwer zu ertragen war. Und andererseits ist festzuhalten: Wenn an die Stelle der Vision einer klassenlosen Gesellschaft das Leitbild eines schrankenlosen Konsums tritt, erscheint dies strukturell nicht wesentlich verschieden. Hierzu hatte Walter Benjamin bereits im ersten Drittel des 20. Jahrhunderts die auch heute noch plausible, strukturfunktionale Zeitdiagnose formuliert: „Im Kapitalismus ist eine Religion zu erblicken, d.h., der Kapitalismus dient essentiell der Befriedigung derselben Sorgen, Qualen, Unruhen, auf die ehemals die so genannten Religionen Antwort gaben".⁴

Hinzuzufügen ist bereits an dieser Stelle: Das protestantische Prinzip stimmt mit Benjamin ein in eine kritische Analyse der so genannten Religionen und steht gleichzeitig einer Verbrüderung mit dem Kapitalismus fundamental entgegen. Und andererseits: Auch die vermeintliche Alternative des Kapitalismus in der prozesshaft sich entwickelnden klassenlosen Gesellschaft hat ihren ersatzreligiösen Grundton bis zur Implosion immer lauter erklingen lassen – die vermeintliche Religionskritik war selbstreflexiv gerade nicht religionskritisch genug, die Diktatur der Konsum- und Warenwelt hat über das religiöse Proletariat gesiegt. In Folge kehrt die vermeintliche Rückseite, die traditionelle Religion, in den Vordergrund zurück: Nicht nur kann das Säkularisierungstheorem sowohl im Sinne einer Überwindung oder Verflüchtigung der Religion als solcher als auch im Sinne sich verabsolutierender Irrelevanz der großen Weltreligionen (allen voran der monotheistischen Religionen) als überholt gelten. Zu erkennen sind heute in der Beobach-

---

2 Einen Zugang zu den verschiedenen Deutungen von „Säkularsierung" bietet der Band von Giacomo Marramao, *Die Säkularisierung der westlichen Welt*, Frankfurt a. M. 1999.
3 Friedrich Wilhelm Graf, *Die Wiederkehr der Götter. Religion in der modernen Kultur*, Bonn 2004, S. 55.
4 Walter Benjamin, *Fragmente vermischten Inhalts. Zur Geschichtsphilosophie, Historik und Politik*, in: ders., Gesammelte Schriften Bd. 6, Frankfurt a. M. 1985, S. 100.

tung und Analyse des Phänomenbereichs, der mit der Signatur „Religion" mehr oder weniger überzeugend verbunden werden kann, auch ganz gegenläufige, ja in sich sogar paradoxe Parallelprozesse.

Zuerst einmal und bevor ein Weiteres sich aufdrängt erweisen sich im hermeneutischen Blick anthropologische und soziologische Dimensionen von Alltagsprozessen sinnvollerweise als mit der Religionssignatur versehen. *In anthropologischer Hinsicht* hat beispielsweise Thomas Luckmann in einem funktionalistischen Ansatz „Religion" „als Vergesellschaftung des Umgangs mit Transzendenz"[5] bezeichnet. Luckmann gelangt zu der Formulierung, dass „der Mensch sozusagen ‚natürlich' religiös [ist]. *Wohin* der Mensch den Alltag transzendiert, wie er dieses Transzendieren deutet und mit Hilfe von Symbolen – und Ritualen – zum Thema macht, ist jedoch keine Sache einer universalen, ‚natürlichen' Religiosität, sondern eine Sache der historischen Gesellschaftlichkeit menschlichen Daseins."[6] In protestantischer Tradition wird dieser Zugang seit Luther zumindest implizit auch immer gesellschafts- und ideologiekritisch gewendet. So wurde Religion in vergleichbar formaler Weise als die Bindung des Menschen an das, was für ihn einen letzten, unhinterfragbaren Wert darstellt, verstanden. Oder mit Paul Tillich in Anschluss an Luthers Auslegung des ersten Gebotes[7] gesprochen: „Glaube ist das Ergriffensein von etwas, das uns unbedingt angeht. Dabei ist der jeweilige Inhalt des Glaubens zwar für den Gläubigen und sein Leben von unendlicher Bedeutung; aber er ist für die formale Definition dessen, was Glaube ist, nicht bestimmend."[8] Des Menschen Möglichkeit zur Reflexion seiner Bindungen ist Teil seiner Humanität, die ihn von den Tieren unterscheidet bzw. unterscheiden sollte. Religion wird hier ebenso wie beispielsweise Lernen oder Erziehen als eine anthropologische Konstante verstanden. *Soziologisch* ist im Gefolge der Thesen von Hermann Lübbe[9] mit Hans-Dieter Bastian festzuhalten, dass sich gerade das angeblich so religionslose 20. Jahrhundert bei genauerem Hinsehen ganz anders darstellt. Gerade im Hinblick auf die NS-Diktatur und den Kommunismus handelt es sich vielmehr um eine „Transformation der Soteriologie und Eschatologie ins Diesseits, um die Verlagerung der religiösen Kräfte auf moralische, soziale und politische Werte."[10]

---

5 Thomas Luckmann, *Über die Funktion der Religion*, in: Peter Koslowski (Hg.), Die religiöse Dimension der Gesellschaft, Tübingen 1985, S. 26–41, hier S. 26.
6 Ebd., S. 33.
7 „Ein ‚Gott' heißt etwas, von dem man alles Gute erhoffen und zu dem man in allen Nöten seine Zuflucht nehmen soll. ‚Einen Gott haben' heißt also nichts anderes, als ihm von Herzen vertrauen und glauben; in diesem Sinn habe ich schon oft gesagt, daß allein das Vertrauen und Glauben des Herzens einem etwas sowohl zu Gott als zu einem Abgott macht. [...] Das nun, sage ich, woran du dein Herz hängst und worauf du dich verlässest, das ist eigentlich dein Gott." (Martin Luther, *Der große Katechismus* [= Calwer Luther-Ausgabe, Bd. 1], München/Hamburg 1964, S.22).
8 Paul Tillich, *Wesen und Wandel des Glaubens*, Frankfurt a. M. 1961, S. 12.
9 Vgl. Hermann Lübbe, *Religion nach der Aufklärung*, Graz 1986.
10 Hans-Dieter Bastian, *Kampf um die Feste – Kampf um die Köpfe. Eine Skizze zur politischen Religion der Neuzeit*, in: Peter Cornehl u. a. (Hg.), In der Schar derer, die da feiern. Fest als Gegenstand praktisch-theologischer Reflexion, Göttingen 1993, S. 31.

Dabei steht in beiderlei Hinsicht, in anthropologischer wie in soziologischer, gerade das Verhältnis von Religion und Öffentlichkeit, konkret der öffentlichen Thematisierung von Religion, im Fokus. Die Relevanz gerade dieser öffentlichen (Be-)Deutung von Religion wird vor allem im Spiegel eines spezifischen Fluchtpunkts sichtbar: der „Aufklärung" im Sinne einer sozial- und geistesgeschichtlichen Experimentalanordnung des 18. Jahrhunderts. In diesem Fluchtpunkt zeigen sich Praktiken und Ideen in einem Mit- und Gegeneinander verschiedener Strömungen – vom Pietismus bis zur Romantik – unter dem Vorzeichen von Freiheits-, Autonomie- und Vernunftpostulaten. Dieses Ringen führte zu neuen kulturellen Mustern gerade im religiösen Bereich. Insofern erscheint die als zeitlich umgrenzter Experimentierraum verstandene Aufklärung als eine überaus geeignete Komplementärkonstellation, die die Komplexität und scheinbare Entgrenzung der Gegenwart im Bereich von Religion allgemein und Christentum im Besonderen sinnvoll zu spiegeln vermag. Die genannten Postulate, hatten sie einmal einen bestimmten Grad an auch politisch legitimierter Öffentlichkeit erreicht, waren wie die sprichwörtlichen Geister aus der Flasche nicht mehr in dieselbe zurückzubringen. Was blieb, war einzig das Experiment, das Ausloten der In-Beziehung-Setzung zu diesen Postulaten in Affirmation und Negation – für das Individuum ebenso wie für soziale und gesellschaftliche Formierungen. Von der Gegenwart aus betrachtet, erscheint somit für die Religionsthematik die Aufklärungskonstellation im 18. Jahrhundert ein geeigneter Fluchtpunkt, um des Eigenen mit neuen, vielleicht auch verwirrenden Seitenblicken ansichtig zu werden. War im langen 18. Jahrhundert[11] mit den genannten Aufklärungspostulaten (christliche) Religion noch der Deutungsrahmen, in dem alle Auseinandersetzungen – von der persönlichen Lebensführung bis hin zur Legitimation gesellschaftlicher Ausdifferenzierung z.B. von Wissenskulturen, aber auch politischer Strukturen – experimentell auszuloten und so in einem permanenten und doch offenen Schwebezustand zu halten waren, so kann die klassische Moderne als (im Rückblick nur teilweise erfolgreicher) Versuch der Überwindung gerade dieser Konstellation gedeutet werden. (Christliche) Religion unterlag in dieser Hinsicht zwar einem permanenten Delegitimierungsanspruch, der lange Zeit auch – immer nur partiell – eingelöst wurde (von der verhängnisvollen Allianz von Thron und Altar über die Missgeburt faschistischer Religionsanwandlungen bis hin zu den Leitnormen politischer Parteien der Gegenwart). Doch wurden das Phänomen der Religion allgemein und die Rolle des Christentums im Besonderen sowohl anthropologisch als auch soziologisch in ihrer Beharrungssubstanz unterschätzt. Zweifelsohne war mit den Entwicklungen der klassischen Moderne ein Pluralisierungsschub der Leitnormen einerseits festzuhalten, der andererseits mit einem Rückgang des offiziell und öffentlich Christlichen verbunden war. Ob dies jedoch als Bedeutungsverlust von Religion und Christentum verstanden werden muss, ist mehr als fraglich.

---

11 Zur Kirchengeschichte der Aufklärung vgl. jetzt Albrecht Beutel, *Kirchengeschichte im Zeitalter der Aufklärung*, Göttingen 2009.

Zu beobachten ist bei alledem eine im Rückblick merkwürdig anmutende Doppelbewegung im Transformationsprozess der Moderne: die Entstehung neuer, zum Teil gut getarnter Religionskulturen und eine doppelte „Privatisierung" der „alten", „christlichen" Konfessionen – zum Einen hinein in den Lebenslauf über Bildungsprozesse (anthropologisch gewendet) und zum Anderen hinein in Formen organisierter Religionsinstitutionen mit entsprechender Zugehörigkeit als „privater" Entscheidung (sozial gewendet).

Diese Form der doppelten „Privatisierung" ist zu Beginn des 21. Jahrhunderts – nicht zuletzt angesichts globaler Konfrontationen mit dem Islam – fraglich geworden. In den letzten Jahren ist in diesem Sinne geradezu eine „neue Öffentlichkeit des Religiösen"[12] diagnostiziert worden. Ein Prozess der „Deprivatisierung" des Religiösen könne im Staat, im politischen Diskurs und in der Zivilgesellschaft gleichermaßen beobachtet werden. Ein prägnantes Beispiel jener neuen Öffentlichkeit des Religiösen ist zweifelsohne die sich als Ausfluss und zugleich Metaspiegel gebende Popkultur, die in letzter Zeit verstärkt Gegenstand vor allem religionswissenschaftlicher Forschung geworden ist.[13] Die Oberseite der Konsumwelt macht den Konsum des Konsums selbst in teilweise karikierender Gestalt zu ihrem Gegenstand – vielfach gebrochen in kulturkritischen Distanzierungen zwischen Bob Dylan und Dagobert Duck.

Auch in anderer Hinsicht, quasi jenseits und doch zugleich inmitten alltagsweltlicher Geschehnisse, wird die Fraglichkeit des Säkularisierungstheorems evident. Vom Standpunkt überlieferter Kirchlichkeit ist beispielsweise darauf zu verweisen, dass – allen Schwundquoten zum Trotz – die institutionalisierten Religionen nach wie vor eine relative Stabilität und beachtliche organisatorische Ausbaustärke aufweisen können. So plausibel es ist, der Unsichtbarkeit des Religiösen[14] nachzuspüren und diese zu einer forschungsstrategisch effektiven Heuristik zu formen, ist es doch in einer banal anmutenden Hinsicht seine (neue bzw. erneuerte) Sichtbarkeit, die ins Auge fällt – jene Sichtbarkeit der traditionell und vielfach auch heute noch in der Alltagssprache als religiös identifizierten Gemeinschaften, die nicht zuletzt medial inszeniert uns als Dementierung der Säkularisierung vor Augen gestellt werden. Die Übertragungen von Gottesdiensten in Rundfunk und Fernsehen repräsentieren dabei lediglich einen westeuropäisch blickverengten Mikrokosmos. Die neue Qualität der Sichtbarkeit wirkt erst unter Einschluss von Moschee-Debatten in Köln und der Schweiz sowie angesichts der Konfrontation mit fernöstlichen Traditionen (dies natürlich lange Jahrzehnte vorbereitet von Schopenhauer über Hesse bis Nina Hagen) und der Reformierungen des Christlichen beispielsweise in Zentralafrika oder Südamerika. Die neue Qualität des Sichtbaren von Religion ist somit gleichermaßen der Globalisierung allgemein und der

---

12 Graf, *Wiederkehr*, S. 53.
13 Vgl. hierzu als ein Beispiel die im Auftrag des Arbeitskreises Popkultur und Religion herausgegebene Reihe „Populäre Kultur und Theologie", deren erster, von Harald Schroeter-Wittke herausgegebene Band *Popkultur und Religion* (Jena 2009) eine einführende Übersicht über Zugänge und Positionen vermittelt.
14 Vgl. als Rahmentheorie Thomas Luckmann, *Die unsichtbare Religion*, Frankfurt a. M. 1991.

seit Jahrzehnten gewachsenen, wenn auch verdrängten Benachbarung mit dem Islam in unmittelbarer Nähe geschuldet. Inwieweit damit ein Ansatz wie der, dass sich in machttheoretischer Hinsicht Religion in Bürokratisierung übersetzt und zugleich verflüchtigt hat, trotz aller immanenten Plausibilität in Frage gestellt wird, bliebe zu überprüfen.

Zweifelsohne: „Säkularisierung" bleibt als Chiffre für die Beschreibung von Wandlungsprozessen vor allem mit Blick in den Rückspiegel der Aufklärung des langen 18. Jahrhunderts als heuristischer Ansatz nicht ohne eine gewisse Überzeugungs- und Darstellungskraft. Zumindest zwei Aspekte der „Säkularisierung" erscheinen jedoch endgültig erledigt: die zuweilen latent mitgeführte Religionskritik in Gestalt des Motivs permanenten Fortschritts, der sich dieser anthropologischen und sozialen Dimension meinte wenigstens perspektivisch entledigen zu können, und die hermeneutische Unschuld des Ansatzes selbst, der gerade in Fragen der Religionskritik an die Grenzen seiner Selbstreflexivität gestoßen und so selbst zur Ersatzreligion verkommen ist. Konstruktiv gewendet erscheinen Religion und gerade auch das Christentum unter dem Vorzeichen der Aufklärungspostulate heute mehr denn je als ein Kontext, in dem der Umgang mit Vielfalt, Heterogenität und Pluralität zum programmatischen Auftrag gehört.

II. Pluralität als Fundament christlicher Religion

Was bedeutet all dies für das Verständnis der christlichen Religion in der Gegenwart? Auf den ersten Blick erscheint alles so wie seit Jahrhunderten. Auf den zweiten Blick ist es auch genau so, jedoch in einem ganz anderen Sinne, als es scheinen mag, und deswegen zugleich auch anders. Auf den ersten Blick ist das Christentum nach Konfessionen geordnet, die sich in institutionalisierten Sozialgestalten („Kirchen") mehr oder weniger öffentlich zeigen. Bei einigen dieser Sozialgestalten sind die Formen von Teilhabe und Nicht-Teilhabe in Form von Mitgliedschaften[15] klar definiert, bei anderen sind die Grenzen fließend und die situative Teilhabe rückt selbst ins Zentrum dessen, was als angemessene Teilhabe am Christlichen verstanden wird[16]. Bereits auf den ersten Blick jedoch ist offensichtlich: Das Christentum ist in dieser doppelten Hinsicht von klarer Zuordnung und eher flüchtiger Event-Teilhabe plural organisiert. Der erste Blick erscheint so eindeutig uneindeutig. Der zweite Blick durch die Lesebrille der Kirchen- und Religionsgeschichte legt die zunächst verwirrende Frage nahe, ob es denn je anders war. Hat sich die christliche Religion denn nicht schon immer in zumindest ähnlicher Form plural organisiert? Die wiederum eindeutig uneindeutige Antwort lautet: Ja und nein. Ja, denn Plura-

---

15 Z. B. über eine staatlich organisierte Kirchensteuer oder aber durch regelmäßige „freiwillige" Beiträge.
16 Hierzu zählen Missionsveranstaltungen ebenso wie Teile der (z.T. über Jahrzehnte etablierten) christlichen „Event"-Kultur wie der Kirchentag. Vgl. hierzu Harald Schroeter, *Kirchentag als vorläufige Kirche. Der Kirchentag als eine besondere Gestalt des Christseins zwischen Kirche und Welt*, Stuttgart u. a. 1993.

lität war von den Anfängen an ein Organisationsprinzip des Christentums, nein, denn heute erscheint das Ringen im Umgang mit Pluralität nicht zuletzt aufgrund veränderter, fundamental erweiterter Kommunikationsbedingungen in einer neuen Qualität.

Kaum etwas wäre illusionärer als der Gedanke, eine plurale Strukturierung des Christentums sei eine Erfindung der letzten Zeiten oder gar der Gegenwart. Pluralität geht in einer doppelten Hinsicht auf die Ursprünge der christlichen Religion zurück: als Prinzip der „Außenpolitik" und als Prinzip der „Innenpolitik". In den Außenbezügen ist das Christentum, in seinem Kern der hebräischen Religionsüberlieferung entstammend[17], von seinen Anfängen an auf eine kritische Kontextualisierung seiner Heilsbotschaft ausgerichtet. Die mit oft abwertendem Unterton angeführte synkretistische Entfaltungsstrategie des Christentums ist letztlich ihr positiv zu wendendes Potential, das die Theologie als Reflexionsinstanz der christlichen Religion in ihrem Wesenskern zu einer permanent hermeneutischen Aufgabe, ebenso unaufgebbar wie unabschließbar, macht.

Es ist die reflektierende Suche nach der Verhältnisbestimmung des substantiell Eigenen im Verhältnis zum kontextuell Anderen, die die Formierung der christlichen Religion(en) von je her auszeichnet. Diese gleichzeitige Integrations- und Reflexionsleistung (die das Christentum wahrscheinlich sogar mehr mit dem Islam als dem Judentum teilt, auch wenn die Enge der Verwandtschaftsbeziehung ansonsten eher andersherum akzentuiert ist) hat exemplarisch Rudolf Bultmann in seiner Schrift über das „Urchristentum"[18] beschrieben. Von Beginn an war das Christentum auf Kontextualisierung hin ausgelegt, von Beginn an suchte es (aus Überlebens- und Entfaltungsgründen nahezu zwangsläufig) die Auseinandersetzung mit seinen „Umwelten", von Beginn an führte das Christentum einen Kampf um mögliche Integration und notwendige (bzw. als notwendig empfundene) Ausgrenzung inmitten der es umgebenden Pluralität. Die geradezu logische Kehrseite dieser „Außenpolitik" bestand in einem spezifischen Umgang mit Pluralität im „Inneren" – dieses Innere kann von seinen Grundlagen her gar nicht anders verstanden werden als die Organisation einer relativen Pluralität. Auch wenn sich das Christentum (bzw. das, was manche dafür gehalten haben) in späteren Zeiten nicht zuletzt in den unheiligen Allianzen von Thron und Altar, aus machtpolitischen Gründen mit dem Mantel der Eindeutigkeit umgeben hatte, war genau dies eigentlich systemwidrig.

Das Christentum ist in seiner Grundstruktur immer ein relativ liberales Christentum, insofern es innerhalb reflektierter Umgrenzungen Pluralität nicht nur zulässt, sondern zum Grundprinzip seiner Existenz macht.[19] Das Verhältnis von Um-

---

17 Darüber ist das Christentum mit dem Judentum fundamental und mit dem Islam in wichtigen Teilen verwandt.
18 Rudolf Bultmann, *Das Urchristentum im Rahmen der antiken Religionen*, Zürich 1963.
19 Auch wenn das Christentum in seinen geschichtlichen Ausformungen zeitweise geradezu zum Gegenteil mutierte und der plurale Grundansatz zumindest zeitweise hinter der Fratze der machtpolitisch definierten Eindeutigkeit verschwand, kann die koordinierte Vielfalt innerhalb der konzeptionellen Grundlagen nicht übersehen werden. Die Differenz zwischen den Synoptikern und Johan-

grenzung und Ausgrenzung wird exemplarisch sinnfällig in der Betrachtung der Evangelien. Es ist ein spezifisches Arrangement von Heidenchristentum und Judenchristentum[20], das eine schwer zu interpretierende Gemengelage von Ein- und Ausgrenzung dokumentiert. Es sind vier sehr unterschiedliche Geschichten des einen historischen Bezugspunkts Jesus als offensichtlicher Beleg für eine gewollte Pluralität nach Innen. Bekanntlich gibt es vier Evangelien-Überlieferungen, die das so genannte Neue Testament einleiten, also Matthäus, Markus, Lukas und Johannes. Der Sachverhalt ist unter Pluralitätsgesichtspunkten von einer nicht zu unterschätzenden Schlichtheit und Elementarität: Es gibt eben vier und nicht nur ein einziges Evangelium – eine vierfältige Überlieferung, die selbst bei den Synoptikern keineswegs widerspruchsfrei nebeneinander den Lesern und Hörern der Botschaft vor Augen und Ohren gestellt wird[21]. Bei aller Wertschätzung der menschlichen Vernunft: Zur Festlegung darauf, welche Variante nun die einzig wahre Erzählung von Jesus als dem Christus ist, hat es – destruktiv betrachtet – nicht gereicht. In konstruktiver Lesart stellt sich die Konstellation jedoch anders dar: Es ist ganz im Gegenteil davon auszugehen, dass es sich bei der vierfachen Gestalt nicht um Beliebigkeit und Willkür, sondern um das Ergebnis eines lang reflektierten Abwägungsprozesses innerhalb der religiösen Vernunft mit dem impliziten Plädoyer für einen relativen Pluralismus handelt. Darin zeigt sich: Das Religiöse nimmt im Christentum von seinen Anfängen an selbst eine multiperspektivische Gestalt an. Vier Evangelien, ja – und nein, denn letztlich soll es ja eine Botschaft sein. Aber: Offensichtlich erlaubt die religiöse Vernunft eine Ordnung in Vielfalt nicht nur, sondern fordert diese geradezu heraus. Religiöse Vernunft im christlichen Sinne – das große Thema im Laboratorium Aufklärung des 18. Jahrhunderts – führt also quasi von ihrer Konstituierung an bereits so etwas wie eine multiple Rationalität mit sich. Zu erinnern ist dabei, dass es sich hierbei um ein interreligiöses Erbe (so sehr es zu Zeiten verschüttet war) handelt, das das Christentum mit dem Judentum über die gemeinsame hebräische Bibel aufs Engste verbindet: Ein solches multiperspektivisches Prinzip hat – biblisch betrachtet – Tradition. In der hebräischen Überlieferung beginnt die Erzählung gleich mit zwei Schöpfungsgeschichten und auch die gesamte Geschichte des Volkes Israel wird in zwei Varianten überliefert (deuteronomistisches Geschichtswerk vs. Chroniken). Multiperspektivität ist Teil des praktischen Vernunftgebrauchs im Christentum und ist in diesem selbst angelegt. Und doch: In der Festlegung auf die Pluralität integrierende Vierzahl spiegelt sich gleichzeitig eine Festlegung des Fremden, denn eine ganze Reihe von Evangelien-Überlieferungen wurde bewusst aus dieser relativen Plurali-

---

nes, die Spannung zwischen Römerbrief und Jakobusbrief und die Hineinnahme der Offenbarung des Johannes in den Kanon der griechischen Bibel sind nur drei, eher oberflächliche Beispiele einer im Kern auf umgrenzte Pluralität hin angelegten Hermeneutik der Wirklichkeit. Diese Grundvoraussetzung der sachlich umgrenzten Pluralität teilt das Christentum letztlich beispielsweise auch mit der talmudischen Hermeneutik des Judentums.

20 Vgl. Hans-Joachim Schoeps, *Theologie und Geschichte des Judenchristentums*, Tübingen 1949.
21 Vgl. Siegfried Schulz, *Die Stunde der Botschaft. Einführung in die Theologie der vier Evangelisten*, Hamburg 1967.

tät ausgeschlossen.²² Doch selbst hier gibt es im heutigen ökumenischen Horizont „weiche" Grenzen, insofern die Bezugnahme auf Apokryphen als Grundlage für die Selbstkennzeichung „christlich" anerkannt wird. Das Thomas-Evangelium²³ dürfte das bekannteste der so genannten Apokryphen sein, das eine breite Rezeption erfahren hat.

Im ökumenischen Diskurs gehört es seit längerem zu den Selbstverständlichkeiten, der in den Ursprüngen substantiell angelegten Pluralität nach innen Rechnung zu tragen. Die Frage nach der angemessenen Sozialgestalt des Christ-Seins inmitten des weltweiten Pluralismus wird mit dem Verweis auf Ökumene als einer „Einheit durch Vielfalt"²⁴ beantwortet. Die Selbstdefinition christlicher Gemeinschaften hat dieses letztlich reflexiv einzuholen, auch wenn dies faktisch (vor allem in fundamentalistischen Ausrichtungen) wenig bis gar nicht geschieht. Christentum ist heute nicht mehr „parochial"²⁵ denkbar, sondern nur noch in Auseinandersetzung mit jenem „ökumenischen" Horizont, der der Rückbesinnung auf die Fundamente der christlichen Religion Rechnung trägt. Dieser Horizont ist vom biblischen Fundament her vorstrukturiert, vor allem jedoch eine Antwort auf die Zeitgemäßheit des Christ-Seins am Beginn des 21. Jahrhunderts. In biblischer Hinsicht ist „Ökumene" als Ausdruck relativer Pluralität etwas Allgemein-Elementares.

III. Religiöse Selbstformierung als Herausforderung des Individuums

Die Sozialgestalt des Christentums ist im 21. Jahrhundert nicht anders als im Horizont der „Ökumene" im allgemeinen Sinne denkbar²⁶, so sehr die Sozialgestalt des Christ-Seins auf die Teilhabe an Kirchen bzw. christlichen Glaubensgemeinschaften angewiesen bleibt. Konkretisiert man das Christ-Sein auf den einzelnen Menschen hin, so stellt sich in der Gegenwart in einer zugleich neuen und doch bereits den Ursprüngen des Christentums einwohnenden Qualität die Frage nach der sozialen Dimension der Religiosität. Bereits in den ersten Jahrhunderten unserer Zeitrechnung hatte sich – typologisch betrachtet – eine Konstellation herausgebildet, an deren jeweiligen Enden einerseits eine ganz auf individuelle Erlösung ausgerichtete Jenseitsreligion und andererseits eine eher auf die Gestaltung des und Verantwortung für das Diesseits ausgerichtete Sozialgestalt religiöser Gemein-

---

22 Wilhelm Schneemelcher (Hg.), *Neutestamentliche Apokryphen in deutscher Übersetzung. Bd. 1: Evangelien, Bd. 2: Apostolisches, Apokalypsen und Verwandtes*, Tübingen ⁶1999.
23 Vgl. hierzu Reinhard Nordsieck, *Das Thomas-Evangelium. Einleitung – zur Frage des historischen Jesus – Kommentierung aller 114 Logien*, Neukirchen ³2006.
24 Vgl. Oscar Cullmann, *Einheit durch Vielfalt. Grundlegung und Beitrag zur Diskussion über die Möglichkeiten ihrer Verwirklichung*, Tübingen 1986; eine Übersicht über Einheits-Modelle bietet Konrad Raiser, *Modelle kirchlicher Einheit*, in: Ökumenische Rundschau 36 (1987), S.195–216.
25 Eine umfassende Kritik am parochialen Denken hat Ernst Lange formuliert in *Die ökumenische Utopie oder Was bewegt die ökumenische Bewegung? Am Beispiel Löwen 1971: Menscheneinheit – Kircheneinheit*, München ²1986.
26 Vgl. hierzu meine Überlegungen in Ralf Koerrenz, *Ökumenisches Lernen*, Gütersloh 1994.

schaftsbildung im Christentum erkennbar wurden. Die Appellstruktur des Christentums führte und führt immer beide Pole mit sich, und eine der zentralen Leistungen und zugleich eine entscheidende Dimension des religiösen Sinnangebots im Christentum besteht gerade in der modellhaften Verbindung beider Pole. In einer solchen Verbindung, die im Christentum (wie natürlich auch im Judentum und im Islam) in sehr unterschiedlichen Variationen herausgebildet wurde, schwingt jeweils eine Antwort auf die Frage mit, wie die soziale Dimension der christlichen Religion zu denken ist und zu welchen operativen (d.h. vor allem kultischen und ethischen) Konsequenzen dies führt. Die Frage nach der sozialen Dimension in Vermittlung und Ausgleich mit dem je individuellen Heilsbedürfnis ist somit in den Ursprüngen angelegt und doch in einer neuen Qualität heute bzw. seit der Aufklärung gegenwärtig. Die neue Qualität des Umgangs mit dieser Frage, die die religiöse Situation der Gegenwart implizit und zuweilen auch explizit prägt, ist eng mit der Neubewertung des Verhältnisses von Individuum auf der einen und Religion bzw. konkret christlicher Religion auf der anderen Seite im langen 18. Jahrhundert als dem Laboratorium der Aufklärung verflochten. Das Nadelöhr, durch das Christ-Sein in Affirmation oder auch Negation hindurch muss, ist das der Postulate, die mit dem Laboratorium Aufklärung des langen 18. Jahrhunderts verbunden sind: eine universal gedachte Vernunft, ein damit verknüpfter Autonomie-Anspruch, der schließlich basiert auf der Proklamation einer umfassenden – so zumindest gedachten – Freiheit.

Es wäre nun wohl zu einfach zu sagen, die Folgen der Debatte um Religion im Kontext des 18. Jahrhunderts wären Freiheit und Selbstbestimmung als solche gewesen. Der entscheidende Punkt ist gerade nicht der Zugewinn an Freiheit an sich, sondern eine spezifische Hierarchisierung religiösen Erkennens und Handelns. Der Verweis auf Freiheit und Autonomie ist letztlich zu unspezifisch – und dies in verschiedener Hinsicht. So drängt sich mit Blick auf die Jahrhunderte zuvor die Frage auf, ob nicht programmatisch ein auf Autonomie zielender Freiheitsgedanke schon in der italienischen Renaissance formuliert, im Humanismus angebahnt und schließlich in der Reformation[27] realisiert worden ist. Im Bereich der christlichen Religion können berechtigte Zweifel angemeldet werden, ob die Programmatik der Freiheit und das Konzept der innerweltlichen Autonomie (erst) für das Laboratorium Aufklärung das signifikante Merkmal waren. Programmatisch bereits in früheren Zeiten formuliert und praktisch erst in späteren Zeiten eingelöst – so könnte die Skepsis auf den Punkt gebracht werden. Anders verhält es sich – zumindest in protestantischer Sicht – mit der Wertung und Bewertung menschlicher Vernunft als auto-nomen Leitmotiv menschlichen Erkennens und Handelns.

Die Konzeption einer im Laboratorium Aufklärung dementsprechend formulierten „vernünftigen"[28] Religion nimmt – implizit oder explizit – eine universal

---

27 Vgl. zur Orientierung die Studie von Eberhard Jüngel, *Zur Freiheit eines Christenmenschen. Eine Erinnerung an Luthers Schrift*, München 1978.
28 Vgl. zu diesem Kontext die kritische Kontextualisierung von Gert Otto in *Vernunft. Aspekte zeitgemäßen Glaubens*, Stuttgart 1970.

gedachte, bekenntnisneutrale menschliche Vernunft zum Maßstab, um beispielsweise die biblischen Geschichten in „zeitgemäß" und „überholt" zu sortieren. Diese Verschiebung der Hierarchisierung wird im 18. Jahrhundert theologisch in verschiedenen Varianten zwischen Physikotheologie, Neologie und vergleichbaren Konzeptionen vorgenommen. Am deutlichsten vollzieht sie sich wohl in der Strömung des theologischen Rationalismus. Der Weimarer Generalsuperintendent Johann Friedrich Röhr beispielsweise markierte im Laboratorium Aufklärung diese Differenz in seinen Briefen über den Rationalismus typologisch prägnant. Röhr stellte die Alternative auf: Die Erkenntnisquelle religiöser Vorstellungen ist entweder die Heilige Schrift oder die Vernunft. Röhr schreibt: „So wie nun hier außer Ja oder Nein kein Drittes Statt findet, so kann es auch außer der supranaturalistischen und rationalistischen Denkart keine dritte geben, nach welcher man sich ein System bilden kann, dessen einzelne Sätze mit dem obersten Prinzip in Einklang stehen."[29] Es geht Röhr um das „oberste Prinzip", quasi den hermeneutischen Schlüssel, von dem aus alles andere erkannt werden kann. Das eigentliche Problem des 18. Jahrhunderts scheint von dort aus, also im Lichte einer der Vernunft gemäßen Religion, in der Art der Konstituierungsbedingungen von Freiheit im Bereich der Religion zu liegen. Religion, christliche Religion berührt ja sehr unterschiedliche Bereiche. Freiheit ist – von Luthers Schrift über die „Freiheit eines Christenmenschen ausgehend – ein urprotestantisches Thema. Was aber ist neu im 18. Jahrhundert? Neben den Ausdrucksformen von Religion in Gestalt religiöser Gemeinschaften, also beispielsweise der verschiedenen christlichen Kirchen, sind es die individuelle Religionsausübung einerseits und die gesellschaftliche Funktion von Religion andererseits, die den Rahmen dieses Themenfeldes abstecken[30]. Dabei sind alle drei Dimensionen natürlich immer eng ineinander verwoben – bis ins heutige Grundgesetz hinein[31]. Das Spezifikum der Thematisierung von Freiheit im religiösen Kontext scheint im Gefolge des Laboratoriums Aufklärung gerade darin zu bestehen, wie sich diese drei Sphären zueinander neu und anders sortieren. Die programmatische Forderung im politischen Bereich war die der Befreiung von vorgegebenen religiösen Autoritäten vor allem in Gestalt der institutionalisierten Religion, der Kirchen. Damit wurden verschiedene Differenzen in einer neuen Art und Weise zuallererst konstituiert und manifestiert: die Differenz zwischen privater und öffentlicher Religiosität ebenso wie die Differenz zwischen kirchlicher und öffentlicher Religiosität. Indem Freiheit im Bereich der Religion auf das letztlich protestantische Prinzip zurückgeführt wurde, zwei soziale Sphären des Religiösen – Kirchlichkeit und Gesellschaft – zu unterscheiden, wurde aber gleichzeitig die dritte Sphäre, die persönliche oder private Religiosität, zum eigentlichen herme-

---

29 Johann Friedrich Röhr, *Briefe über den Rationalismus*, in Auszügen abgedruckt in Wolfgang Philipp (Hg.), Das Zeitalter der Aufklärung, Bremen 1963, S.222–228, hier S. 224.
30 Vgl. hierzu Dietrich Rössler, *Grundriß der Praktischen Theologie*, Berlin 1986, (§ 6 „Die Religion der Neuzeit").
31 Vgl. hierzu die juristischen Auseinandersetzungen um die öffentliche Präsenz des Religiösen („Kreuz im Klassenzimmer" vs. „Kopftuch in der Schule") oder um die Gestaltung von Religion(sunterricht) in der Schule.

neutischen Schlüssel der gesamten Religionsfrage erhoben. Kirchlichkeit und Gesellschaft basierten künftig auf den Konstituierungsprozessen in jener dritten Sphäre der modernen Religion, was bis in die heutige Erforschung von Religiosität Konsequenzen hat.[32] Vernünftige Religion – so das Programm im 18. Jahrhundert – verweist durch das geordnete Auseinandertreten von kirchlicher und öffentlicher Religion auf das Dritte als jenen Bereich, in dem zwei spezifische Antworten zu geben sind: nämlich auf den grundlegenden Ort (Wo) und auf die grundlegende Methode (Wie) der vernünftigen Religion.

Die zwei Antworten der vernünftigen Religion auf die Frage nach dem Wo und nach dem Wie verweisen in das Zentrum der zentralen Herausforderung des Christentums im Gefolge der Aufklärung: die religiöse Selbstformierung. Die Antwort auf die Frage nach dem Ort, nach dem *Wo* der vernünftigen Religion lautet: *Anthropologie*. Die Antwort auf die Frage nach dem *Wie*, nach der Methode der vernünftigen Religion lautet: *Lernen im Lebenslauf*, oder – wenn man den Begriff entsprechend reflektiert verwendet – schlicht *Bildung*. Für diese vor allem mit Blick auf die Anthropologie veränderte Situation im Gefolge des Laboratoriums Aufklärung hatte Peter L. Berger die Formel vom „Zwang zur Häresie"[33] geprägt. Es ist die Signatur einer gerade im Hinblick auf die Sozialgestalt religiöser Gemeinschaften qualitativ neuen Situation, in der und seit der der Mensch mit der Möglichkeit, aber auch der Unausweichlichkeit konfrontiert wird, im religiösen Bereich selbst wählen zu müssen. Dies gilt vor allem auch für die Ausbalancierung von individuellen Heilsvorstellungen (im Diesseits und Jenseits gleichermaßen) auf der einen und Fragen nach der sozialen Bedeutung von Religion auf der anderen Seite. Im Hintergrund dieser neuen Konstellation steht das über den Gedanken einer universalen Vernunft nebst damit verbundenem Autonomie-Anspruch begründete Programm einer „Modernität als beinahe unfaßbare Expansion des Bereichs im menschlichen Leben, der Wahlmöglichkeiten offensteht."[34] Für Fragen der Religion war und ist die Erhebung von Autonomie zur Norm für den menschlichen Lebenslauf eine besondere, eine geradezu existentielle Herausforderung. Diese im Laboratorium des 18. Jahrhunderts zunächst nur postulierte Norm berührt gleichermaßen das Denken und Handeln im religiösen Bereich – gegründet auf einer Fokussierung des Religiösen im Lebenslauf, der in der Folgezeit als Selbstverständigungsprozess des Individuums in und über sich selbst institutionalisiert wird. Die Dimension der Wahl markiert eine Zäsur in der Deutung des Menschen. „Für den prämodernen Menschen stellt die Häresie eine Möglichkeit dar, für gewöhnlich allerdings eine fernab gelegene; für den modernen Menschen wird Häresie typischerweise zur Notwendigkeit. Oder noch einmal, Modernität schafft eine neue Situation, in der Aussuchen und Auswählen zum Imperativ wird."[35] Dieser

---

32 Vgl. in diesem Zusammenhang beispielsweise die bereits zitierte Studie von Graf in *Die Wiederkehr*, S. 15–67.
33 So der Titel des gleichnamigen Buches von Peter L. Berger, *Der Zwang zur Häresie. Religion in der pluralistischen Gesellschaft* (EA 1980), Freiburg ⁴1992.
34 Ebd., S. 16.
35 Ebd., S. 41.

Umgang mit Wirklichkeit wird gerade im religiösen Bereich musterhaft für die kulturelle Deutung des Menschen. Das solchermaßen als Kulturmuster[36] zu bezeichnende Denken und Handeln kann unter der Bezeichnung „Religiöse Selbstformierung" als Herausforderung des Menschen gekennzeichnet werden. In den Blick kommt damit der Sachverhalt, dass sich die Haltung zu und das Verhalten in Sachen „Religion" in die Selbstreflexion des Einzelnen verlagern. Die Entscheidung über die „wahre" Religion wurde über den Freiheits- und Autonomiegedanken mittelfristig erfolgreich an den Lebenslauf gekoppelt, selbst wenn die realen Bedingungen (konfessionelle Milieubindungen, aber auch familiäre Prägungen) dies zunächst zu negieren suchten. Der Prozess, in und mit dem sich die entsprechend selbstreflexive Auseinandersetzung auch mit Fragen der Religion vollzieht, wird oftmals mit dem Label „Bildung" zu erfassen versucht. Für Fragen der Religion bedeutete dies in letzter Konsequenz, dass sich über den Bildungsgedanken auch eine Transformation der Dogmatik und Ethik in die Gestaltung des Lebenslaufs vollzog und somit (zumindest vordergründig) Dogmatik und Ethik auf eine existentiell-anthropologische Ebene verlagert wurden.

Dies musste zunächst im 18. Jahrhundert, faktisch aber bis in die Gegenwart hinein Konsequenzen für den Umgang mit Religion, deren Gründungsdokumenten und deren institutionellen Repräsentationen haben. Wenn es der individuelle Lebenslauf sein soll, auf den religiöse Deutungsangebote und Handlungsrahmungen primär zu beziehen waren, so stellte sich vor allem die Aufgabe, Vorgegebenes bzw. Tradiertes an eben diese Lebensläufe zu koppeln. Es stellten sich somit in einer neuen Weise die Fragen nach Lehren und Lernen, nach Erziehung und Bildung. So bildeten die kritisch-abgrenzende Auseinandersetzung mit kirchlichen Deutungs- und Machtansprüchen einerseits und die konstruktive Suche nach der Elementarbedeutung von Religion für den menschlichen Lebenslauf andererseits einen Kontext, in dem sich von Pietismus über Aufklärung bis hin zur Romantik im deutschen Sprachraum wesentliche Perspektiven in den Debatten um Bildung und Erziehung formierten.[37] Für den Bereich der Theologie rückte wiederum faktisch – zumeist jedoch unausgesprochen – die Frage nach Möglichkeiten und Grenzen des Lehrens und Lernens im Lebenslauf als Deutung des Menschen im Angesicht Gottes sogar in den Rang eines *systematisch-theologischen* Kernproblems. In dem Nachdenken über Bildungsprozesse spiegelte sich letztlich das Verhältnis von Theologie und Anthropologie, der Rede von Gott und der Rede vom Men-

---

36 Die nachfolgenden Überlegungen stehen auch im Kontext der an den Universitäten Halle-Wittenberg und Jena etablierten Forschungsgruppe, die sich mit den „Kulturmuster(n) der Aufklärung" auseinandersetzt.

37 Dieser Zusammenhang ist in der Geschichte der Pädagogik oftmals einseitig von dem erstgenannten Aspekt der kritischen Abgrenzung aus dargestellt worden. In den letzten Jahren mehren sich jedoch Einzelstudien und Forschungsnetzwerke, die diese Einseitigkeit einer Korrektur unterziehen und den Zusammenhang von Erziehung, Bildung und Religion von der Re-Interpretation gerade des 18. Jahrhunderts aus neu in den Blick nehmen. Vgl. hierzu exemplarisch Jürgen Overhoff, *Die Frühgeschichte des Philanthropismus (1715-1771). Konstitutionsbedingungen, Praxisfelder und Wirkung eines pädagogischen Reformprogramms im Zeitalter der Aufklärung*, Tübingen 2004.

schen. Die neue Situation der Offenheit tradierter metaphysischer Autoritäten mündete in die anthropologisch-fokussierte Frage: Worauf ist der Mensch angewiesen, was vermag er von sich aus, welchen Autoritäten ist er unterstellt?

IV. Latente Konfessionalität – Christ-Sein in der Gegenwart

Im Gefolge des Laboratoriums ergab sich für die (christlichen) Religionsgemeinschaften eine zentrale Herausforderung: die der Reproduktion ihrer selbst, eng verbunden mit der Suche nach den Steuerungsmechanismen einer Sozialwerdung der in der religiösen Selbstformierung zunächst einmal „privat" angelegten Religion. All dies musste gedacht und gestaltet werden vor dem Hintergrund einer neuen Qualität der Entkopplung und zugleich pluralen Verflechtung von Religion und Alltag. Übersetzt und damit konkretisiert werden konnte diese Herausforderung letztlich in zwei Fragen: erstens die Frage nach dem Verhältnis des Christentums zur Kultur unter dem Vorzeichen eines angemessen (un)zeitgemäßen Bekennens und darin implizierten ethischen Verhaltensmodells sowie zweitens die Frage nach der Reproduktion im engeren Sinne: Erziehung und Bildung. Christliche Ethik auf der Basis christlichen Bekennens und Bildung in christlicher Religion sind im Gefolge des Laboratoriums Aufklärung die beiden Pfeiler, auf denen das Christentum aufruht. Für die Gegenwart auch des 21. Jahrhunderts bringt das Christentum für eine solche Konstellation eine zentrale Voraussetzung mit: Es ist eindeutig uneindeutig. Das Christentum präsentiert sich in seinen ihm sich zurechnenden Religionsgemeinschaften als ein breites, teils sogar widersprüchliches Angebotsspektrum von Identifizierungsmöglichkeiten zwischen individueller Heilserlösung und reflektierter Verantwortung für die Welt. Mit Blick auf das Christ-Sein im 21. Jahrhundert hält das Christentum selbst ein breites Spektrum an Optionen in der oben genannten Bestimmung des Verhältnisses zur Kultur und zur Integration von Religion in den Lebenslauf bereit – ein Spektrum, das seinen natürlichen Ausdruck in dem Mit- und Gegeneinander innerhalb der Ökumenischen Bewegung gefunden hat, selbst wenn dieser Horizont von einzelnen, partikularistischen christlichen Religionsgemeinschaften als relevant geleugnet wird.

Will man Christ-Sein unter diesen Voraussetzungen konzeptionell und empirisch erforschen, so entspricht der Multioptionalität in anthropologischer Hinsicht am ehesten die Kennzeichnung als „Latente Konfessionalität". Auch wenn der Aspekt des Latenten erst am Ende – auch mit Blick auf mögliche Anschlussforschungen – näher zu entfalten sein wird, so ist der Sachverhalt in einer Art Arbeitsbegriff recht schlicht zu beschreiben. Konfessionalität an sich beschreibt – anthropologisch gewendet – die Proklamation der Zugehörigkeit zu einer bestimmten Gruppe aufgrund bestimmter (Glaubens)Inhalte. Traditionell wurde Konfessionalität auf die verschiedenen christlichen Konfessionen und deren Bekenntnisformulierungen fixiert. Diese Bestimmung von Sozialgestalten des Christentums aus hat zweifelsohne auch weiterhin eine bestimmte Plausibilität und Erklärungskraft. Anthropologisch gewendet jedoch liegt mit der Transformation von Dogmatik und

Ethik in den Lebenslauf, sprich religiöser Bildung, im Gefolge des Laboratoriums Aufklärung eine Akzentverschiebung bzw. Akzenterweiterung nahe. Aus der Perspektive des Christ-Seins kommt der Latenz der Konfessionalität eine zentrale Bedeutung zu, insofern Konfessionalität damit empirisch gewendet wird. Die Kennzeichnung „Latente Konfessionalität" versucht dabei jene Dimension der Wirklichkeit einzuholen, die das christliche Bekennen inmitten der Pluralität der Identifizierungsoptionen im Spektrum des Christentums und darüber hinaus im Alltag und mit Blick auf die Interkulturalität der Weltreligionen in den Blick nimmt. Anthropologisch betrachtet steht christliches Bekennen heute in vielfachen Relationen: zu einer offiziell weitgehend religionsneutralen Alltagsgestaltung (zumindest im westlichen Kulturkreis), zur faktischen Parallelität von christlichen Religionsgemeinschaften innerhalb[38] bestimmter „Konfessionen" und jenseits von ihnen, zu den Entwicklungen in den verwandten monotheistischen Religionsgemeinschaften des Judentums und des Islam sowie schließlich zu den anderen, vor allem fernöstlichen Weltreligionen.

All dies setzt – quasi in einem offen zu reflektierenden hermeneutischen Zirkelschluss – voraus, dass Kern und Grenzen dessen, was als „christlich" bezeichnet wird bzw. werden kann, überhaupt noch sinnvoll zu beschreiben sind. Die Frage, was als das Verbindende im Christlichen bestimmt werden kann bzw. soll, kann im vorliegenden Kontext noch nicht einmal ansatzweise aufgegriffen werden. Hinweise auf das Rechnen mit der Gegenwart Gottes in Gestalt des Heiligen Geistes, auf eine Relevanz jener Mitte der Zeit, in der sich Jesus als der Christus zeigte, oder auf die Interpretation des Lebenslaufs in der Dialektik von Schöpfungshandeln Gottes und menschlichen Irrwegen in der Gestaltung der Beziehungen zu Selbst, Welt und Gott in der hebräischen Überlieferung mögen Antwortanker für eine solche Frage sein. Die Anknüpfungspunkte der christlichen Deutungsoptionen von Wirklichkeit sind vielfältig. Vielleicht ist diese Frage ohnehin nur poetisch zu beantworten, wie es Kurt Marti einmal versucht hat. Marti spricht davon, dass die Bibel als „geselliges Buch" und Gott als „gesellige Gottheit"[39] eine Pluralität unter den Menschen nicht nur toleriert, sondern als Farbenvielfalt der Geschöpflichkeit akzeptiert. Die Optionspluralität im Christentum lässt die Plausibilität dieser poetischen Umgrenzung des Christlichen erahnen.

Im vorliegenden Kontext soll jedoch der Umgang mit der Vielfalt von Optionen bzw. die Reaktion auf selbige im Spektrum des Christlichen erwogen werden. Die Beschreibung der „Latenten Konfessionalität" entspricht der Haltung gegenüber der Vielfalt an Optionen und wird vielleicht dann besonders deutlich, wenn jene Vielfalt an verschiedenen Typen des Christlichen exemplarisch verdeutlicht wird. Folgende drei Typen seien, in aller Fragmentarität, skizziert: der der Existentialisierung des Christentums, der der Öffnung in die Welt und der der fokussierenden Schließung jenseits der Welt. Für den ersten Typus steht die dialektische

---

38 Ein prägnantes Beispiel hierfür sind die verschiedenen Strömungen im Anglikanismus.
39 Kurt Marti, *Die gesellige Gottheit*, Stuttgart 1989; vgl. hierzu auch meine Rezension des Buches in: Der Evangelische Erzieher 42 (1990), S.376 f.

Theologie in der Spielart Rudolf Bultmanns, für den zweiten die reformierte Theologie nebst interkulturellen Ansätzen, für den dritten Typus schließlich die orthodoxen Traditionen des Christentums. Alle drei hier aus der Vielfalt der Ausdrucksformen des Christlichen ausgewählten Typen laufen – und dies ist der entscheidende Punkt – als Optionen des Christlichen parallel und erscheinen (zumal angesichts der Kommunikationsmöglichkeiten zu Beginn des 21. Jahrhunderts) als Antwortmodelle, christliche Religion in den Lebenslauf zu integrieren. Und alle drei Modelle führen eine Überwindung bzw. Auflösung der traditionellen Konfessionsgrenzen innerhalb des Spektrums christlicher Religionsgemeinschaften (und ansatzweise auch darüber hinaus) mit sich, so dass in diesen theologischen Ansätzen eine „Latente Konfessionalität" immer mitgedacht ist – eine „Latente Konfessionalität", die im Gefolge der Postulate des Laboratoriums Aufklärung der religiösen Selbstformierung im Lebenslauf ein Angebot unterbreitet, das quer zu den traditionellen Vorstellungen von Konfessionalität im Sinne der Umgrenzung einer Religionsgemeinschaft liegt.

Die *Existentialisierung der christlichen Religion* ist eng mit der (überkonfessionell wirkkräftig gewordenen) Theologie Rudolf Bultmanns[40] verbunden. Bultmann legt seinen Überlegungen ein ganz bestimmtes, letztlich gebrochenes Verständnis von Wissenschaft und Modernität zugrunde – quasi als theologische Diagnose einer Dialektik der Aufklärung. So werden Wissenschaft und Modernität zwar bestimmt von der Anerkennung des technischen Fortschritts, letztlich jedoch zugleich relativiert durch die Einsicht, dass Wissenschaft und Technik selbst Ausdruck für ein bestimmtes Weltbild sind, von dem der Glaube nicht abhängt. Bultmann beschreibt sehr plastisch, dass man nicht an die Geister und Wunderwelt des Neuen Testaments glauben und gleichzeitig elektrisches Licht, Radioapparate und die medizinische Technik in Anspruch nehmen könne. Dem naturwissenschaftlichen Weltbild korrespondiere ein Selbstverständnis des modernen Menschen, in dem dieser sich (im Idealfall) als eine in sich ruhende, eigenständige Individualität wahrnehme. Die entscheidende Frage ist nun jedoch, was denn eigentlich diese Individualität des menschlichen Seins ermöglicht und inhaltlich ausfüllt. Seine Antwort gewinnt er auf dem Hintergrund der Prämisse „Wissenschaftlichkeit" in einer anthropologischen Zugangsweise zur Lektüre der Bibel – jenem Dokument, mit dem Bultmann eine andere weit reichende Prämisse verknüpft. Zu beobachten ist bei ihm eine folgenreiche Fixierung auf das Neue Testament, hinter dem das Alte Testament nur noch in dem Schema Weissagung und Erfüllung zur Geltung kommen kann. Dies ist mit der universitären Verpflichtung auf neutestamentliche Exegese allein nicht zu erklären, sondern ist für ihn von der Sache her nahe liegend. Bultmanns Aufmerksamkeit richtet sich auf ein Verständnis des „christlichen" Glaubens, in dem der Einzelne – das Individuum – vor Gott, seinem Gott, steht.

---

40 Zur theologischen Position von Rudolf Bultmann vgl. dessen Aufsatzsammlung *Glauben und Verstehen, 4 Bde.*, Tübingen 1933 sowie die Schrift *Neues Testament und Mythologie*, München 1941; eine Einführung in Bultmanns Theologie bietet Walter Schmithals, *Die Theologie Rudolf Bultmanns*, Tübingen 1966.

Der moderne Mensch mit der Frage nach seiner Individualität trifft im Neuen Testament auf die maßgebliche Antwort, wie menschliche Existenz im eigentlichen Sinne überhaupt erst möglich wird. Maßgebend ist für Bultmann die Stellung des Menschen als Individuum vor dem Gott, der sich im Christusgeschehen offenbart hat.

All dies entwickelt er mit seinem letztlich existentialistisch fokussierten Programm der „Entmythologisierung" – ein Programm, mit dem er sich in eine Tradition stellt, die in Marburg auf den jüdischen Religionsphilosophen Hermann Cohen zurückzuführen ist. Dieser hatte – quasi als Modell biblischer Didaktik für die Moderne – der Sache nach eine Entmythologisierung der hebräischen Bibel gefordert. Wie wendet Bultmann diesen Ansatz Cohens nun auf das Neue Testament an? Sein Anliegen, Wissenschaft und individuelle Bibelfrömmigkeit zu versöhnen, geschieht zunächst auf Kosten der historischen Bedeutung des Neuen Testaments. Die Person Jesu, sein Handeln und seine Lehre, seien ebenso wie die Darstellungsweisen der Evangelisten bestimmt gewesen durch die mythische Denk- und Ausdrucksweise zu Beginn unserer Zeitrechnung. Himmel- und Höllenfahrt, Geister- und Dämonenglaube, die Wunder des Neuen Testaments – all dies sei „erledigt" im Sinne einer Begründung des christlichen Glaubens. Ein angemessenes Verständnis von Gottes Zuwendung zu den Menschen werde durch diese mythischen Motive geradezu verborgen. An den Geschehnissen des Neuen Testaments sei nicht nur logisch („historistischer Fehlschluss"), sondern auch inhaltlich keine Glaubensgewissheit zu erlangen. Die Frage drängt sich auf: Wo dann? Anders formuliert: Wenn das Neue Testament als kontextuelle, „mythische" Einkleidung der Beziehung „Gott-Mensch" interpretiert wird – worin besteht dann die Eigenart und Einzigartigkeit des Christentums und seines Glaubensangebots? Die Antwort Bultmanns lautet: im Christusgeschehen – mit dem Kreuz als zentralem Symbol des Glaubens. Der Sinn dieses Geschehens liege darin, „daß da, wo der Mensch nicht handeln kann, Gott für ihn handelt, für ihn gehandelt hat."[41] Bezogen auf die gegenwärtige Situation des Menschen bedeutet dies: Das Christusgeschehen sei die Offenbarung der Liebe Gottes, die dem Menschen ein neues Selbstverständnis ermöglicht. In der Selbstdeutung des modernen Menschen sei eine eigentliche von einer uneigentlichen Existenzweise des Menschen zu unterscheiden. Der Mensch wird in seinem Arrangement des Alltags von der Annahme geleitet, seinen Lebenslauf weitgehend eigenständig gestalten zu können und zu müssen. Der Mensch geht davon aus, sich selbst, die Deutung seiner Existenz und des menschlichen Daseins schlechthin „machen" zu können. Dies aber ist Sünde[42], die aufgedeckt wird in den Krisen- und Grenzsituationen des Lebens. Dort erfährt der Mensch, dass er sich in diesem Sinne gerade nicht „machen" kann. Ohne diese Einsicht in seine Grenzen und Gnadenbedürftigkeit verfehlt der Mensch sich selbst. Die eigentliche Existenz wird ermöglicht durch das Offenbarungsgeschehen

---

41 Bultmann, *Neues Testament*, S. 50.
42 Ebd., S. 48.

in Christus, durch das die eigene Existenz als Geschenk erfahrbar wird[43] – durch Gottes liebevolle Zuwendung zum Individuum. Der Mensch erfährt sich als frei von der Sünde, sich selbst „machen" zu wollen. Dies sei der Kern einer neuen Existenz „in Christus" und die Grundlage des Glaubens. Dieser Freiheit von der Sünde korrespondiert jedoch die (paradox formuliert: nahezu zwangsläufige) „Freiheit zum Gehorsam"[44]. Hier zeigt sich im Anschluss an Luthers Überlegungen zur „Freiheit eines Christenmenschen" Bultmanns Fundierung der Ethik im Christusgeschehen. Aufgrund der gnadenhaften Erfahrung einer neuen Existenz ergibt sich folgerichtig, dass Liebe zum Prüfkriterium für menschliches Alltagshandeln wird. Eine solche Konkretion religiöser Selbstformierung, die in der Begegnung mit dem Wort Gottes jene Existenzerfahrung erwartet (oder zumindest christliche Religion als eine solche reflektiert und sich z.B. in der Predigt darauf ausrichtet), stellt eine Option für christliche Selbstverständigung dar, die zwar aus einer bestimmten konfessionellen Tradition (dem lutherischen Protestantismus) stammt, diese aber mit der anthropologischen Fokussierung zugleich hinter sich lässt und als potentiell universale Existenzerfahrung (in der Begegnung mit der biblischen Botschaft) überwindet.

Die *Öffnung der christlichen Religion in die kulturellen Herausforderungen der jeweiligen Gegenwart* ist eng mit der auf vor allem Johannes Calvin und Theodor Beza zurückgehenden reformierten Tradition verbunden. Eine solch reformierte Kontextualisierungstheorie auf biblischer Grundlage hat am Ausgang des 20. Jahrhunderts beispielsweise Michael Welker mit seiner Pneumatologie „Gottes Geist"[45] vorgelegt. Die theologische Voraussetzung, die für seine Kennzeichnung des Heiligen Geistes entscheidend ist, besteht in der Annahme der Einheit des gesamtbiblischen Bundes. Damit knüpft Welker an die von Johannes Calvin in seiner Institutio[46] formulierte These an, dass sich die Unterschiede zwischen „Altem" und „Neuem" Testament „auf die Form der Darbietung beziehen und nicht auf das Wesen der Sache selbst"[47]. Dies ist für eine Verbindung der Lehre vom Heiligen Geist mit der vom Gesetz entscheidend. Calvins Ansatz, das theologische Motiv des „Gesetzes" nicht einseitig negativ zu deuten und in seiner positiven Dimension für den Heiligungs-Prozess des christlichen Lebensweges inmitten kultureller Herausforderungen der jeweiligen Zeit zu erfassen[48], führt bei Welker zu einer wechselseitigen Bestimmung der Lehre vom Gesetz und derjenigen vom Heiligen Geist. Diese Verknüpfung repräsentiert ein Modell biblisch fundierter Öffnung in die Welt. Damit verbunden ist die Denkfigur, dass die prozesshafte Weltzugewandtheit des christlichen Lebensweges in das Zentrum einer sozialen Relevanz des Heiligen Geistes und damit Gottes führt – und umgekehrt. Weltöffnung und

---

43 Ebd., S. 51.
44 Ebd., S. 50.
45 Michael Welker, *Gottes Geist. Theologie des Heiligen Geistes*, Neukirchen 1992.
46 Zitiert wird nach der deutschen Übersetzung von Otto Weber, *Jean Calvin, Unterricht in der christlichen Religion = Institutio Christianae religionis*, Neukirchen ⁵1988.
47 *Institutio* II,11,1.
48 Vgl. *Institutio* II,7,12 ff. über den „usus in renatis".

Identifikation des Christlichen finden in dem Dienst gegenüber Gottes Weisung ihre Mitte. Der Heilige Geist als Teil der trinitarischen Dynamik verweist dabei auf eine Vision der Gerechtigkeit, die als „soziale Dimension" bei der Konstruktion einer pneumatologischen Perspektive für ökumenische Hermeneutik verstanden werden kann. Welker setzt dabei zunächst bei der Analyse der verschiedenen Traditionsstränge ein, die heute unter den Begriff „Gesetz" subsumiert werden. Sein Blick konzentriert sich dabei auf die Erbarmensregeln. „Die das Erbarmen betreffenden Bestimmungen des Gesetzes finden sich – neben Recht und Kult regelnden Festlegungen – in allen Gesetzeskorpora des Alten Testaments. Sie wirken – vermittelt über die messianischen Verheißungen – im Neuen Testament kraftvoll fort."[49] Entscheidend ist nun einerseits die nähere Bestimmung dessen, was die Erbarmensregeln aus heutiger Sicht für eine Funktion bei der Klärung der Frage nach der Gestaltung eines christlichen Lebensweges haben. Andererseits erhalten die gewonnenen Einsichten erst in Verknüpfung mit der Darlegung der Funktion des Geistes im Zusammenspiel aller drei Aspekte des Gesetzes ihre besondere Bedeutung. „Gerechtigkeit im Sinne von Recht und Erbarmen und Gotteserkenntnis wird nur erlangt, wenn alle drei Elemente des Gesetzes in strengen Wechselzusammenhängen stehen. Wer zuerst Gotteserkenntnis aufrichten will, um in deren Folge irgendwie Recht und Erbarmen zu erwirken, hat vom Gesetz Gottes ebenso wenig etwas verstanden wie derjenige Mensch, der in abstrakter Weise Recht und Erbarmen üben will, um aufgrund eines guten Sozialzustands irgendwie Gotteserkenntnis zu erlangen oder herbeizuführen."[50] Die Funktion der Erbarmensregeln ist es dabei, den Menschen „das konsequente Streben nach Befreiung aus systematischen Zwängen von Unterdrücktsein und Unterdrückung"[51] als Maßstab eigener Existenz aufzuzeigen. Es geht damit um die Relevanz des Handelns Gottes für „wirkliche Lebensverhältnisse"[52]. Dieses Handeln wiederum geschieht durch die Sendung des Heiligen Geistes, der somit die Funktion einer Mahnung an die göttliche Option für die Geknechteten und Unterdrückten erhält. Auf welcher Seite Gott steht, sieht Welker in dem Wirken des Geistes Gottes aufgezeigt: „Der Geist Gottes macht Gottes Macht kenntlich. [...] Der Geist gibt die schöpferische Macht Gottes zu erkennen, die die Vielfalt des Geschöpflichen in reiche, fruchtbare, lebenerhaltende, stärkende und schützende Beziehungen bringt. Der Geist Gottes offenbart die Kraft des Erbarmens Gottes, die Gott besonders den Schwachen, Vernachlässigten, Ausgegrenzten und Hinfälligen zuwendet."[53]

Es geht damit um ein Ringen um die aktuellen Realisierungsmöglichkeiten derjenigen Optionen, die sich in den biblischen Erbarmensregeln ausdrücken. Und die entscheidende Referenzgröße bleibt bei der Analyse und Deutung empirischer Gegebenheiten von Rechts- und Unrechtssituationen der Heilige Geist Gottes.

---

49 Welker, *Gottes Geist*, S.29.
50 Ebd., S. 113.
51 Ebd., S. 30.
52 Ebd., S. 109.
53 Ebd., S. 16.

Dieser ist als maßgebende Realisierungsinstanz von Gerechtigkeit gegen alle Widerstände selbst anzusetzen. Als „ökumenisch" und damit alle Christen verbindend ist so die Bitte um sein Wirken anzusehen. Dieser Bitte um das Relevantwerden von Gottes Wirken muss jedoch bei aller Beschränktheit menschlicher Wahrnehmungskompetenz die in Gottes Wort einstimmende Antwort des Menschen entsprechen, dergestalt, dass der Mensch anhand der in der Bibel offenbaren Optionen von Gottes geistvollem Wirken selbst Partei ergreift auf dem Leidensweg Gottes in der Welt. In einer so verstandenen pneumatologischen Grundlegung des Christ-Seins ist die Dialektik von menschlicher Passivität (in der Bitte um die Sendung des Geistes) und menschlicher Aktivität (in der Einstimmung in Gottes Parteinahme für eine im Sinne von Gerechtigkeit friedvolle Schöpfung) unauflösbar. Diese Option des christlichen Selbstverständnisses basiert danach auf einer die Weltchristenheit umspannenden Dialektik von Kontemplation und Aufbegehren. Die Situationen und Traditionen haben hier ihren einen hermeneutischen Maßstab, mit dem sie „verstanden" werden können.

Eine Art *Schließung der christlichen Religion* gegenüber *den kulturellen Herausforderungen der jeweiligen Gegenwart* kann an Traditionselementen der orthodoxen Theologie skizziert werden. Exemplarisch kann auf das Modell der „Eucharistischen Ekklesiologie" verwiesen werden, das vor allem von Nikolaj Afanas'ev als Gegensatz zu einer von ihm als „universalistisch" bezeichneten Lehre von der Kirche formuliert wurde.[54] Kirche ist danach wesentlich als eucharistische Versammlung zu verstehen, wobei sich in jeder einzelnen eucharistischen Versammlung Kirche in ihrer Fülle realisiert. Durch die Betonung der Eucharistie als Kern der Ekklesiologie wird die Sozialgestalt der Kirche zugleich an die menschlichen Erfahrungs- und Wahrnehmungsmöglichkeiten rückgebunden. „Konkret erfahrbar ist ja die Eucharistie feiernde Ortskirche, nicht die Universalkirche, der man nirgendwo im Gottesdienst begegnet. Der Einsatz des ekklesiologischen Denkens bei der gottesdienstlich erfahrbaren Ortskirche erweist die eucharistische Ekklesiologie als typisches Produkt östlich-orthodoxer Theologie."[55] Dabei betont Afanas'ev, dass dieses auf Pluriformität gleichberechtigt neben- und miteinander existierender Gemeinden ausgelegte Verständnis von Kirche auch der Ausgangssituation der christlichen Gemeinde in den ersten Jahrhunderten entspricht. Eucharistie kann im Gefolge dieses Ansatzes nicht als Machtmittel konstruiert werden, so dass der Ausschluss von dieser Feier sichtbar eine Trennung des Einzelnen von der Kirche als Heilsinstanz dokumentiert. Vielmehr kommt der Eucharistie eine die Gemeinde aufbauende Funktion zu, indem sie die Gemeinschaft der Menschen zu Gott und untereinander im Kontext einer doxologisch geprägten Liturgie erst konstituiert. „Katholizität" ist demnach eine Dimension, die vornehmlich in der Ortskirche sichtbar wird. Diese so verstandene Gemeinschaft repräsentiert Kirche in ihrer ganzen Fülle. Historisch unterstreicht Afanas'ev: „Jede Ortskirche verei-

---

54 Vgl. hierzu die Darstellung bei Karl Christian Felmy, *Orthodoxe Theologie. Eine Einführung*, Darmstadt 1990, S. 151 ff.
55 Ebd., S. 154.

nigte in sich alle Ortskirchen, denn sie besaß die ganze Fülle der Kirche Gottes, und alle Ortskirchen zusammen waren vereint; denn sie waren immer dieselbe Kirche Gottes. Obgleich die Ortskirche in sich alles hatte, was sie benötigte, konnte sie nicht außerhalb der anderen Kirchen leben."[56] Entscheidend ist dabei, dass das die „Kirche" konstituierende Ereignis in der Feier der Eucharistie gesehen wird. Kennzeichnend für die Kommunikationsstruktur der „eucharistischen Ekklesiologie" ist deren prozesshafter Charakter. Eine ontisch-statische Beschreibung von „Kirche" rückt damit theologisch in den Hintergrund. Vielmehr rückt der Prozess einer Feier als Grundlage von Kirche in den Vordergrund, der von der menschlichen Wahrnehmung aus als liturgische Erfahrung bezeichnet werden kann.[57] Die pneumatologische Aussage, dass Gott seinen Geist senden möge, bildet dann das einende Band über die Grenzen von einzelnen eucharistischen Versammlungen hinweg. Die Bitte um die Sendung des Geistes in der gottesdienstlichen Feier, in deren Zentrum das gemeinsame Mahl steht, eint danach die Christen in ihrer Haltung gegenüber Gott – jenseits nicht nur der lokalen, sondern auch der traditionellen Grenzen der „Konfessionen".

„Latente Konfessionalität" ist in den drei hier exemplarisch und nur kurz skizzierten theologischen Entwürfen Programm; die Wege der Existentialisierung, Öffnung und Schließung laufen nebenher – zeitweise parallel, teilweise gekreuzt, situativ verbunden oder gegenübergestellt. Nur eines ist offensichtlich: Die auch als eingrenzende Fixierung gedachte Konfession einer Religionsgemeinschaft stellt für das Individuum eine Rahmung dar, die nach der Aufklärung in den allermeisten Kontexten den Schrecken eines nur mit Gefahren und Nachteilen zu verlassenden Gefängnisses längst verloren hat. Die Bestimmung dessen, was den Kern und den Auftrag des Christlichen ausmacht, ist nur schwerlich innerhalb der Grenzen einer bestimmten Konfession im Sinne der Sozialgestalt einer Religionsgemeinschaft denkbar, selbst wenn der jeweilige Ansatz genau dies leisten will: eine Bestimmung dessen, was „lutherisches", „reformiertes" oder „orthodoxes" Bekennen in der jeweiligen Gegenwart ausmacht. Faktisch werden Menschen, deren Selbstentwurf unter dem Vorzeichen des Christlichen geschieht, mit Modellen wie den hier angezeigten (oder auch anderen) sympathisieren, sie als wichtige Bausteine ihres christlichen Glaubens oder gar als deren Kern betrachten. Sicher spielt dabei auch eine Prägung durch die spezifische religiöse Inkulturation in ihrem Lebenslauf eine wichtige Rolle.

Letztlich aber ist die Zuordnung über solche Merkmale des Christlichen fragmentarisch und ihre Konfessionalität eine latente. Konfessionalität ist im Gefolge des Laboratoriums Aufklärung letztlich eine Aufgabe des Individuums und rückt in den Horizont der religiösen Selbstformierung, die mindestens in zweierlei Hinsicht notwendig fragmentarisch bleiben muss: mit Blick auf die Entwicklung („Ich

---

56 Nikolaj Afanas'ev, *L'Église du Saint Esprit*, Paris 1975, S. 31 – zitiert nach Felmy, *Orthodoxe Theologie*, S. 158.
57 Vgl. hierzu auch Nikos A. Nissiotis, *Berufen zur Einheit oder Die epikletische Bedeutung der kirchlichen Gemeinschaft*, in: Ökumenische Rundschau 26 (1977), S. 297–313.

wird ein Anderer") und mit Blick auf die Situation („Ich als ein Anderer herausgefordert"). Hennig Luther hatte dieses Motiv des Fragmentarischen zum Ausgangspunkt seiner Deutung der irdischen Existenzbedingungen des Christ-Seins überhaupt gemacht. Die Nicht-Anerkennung des Fragmentarischen steht für ihn in elementarem Gegensatz zu dem, was das Christentum in seinem Innersten kennzeichnet. Wenn es ein Wesensmerkmal des Christlichen gebe, so äußere dies sich gerade in der Akzeptanz der eigenen Fragmentarität. Und: menschliche „Sünde" äußere sich gerade in einem „Aus-Sein auf vollständige und dauerhafte Ich-Identität, das die Bedingungen von Fragmentarität nicht zu akzeptieren bereit ist."[58] Die Offenheit der menschlichen Konstitution wird gespeist von den Wandlungsprozessen im Lebenslauf („Bildung") und durch die Herausforderungen der jeweiligen kulturellen Kontexte („Ethik"). „Ich" als ein „Anderer" oder „Anders-Werdender" sind die Grunddimensionen auch der Latenten Konfessionalität, insofern diese immer biographisch und kulturell situativ bedingt ist. Der Vorteil des Christentums gerade angesichts der medialen Bedingungen zu Beginn des 21. Jahrhunderts ist die breite Optionspalette, die in den religiösen Angeboten selbst enthalten ist. Das Christentum eröffnet viele Möglichkeiten, Christ zu sein. Das Kernproblem der Religionsgemeinschaften bei einer solch anthropologischen Fokussierung besteht jedoch darin, dass das damit verbundene Bekennen sich nicht mit der traditionellen Konfessionalität als Abgrenzung von Religionsgemeinschaften verträgt. Die Orientierungssuche der Menschen geht über eng gefasste Traditionslinien hinaus und eine entscheidende Herausforderung des Christentums besteht gerade darin, die innere Pluralität nicht nur als einen Betriebsunfall mangelnder Eindeutigkeit zähneknirschend zu akzeptieren, sondern diese innere Pluralität gerade in der theologischen Reflexion einzuholen. Die Kooperation der verschiedenen Traditionslinien der Ökumenischen Bewegung im Ökumenischen Rat der Kirchen[59] weist hierfür einen gangbaren Weg. Dieser Weg setzt jedoch die Akzeptanz der Latenten Konfessionalität als einer bzw. der christlichen Grundhaltung voraus. Die anthropologische Signatur „Latente Konfessionalität" hat faktisch einen weiten Referenzrahmen, in dem sie sich als „christlich" identifizieren kann – die Bestimmung dessen, was für einen in einer bestimmten Situation als „christlich" wesentlich wird, macht nicht an den Grenzen der Konfession im Sinne einer Religionsgemeinschaft halt. Latente Konfessionalität und fragmentarische Identität ergänzen sich insofern wechselseitig, als beide auf eine anthropologische Beschreibung von Kontextualisierungen zielen. Das „Latente" der Konfessionalität beschreibt jene Bündnisse innerhalb (und auch außerhalb) des Christentums, die über die Grenzen der christlichen Religionsgemeinschaften hinausgehen. Genau dies aber ist ein Erbe der Aufklärung, insofern mit den Postulaten Freiheit, Autonomie und Vernunft ernst gemacht wird im Prozess der religiösen Selbstformierung – unaufgebbar und unhintergehbar zugleich.

---

58 Hennig Luther, Identität und Fragment, in: ders., *Religion und Alltag. Bausteine zu einer Praktischen Theologie des Subjekts*, Stuttgart 1992, S. 160–182, hier S. 172.
59 Vgl. Ralf Koerrenz, *Ökumenisches Lernen*. Teil 2: Lernwege evangelischer Nachfolge, S. 77–172.

Diese Bündnisse, diese Schnittmengen, die eine „Latente Konfessionalität" entstehen (und auch wieder vergehen) lassen, können letztlich in verschiedenen Konstellationen unterschieden werden.[60] Das je individuelle Bekennen geht Bündnisse ein mit Christen anderer christlicher Religionsgemeinschaften (*Latente Konfessionalität als Verortung im Christentum* – jenseits der Konfession), mit Gläubigen anderer monotheistischer Religionen wie vor allem dem Judentum oder dem Islam (*Latente Konfessionalität als Verortung in den monotheistischen Religionen* – jenseits des Christentums) und schließlich mit Gläubigen anderer Religionen überhaupt (*Latente Konfessionalität als Verortung in der religiösen Grundhaltung überhaupt* – jenseits der monotheistischen Religionen). Eine vierte Bündniskonstellation christlichen Bekennens geht in letzter Konsequenz über das Religiöse in seiner Selbstidentifizierung hinaus *(Latente Konfessionalität als Verortung im Alltag* – jenseits des Religiösen), wobei hier in besonderem Maße die Gefahr einer Ideologisierung und Instrumentalisierung des Religiösen zu vornehmlich politischen Zwecken kritisch zu reflektieren ist.[61] Mit der Signatur der „Latenten Konfessionalität" kann die anthropologische Dimension für beide zentralen Transformationen des Christentums im Gefolge der Aufklärung gleichermaßen reflexiv eingeholt werden: die Ethik und die Bildungstheorie.

„Latente Konfessionalität" kann in ihren Konstellationsgefügen hier nicht entfaltet werden. An zwei abschließenden Beispielen jedoch kann vielleicht ansatzweise deutlich werden, wie christliches Bekennen aus anthropologischer Sicht zum einen jenseits der traditionellen Religionsgemeinschaften erkennbar wird und zum anderen geradezu notwendig von einer Verflechtung von Ethik und Bildung im Sinne der religiösen Selbstformierung geprägt ist.

Das erste Beispiel einer *Latenten Konfessionalität als Verortung im Christentum* jenseits der Konfessionen ist der auf der Vollversammlung des Ökumenischen Rates der Kirchen in Canberra entstandene Konflikt um das zweite Hauptreferat von der südkoreanischen Theologin Chung Hyun Kyung[62], an dem das Inkulturationsspektrum des Christentums kritisch hinterfragt worden ist. In dem Konflikt geht es um die Frage, wie und wo der Gott der biblischen Überlieferung beider Testamente in der Gegenwart über sein Wirken im Heiligen Geist wahrgenommen werden kann. Ist die christliche Liturgie der Ort, an dem die Heiligkeit des Geistes im christlichen Sinne identifiziert werden kann bzw. muss? Sind es in kirchlichen

---

60 An den Konstellationen wird deutlich, dass „Latente Konfessionalität" ein Forschungsprogramm beschreibt, das sowohl hermeneutisch, als auch empirisch ganz unterschiedliche Anschlüsse ermöglicht. Die Anschlüsse reichen von einer systematisch-theologischen Grundlagenreflexion der inneren Pluralität des Christentums unter anthropologischen Vorzeichen bis hin zu vornehmlich qualitativ-empirischen Untersuchungen zum Selbstverständnis des Christlichen im Lebenslauf und in bestimmten Alltagssituationen.
61 Eine der wichtigsten theologischen Aufbrüche war und ist zweifelsohne die „Theologie der Befreiung", wobei deren Konsequenzen insbesondere für den westeuropäischen und nordamerikanischen Kulturbereich nur ansatzweise theologisch zur Geltung gekommen sind.
62 Chung Hyun Kyung, *Komm, Heiliger Geist – erneuere die ganze Schöpfung. Eine Einführung in das theologische Thema*, in: Walter Müller-Römheld (Hg.), Im Zeichen des Heiligen Geistes. Bericht aus Canberra, Frankfurt a. M. 1991, S. 47 ff.

Kontexten umgrenzte Handlungen und Situationen, in denen dies möglich ist? Chung Hyun Kyung weist in der oben skizzierten Strategie der Öffnung im Gegensatz zu solchen Umgrenzungen auf die außer-liturgischen Erfahrungsräume von Gottes Geist hin. Dabei greift sie auf Elemente ihrer südkoreanischen Kultur zurück. Sie kennzeichnet die von „Han getriebenen Geister" als „Mittler" bzw. „Ikonen des Heiligen Geistes"[63] und verweist so auf die Parteinahme Gottes für die Leidenden und Unterdrückten. Sie nimmt mit dieser Verortung der von „Han getriebenen Geister" als „Mittlern" bzw. „Ikonen des Heiligen Geistes" einerseits die Differenz von Heiligem Geist und den „Geistern", die aufgrund des an ihnen begangenen offensichtlichen Unrechts[64] in der Welt umher getrieben sind und so das Unrecht nicht der Vergessenheit anheim fallen lassen, auf. Gottes Heiliger Geist ist zwar nicht mit den angerufenen Zeugen des Unrechts und der Unterdrückung identisch. Andererseits wird mit der mythologisch-symbolischen Anrufung dieser Unrechtszeugen deutlich, dass Gottes Heiliger Geist sich nicht als parteilos erwiesen hat. Der Heilige Geist steht, so sehr er von den von Han getriebenen Geistern auch zu unterscheiden ist, unzweideutig auf deren Seite. „Als Gottes Geist am Pfingsttag auf die Menschen kam, hat Gott sich ihrer gebrochenen Herzen angenommen und sie zur Nachfolge aufgerufen. [...] Die gemeinsame Sprache [...] wurde an Pfingsten grundlegend neu wiederhergestellt. [...] Es war eine Sprache der Befreiung, der Verbindung und Vereinigung von unten."[65] Unschwer ist mit diesem Gedankengang der von Michael Welker gewonnene Begriff von Gottes Geist als dem Offenbarer der Erbarmensregeln zu verknüpfen. Der Heilige Geist steht und leidet auf der Seite der ohnmächtig Unterdrückten und Unrecht Erleidenden. Ebenso wenig, wie Gott im Leiden dieser Welt aufgeht und zum moralischen Gewissen menschlicher Weltwahrnehmung zu reduzieren ist, darf er in die so grundlegenden Erfahrungsräume seiner selbst in der eucharistischen Gemeindeversammlung eingegrenzt werden. Seine Reichweite und Parteinahme ist nicht auf institutionell bestimmbare Rahmen von Kirchlichkeit begrenzt. Gerade deswegen sind auch beispielsweise die gottesdienstliche Liturgie als primärer Erfahrungsraum und die Optionen in Unrechtssituationen nicht gegeneinander auszuspielen, sondern aufeinander zu beziehen.

Ein zweites Beispiel der *Latenten Konfessionalität als Verortung in der religiösen Grundhaltung überhaupt* oder auch – je nach Lesart – der *Latenten Konfessionalität als Verortung im Alltag* bildet der theologische Ansatz von Albert Schweitzer, der in seinen wegweisenden Studien zu Kultur und Ethik mit Blick auf die Weltreligionen gezeigt hat, dass das Christentum neben allen Prozessen der inneren Formierung und Stabilisierung von je her auf die Möglichkeit des Dialogs ausgerichtet war. Das eigentliche Bekennen übersteigt die Grenzen der traditionellen Konfessi-

---

63 Ebd., S. 49.
64 Vgl. hierzu die Trauerlitanei auf S. 48, in der die Atombombenopfer von Hiroshima und Nagasaki ebenso vorkommen wie die von Herodes ermordeten Säuglinge oder die Opfer des (ersten) Golfkrieges.
65 Ebd., S. 51.

onalität. In Albert Schweitzers theologischer Formel „Ehrfurcht vor dem Leben" geht es um eine religiöse Existenz der Tat mit der leitenden Orientierung an dem Lebenslauf Jesu. Bei Schweitzer verbindet sich implizit mit dieser Deutung christlicher Religion eine offene, permanente und unendliche Lernbewegung. In seinem grundlegenden Werk „Kultur und Ethik. Kulturphilosophie. Zweiter Teil"[66] geht es ihm um die Gewinnung einer optimistisch-ethischen Weltanschauung.[67] Der Weg zu dieser Weltanschauung führt über eine Reflexion der individuellen Lebensanschauung. Entscheidend ist hierbei die Erfahrung des Ergriffenseins „von dem unendlichen, unergründlichen, vorwärts treibenden Willen, in dem alles Sein gegründet ist".[68] Alle lebendige Frömmigkeit fließt aus der Ehrfurcht vor diesem Willen zum Leben. Dies alles bezieht sich auf Reflexions- und Erfahrungsprozesse im Individuum. Schweitzer konstatierte eine elementare Grundspannung von Individual- und Sozialethik und fragte danach, mit welchem Maßstab das Individuum der Gemeinschaft gegenübertreten kann. Er sucht nach einem Grundprinzip des Sittlichen, das die Ethik des Einzelnen ermächtigt, sich konsequent und erfolgreich mit der Ethik der Gemeinschaft, die ihm als überpersönlich, reglementierend und relativierend gegenübersteht, auseinanderzusetzen. Der entscheidende Kernsatz, der nun die gesuchte Brücke zwischen den beiden Größen Individuum und Gemeinschaft darstellt, ist in der Erkenntnis ausgedrückt: „Ich bin Leben, das leben will, inmitten von Leben, das leben will."[69] Ethisches Handeln besteht demgemäß darin, dass ich die Nötigung erlebe, allem mir begegnenden Willen zum Leben die gleiche Ehrfurcht entgegenzubringen wie dem eigenen. Damit ist das denk-notwendige Grundprinzip des Sittlichen gegeben: „gut ist, Leben erhalten und Leben fördern; böse ist, Leben vernichten und Leben hemmen".[70] Dieses Prinzip ist als Kern eines für Schweitzer elementar christlichen Bekennens zeitlich und räumlich unbegrenzt gültig. Daraus ergibt sich bei An- und Ernstnahme des Grundprinzips gleichfalls eine uneingeschränkte und dauerhafte Lernbewegung, die durch die „Ehrfurcht vor dem Leben" gekennzeichnet ist. Im Prozess der religiösen Selbstformierung gelangt das christliche Bekennen dabei aber in Situationen, in denen die Fragmentarität des Menschen situatives Reflektieren und Handeln erfordert.

„Latente Konfessionalität" ist – um an den Ausgangspunkt der Überlegungen zurückzukehren – eine angemessene Signatur, um die Gegenwart des Religiösen unter anthropologischen Gesichtspunkten einzuholen: als erste Beschreibung und anschlussfähiges Forschungsprogramm gleichermaßen. Neben der „Latenten Konfessionalität" stehen die Dimensionen des Fragmentarischen, des Unabgeschlossenen und Unabschließbaren der menschlichen Existenz: die Wandlungsprozesse im Lebenslauf („Bildung") und die Herausforderungen der jeweiligen kulturellen

---

66 München ²1926.
67 Vgl. ebd., S. 199.
68 Ebd., S. 211.
69 Ebd., S. 239.
70 Ebd., S. 239.

Kontexte („Ethik"). All dies bezeichnet die Folgen des Laboratoriums Aufklärung für das Christentum – ein Christentum, das seine in den Ursprüngen bereits angelegte innere Pluralität als Stärke begreifen muss, in der „Latente Konfessionalität" den Regel- und nicht den Ausnahmefall darstellt.[71]

---

71 Ich danke – wie so oft – Berit Hilpert und Karsten Kenklies sehr herzlich für die kritische Diskussion und Kommentierung des Textes.

OLAF BREIDBACH

Multiple Rationalität

I. Diszipliniertes Wissen

Die disziplinäre Ausdifferenzierung einerseits und wachsende Integrationsbedürfnisse andererseits kennzeichnen die gegenwärtige Wissenslandschaft. Dabei steht diese vor einem grundsätzlichen Problem. Die hochgradige Ausdifferenzierung der Wissenschaften wird zwar als unverzichtbar wahrgenommen, um eine immer subtilere Erforschung verschiedenster Gegenstandsbereiche voranzutreiben. Dabei wird aber auch die Gefahr registriert, dass die fortschreitende Spezialisierung aufs Ganze gesehen einen Orientierungsverlust bedeutet, der den Herausforderungen des 21. Jahrhunderts nicht gewachsen ist.[1] Dieses Dilemma scheint dabei nur in einem ersten Schritt bloß unterschiedliche Strategien im wissenschaftlichen Zugang auf Problemstellungen zu betreffen. Schließlich bedeutet disziplinäre Differenzierung ja nicht einfach nur die Generierung von Spezialisten. Sie läuft vielmehr einer mit einer sich in den Disziplinen zusehends autonomisierenden Zugangs- und Umgangsweise zu bzw. mit Problemen, die in einer Wissenschaft verhandelt werden. Die die Wissenschaften insgesamt leitende Rationalität scheint hier disziplinär gebrochen. Zu fragen ist in einer solchen Situation, ob ein Begründungszusammenhang der Disziplin 1 überhaupt noch an eine Disziplin 2 zu vermitteln ist, oder ob solch unterschiedliche Umgangs- und Zugangsweisen der verschiedenen Disziplinen mit ihren je eigenen Problemen und Problemstellungen nicht besser unabhängig voneinander und damit in einem Nebeneinander zu halten sind. Damit ist das Grundproblem benannt, mit dem eine disziplinär deklinierte Wissenschaftslandschaft umzugehen hat: Mit der Vielfalt von Begründungsstrategien und Intentionen, mit einer Rationalität, die sich in einer Vielfalt von Explikationen bricht und dabei vielleicht sogar in ein nicht mehr ineinander zurückzuführendes Nebeneinander aufgespalten hat: Das ist das Problem der multiplen Rationalität.

Ziel dieses sich entsprechend in einer Vielfalt darstellenden Wissenschaftsgefüges ist nicht mehr ein einheitlich gestricktes Universalsystem. Ziel ist es vielmehr, für ein Problem die rechten Spezialisten zu finden und deren Ausbildung dann auch jeweils möglichst optimal zu halten. Dabei separieren sich in einem solchen Spezialistentum die einzelnen Disziplinen auch nicht einfach, sie durchdringen sich vielmehr in neuer Weise. Schließlich sind auch die einzelnen Disziplinen auf das spezielle Know-how der Anderen angewiesen. Dies gilt nicht nur für die Techniker, die es etwa einem Astronomen überhaupt erst ermöglichen, für seine Forschungen ein Radioteleskop zu nutzen. Das gilt mittlerweile auch für so basale

---

[1] Vgl. Jörg-Dieter Gauger/Günther Rüther (Hgg.), *Warum die Geisteswissenschaften Zukunft haben!*, Freiburg i. Br. 2007.

Tätigkeiten wie das Abspeichern oder das Abrufen der in einer Disziplin gewonnenen Daten. So nutzen Biologen das Internet, um ihre Gensequenzdaten mit Ergebnissen anderer Forscher zu vergleichen und dann auch zu interpretieren. Sie nutzen dazu bestimmte, ihnen selbst als solche uneinsichtige Programmstrukturen, die dann schlicht zum Standard ausgerufen werden und das weitere Umgehen mit den eigenen Daten bestimmen. Für diese Nutzung werden Regeln festgelegt, die den weiteren Fortschritt in solch einer Disziplin bestimmen können. Diese Regeln können sich verändern, sie werden angepasst und auf ihre Anwendungen hin adaptiert, sie stehen dabei aber nicht in ihrer informationstheoretischen Fundierung in Frage. In dieser Hinsicht werden sie schlicht aus einem anderen Kontext übernommen und als solche auch nicht mehr in Frage gestellt.

In solch einem Organisationskonzept von Wissensanwendungen besteht kein Interesse, die Vielfalt des Einzelwissens in einer umfassenden vereinheitlichenden, und demnach von den anwendungsrelevanten Spezifikationen absehenden Theorie zusammenzuführen. Nötig scheint dann nur mehr, dass die Vielfalt solch disparater Traditionen und die in ihnen erarbeiteten Maßstäbe für Handlungsbewertungen und Reaktionsprognosen so zu strukturieren sind, dass für eine spezielle Problemstellung möglichst rasch die passende Expertise zu aktivieren wäre. Eine über solch Taxonomisches hinausführende Systematik scheint für dieses Nebeneinander nicht mehr notwendig.[2] Eine hier anzulegende Sucharchitektur kennt zwar Entscheidungssequenzen und damit Hierarchien von Entscheidungsprozessen, diese bilden aber keine übergeordnete Werteskala ab, sondern dienen allein dazu, die benötigte Expertise möglichst rasch und sicher aufzufinden. Dabei können verschiedene Deutungsmuster nebeneinander stehen. Wichtungsfunktionen betreffen dann allein die Frage, inwieweit eine spezielle Expertise für ein spezielles Problem anzuwenden ist. Die Frage, was der ggf. angewandte Lösungsweg bedeutet, tritt gegenüber der Frage der Anwendbarkeit zurück. So können dann ggf. auch verschiedene Deutungen nebeneinander stehen bleiben. Mit dieser Vielfalt ist umzugehen.

Die abzustimmenden Disziplinen und die von diesen vertretenen Denkmuster verbleiben nebeneinander. In den Rationalen der einzelnen Disziplinen werden verschiedene Traditionen reflektiert, die eben nicht mehr ineinander zu überführen sind, sondern die in ihrer historisch gewachsenen Ordnung zunächst einfach nur als existent zu respektieren wären. Interessanterweise koppelt sich dabei die Liberalität im Umgang mit verschiedenen in ihrem Nebeneinander tolerierten Bezugssystemen an eine im Letzten konservative Sicht, die dieses Nebeneinander in ihrem Bestand nicht mehr kritisch reflektiert, sondern schlicht akzeptiert und dann auch als solches fortzuschreiben sucht. Diese Art der kulturellen Diversifizierung von Aussagesystemen fordert keine weitergehenden Abstimmungen, sie setzt das *anything goes* von Paul Feyerabend in einer kultur-konservierenden Sichtweise

---

2 William C. Clark/Paul J. Crutzen/Hans-Joachim Schellnhuber, *Science for Global Sustainability. Toward a New Paradigm*, in: dies. u. a. (Hgg.), Earth System Analysis for Sustainability, Cambridge 2004, S. 1–28; Gertrude Hirsch Hadorn u. a. (Hgg.), *Handbook of Transdisciplinary Research*, New York 2008.

um.³ Ziel ist eine möglichst feinmaschige Auffächerung von Spezialisten, die es erlauben, das gewonnene Wissen in einer Problemsituation möglichst effizient anzuwenden.⁴ Vernetzung von Wissensbeständen heißt dann nur mehr Verzahnung von Spezialisten. Es wären dann nur die Regeln zu finden, mit denen zu bestimmen ist, wie sich diese Spezialisten am besten identifizieren und zuordnen lassen. Zu bestimmen wäre dann allerdings weiter, wie sich deren Einsatzräume zueinander ins Verhältnis setzen und damit abstimmen lassen.

II. Rationalität und Methode

Das Ganze solch einer Wissenschaftslandschaft, in der Wissen schlicht als Ansammlung von Information behandelt wird, ist die Summe seiner Teile. Die Abstimmung der Teile in einem Ganzen ist darin dann nichts als die Fortschreibung des alten Gedankens einer Enzyklopädie, in der die Gesamtheit des Wissens portioniert und in solchen Portionen dann auch anwendungsbezogen offeriert ist.⁵ Wenn in einer dergestalt enzyklopädisch organisierten, dem Anspruch nach Universalität folgenden Wissenschaftslandschaft ein Problem erwächst, gilt es, das Stichwort zu finden, das aufzuschlagen ist, um eine Antwort auf dieses spezielle Problem erarbeiten zu können. Das *World Wide Web* expliziert diese Idee, dass es nur gilt, dem Fragenden den rechten Weg zu dem von ihm benötigten Spezialwissen aufzuweisen, um damit festzustellen, was wir wissen. Die Organisation von *Wikipedia* entspricht diesem Muster. Dabei ist dieses Programm allerdings offen organisiert, so dass im Prinzip jeder – und nicht eine vorab definierte Gruppe von Autoren – hier Stichworte ergänzen oder vorhandene Beschreibungen variieren kann. Intention ist es dabei, in dem Ausweis des Wissens aller endlich alles Wissen darzustellen.

Im Gegensatz zu diesem, seitens der Autoren offenen, System basieren Expertensysteme auf abgeschlossenen Datensätzen. Diese Datensätze geben den jeweiligen Rahmen vor, in dem Informationen zu suchen sind. Diese Expertensysteme entsprechen dabei in ihrer formalen Anlage dem Verweissystem einer vormaligen Enzyklopädie. Insoweit ist die Grundstruktur dieser Wissenssicherungssysteme denn auch vergleichsweise alt.⁶ Diese entstand nicht nur vor der ersten Realisierung eines Computers. Sie entstand vor der in der Aufklärung erwachsenen Vorstellung von einer kompletten Rationalisierung unseres Wissens. Sie erwuchs aus

---

3 Paul Feyerabend, *Against Method: Outline of an Anarchistic Theory of Knowledge*, London 1975.
4 Vgl. Olaf Breidbach/Pirmin Stekeler-Weithofer, *Brainworks. Über die Rolle der Philosophie und Geisteswissenschaft in der Strukturierung unserer Wissenslandschaft*, in: Denkströme 2 (2009), S. 20–48.
5 Philipp Blom, *Das vernünftige Ungeheuer. Diderot, d'Alembert, de Jaucourt und die Große Enzyklopädie*, Frankfurt a. M. 2005.
6 Wilhelm Schmidt-Biggemann, *Topica Universalis. Eine Modellgeschichte humanistischer und barocker Wissenschaft*, Hamburg 1983; Ulrich Johannes Schneider (Hg.), *Seine Welt wissen. Enzyklopädien in der frühen Neuzeit*, Darmstadt 2006.

der Idee, einen vorgegebenen Wissensbestand in für uns optimaler Form aufzubereiten. Dabei ging es zunächst nicht darum zu erkennen, warum etwas in einer bestimmten Weise strukturiert war. Diese Zielstellung ist neueren Datums; die Idee einer umfassenden Rationalisierung unseres Wissens formuliert sich im langen 18. Jahrhundert. Mit dieser zusammen hängt die Forderung, umfassende Einsicht in die dieses Wissen konstituierenden Begründungszusammenhänge zu finden. Das Konzept eines rational begründeten Wissens fordert, die Ursachen, Faktoren und Bedingungen einer speziellen Situation ebenso wie die Bedingungen, in und unter denen eine Darstellung von diesen entstand, darzulegen.[7] Die daraus erwachsene Forderung nach unbedingter Einsicht akzeptiert keine Vorgaben, sondern sucht deren Fundierung zu erfassen. Diese umfassend ansetzende Rationalität ist kennzeichnend für unsere aus der Aufklärung erwachsene Idee von Wissen und führt in ihrer Konsequenz zu einer sich methodisch begründenden Wissenschaft, die sich dann nach 1800 in neuer Form in Disziplinen bricht. Diese sind nicht mehr einfach nur von ihrem Gegenstandsbereich her definiert, sondern vor allem durch die auf ihn angewandte Methodik bestimmt.

III. Rationalität im Laboratorium Aufklärung

Dabei ist diese Idee einer konsequent rationalen Organisation unseres Wissensbestandes wissenschaftshistorisch vergleichsweise jung.[8] Deren Entstehung bindet sich an konkrete Auseinandersetzungen in einem eng umrissenen Diskussionsraum. Sie entsteht im langen 18. Jahrhundert in einer Auseinandersetzung mit einem Systemdenken, in dem erstmals die geoffenbarte Wahrheit einer Gottgegebenen Natur zugunsten der Forderung nach umfassender Einsicht in Begründungs- und Geltungszusammenhänge aufgegeben wurde. Noch Mitte des 18. Jahrhunderts konnte ein Botaniker wie Carl Linné seine Systematik der Pflanzen als Einsicht in den Schöpfungsplan Gottes verstehen.[9] Nur wenige Jahrzehnte später steht das Denken für sich selbst. Bis in die Mitte des 18. Jahrhunderts fand die Erkenntnis der Weltordnung denn auch im Widerschein des Absoluten statt.[10] Wissen band sich nicht an die zufälligen Konstellationen des der Erfahrung zugänglichen Einzelnen, sondern an die Rekonstruktion des Ganzen in seiner absoluten Notwendigkeit. Dass diese Spur einer letztlich durch Gott garantierten Ordnung für uns heute verloren ist, geht auf die Transformation der Wissenssysteme, Denkstrukturen und Denkstile nach 1700 zurück, die das Motiv der Erfahrung irreversibel in den Vordergrund gerückt hat. Dies gilt auch für die Zuordnung von subjektiv individuellen Geltungsbestimmungen im Kontext pietistischer Religiositäts-

---

7 Panajotis Kondylis, *Die Aufklärung im Rahmen des neuzeitlichen Rationalismus*, Hamburg 2002.
8 Vgl. etwa: Wilhelm Schmidt-Biggemann, *Apokalypse und Philologie. Wissensgeschichten und Weltentwürfe der Frühen Neuzeit*, hg. v. Anja Hallacker u. Boris Bayer, Göttingen 2007.
9 Carl von Linné, *Philosophia Botanica*, Stockholm 1751.
10 Paolo Rossi, *Clavis Universalis: arti mnemoniche e logica combinatoria da Lullo a Leibniz*, Milano & Napoli 1960.

erfahrungen.[11] Hier stand in der Mitte des 18. Jahrhunderts die individuelle, diskursiv nicht abbildbare Erfahrung gegen eine Systematik des Rationalen, der ein Philosoph wie Wolff in der Zeit mit einer systematischen Empirisierung von Erfahrungszusammenhängen entgegentrat. Interessanterweise führte diese Diskussion um das Rationale des Religiösen seinerzeit nicht zu einer antirationalen Strömung. Vielmehr wurde in dieser Diskussion die Systematik eines Denkens im Spannungsfeld von Intuition und diskursiver Strukturierung thematisch. Die Systematisierungen, die ausgehend von der zunächst bloß summarischen Darstellung eines Baumgarten über die Entwürfe der Idealisten hin zum Postulat einer intellektuellen Anschauung führten, lassen dies greifbar werden. Thematisch werden dann aber auch ästhetische Zuordnungsmuster, in denen Rationalität in Anschaulichkeit übersetzt wurde. Im Laboratorium Aufklärung lässt sich diese Entwicklung nicht nur exemplarisch, sondern in ihren wesentlichen Strömungen nachzeichnen. Beginnend mit Thomasius und Wolff wird der Rationalismus des 17. Jahrhunderts durch Aufnahme empiristischer Momente strukturell umgebaut. Damit offeriert sich der Plafond für den weiterführenden Ansatz von Kant, zugleich aber findet sich hier auch der Impuls zu einer Emanzipation des Ästhetischen, im Sinne einer „cognitio sensitiva" bei Baumgarten oder im Sinne einer Neubewertung des Subjektes im Erfahrungszusammenhang der Sympathie bei Goethe.[12] Zu dieser Entwicklung passt, dass zur selben Zeit auch die ersten Anfänge einer über die Naturwissenschaften hinausgreifenden Disziplinenbildung zu beobachten sind. Hier wird zugleich in der erweiterten Perspektive eines eben noch nicht disziplinär strukturierten Denkens die Abgrenzung der in diesem Denkgefüge erwachsenen empirisch bestimmten Disziplinen besonders wichtig. Wie sich in den letzten Jahren herausgestellt hat, ist denn auch die Disziplinierung des Denkens im beginnenden 19. Jahrhundert Ausfluss dieser Diskussion, die so ihrerseits schon sehr früh konzeptionelle, aber eben auch strukturelle Dispositionen fixierte, deren Effekte erst sehr viel später als solche erkannt werden konnten, und mit denen wir heute noch umgehen.

In Folge der Auseinandersetzung der neu entstehenden, sich in ihrem methodischen Zugang selbst noch gar nicht so sicheren *sciences* mit den naturphilosophischen Konzeptionen und dem damit einhergehenden Systemdenken des deutschen Idealismus erwächst dieses Konzept. Es negiert den Ansatz einer spekulativen Naturphilosophie, die um 1800 in Jena-Weimar formuliert wurde, bezieht sich bis in die Mitte des 19. Jahrhunderts auf diese Position und arbeitet sich an dieser in der Etablierung einer neuen Forschungs- und Lehrpraxis explizit ab. Dingfest machen lässt sich diese Diskussion an einem der Väter der Zelltheorie, dem Jenaer Botaniker Matthias Jacob Schleiden, der in der Mitte des 19. Jahrhunderts den Anwendungsbezug seiner Disziplin gegen die Forderung einer umfassenden theoretischen

---

11 Norbert Hinske (Hg.), *Zentren der Aufklärung I: Halle. Aufklärung und Pietismus*, Heidelberg 1989.
12 Vgl. Olaf Breidbach, *Goethes Metamorphosenlehre*, München 2005.

Durchdringung des Grundansatzes einer Lebenswissenschaft stellt.[13] Die Idee einer disziplingebundenen Rationalität – das zeigt sich hier exemplarisch – erwächst in Jena-Weimar in Gegenstellung zu den dort vertretenen naturphilosophischen und naturästhetischen Ansätzen. Diese verstehen die Wissenschaft der Natur als Darstellung der Prinzipien, nach denen die Naturalia als Natur zu begreifen sind. Dagegen setzt sich eine Empirie, die nur im Einzelnen zeigen will, was dieses ist und wie dieses, was da Detail ist, funktioniert.

Für einen Moment stehen so im räumlich vergleichsweise engen Diskussionsraum Jena-Weimars verschiedene Lösungen und Lösungsansätze nebeneinander. Die mathematische Naturlehre von Fries steht neben den spekulativen Ansätzen von Schelling und Hegel.[14] Wenig später versucht sich Oken in einer spekulativ geleiteten Systematisierung, wohingegen der Chemiker Döbereiner eine Vielfalt von Einzelreaktionen beschreibt.[15] Dabei greift dieses *Laboratorium* Jena-Weimar über den engeren Bereich des universitär verankerten Wissens aus. Es war Goethe, der mit seinem Konzept einer umfassenden Metamorphose der Natur gegen die bloß rationale Weltversicherung ins Feld zog.[16] Es war Novalis, der in seinen Denkordnungen das Assoziative explizit zu machen suchte.[17] Dabei geht es nicht nur um die Frage, wie die Einzelheiten in einen Kontext zu setzen sind, es geht um den Anspruch einer Rationalität, darum, wie weit ein Formalismus – etwa aus der Mathematik – einfach von anderen Disziplinen übernommen werden kann. Schließlich war es Hegel, der mit seiner Vorstellung einer organischen Bestimmung des Denkens aus sich die Methodologie seiner Jenaer Naturphilosophie fortschrieb.[18] Gegen diesen Versuch, das Denken absolut zu nehmen, steht wiederum Goethe, der weder dem rational gezähmten Denken noch der disziplinierten Erfahrung traut. Gegen und mit all diesen Ansätzen entwickeln sich Verfahren, in denen im Einzelnen nach nichts anderem als dem Detail gesucht wird. Der aus dem spekulativ-naturphilosophischen Denken erwachsene Physiologe Johannes Müller versucht denn auch, die nur deduktiv zu sichernden Vorgaben einer immer auf das Ganze gehenden Lesart von Naturforschung im Rahmen einer sich experimentell induktiv sichernden Erfahrung auszuhebeln.[19] Nach seiner in der zweiten Hälfte des 19. Jahrhunderts weit ausstrahlenden Konzeption nimmt sich eine Disziplin in dem Versuch ihrer Sicherung selbst an die Hand. Sie offeriert eine Methodik, nach

---

13 Olaf Breidbach, *Rezeptionsschichtungen*, in: Jahrbuch für Europäische Wissenschaftskultur 1 (2005), S. 233–258.
14 Wolfram Hogrebe/Kay Herrmann (Hg.), *Jakob Friedrich Fries. Philosoph, Naturwissenschaftler und Mathematiker*, Frankfurt a. M. 1999; Thomas Bach/Olaf Breidbach (Hgg.), *Naturphilosophie nach Schelling*. Stuttgart-Bad Cannstatt 2005.
15 Johann W. Döbereiner, *Versuch zur Gruppierung der elementaren Stoffe nach ihrer Analogie*, in: Poggendorfs Annalen der Physik und Chemie 15 (1829), S. 301–307.
16 Olaf Breidbach, *Gedanken zu Goethes Metamorphosenlehre*, in: Goethe-Jahrbuch 2008, S. 95–109.
17 Jonas Maatsch, „*Naturgeschichte der Philosopheme". Frühromantische Wissensordnungen im Kontext*, Heidelberg 2008.
18 Olaf Breidbach, *Das Organische in Hegels Denken*, Würzburg 1982.
19 Olaf Breidbach, *Zur Argumentations- und Vermittlungsstrategie*, in: Müllers Handbuch der Physiologie des Menschen. Annals of the History and Philosophy of Biology 10 (2005), S. 3–30.

der die in ihr erarbeiteten Datenbestände auch ohne eine explizit theoretische Vorgabe strukturiert und damit in einen Systemzusammenhang einzubringen sind. Hier wird nun nicht mehr räsoniert, sondern bemessen. Apparaturen und Strukturen ersetzen Theoreme. Hier gibt es keine Diskussionen um begriffliche Grundbestimmungen, sondern Vorschriften und Regeln, nach denen zu verfahren ist. Nicht ein naturphilosophisches Bekenntnis, sondern das *manual* setzt den Rahmen, aus dem und in dem Daten zu bestimmen und zu interpretieren sind.

Um 1800, also vor der Konsolidierung der disziplinär organisierten Rationalität, liefen so im Laboratorium Aufklärung verschiedene Entwürfe zur Geltungssicherung und Wissensordnung nebeneinanderher. Erst mit der strukturellen Konsolidierung der Wissenschaftsdisziplinen im 19. Jahrhundert wurde dieses Nebeneinander aufgelöst. In der Retrospektive der Disziplinen wird die Vielfalt der seinerzeitigen Diskussion jedoch nur auf das jeweils disziplinär Einsichtige rückgebrochen. Insoweit ist nicht nur in Blick auf die Konsequenzen dieser Entwicklung heute, sondern auch für eine Analyse der Situation um 1800 ein Neuansatz von Interesse. Dabei geht es nicht um die Versicherung der je eigenen Positionen, sondern um eine Rekonstruktion von seinerzeitigen Alternativen. Es geht um eine Sicht, in der die seinerzeitigen Diskussionsgefüge nicht einfach als Übergangsphasen zur Situation heute, sondern als je eigene Problemstellungen zu erfassen und systematisch fruchtbar zu machen sind.

Gerade als ein ggf. in der historischen Analyse zu rekonstruierendes Versuchsfeld wird dieser historisch und topologisch zu umgrenzende Raum des Laboratoriums Aufklärung so von Interesse. Zumal die dort bearbeiteten Reagenzien unsere Gegenwart heute bestimmen. Dabei ist das lange 18. Jahrhundert, auch was den Umgang mit dem Rationalen und der Rationalität des Wissens und der Wissenschaften anbelangt, von Bedeutung. Hier sprengte – wie angedeutet – der Einbruch der Erfahrung die überkommene Ordnung des Wissens. Hier zeigte sich zugleich aber auch, dass das bloße Auflisten der Einzelheiten seinerseits keine Lösung gab, dass es galt, neue Ordnungen und damit auch neue Begründungsansätze für solche Ordnungen zu finden und zu begründen. Der eingangs aufgewiesene Konflikt zwischen Integrationsbedürfnissen und -ansprüchen und ihnen widerstreitenden Interessen und Überzeugungen ist damit hier nicht nur vorprogrammiert, sondern insoweit in einer eigenen, keineswegs bloß auf das Heute zulaufenden Art geführt, die gerade darum als solche auch heute wieder interessant werden könnte.

IV. Disziplinäre Rationalitäten?

Nun ist die Idee, in den Fachdisziplinen eine Vielfalt von Geltungsansprüchen und Geltungszuschreibungen nebeneinandersetzen zu müssen, nicht unbedingt einsichtig. Schließlich sind die verschiedenen Methodiken der Disziplinen ja ihrerseits in sich jeweils strikt rational ausgerichtet. In der methodischen Perspektivierung der Disziplinen wird nach dieser Lesart auch nur der Horizont eingegrenzt, in dem dieses Rationale seine Anwendung findet. Wird damit das Rationale nun nicht einfach nur diversifiziert, oder gilt doch, dass sich die Vernunft hier auf einmal in der Pluralität nicht mehr in Gänze einsehbarer Geltungsbesonderungen aufgespalten findet?

Vielleicht bliebe es denn auch in dieser derart disziplinierten Rationalität möglich – unter der Voraussetzung, dass die verschiedenen Teilperspektiven in sich jeweils rational strukturiert sind – deren Deutungsgrenzen zu ermitteln und in einen ggf. bloß formalen Bezug zueinander zu setzen. Damit wären Abgrenzungen (und damit dann aber auch Zuordnungen) von einzelnen Geltungszuweisungen möglich. Insoweit wären Bereiche im Anspruchsgefüge einzelner Disziplinen zu kennzeichnen. Kriterium der Grenzziehung wäre etwa, dass einzelne Aussagezusammenhänge oder einzelne Bestimmungen im Rahmen der jeweiligen Methodik nur mehr unscharf darzustellen sind; diese bezeichnen dann den Randbereich der methodisch zu greifenden Aussagenbestände einer Disziplin.

Allerdings präsentiert sich eine disziplinär geschichtete Objektivität nicht im Absoluten, sondern in disziplinären Inertialsystemen, die eine eindeutige Bezugnahme immer aus einer Perspektive (d. h., in einer methodisch geführten In-Blick-Nahme), aber keine verbindliche Gesamtschau aller Perspektiven gewährleisten können.

Nun sind aber verschiedene Erfahrungsbereiche, auch dann wenn sie disziplinär strukturiert sind, zumindest in ihrer Perspektivierung ineinander zu übersetzen und so in einer Art Übersetzungsmatrix in einem zumindest formal zuzuordnenden Ganzen zu positionieren. Wir erhalten Verhaltensabstimmungen, in denen gesagt wird, was wo nicht und was wo ggf. in unterschiedlicher Hinsicht begriffen ist. So finden sich Zuordnungen, in denen die Geltungszuweisungen der einzelnen Disziplinen bestimmt sind. Damit erscheinen dann aber nicht nur bestimmte Formalia der rationalen Operation der Disziplin, sondern deren Rationalen abgebildet und wären so ggf. zumindest formal als ineinander überführbar ausgewiesen.

Hier scheint ein Weg gewiesen, im Nebeneinander der methodisch bestimmten Zugänge Deutungsgefüge zuzuordnen. Dies geschieht nicht mittels einer übergeordneten Phänomenologie, sondern in der Bestimmung von Randzonen im Gefüge der verschiedenen Bestimmungsmöglichkeiten. Diese Randzonen sind Zonen möglicher, wenn auch unscharfer Übersetzbarkeit von einem Zugangssystem in ein zweites. Wenn derart eine zwar unscharfe, aber doch approximative Zuordnung solcher Randbereiche in die Deutungsgefüge verschiedener Disziplinen ermöglicht ist, erwächst hieraus eine Zuordnung von Geltungsbestimmungen, die auch zu Geltungsabgrenzungen führen kann.

Zu fragen wäre dabei dann aber wieder, ob hier nicht implizit eine Systembestimmung einem entsprechenden Denken unterlegt ist, die zunächst einmal als solche zu decouvrieren ist, ehe über Zuordnungsbestimmungen und die Freiheit des so gewonnenen Gefüges einer multiplen Rationalität nachzudenken wäre. In diesem Vorgehen werden solche Strategien einer Zuordnung des Rationalen nun eben nicht einfach als Resultate einer spezifisch europäisch-aufklärerischen Tradition ausgegrenzt. Es wird zumindest deren formal analoge Struktur ausgewiesen.

Als solche bestimmt, sind dann einzelne Verfahren einander zuzuordnen. Dabei wird dann allerdings auch deutlich, dass die bloß formale Zuordnung nicht zureicht, die verschiedenen Disziplinen inhaltlich zu integrieren und so dann etwa in ein übergeordnetes Theoriegefüge zu integrieren. Es bleibt bei einem Nebeneinander der verschiedenen rational strukturierten Zugangsweisen Zu fragen ist nun nach dem Umgang mit der konsequenten Mehrspurigkeit von Geltungssystemen. Dabei gibt es für diese keine übergeordnete Skalierung, sondern nur einen formalen Abgleich von Verfahrensbestimmungen. Sie werden in der Funktion dieser Formalia als alternativ zu nutzende Verhaltensmuster geführt, ohne dass deren Gefüge auf Grund inhaltlich bestimmter Zuordnungen klassifiziert werden kann. Natürlich ist damit dann aber die Frage zu stellen, ob in einer derart multiplen Rationalität nicht jede Deutungsbestimmung insgesamt aufzugeben ist und so denn auch Funktionsbeschreibungen und demnach Nutzungsperspektiven Geltungsaussagen zu ersetzen haben.

Geltungszuschreibungen, die sich induktiv sichern, setzen ja auch nicht einfach Erfahrungsinhalte um, es sind eben nicht einfach Impressionen, die hier in ein Ganzes gefügt sind.[20] Es ist eine methodisch geleitete und damit rational strukturierte Einsicht, die wir induktiv nennen, und die dann etwa auch in einem standardisierten Verfahren, dem Experiment, Aussagen über eine Welt zu gewinnen verspricht. Dabei folgen diese einzelnen Disziplinen nicht einem ihnen allen vorgegebenen Rahmenprogramm, sondern sie bewegen sich in methodisch bestimmten Teilzugängen. Wobei sie in diesen Verfahren an sich jeweils rational vorgehen. Die Frage ist nur, wie die Wertungen der verschiedenen Perspektiven, die in formal gleichartig erscheinenden Operationen Unterschiedliches entwickeln, dann wieder untereinander zu vermitteln sind.

In der Konstatierung eines solchen methodischen Relativismus, der nicht als systematisch strukturiert, sondern als historisch erwachsen diagnostiziert ist, steht dabei mehr als die bloß historische Zuordnung einzelner Perspektivierungen in Frage. In dem Moment, wo sich solche Partialperspektiven mit eingeschränktem Geltungsanspruch voneinander abgrenzen, fragt es sich, wie diese dann jeweils andere, in differenten Traditionen erwachsene Darstellungsgefüge in die vorhandenen, unabhängig zueinander stehenden Teildisziplinen integrieren. Zu fragen ist also, wie in einer konsequent disziplinär geleiteten Sicht die Abstimmung und Zuordnung der Spezialisten unterschiedlicher Disziplinen zu gewährleisten ist.

Wenn die Systematik einer Philosophie in die Partikularitäten spezifischer Erfahrungswirklichkeiten aufbricht, wird jedes Systemkonzept brüchig. Genau dies geschah in der Wissenschaftsentwicklung nach 1800, in der – wie benannt, teilweise explizit – in Gegenstellung zu den Systementwürfen Jenaer Provenienz eine Sichtweise gefordert wird, die die Defizite empirischer Urteile dadurch zunichte zu machen sucht, dass in der jeweiligen Partikularperspektive, die aus einem bestimmten Interesse oder in Blick auf einen näher abgegrenzten Gegenstandsbereich er-

---

20 Olaf Breidbach, *Deutungen. Zur philosophischen Dimension der internen Repräsentation*, Weilerswist 2001.

wuchs, eine spezielle Methodik der Erfahrung und der Erfahrungssicherung für solch eine Perspektivierung verbindlich gemacht wurde.[21] Diese Strategie leitet uns bis heute in unserem Wissenschaftssystem. Wir verankern unser Wissen in den methodengebundenen Sichtweisen von Disziplinen. Erfahrungen sind insoweit methodisch ausgerichtet. Bei wachsendem Kenntnisstand und einer sich parallel fortlaufend diversifizierenden Sicht auf die Dinge, die dann disziplinär zu behandeln sind, sind diese Disziplinen dann auch fortlaufend weiter zu differenzieren. Das Nebeneinander der Wissensstränge führt so zu einem fortlaufenden Auseinanderdriften der Methoden und macht es zusehends schwieriger, vereinheitlichende Richtlinien zu formulieren, die dann auch über die Disziplinen hinweg Geltung beanspruchen können.[22]

Allerdings können diese Disziplinen sich immer noch mit Blick auf ihre Geschichte miteinander verständigen. Wenn sie erfassen, wo und mit welchem Ziel sich bestimmte Bereiche voneinander differenzierten, ist eine Verständigung über die später erlangten Einzelaussagen und ihre mögliche Integration in einem Gesamthorizont vereinfacht. Wird doch in der Differenzierung die Erfahrungsvielfalt zwar zusehends kleinräumiger strukturiert, die Geschichte aber führt diese zurück auf die Anfänge eines sich noch nicht derart auffächernden Wissenschafts- und Wissensgefüges. Die verschiedenen Methoden, die sich in einem historischen Prozess entfalten, sind – von ihrer Anlage her – nun nicht einfach ineinander zurück zu transformieren. Schließlich gewinnt eine Disziplin ihre Stärke daraus, sich einer bestimmten Methodik zu verschreiben. Insofern ändert sich mit der Methodik auch der Gegenstandsbereich. Nun lässt sich allerdings historisch beschreiben, wie dieser Prozess ablief. Aus sich kann dies die Disziplin nicht leisten, da sie sich in einem Moment immer einer bestimmten, sie jetzt bindenden methodischen In-Blick-Nahme verpflichtet, die dann auch den Blick auf ihre eigene Geschichte bestimmt. Schließlich entwickelte sie ihre Methode dafür, einen Teilraum des vormaligen disziplinären Horizontes in spezieller Weise abzubilden. Dann kann diese nun nicht ihrerseits dafür genutzt werden, über diesen Teilraum hinaus Neues zu finden. Die fortlaufende Spezifizierung des methodischen Denkens kann sich also nicht aus sich heraus integrieren. Es bedarf dann einer Sicht, die aus der jeweiligen speziellen, methodisch geleiteten Perspektive heraustritt und so etwa die Historie einer Disziplinengenese in den Blick nimmt, um daraus eine Rücktransformation verschiedener spezieller Blickweisen (mit ihren spezifischen methodischen Sicherungsverfahren) zu ermöglichen.

---

21 Olaf Breidbach, *Naturphilosophie und Medizin im 19. Jahrhundert*, in: Klaus Pinkau/Christina Stahlberg (Hgg.), Deutsche Naturphilosophie und Technikverständnis, Stuttgart/Leipzig 1998, S. 9–32.

22 Zur Ausgangssituation vgl. Olaf Breidbach/Paul Ziche (Hgg.), *Naturwissenschaften um 1800. Wissenschaftskultur in Jena–Weimar*, Weimar 2001; Robert M. Brain/Robert S. Cohen/Ole Knudsen (Hgg.), *Hans Christian Ørsted and the Romantic Legacy in Science. Ideas, Disciplines, Practices*, Dordrecht 2007.

V. Praktiken

Nun zeigt die wissenschaftshistorische Analyse, dass in dieser Strukturierung von Denkmustern nicht nur die konzeptionelle Diskussion, sondern ebenfalls Handlungspraktiken und die mit diesen verbundenen Strategien und Apparaturen Bedeutung haben. So ist das Labor ein um 1800 entstehender Bereich der Wissenschaftspraxis, in dem nicht nur bestimmte Handlungspraktiken weitergereicht werden – und zwar unabhängig und zum Teil gegenläufig zu der zeitgleichen konzeptionellen Entwicklung.[23] Dieses Labor ist zugleich ein Raum, in dem sich Apparaturen finden, die ihrerseits ggf. auch fachfremde, da apparatur-bedingte Zwänge mit sich bringen und somit Handlungsgefüge und Handlungsmöglichkeiten der verschiedenen Disziplinen in ganz eigener Weise disponieren: Ein Gerät, das nur bestimmte Manipulationen zulässt, kann von einem Labor in ein anderes – und damit von einem disziplinären Kontext in einen zweiten – getragen werden. Hier wird es dann, bei ggf. gänzlich anderen konzeptionellen Ausrichtungen, vormalige Handlungsbestimmungen etablieren, die nun ihrerseits die Umsetzung neuartiger Konzepte bestimmen.

Es gibt einen Transfer von Praktiken[24] und Objekten[25], mittels derer die Wissenschaften zu Wissen gelangten. Dieser bildet sich nur bedingt in Ideen ab, zumal die Praktiken, wie ausgeführt, ggf. von anderen Disziplinen oder sogar aus anderen Bereichen entlehnt, an sich in ihrer Genese nicht weiter reflektiert, sondern nur auf einen spezifischen Nutzen hin adaptiert werden. Eine dann verfügbare Praktik erlaubt es, in bestimmter Weise mit bestimmten Dingen umzugehen, und dann auch alle die Dinge, mit denen derart umzugehen wäre, in diese Wissenschaft einzubringen. Damit aber stellen sich Dispositionen ein, die sich ggf. auch noch in Apparaturen, in einer bestimmten Form der Organisation der wissenschaftlichen Arbeit und vielleicht auch in einer Terminologie festschreiben und nun unabhängig von den speziellen mit diesen Verfahren bearbeiteten Teilfragestellungen als solche weiter tradiert werden. Es ist hier nur anzudeuten, dass insoweit eine ideengeschichtliche Darstellung der Genese von methodisch bestimmten Geltungssicherungen zu kurz greift; was aber auch bedeutet, dass die entsprechende Genese des Handlungskomplexes Wissenschaft, in der nun Neues erfasst und Wissensordnungen variiert oder konsolidiert werden, eben für die einzelne Wissenschaftsdisziplin, die darauf aufbaut, so im Detail gar nicht einsichtig ist. Damit aber ist eine schlüssige Rekonstruktion der Rationalität wissenschaftlicher Aussagen in der einzelnen Disziplin auf Grund von deren methodischer Ausrichtung, in der all dies eben nicht in den Blick kommt, zumindest schwierig.

---

23 Ursula Klein, *Die technowissenschaftlichen Laboratorien der Frühen Neuzeit*, in: Zeitschrift für Geschichte der Wissenschaften, Technik und Medizin 16 (2008). S. 5–38.
24 Jed Z. Buchwald (Hg.), *Scientific Practice: Theories and Stories of Doing Physics*, London/Chicago 1995; Andrew Pickering (Hg.), *Science as Practice and Culture*, Chicago/London 1992.
25 Lorraine Daston (Hg.), *Things that Talk. Object Lessons from Art and Science*, New York 2004.

Wissen, das ist festzuhalten, ist mehr als das bloße Kondensat von Aussagen über die Natur, es ist auch Wissen um den adäquaten Umgang mit Dingen. Wissen ist nicht einfach Information, Wissen ist reflektierte Information.[26] Es ordnet. Es ist Erfahrung über den Umgang mit Information, es ist Praxis, und es kondensiert sich in Praktiken, Theorien und Strukturen. Innerhalb etablierter Verfahren erwächst dann die Expertise, die es erlaubt, einen Spezialfall auf einen Gesamtzusammenhang zu beziehen und damit das, was im Lehrbuch steht, anzuwenden. So werden dann Erfahrungszusammenhänge neu geordnet und neue Erfahrungszusammenhänge dargestellt. Das geschieht aber immer in der Perspektive der Disziplin. Es geschieht nebeneinander und ist so auch nicht mehr von der Perspektive 1 in die Perspektive 2 zu übertragen. Und damit wird nun zu fragen sein, ob die verschiedenen Disziplinen zwar in sich analog operieren, aber in inhaltlichen Bestimmungen nicht mehr bezugsfähig sind. In ihrer formalen Ausrichtung explizieren sie zwar einen Schematismus, nur lässt sich diese Abstimmung auf der inhaltlichen Ebene nicht mehr einholen. Ein disziplinübergreifender Zusammenhang wird nur noch in einer Summierung der Einzelaussagen, nicht aber in inhaltlich bestimmten Grundpositionen gewonnen. Wir operieren nur mehr in Folgen von Einzelbestimmungen. Der Blick auf das Ganze ist ersetzt durch ein Regulativ, das es uns erlaubt, auszusuchen und ggf. dieses Aussuchen auch zu begründen, was wir in welcher Situation für eine Perspektive einnehmen. Konsistenz der Argumentationsführung wäre hier vorausgesetzt, die analoge Entwicklung des Rationalen in den verschiedenen Disziplinen bliebe unbestritten. Nur wäre der umfassende Zusammenhang eines Ordnungssystems des Wissens verloren. Der Gesamtzusammenhang der Wissensbezüge markierte denn auch die Einzelaussagen immer als Aussagen einer Disziplin und hält sie somit in dem methodischen Rahmen, aus dem sie gewonnen wurden. Eine Interpretation in anderer Hinsicht kann sich dann immer wieder der Fachperspektive versichern und fragen, ob unter dieser das „neue Tun", der Umgang mit dem Objekt der Schlussfolgerung oder dem Experiment in dem neuen Zusammenhang im alten Erkenntnisgefüge zu Schwierigkeiten führt.

VI. Wissen wissen

Wissen wird demnach seinerseits aus einem Erfahrungszusammenhang gewonnen und in diesen gesetzt und ist damit einer strikten rein ideengeschichtlichen Rekonstruktion entzogen. Das bedeutet, eine Darstellung der Verständigkeit dieser Wissenschaft reicht nicht zu, um ihre Erfahrungsinhalte und damit die Fortschreibung ihrer Perspektivierung zu erfassen. Damit wird nun auch die Methodologie der Wissenschaft durch die Praxis geprägt und damit durch etwas, was sich zumindest nicht direkt in der Rationalität ihrer Argumentation niederschlägt. Diese kann sich ggf. auf unterschiedlichem Grund in unterschiedlicher Weise bewegen, ohne dass

---
26 Olaf Breidbach, *Neue Wissensordnungen*, Frankfurt a. M. 2008.

diese damit verbundene Neuausrichtung ihres Vorgehens sich dann auch direkt in der ihr eigenen Rationalität niederschlägt. Laufen nun mehrere dieser Entwicklungen nebeneinanderher, so ist einsichtig, dass trotz eines weiterhin rationalen Vorgehens in den Disziplinen die Entwicklungen sich nicht nur in der Anwendung dieser Rationalität, sondern auch im Umgang mit dieser Rationalität unterscheiden. Im Effekt stehen mehrere Rationalitäten nebeneinander, die sich nicht mehr unmittelbar miteinander vermitteln.

Werden nunmehr neue Zusammenhänge erschlossen, so bauen sie sich in den jeweils unterschiedlichen Ausrichtungen ein und verstärken damit auch die jeweils angelegte Detailperspektivierung. Bisher Unbekanntes wird in diese verschobenen Formate integriert, Erfahrungsmöglichkeiten richten sich aus und kondensieren sich ggf. in der Ausrichtung von Instrumentarien und in der Fortschreibung von bisher im Kontext der rationalen Diskurse nur mittelbar abgebildeten Praktiken. Wenn dann im Experiment nicht nur neue Details erschlossen werden, sondern zusehends neue Erfahrungshorizonte angelegt werden, so wird damit Neues in Verfahren und Apparaturen eingefangen, das dann als Resultat eines Experimentes nunmehr auch im Zusammenhang der rationalen Strukturierungen des Wissenszusammenhanges zu reflektieren ist. Dabei aber wird das im neuen Tun Erwachsene zunächst auf vorgegebene Muster bezogen und aus diesen interpretiert. Das heißt auch, an diesem Neuen schreibt sich der methodisch eingespielte Umgang fort, konsolidiert die Perspektivierung der Disziplin und vertieft die Einsicht aus der spezifischen Darstellungsform des Rationalen dieser jeweiligen Disziplin:

Was bedeutet dies nun für die Idee der Rationalität? Die Diagnose, dass sich Formen des Rationalen finden, die einen einfachen Vergleich verschiedener Argumentationsweisen zumindest auf formaler Ebene zulassen, ist nicht zureichend, um die Idee einer sich in eine andere überführenden Rationalität, die sich nur in eine Vielfalt von Anwendungen bricht, zu untermauern. Dadurch, dass sich die einzelnen Bewertungssysteme nur zuordnen lassen, und es nur formale Überschreibungen von Grundoperationen gibt, in denen sich die Vielfalt disziplinärer Rationalitäten vermittelt, muss hinsichtlich der Integration des Rationalen zumindest ein Abstrich gemacht werden. Handlungsvorschriften und Zuordnungsbestimmungen, die über die Disziplinen hinaus Geltung beanspruchen, sind aus diesen selbst nicht zu gewinnen.

Im Gefüge der derart zu diagnostizierenden multiplen Rationalität ist damit die Idee einer wechselseitigen Bewertung von methodischen Zugängen aufzugeben. Nunmehr sind Strategien zu entwickeln, in denen eine möglichst optimale Überlagerung und Ergänzung alternativer Strategien bestimmbar werden kann, ohne dass wir damit zwangsläufig Geltungshierarchien – im Sinne klassischer Systementwürfe – aufbauen. Die historische Analyse kann hier helfen, sie führt die Situation auf ihre Ausgangsbedingungen zurück. Wobei es allerdings keine einfache Linie von einem primitiveren Stadium der Einsicht zu einem sich immer filigraner gestaltenden Wissensgebäude gibt. Darzustellen ist vielmehr ein ggf. verworrener Lauf, eine in vielfältigen Strängen zu zeichnende Geschichte. Demnach wird die diese Geschichte nachzeichnende Wissenschaft zu einer Evolutions(kultur)anthropologie, die zumindest Zuordnungen verschiedener Sichtweisen plausibel machen kann.

Wir können das Rationale historisch derart dann auch in den Brechungen der jeweiligen disziplinär verankerten Facettierungen beschreiben, es als Collage, als Multiple verstehen und dann in diesen Aspekte möglicher Konkretionen betrachten. Demnach hätten wir im Vergleich Zuordnungen erfasst. Wir fänden hinter all dem dann so etwas wie eine einende Logizität, eine jeder inhaltlichen Konkretion entzogene Grundtextur möglichen Schließens. In diesem derart dann methodisch eingegrenzten Rahmen würden die in den Methoden erfassten Inhalte in je gleicher Weise vor Augen gebracht. Die methodisch bestimmte Sicht wäre insoweit in ihrer Methodik eindeutig. Bliebe doch jede Einzelheit an sich (in ihrer methodischen Einbindung) bestimmt. Damit bleiben im Nebeneinander eine Vielfalt von Standardisierungen abgebildet. Universal wäre diese Form der Wissenschaft nicht in der Verabsolutierung einer dieser Perspektiven, sondern in der Offenheit ihres Nebeneinander.

Nun ist aber selbst dieses Nebeneinander auch keineswegs so einfach zu konstatieren. Schließlich ist die einzelne Perspektive in diesem Nebeneinander nur jeweils aus sich bestimmt. In ihr sind dann andere Zugänge neben sie gestellt. Nur gibt es in dieser Teilperspektivierung nicht die Sicht, die die Verschiedenheiten ordnet. Das Nebeneinander ist also ein Nebeneinanderher, das sogar unter Umständen jeweils Gleichartiges im Blick hat, ohne diese Überlagerung doch schlüssig bestimmen zu können; es ist keine Zuordnung der Vielfalt, die in den einzelnen Perspektiven denn auch je anders geordnet erscheinen muss, ohne dass doch auch nur eine der Perspektiven auf dieses Andere Geltung erlangen muss. Ja mehr: Da jede Detailperspektive immer aus einer Partikularsicht heraus ansetzt, ist auch die Summe der Einzelheiten nicht das Ganze. Rational zu handeln bedeutet, wie angeführt, die Regeln anzuwenden, nach denen die Verstandesoperationen auszuführen sind. Entsprechend – und hierzu nutze ich dann etwa die Logik – sind dann in sich konsistente Schritte einer Denkoperation zu bestimmen, in denen mit Wissen umgegangen oder über die der Wissensbestand unseres Verstandes erweitert wird. Dabei zeigt sich nun aber schon im Bereich der europäischen Wissenschaften, dass solch rationale Verfahren sich in den methodischen Diversifizierungen der Wissenschaften ihrerseits fortwährend differenzieren.[27] Credo ist, der einzelwissenschaftlichen Disziplin über eine reflektierte Methodologie die eigenen Argumentationsschritte transparent zu halten. Im Bereich der Materialien und Methoden wird denn auch in einer ordentlichen naturwissenschaftlichen Publikation diese Methodik der Datengewinnung und Datenorganisation expliziert, in der dann innerhalb der Disziplin mit einzelnen Befundungen umzugehen ist. Nur sind die verschiedenen methodisch geleiteten Denkkomplexe aber so weit differenziert, dass sie sich nicht mehr einfach zwischen verschiedenen Disziplinen übersetzen lassen. Hinter den Methoden steht eine bestimmte Interessenausrichtung einer bestimmte Perspektivierung, die nunmehr bedingt an andere Disziplinen zu vermitteln ist. Da in

---

27 Rudolph Stichweh, *Études sur la genèse du système scientifique moderne*, Lille 1991.

den sich entwickelnden Disziplinen nunmehr die Objekte, mit denen umgegangen wird, in dieser Perspektivierung konturiert sind, bedeutet das, dass diese nun auch nicht ihrerseits einfach von einer in die andere Disziplin durchgereicht werden können, da eine Einheit ja immer nur in einer methodisch spezifizierten Perspektivierung beschrieben und das Objekt so innerhalb einer Disziplin immer nach Maßgabe ihrer Methode konturiert ist. Das bedeutet nun aber, dass die verschiedenen Einzeldisziplinen nicht einfach über die Objekte miteinander zu vermitteln sind, da sie diese ja immer nur in Hinsicht ihres methodischen Rahmens aufnehmen.

Insoweit ist die Konsistenz der Einzelaussagen der Disziplin gewährleistet, da sich jede der Disziplinen dem Anspruch einer rationalen Organisation ihrer Aussagen verpflichtet fühlt und entsprechend innerhalb ihrer Perspektivierungen die verschiedenen Aussagezusammenhänge nach einem gleichartigen Regelbestand miteinander vermittelt und ineinander übersetzt werden. Dennoch aber sind damit die Aussagen der Disziplin A nicht einfach in die Disziplin B zu übertragen, da zwar ihr Umgehen analog ist, die einzelnen Objekte dann von A nach B übertragen werden können, in B aber nur noch nach Maßgabe von B und nicht in der Perspektivierung von A beschrieben werden. Es ist also ein Objekt immer nur in Hinblick auf ein bestimmtes Interesse abgebildet. Dieses Interesse kann nun – soll die Wissenschaft sich weiterhin in ihren Einzelaussagen streng rational verhalten – nicht einfach den Bedeutungszusammenhang von A mit in B übernehmen. Dann nämlich gäbe sich die Geschlossenheit der methodisch bestimmten Perspektivierung der Einzelwissenschaft auf.

Wissenschaftshistorisch führt dies zu einer Spezifizierung von Aussagezusammenhängen in den verschiedenen Disziplinen, die sich dann nicht einfach als solche übermitteln, sondern die jeweils nach Maßgabe einer einmal gewonnenen Perspektivierung in einer neuen Disziplin übernommen werden. Dabei, und auch dies zeigt die Wissenschaftsgeschichte, ist dieses Tun der Wissenschaften nun auch nicht einfach eine bloß ideengeschichtlich zu beschreibende Entwicklung von Konzepten und Begriffen. Wissenschaften basieren – wie oben angedeutet – auf Praktiken, kondensieren sich in Strukturen und können in diesem Verfahren einem ganz eigenen Zwang unterliegen, der sich konzeptionell gar nicht mehr abbildet.

Dies bedeutet zunächst, dass eine umfassende Analyse der Ordnung der Rationalität sich mit diesen verschiedenen Formen von Wissensrepräsentation auseinandersetzen muss. Es zeigt zum Zweiten, dass die rein begrifflich-ideengeschichtlich zu rekonstruierende Rationalität der Wissenschaften sich immer als die Perspektivierung der methodischen Vorgabe der Einzeldisziplin gebunden weiß, und von daher die Objekte dieser Wissenschaft als solche nur in der ihr einsehbaren Perspektive zu konturieren sind.[28] Da ist es dann möglich, eine Vielzahl von Perspektivierungen nebeneinanderzusetzen. Es bleibt aber zumindest schwierig, diese Per-

---

28 Lorraine Daston, *Wunder, Beweise und Tatsachen. Zur Geschichte der Rationalität*, Frankfurt a. M. 2001.

spektivierung ineinander zu überführen. Selbst die einfache Aussage, dass wir so im Nebeneinander verschiedene Aspekte eines möglichen Bezugsobjektes vergleichen können, geht nicht über diese einfache Feststellung einer prinzipiellen Zuordnung hinaus. Sie sagt nichts anderes, als dass die Art und Weise der Perspektivierung der Disziplin nur jeweils in disziplinärer Hinsicht zu erläuten ist. So kann ich dann Aspekte der einen in die andere Betrachtung übernehmen, muss mir aber bewusst werden, dass nur schon zu bald die Spezifität der vormaligen disziplinären Einbindung eines Einzelereignisses in der Darstellung in neuer Hinsicht zugunsten der Sichtweise der aufnehmenden Disziplin verändert wird.

Insoweit können wir verschiedene voneinander abgrenzbare Bereiche reklamieren, die sich zwar formal entsprechen, in denen aber die Inhalte nur formal zuzuordnen wären und insoweit keine gemeinsamen Maßstäbe anzulegen sind. Den diese Bereiche konturierenden Disziplinen wäre dann jeweils Bewertungsautonomie zuzusprechen. Das gemeinsame Rationale reduzierte sich auf die Grundform, in der sich diese Vielfalt miteinander vermittelt. Der Ausdruck „Multiple Rationalität" verwiese insoweit an ein Kaleidoskop des Anscheines, des Vermittelns und des Erscheinens, das aber auf einer in dieser Bildvielfalt zu registrierenden Grundbestimmung angelegt wäre, die zu rekonstruieren uns erlauben könnte, aufzuzeigen, was Rationalität eigentlich ist.

Dies ist nunmehr nur möglich, indem die Art und Weise variiert, in der sich die Grundform des Rationalen in verschiedenen Nutzungszusammenhängen dekliniert, ohne doch den Geltungs- und Begründungsanspruch eines rational strukturierten Denkens aufzugeben. Zeigt sich dann doch auf, wie sich ein im Prinzip einfach gestricktes Rationales in den verschiedenen Nutzungszusammenhängen differenziert, sich als Tool zum Umgang mit Problem- und Wertstellungen gleichsam spezifiziert, sich demnach kulturell diversifiziert, um so in den Details anwendbar und explikationsfähig zu sein, ohne doch im *overkill* der Grundbestimmung des Rationalen all diese Details mit einzublenden.

Wir kennen diesen Ansatz in der Computersprache bzw. in dem Maschinencode, die in ihrem Grundansatz zunächst einmal einen universellen Bestand von Grundverweisfiguren anheimstellen, in denen in einer vorgegebenen Verrechnungsarchitektur überhaupt zu operieren ist. Im zweiten Schritt, der Programmierung der entsprechenden Grundbefehle, öffnet sich nun ein Spektrum von Anwendungen, die insoweit im Grundcode nicht in allen Details expliziert werden müssen, sich aber dennoch in diesem Grundcode eben ausdrücken lassen. Dabei sind eben auch unterschiedliche Programmiersprachen mit unterschiedlichen Ausdrucksmöglichkeiten auf diesen Maschinencode zu beziehen, und die Gesellschaft für Mathematik und Datenverarbeitung in Bonn versuchte denn auch Mitte der 80er Jahre eine Übersetzungssprache zu generieren, die ein Programm x automatisch in ein Programm y zu überschreiben erlauben sollte.

So ist dann eine Grundtextur möglicher In-Beziehung-Setzung von der materialen Bestimmung des konkret zu erfassenden Eigenschaftsraumes freigesetzt. Sie kann ein Regelinstrumentarium an die Hand geben, das dann zwar ggf. in seiner Funktion eingeschränkt ist, genau darin aber bestimmt bleibt, und das somit erlaubt, einzelne Programmschritte einzubauen, die dann in der Abstimmung der Grundfunktion zunächst überhaupt getestet werden. Damit ist klarzustellen, ob in solch einer Programmierung etwas überhaupt ermöglicht werden kann, ohne damit doch das, was da erfasst ist, in den zur Verfügung stehenden Modulen eines Programmieransatzes zu sehr einzugrenzen.

Etwas zu wissen bedeutet, es nach den Regeln der – hier allerdings methodisch spezifizierten – Verständigkeit in dem uns möglichen Gefüge von Aussagen abgebildet zu haben. Dabei können wir wissen, dass bestimmte Methoden an bestimmte Disziplinen gebunden sind, dass Verständigkeit entsprechend nach den verschiedenen uns verfügbaren Methoden dekliniert, kurzum, dass ein einheitlicher Wissensraum von uns vielleicht postuliert, aber doch nicht kartiert ist. Dabei geht es nicht einfach darum, dass die Totalität aller Wissenseinheiten heute für niemanden mehr zu erfahren ist. Ein solches Gespenst der Unerfülltheit wäre ja auch nichts Neues, es kennzeichnet das menschliche Erfahren von seinem Beginn an, indem es eben schon im Anfang angelegt war, aus der Totalität der uns ggf. möglichen Erfahrungsbezüge Segmente herauszuschneiden. Nur ist es mittlerweile gar nicht mehr klar, wer uns hier welche Vorgaben liefern könnte, aus denen wir dann einfach nur noch auszulesen hätten.

Das, was wir wissen, war schon immer durch Vorgaben bestimmt, in denen wir etwas zu erkennen vermögen und dem Gesamtbestand unseres Wissens zuordnen. Das, was wir wissen, ist so das, was unserem Verstand verfügbar ist. Das, was über unseren Horizont hinausführt, können wir in unser Wissen eben nicht integrieren. Dabei aber hat das Wissen, da, wo es seine Grenze kennt, einen Bereich, auf den hin es sich orientiert und den es sich so als ein Anderes, als etwas, was an das uns Bekannte angrenzt, verfügbar machen kann.

VII. Multiple Rationalität in der Historisierung

Vielleicht gibt es nur so etwas wie Rollen, wie Entsprechungen, wie formale Passungen, in denen nun aber in den derart transportierten unterschiedlichen interkulturellen Bezügen Momente von Geltungszuweisungen transportiert und vermittelt werden. In einem ersten Schritt ist diese jeweilige Engführung eines immer schon kulturell bestimmten Denkens anzunehmen und als solche zu decouvrieren. Zu fordern ist demnach eine Darstellung dieser Kultur von Geltungszuweisungen in ihrer Geschichte.[29]

Es ist eben nicht so, dass in dem Rückbezug einer sich nun in sich definierenden Kultur jede Bestimmung sich in einen hermeneutischen Zirkel überführt und damit alle möglichen Aussagen in dieser Kultur ins Beliebige gesetzt sind. Das sich Im-Fluss-Befinden eines Argumentes sagt noch nichts darüber aus, ob sich eine Argumentation ins Ungewisse gründet. Schließlich hat die Geschichte ein Maß an

---

29 Vgl. hierzu Olaf Breidbach, *Radikale Historisierung – Kulturelle Selbstversicherung im Post-Darwinismus* (in Vorbereitung).

sich selbst. Wie denn auch der Widerstand, den ein Balken auf einen breit gefächerten Schwemmsandbereich gibt, zureichen kann, sich auf diesem abzustoßen. Wir leben in unserer Kultur aus der Gewissheit, dass die Geschichte selbst nicht punktuell ist, sondern sie in ihren Strukturierungen schon allein auf Grund der Trägheit der ihr innewohnenden Wechselbestimmungen über den ominösen Punkt Null der bloßen Gegenwart hinausführt und somit in sich die Dispositionen für Weiteres anlegt. Dies gilt nun auch für eine rekursive Betrachtung.

So setzt die Vorgeschichte einer Geschichte die Gegenwart in ihren Bezug auf Zukünftiges und hält so eine Bewegung in Gang, in der sich eine Bestimmung auch über das nur Momentane hinaus fixieren kann. So verliert sich unsere Kultur nicht im Unbestimmten einer verlaufenden Gewissheit. Sie trägt sich vielmehr mit ihrer Geschichte in sich und kann so im Bezug auf sich, als ein historisch sich entfaltendes Gefüge, Geltungskriterien gewinnen und Bestimmtheiten formulieren. Es ist die Geschichte des Wissens, in der dieses Wissen sich in seine Gewissheit setzt. Dabei tut es keineswegs Abbruch zu wissen, dass diese Bestimmtheit immer nur vorläufig ist. Dieses Vorläufige ist eben nicht ein bloß Unbestimmtes, es ist vielmehr eine Disposition, eine Ausrichtung, die im Moment fixiert ist, und die in ihrer Bestimmtheit eine Perspektive inauguriert, die so damit über den Moment auf eine mögliche Zukunft verweist, die sie aus der Vergangenheit bestimmt. Wir hatten schon gesehen, dass die entsprechenden Überlegungen, in denen sich die Unbestimmtheit des Momentanen in der kulturellen Gewissheit der geschichtlich tradierten Maßstäbe findet, nicht einfach nur einem Relativismus die Bahn ebneten. Umgekehrt ist in einer differenzierten Anwendung dieser Art von Geltungssicherung auch im Unbestimmten einer weiter ausholenden Historie die Bestimmtheit des jeweils Momentanen zu finden. So bescheidet sich eine Kultur in sich selbst. Sie setzt dabei nicht sich selbst als Maßstab, sondern sucht das, was anders ist, in sich zu übersetzen, weiß dabei aber immer, dass ihre Übersetzung nicht die absolute Skalierung für das, was übersetzt wird, darstellt, sondern nur einen ersten Abgleich, in dem sich das, was sich selbst gewiss ist, auf ein Anderes hin öffnet.

Sich geschichtlich zu verankern, bedeutet so denn auch nicht, jedwede Objektivität zu verlieren. Das Gegenteil ist richtig. Da schon unsere Wahrnehmungen nach Kriterien erfolgen, die kulturell sind, schon die Farben und ihre Nuancierungen, die mit Tönen assoziierten Vorstellungen nicht vom Himmel gefallen, sondern in einer Geschichte erwachsen und so kulturell bestimmt sind, haben wir uns in der Suche nach Maßstäben zur Bewertung unseres Handels und Denkens dieser, unserer Wirklichkeit zu stellen. Die Konsequenz ist umfassend. Sie umgreift die vermeintliche Trennung der Kulturen der beobachtend analytischen und historisierend deduzierenden Wissenschaften ebenso wie die Frage nach Wertmaßstäben, Geltungskriterien und Vergleichsmöglichkeiten. So sieht man im Nebeneinander der Geschichten und Traditionen die Möglichkeit, aus vorgeben erscheinenden Strukturen die Geltungspräferenzen und damit Hegemonien bestimmter Kulturen, in denen Wertmuster des Objektiven sich festzuschreiben scheinen, auszubrechen. Damit bietet gerade die konsequente Historisierung eine Chance für den internationalen Vergleich und damit eine Globalisierung, die nicht auf der Ebene des kleinsten gemeinsamen Vielfachen aller Kulturen – und diese ist vergleichsweise dünn –, sondern unter Beibehaltung der Vielfalt alternativer Lösungsmöglichkeiten und Anschauungsrealitäten statt hat.

Natürlich muss eine Position, die sich derart als historisch erwachsen bestimmt, sehr viel bescheidener ansetzen als ein Denken, das mit dem Anspruch daherkommt, absolut, überzeitlich und für alle verbindlich zu sein. Objektivität war das Zauberwort dieser neuen, sich absolut wähnenden Scholastik, die – wie schon ausgeführt – nur lebensfähig bleibt, solange sie nicht die Wurzeln ihres Anspruchsdenkens reflektiert. Der massive Antirationalismus, der in den verschiedensten Strömungen, teilweise politisch missbraucht, nun selbst auch innerhalb Europas gegen diesen Strom steht, ist gegenüber dieser Anspruchshaltung als Sicherungsreflex vielleicht sogar verständlich, in seiner eigenen unreflektierten Apodiktizität aber noch sehr viel verwerflicher als der Übermut einer erfolgsverwöhnten, sich objektiv denkenden Rationalität europäischer Prägung.[30]

Es geht hier aber nicht darum, mit dem Prädikat „historisierend" den Geltungsanspruch des Rationalen in Frage zu stellen. In dieser Historisierung sind Kriterien zu finden, die es zumindest in seiner Tradition versichern und damit positionieren. Diese finden sich dann auch in den Bestimmungen einer Kulturgeltung und zwar da, wo sie sich selbst als Kultur ausweist, sie den Menschen als Moment dieser Kultur objektiviert; dies geschieht auch dann, wenn wir uns als Natur nehmen, die wir dann naturwissenschaftlich erfassen. Universell sind die Gesetze, die diese Kultur in der Natur entdeckte. Allerdings sind sie nur insoweit universell, als sie sich historisch vermitteln. D. h., sie sind nicht absolut im Sinne einer überkulturellen Geltung, sondern sie sind universell nur insoweit, als sie ihre Anschauungen auch über die jeweils eigenen Grenzen zu vermitteln vermögen. Gesetze sichere ich nach kulturell vermittelten Kriterien. Was aber sind all dies für Kriterien? Es sind solche, die in ihrer konkreten Ausgestaltung wissenschaftlich formuliert und wissenschaftlich überprüft wurden. Wissenschaften sind nun Momente einer Kultur, die sich in ihren fachspezifisch gesicherten Rationalitäten eine Umwelt verfügbar machten. Diese Wissenschaften stehen nicht außerhalb der Geschichte, sie sind selbst Teil von ihr. Müssen wir demnach umdenken, oder findet sich so nicht eine Möglichkeit, die Kultur im Sinne einer szientistischen Argumentation zu objektivieren?

Wäre in solch einer Situation ein objektiver Befund zu erstellen, so ist von der je eigenen geschichtlichen Position, wie sie sich in ihrem momentanen Bestand an Ideen, Methoden, Instrumenten und Strukturen zeigt, nicht einfach abzusehen. Das, was ich in dieser Situation von der Natur habe, ist das Bild, das sich in diesen verschiedenen – tradierten – Instrumenten und den mit diesen verbundenen Konzepten zeigt. Das bedeutet, ich muss diese Traditionen als solche objektivieren, sie mir verfügbar machen, um so den Standpunkt zu klären, von dem aus ich auf die Natur unserer Kultur blicken kann. Wenn man dies tut, sind Konstanten aufzuweisen, die sich vielleicht auch über eine ganze Traditionslinie verfolgen lassen. Damit, und nur so, sind die Befunde einer Kultur des Wahrnehmens zu sichern.

---

30 Hierzu etwa: Ulrich Kutschera, *Kreationismus in Deutschland. Fakten und Analysen*, Münster 2007.

Nur dann, wenn diese Bedingungen bestimmt sind, ist über deren jeweilige wissenschaftlich bestimmte und eben darum momentane methodische und konzeptionelle Bestimmungen hinauszuweisen.

Die Historisierung auch der Wissenschaften verwirft nicht die Erfolgsgeschichte eines analytischen, sich auf definierte Methoden verlassenden Tuns; sie sucht dies vielmehr im Gesamtgefüge der uns möglichen Urteile verfügbar zu halten und so über den engeren Rahmen einer jeweils mit bestimmten Methoden operierenden Naturwahrnehmung hinaus handhabbar zu machen. Damit erlaubt sie es, Rationalitäten aufeinander zu beziehen. Sie reaktiviert in dem Aufweis eines Nacheinanders und Nebeneinanders die Laborsituation, in der speziellen Interessen folgende Rationale sich als Rationalitäten in Geltung setzten. So ist denn auch die multiple Rationalität mehr als die Brechung des Einen in seine Facetten. Angelegt ist eine Vielfalt, die zunächst als solche zu bestimmen ist, um dann mit ihr eben in ihrem Nebeneinander und nicht bloß in Bezug auf eine formale Entsprechung umzugehen. Darzustellen ist ein Nebeneinander, das nur in einer ersten Näherung ineinander zu überführen ist. Zu suchen ist nach den neuen Regeln des Umgehens mit und Abgrenzens von Vielfalt. Zu benennen sind die Kriterien, mit denen in dieser Multiplizität dann eben auch eine bestimmungsoffene Diskussion zu strukturieren ist. Zu suchen sind die Bestimmungen, in denen auch in der Vielfalt Geltung zu finden ist und nicht Hegemonie Abstimmung und Zustimmung ersetzt.

KLAUS MANGER

Laboratorium „Literatur"

Zur Literatur gelangen wir durch Lektüre einzelner Werke und zur Literaturgeschichte dadurch, dass wir Aggregationen einzelner Werke zu einem System erheben.[1] Das Laboratorium „Literatur" verlangt in der reflexiven Moderne[2] nach einem Laboratorium Literaturwissenschaft. Wie aber kann für den Dichter Dichtung ein Laboratorium (zu lat. „laborare": Arbeitsraum, Forschungsstätte) sein, fragt Horst-Jürgen Gerigk im Gespräch und erläutert: indem unter Ausschluss bestimmter Bedingungen und damit unter Herstellung bestimmter Bedingungen der Mensch beobachtet werde. Es gehe dabei um Reaktionen des Menschen in bestimmten Situationen – im Licht der Aufklärung als Heraustreten des Menschen aus seiner selbstverschuldeten Unmündigkeit. Unter dem Postulat der Aufklärung erweist das Laboratorium „Literatur" den Menschen in seiner einzigartigen Stellung. Es gewinnt ihm in Vergessenheit geratene Positionen zurück und neue oder neu zu bestimmende hinzu. Der Literaturwissenschaft erwächst daraus die Aufgabe, dem Laboratorium „Literatur" begrifflich und ästhetisch zu entsprechen. Experimente mit dem Menschen, sagt Gerigk, sind auf den Begriff zu bringen.

Was sich unter motivlichen, thematischen, stilistischen oder anderen Kriterien ordnen lässt, steht unter Laborbedingungen jeweils neu auf dem Prüfstand. Und was hier von der Literatur zu sagen ist, gilt in vielfacher Hinsicht auch für die anderen Künste. Nehmen wir Klassik[3] zum Beispiel. Was sich unter diesem Etikett als vollkommen, vollendet, vorbildlich oder mustergültig erweist, gerät leicht in museale Erstarrung und wird keiner Beachtung mehr für wert befunden oder gar verschlissen. Der Jenaer Sonderforschungsbereich[4] hat mit seinem offenen Ereignis-Verständnis in der Kultur um 1800 auch die literarischen Zeugnisse neu im Ereignisraum aufgesucht und wiederholt bemerken können, wie das komplexer werdende Beobachten einen gleichfalls komplexer werdenden Darstellungswandel nach sich zieht. Dazu gehören die Beobachtungen und Darstellungen, wie wir wurden, was wir sind.[5] Anders gesagt eröffnen sich unter den Laboratoriumsbedin-

---

1 Vgl. Friedrich Schiller, *Was heißt und zu welchem Ende studiert man Universalgeschichte?* (1789), in: Schillers Werke. Nationalausgabe, Bd. 1 ff., Weimar 1943 ff. (fortan NA): NA 17, S. 373.
2 Vgl. Ulrich Beck/Wolfgang Bonß/Christoph Lani, *Theorie reflexiver Modernisierung – Fragestellungen, Hypothesen, Forschungsprogramme*, in: Ulrich Beck/Wolfgang Bonß (Hgg.), Die Modernisierung der Moderne, Frankfurt a. M. 2001, S. 11–59.
3 Vgl. die beiden Artikel von Horst Thomé und Gerhard Schulz im *Reallexikon der deutschen Literaturwissenschaft*, Bd. 2, hg. v. Harald Fricke, Berlin/New York 2000, S. 266–270 u. 270–274.
4 Vgl. die Anträge des SFB 482: *Ereignis Weimar-Jena. Kultur um 1800*, Jena 1998–2010.
5 Vgl. beispielsweise Carl Ludwig Fernow, *Leben des Künstlers Asmus Jakob Carstens, ein Beitrag zur Kunstgeschichte des achtzehnten Jahrhunderts*, Leipzig 1806, S. 296.

gungen des 18. Jahrhunderts Wandlungsprozesse, deren Kontextualisierung auch den Umgang mit vermeintlich wohlvertrauten Werken – wie es bei Schiller heißt – „anfrischt".[6] Unser stets zu erneuernder Blick auf die Phänomene ist der aus unserer Gegenwart auf die Zeugnisse, hier des 18. Jahrhunderts, oder im derzeit für den vorliegenden Band gewählten Jargon, aus der Dritten in die Erste Moderne.[7] Damit bewegen wir uns im Laboratorium „Literatur", das keineswegs nur ein Arbeitsraum für naturwissenschaftliche (biologische, chemische, bakteriologische) oder technische Experimente ist, sondern einen Versuchsraum darstellt, in dem sich dauernd ein wechselseitiges Anfrischen der Phänomene ereignet. Dabei lassen die neuen Erfahrungen mit einem Male auch Werke des 18. Jahrhunderts in neuem Licht aufleuchten.

Historisches Denken befasst sich mit geschichtlichem Wandel. Diesem Wandel, aus dem sie ihre literarischen Gebilde hervortreiben, setzen die Dichterinnen und Dichter diese insofern entgegen, als die Kunstwerke zwar von der Geschichte und ihren Epochenbildungen zeugen, ihnen aber selbst nicht unterliegen. Der Grad der in ihnen vorgetäuschten, mehr oder weniger ähnlichen bzw. unähnlichen Wirklichkeit, ob eher Imitation oder eher Dissimilation, spielt dafür keine Rolle. Jedoch die oft undeutliche Grenze der Kontraposition von Kunstwerk und Geschichte sollte man nicht verwischen. Auch autobiographische Spuren, wenn sie hineinführen, werden zu Bestandteilen der Fiktion. Geschichtswissenschaft unternimmt eine unentwegt am Faktischen orientierte Kontextualisierung, um die Voraussetzungen und Folgen historischer Wandlungen mitbedenken zu können. Die Literaturwissenschaft hingegen beschäftigt sich zwar nicht ausschließlich, aber doch vorrangig mit den Fiktionen, die die Dichterinnen und Dichter aus der historischen Welt ihrer Erfahrungen hervorgetrieben haben. Sie müssen dabei kein Vetorecht der Quellen kennen. Das ist Sache der Wissenschaft. Selbst ein in Fiktionen auftauchender Fehler, wenn es denn einer wäre, ist nicht korrigierbar.

Dichtungen können wie alle Kunst der historischen Welt gegenüber treten, wie die Phantasie der Erfahrung gegenüber liegen kann. Und während der Gegenstand der Geschichtswissenschaft, beispielsweise beim Fund neuer Quellen oder erweiterter Kontextualisierung, ein unendliches Weiterschreiten der Erkenntnis verlangt, sind die Gegenstände der Literaturwissenschaft, soweit es sich dabei um Werke der Fiktion handelt, wie groß auch immer ihr Erkenntnisreichtum bleibt, in sich abgeschlossen. Diese Endlichkeit bleibt bestehen, wie sehr diese Werke auch vom Charakter des Fragmentarischen geprägt sein oder über sich hinauszuweisen vermögen. Die abgeschlossene Empiriehaltigkeit von Fiktionen ist deshalb streng zu unterscheiden von der unendlichen Empiriehaltigkeit der Historie. Angesichts der daraus resultierenden unbegrenzten Menge an Berührungen und Überschneidungen von empirischer und phantastischer Welt sollte jedoch, auch wenn das zuweilen eine besondere Herausforderung darstellt, der schmale unsichtbare Grat zwischen den unendlichen Räumen der Phantasie und dem endlichen

---

6 Friedrich Schiller, *Über die tragische Kunst* (1792): NA 20, S. 163.
7 Vgl. die Einleitung zu vorliegendem Band.

Raum unserer Erfahrung unübersehbar bleiben. Ihn aufheben zu wollen, hieße jene schmale Grenze zwischen Idee und Erfahrung wegzuretuschieren – und wohl auch die Autonomie des Werkes zu beschneiden.

Selbst wenn man Gefahr läuft, sich dem Vorwurf eines emphatischen Dichtungsverständnisses auszusetzen, ist deshalb in der Konsequenz jener unterschiedenen Räume von Phantasie und Erfahrung auch eher nach den Grenzen der Wissenschaft als denen der Literatur[8] zu fragen. Und wenn wir die Erkenntnisformen von Dichtung, Philosophie und Wissenschaft zwischen Logik und Literatur verorten[9], bleibt doch immer die Singularität des literarischen Kunstwerkes gegenüber allen übrigen literarisierten Formen menschlicher Erkenntnis erhalten. Diese „poetologische Differenz"[10], die den literarischen Kunstwerkcharakter hervorhebt, gilt es zu beachten. Horst-Jürgen Gerigk bestimmt sie folgendermaßen: „Die poetologische Differenz ist die Differenz zwischen der innerfiktionalen Begründung und der außerfiktionalen Begründung eines innerfiktionalen Sachverhalts."[11] Damit ist für das literarische Kunstwerk zugleich etwas benannt, was es von anderen Kunstwerken unterscheidet, weil weder die musikalische Komposition noch das Bühnenschauspiel (wie sehr auch immer darin die Rampe überspielt sein mag) noch auch das Gemälde (ob durch einen Rahmen markiert oder nicht) oder das Environment und schon gar keine Marmorskulptur oder ein Bronzeguss noch die Architektur solcher zusätzlichen Differenzierung bedürfen.

Als in der Frühphase der Dritten Moderne Mark Rothko (1903–1970) experimentiert, mittels Farbspannungen ganze Farbräume zu entwerfen, in denen sich der Betrachter zu bewegen beginnt, da situiert Barnett Newman (1905–1970) seinen Betrachter nahe vor eine monochrome Bildfläche. Und weil wir solche großen Formate offenbar von links nach rechts und von unten nach oben zu lesen gewohnt sind, zieht der vertikale dunkle Bildstreifen den Blick des Betrachters nach oben. Diese erhebend erhabene Bewegung schlägt sich im Titel jenes zuerst in New York gezeigten Bildes nieder, der lautet: *Vir heroicus sublimis.*[12] Wenn wir von diesen Bewegungsverhältnissen auf den Spott der Protestanten wie Carl Ludwig Fernow (1763–1808) und Johann Gottfried Seume (1763–1810) blicken, den sie über die für ihr Verständnis maßlose Peterskirche in Rom ausgießen, dann lässt sich umso deutlicher Schillers wirkungsästhetisches Konzept erkennen, wenn er über die Peterskirche sagt bzw. in einem Distichon sie sagen lässt:

---

8 Vgl. Simone Winko/Fotis Jannidis/Gerhard Lauer (Hgg.), *Grenzen der Literatur. Zu Begriff und Phänomen des Literarischen*, Berlin/New York 2009.
9 Vgl. Gottfried Gabriel, *Zwischen Logik und Literatur. Erkenntnisformen von Dichtung, Philosophie und Wissenschaft*, Stuttgart 1991.
10 Horst-Jürgen Gerigk, *Lesen und Interpretieren*, Göttingen 2002, S. 17–40.
11 Ebd., S. 17.
12 Vgl. Gottfried Boehm, *Die Epiphanie der Leere. Barnett Newmans „Vir heroicus sublimis"*, in: Klaus Manger (Hg.), Die Wirklichkeit der Kunst und das Abenteuer der Interpretation. Festschrift für Horst-Jürgen Gerigk, Heidelberg 1999, S. 23–35.

„Suchst du das Unermeßliche hier? du hast dich geirret.
Meine Größe ist die, größer zu machen dich selbst."[13]

Im Laboratorium rücken nicht nur die Aussagen des 18. und 20./21. Jahrhunderts nahe aneinander, sondern dank intermedialer Dynamik auch die Künste. Und da wir in dieser Ringvorlesung schon gelegentlich protojuristische, protophilosophische oder zuletzt protopolitische Fragen berührt haben, denen prinzipiell eine Vergleichbarkeit der Fragestellungen im 18. Jahrhundert und heute abzulesen war, sei wenigstens an dieser Stelle das zeitgenössisch im 18. Jahrhundert vielberufene Axiom benannt, mit dem Alexander Pope (1688–1744) die Losung für die neue Schlüsselwissenschaft ausgibt, die für die Erste und Dritte Moderne in besonderem Maße prägend geworden ist. Das erste Studium gelte dem Menschen.[14] Dieses neue makro- wie mikrokosmische Maß, das die für die Moderne voraussetzungsvolle anthropologische Zentrierung bedingt, erhebt auch in der Weise den Einzelnen in die zentrale Position, dass es ihm das *sapere aude*[15] aufbürdet: „Erkühne dich, weise zu seyn", überträgt es Schiller.[16] Die ersten Anwälte des neuen Programms sind die für die fiktionale Literatur zuständigen Dichter und die sich lebensweltlich äußernden Schriftsteller[17], sind die Denker und Vertreter der Künste. Und wir können beobachten, wie sich gegen Zensur die Schriftsteller für ihre neuen Wertsetzungen die für ihre Wirksamkeit grundlegende Pressefreiheit erstreiten.[18] Die Dichter, Schriftsteller, Künstler sind, wenn wir dabei die Frauen immer mitbedenken, die Protagonisten im „Laboratorium Aufklärung". Die Entwürfe der Philosophen blieben hier ob ihrer zunehmend auch literarischen Qualität besonders zu würdigen, verlangten aber aufgrund ihrer Sonderstellung zwischen Empirie und Systematik unter den Laborbedingungen restringierter Wirklichkeit, wie Birgit Sandkaulen in diesem Band zeigt, nach einer eigenen Darstellung.

Aus den normativen Vorgaben treten zusehends die autonomen Originalwerke[19] heraus, deren Betrachtung zu einer Konfiguration des Laboratoriums „Literatur" führt. Beispiele, ihrer Publikumswirkung wegen vorzugsweise solche des Theaters, sollen uns leiten. In Lessings ins Private verlegtem Trauerspiel *Miß Sara*

---

13 NA 1, S. 382; NA 2, S. 324. Vgl. Carl Ludwig Fernows dem Spaziergänger nach Syrakus, Johann Gottfried Seume, gewidmeten Aufsatz *Über den ästhetischen Eindruk der Peterskirche* in Teil II seiner Römischen Studien, Zürich 1806, S. 253–294 sowie die Vorrede, S. XIIIf. Dazu das Gedicht *Die Peterskirche in Rom. An Seume von seinem römischen Gast-Freunde*, in: Neuer Teutscher Merkur (1802.3), S. 6–8.
14 Alexander Pope, *Versuch über den Menschen*, in: ders., Sämtliche Werke mit Wilh. Warburtons Commentar und Anmerkungen, Bd. 3, Straßburg 1778, 2. Brief, S. 107.
15 Horaz, *Episteln* 1, 2, 40.
16 Friedrich Schiller, *Über die ästhetische Erziehung des Menschen in einer Reihe von Briefen*, Achter Brief (Die Horen 1, 1795): NA 20, S. 331.
17 Vgl. Klaus Manger, *Dichter und Schriftsteller: Schreibende Bürger, Nationalautoren und Weltbürger im Ereignisraum von Weimar und Jena um 1800*, in: Gonthier-Louis Fink/Andreas Klinger (Hgg.), Identitäten. Erfahrungen und Fiktionen um 1800, Frankfurt a. M. u. a. 2004, S. 155–200.
18 Beispielsweise Christoph Martin Wieland, *Das Geheimniß des Kosmopoliten-Ordens* (Teutscher Merkur 1788), in: Wieland's Werke, hg. v. Heinrich Düntzer, Berlin 1879/80, 33. Teil, S. 172.
19 Vgl. Edward Young, *Conjectures on Original Composition*, London 1759 (dt. Leipzig 1760).

Sampson (1755) war soeben im Gespräch mit ihrer Nebenbuhlerin die Titelheldin in eine kleine Ohnmacht gefallen. Wieder zu sich gekommen (V/1), erwartet sie ihren Liebhaber, als ihr im Gespräch mit ihrem Mädchen ein „Ach!" entfährt. Darauf das Mädchen: „Was für ein Ach, Miß? Was für Zuckungen? –"[20] Sara beruhigt sie und sagt, es sei vorbei. Dieses „Ach" ist so bedeutsam, weil es an dieser Stelle von der Person kommt, die nicht weiß, was in ihr vorgeht. Selbstverständlich weiß die Schauspielerin, worum es geht. Aber sie muss es so spielen, als sei es belanglos. Gerade in das Trauerspiel hält damit ein hochgradiger Naturalismus Einzug, mit dem Lessing, der Anthropologe, die klassische Tragödie revolutioniert. Jene Divergenz von Rolle und Schauspielerin rührt daher, dass die Nebenbuhlerin in der Ohnmachtsszene statt des Kordialpulvers, eines Herzstärkungsmittels, ein Giftpulver hinterlegt hat. Sara ist, ohne dass irgendeiner zu diesem Zeitpunkt außer der Täterin davon weiß, vergiftet. Erst neun Szenen später klärt ein Zettel darüber auf (V/10).[21] Mit seiner Tragödienprosa[22] schafft Lessing ein neues Ausdrucksmittel, dessen häusliche Handlung in hohem Maße dem Ideal der Natürlichkeit angenähert wird – so weit nämlich, dass ein Ausruf wie jenes „Ach!" bereits etwas zum Ausdruck bringt, was körpersprachlich eine Reaktion verrät, deren Auflösung erst später erfolgt. Man ahnt, welch völlig neue Bahn der Autor dem neuen deutschen Drama damit gebrochen hat.

Von hier, von Saras Todesprozess auf der Bühne, ist es nur ein vergleichsweise kurzer Schritt zu dem in Ohnmacht fallenden und von da an dem Tod geweihten Gretchen im *Faust*. Ihr Bruder Valentin wurde soeben zur Strecke gebracht. Sein „O weh!"[23] hat auf Fausts durch Mephistopheles geführten Stoß reagiert. Die folgende Domszene ist mit dem „Dies irae" bereits ein Requiem, in dem der Böse Geist, ein objektiviertes, personifiziertes Gewissen, Gretchen so bedrängt, dass sie mit dem Ruf: „Nachbarin! Euer Fläschchen!"[24] in Ohnmacht und dann schon gleich auch in Umnachtung fällt. Selbst in die diskolaute sinnesverwirrende Walpurgisnacht und in den revuegeprägten Walpurgisnachtstraum drängen sich die Albtraumbilder, so dass in dieser schwarzen „Messe" (v. 4115) ein einzig messerrückenschmales „rothes Schnürchen" (v. 4204) an Gretchens Hals aufscheint. Dann liegen nur noch zwei Kurzszenen vor dem Kerker der Todgeweihten. Und simultan haben sich im Hintergrund, auch außerhalb der Bühne Teil des Stückes, nach dem Brudermord der Muttermord und Kindsmord vollzogen. Angesichts des mehr oder weniger naturalistisch veranschaulichbaren Elends lässt sich Fausts vorletzter Ausruf fast überhören. Zuletzt wünscht er Margarete: „Du sollst leben!" (v. 4604). Zuvor aber ist er noch ganz selbstbezogen: „O wär' ich nie geboren!" (v. 4596).

---

20 Lessings Werke. Vollständige Ausgabe in fünfundzwanzig Teilen, hg. v. Julius Petersen u. Waldemar von Olshausen, Berlin u. a. 1925, Tl. 1, S. 289.
21 Ebd., S. 298.
22 Hugh Barr Nisbet, *Lessing. Eine Biographie*, München 2008, S. 276.
23 Goethes Werke. Weimarer Ausgabe, Weimar 1887–1919 (fortan WA): WA I, 14, S. 188: v. 3711.
24 WA I, 14, S. 194: v. 3834.

Das Laboratorium „Literatur" bringt uns in drastischem Naturalismus auf Augenhöhe mit dem Tragödiengeschehen. Wie allerdings an der Szene „Dom" mit ihrem „Dies irae" erkennbar, ist die menschliche Tragödie Gretchens, also das Milieu der kleinen Welt, genauso in Heils- und Unheilsgeschehen hineingestellt wie dann die große Welt von *Faust II*, wo in der Refraktion der Bergschluchtenszene eine der Büßerinnen, „sonst Gretchen genannt", die Rückkehr des „früh Geliebte[n]" erwartet (v. 12073). In diesem Kontext ist auch ein Blick auf die „Laboratorium"-Szene zu werfen,[25] die im *Faust II* einen Gegenentwurf zu den bisherigen Beobachtungen bietet. Denn in der Szene geht es nicht um Natur, sondern um Künstlichkeit. Gegenstand ist die Menschenproduktion. Und es scheint, als solle man aufgrund der Entgegensetzung ein umso klareres Bild von der Natur bekommen: eine Verdeutlichung im Kontrast. Dieses „Laboratorium" ist im Sinne des Mittelalters ausgestattet mit weitläufigen unbehülflichen Apparaten zu „phantastischen Zwecken". Seine Phantastik liegt der Empirie gegenüber und eröffnet den Kunstraum eines Alchymisten, ein Gegenstück auch, wie man meinen könnte, zum Laboratorium „Literatur". In Wirklichkeit aber sehen wir, wie dieses Laboratorium ein Versuchsraum für Phantasie *und* Erfahrung ist. Während die Aufklärer auch aus Erfahrung darzutun wissen, dass Natur keine Sprünge macht, setzen sie sich in ihren Phantasien sehr wohl darüber hinweg.

„Es wird ein Mensch gemacht" (v. 6835), heißt es im „Laboratorium". Der Traditionalist Mephistopheles denkt gleich an ein „verliebtes Paar" (v. 6836), doch Wagner tut die alte Mode des Zeugens als „eitel Possen" ab (v. 6838 f.). Der höhere Ursprung verlange die besondere Mischung, gegenüber dem Organisierten das Kristallisierte, ein „Krystallisirtes Menschenvolk" (v. 6864), als sei es unter dem Blick der Gorgo-Medusa versteinert. „Was künstlich ist, verlangt geschloss'nen Raum." (v. 6884) Im Hermetismus des alchymistischen Kabinetts und der Phiole wird die Künstlichkeit des Homunkulus beschworen. Dieser „Phantast" (v. 6922) imaginiert im Folgenden die auch klassisch sein sollenden romantischen Gespenster (v. 6946 f.) der „Classischen Walpurgisnacht" und ihrer „klassisch-romantischen Phantasmagorie".[26] Bemerkenswerterweise kommt diese Szene zwischen Wagner, Mephistopheles und Homunkulus ganz ohne Faust aus. Dem bauchrednerischen Homunkulus sind Entwicklung und Metamorphose versagt. Damit hat er nicht teil am Leben der Natur. Vielmehr liegt er präbiotisch-chemisch[27] als kristallines Gebilde der organischen Welt gegenüber.[28] Im Augenblick, da Homunkulus an Galatheens Muschelwagen zerschellt, sind Milliarden Jahre zwischen präelementarer Urmaterie und evolutionärer Hochentwicklung vorüber, und vor uns steht, wie es der harte Schnitt von Zweitem zu Drittem Akt im *Faust II* will, der Gipfel an Gestaltschönheit, nämlich Helena (v. 8488). Von ihr bringt Faust bereits

---

25 WA I, 15.1, S. 101–109.
26 Vgl. Albrecht Schöne (Hg.), *Johann Wolfgang Goethe. Faust. Kommentare*, in: Sämtliche Werke, Bd. 7/2. Frankfurt a. M. 1994, S. 519–533 sowie 515 f. u. 580 ff.
27 Ebd., S. 532.
28 Ebd., S. 506.

aus dem Labor der Hexenküche eine Vorahnung mit, da seine Verjüngung dazu führt, dass er Helenen in jedem Weibe sieht (v. 2604). Jetzt aber wird er mit ihr selbst ein Paar, aus dem Euphorion entspringt. Wir sehen, im Laboratorium „Literatur" ist alles möglich, sogar die phantastische Karikatur eines der Naturbeobachtung gegenüberliegenden Laboratoriums.

Wem sollte so eine Kontrafaktur besser gelingen als einem Autor, der nicht nur Phantasie und Erfahrung[29] mit klarer Urteilskraft[30] auseinander zu halten weiß, sondern empirisch auch die Morphologie und Metamorphose sich mit ihrer natürlichen Spiraltendenz aus unablässiger Beobachtung zu eigen zu machen versteht. Gemäß Popes Postulat bleibt den Dichtern und Schriftstellern der Ersten Moderne nichts Menschliches fremd. Anthropologie und Erfahrungsseelenkunde machen zunehmend weiße Flecken auf den Landkarten des Körpers und der Seele bewusst, wie die Erdvermessung und Himmelsbeobachtung zusehends weiße Flecken auf den Karten tilgen oder schwarze Löcher entdecken. Die Komposita mit Welt wie „Weltliteratur", „Weltkultur", „Welttheater" veranschaulichen, dass sich das Laboratorium „Literatur" Räume zu schaffen vermag, die kaum mehr Grenzen kennen, am wenigsten nationale. Historischen Extremgestalten wie Cagliostro, Casanova oder De Sade sind die literarischen Extremgestalten wie Groß-Cophta, Don Giovanni oder Faust gegenüberzustellen. Während wir aber die historischen Gestalten vor dem Hintergrund ihres Zeitalters aufsuchen, ist die Zeit der Miß Sara Sampson, von Gretchen oder von Faust und Helena das Jetzt, der „transitorische Augenblick"[31] auf der Bühne und ihren medialen Weiterungen.

Um es zuzuspitzen: Nichts vergegenwärtigt in solchem Ausmaß wie die Künste. Weil aber zugleich die Werke der Dichtung, wie Horaz sagt, dauerhafter als Erz sind,[32] erkennen wir, dass es vor allem die Künstler sind, die ihre Vergegenwärtigungen vergleichsweise dauerhaft anlegen. Kein Fürst des 18. Jahrhunderts hat sich nach dem Vorbild von Fürst Alphons in Ferrara, dem Tasso sein *Befreites Jerusalem* gewidmet hat,[33] mit solchem Ruhm umgeben wie Herzogin Anna Amalia und ihr Sohn, Herzog Carl August von Sachsen-Weimar und Eisenach.[34] Selbstverständlich wird vielfach die historische, politische, soziale Wirklichkeit mit erinnert, wenn wir die aus ihr stammenden Werke uns vornehmen. Demgegenüber müssen wir uns aber bewusst halten, in welchem Ausmaß das Phänomen der Vergegenwärtigung in den Kunstwerken selbst zutage tritt. Deshalb bleibt zu betonen: die Zeit des Bühnenspiels, ganz gleich zu welcher Zeit es spielt – im *Faust II* etwa am Kaiserhof, auf der mittelalterlichen Burg, in der Vorzeit oder in der Antike –, ist das

---

29 Vgl. Klaus Oettinger, Phantasie und Erfahrung. Studien zur Erzählpoetik Christoph Martin Wielands, München 1970.
30 Immanuel Kant, *Kritik der Urteilskraft*, Berlin 1790.
31 Lessing, *Laokoon* (1766), III, in: Lessings Werke, Tl. 4, S. 303–306.
32 Horaz, *Oden* 3, 30, 1.
33 Vgl. Goethe, *Torquato Tasso* I/3: WA I, 10, S. 120–128.
34 Wielands übertragene Briefe des Horaz (1782) sind dem Herzog Carl August, Goethes Winckelmann-Buch der Herzoginwitwe Anna Amalia (1805) und die Farbenlehre Herzogin Luise (1808) sowie Schillers Rheinische Thalia (1785) dem Herzog Carl August gewidmet.

Jetzt. Der transitorische Augenblick der wahrzunehmenden Bühnenhandlung ereignet sich vor den Augen des Zuschauers. Nicht anders verhält es sich auf der inneren Bühne des Gedicht- oder Romanlesers.

Die Situation adressierter Literatur wurde im 20. Jahrhundert noch einmal von Ossip Mandelstamm (1891–1938) oder Paul Celan (1920–1970) im Bild der „Flaschenpost" forciert.[35] Das ist die Möglichkeit von Schiffbrüchigen, die in der Hoffnung, dass ihre Kunde, wie Celan es ausdrückt, an „Herzland" gespült werde, noch von ihrem Untergang Nachricht geben.[36] Aber es ist auch eine andere Bestimmung des Textes, die Celan seinen Gedichten zuteil werden lässt und die über die Gegenwart des Textes hinaus dessen Aktualität benennt. Diese Qualität erwächst aus der Beobachtung des Dichters, dass sein Gedicht ja „spricht".[37] Es ist „aktualisierte Sprache", der eine bemerkenswerte „Individuation" zugrunde liegt.[38] Das Gedicht ist demnach gestaltgewordene Sprache eines Einzelnen – „und seinem innersten Wesen nach Gegenwart und Präsenz".[39] Das Gedicht suche einen Weg zu einem Gegenüber: „Es sucht es auf, es spricht sich ihm zu."[40] Von da aus kann es, entsprechend aufgenommen, Gespräch werden. Da kann sich ein „Geheimnis der Begegnung" ereignen, wo die im Gedicht aktualisierte Sprache jemanden anspricht. Das sind Formulierungen aus Celans Büchnerpreisrede *Der Meridian* (1960), die in der Individuation des Gedichtes eine aktualisierte Sprache setzen, deren Gestus ein unmittelbares Ansprechen ist. Diesen unmittelbaren Redegestus führen übrigens sogar – „ihr kleinen Gesellen" – die *Xenien* (1796/97) schon mit.[41]

Wenn die großen Autoren des 18. Jahrhunderts sich darin treffen, komplementär den Geist verkörpern und den Körper beseelen zu wollen,[42] erkennen wir im Rückblick genau den Aspekt der Aktualisierung, dessen oberstes Ziel Verlebendigung ist. Deren Lebendigkeit, Schillers „Anfrischen" nahe, ist so ziemlich das Gegenteil dessen, was sich mit der unorganischen Starre des Homunkulus verbindet. Vielmehr lautet dafür das dem Stürmer und Dränger Lenz unterlegte Programm, das auch Celan in seiner Büchnerpreisrede zitiert: nicht das Kunstschöne oder

---

35 Paul Celan, *Ansprache anläßlich der Entgegennahme des Literaturpreises der Freien Hansestadt Bremen* (1958), in: ders., Gesammelte Werke in fünf Bänden, hg. v. Beda Allemann u. Stefan Reichert u. Mitw. v. Rolf Bücher, Frankfurt a. M. 1983, Bd. 3, S. 186 (fortan GW). Vgl. Paul Celan, *Die Dichtung Ossip Mandelstamms* (1960), in: Ossip Mandelstam, Im Luftgrab. Ein Lesebuch, hg. v. Ralph Dutli, Zürich 1988, S. 69–81.
36 GW 3, S. 186.
37 Paul Celan, *Der Meridian* (1960), GW 3, S. 196.
38 Ebd., S. 197.
39 Ebd., S. 198.
40 Ebd., S. 198.
41 WA I, 5.1, S. 222: 124. „Aufmunterung". Vgl. Klaus Manger, *Deutschland fragt nach Gedichten nicht viel'! Zur kulturellen Zentrierung von Weimar und Jena in der deutschen Republik des lettres*, in: Michael Knoche/Lea Ritter-Santini (Hgg.), Die europäische Republik des lettres in der Zeit der Weimarer Klassik, Göttingen 2007, S. 31–46.
42 Vgl. Wieland, *Briefe an einen jungen Dichter* (1782–84), in: Wieland's Werke, 38. Teil, S. 78. Friedrich Schiller, *Über Anmut und Würde* (1793): NA 20, S. 255. Jean Paul, *Vorschule der Ästhetik* (1804), § 50 und 8, in: Jean Paul, Werke, hg. v. Norbert Miller, München 1963, Bd. 5, S. 184 u. 292.

-hässliche, sondern das Gefühl, dass, was geschaffen sei, Leben habe, „stehe über diesen beiden [eben dem Schönen bzw. Hässlichen] und sei das einzige Kriterium in Kunstsachen".[43] Das weist den verlebendigenden Pygmalion-Mythos[44] als Komplementärmythos zum versteinernden Medusa-Mythos aus und veranschaulicht obendrein, dass es nicht allein um Statuenbelebung, sondern um aktive Teilhabe an der Lebendigkeit von Kunst geht. Dass sich der Leser Schillers etwa plötzlich selbst im Atem der Freiheit weiß, sich von der Großartigkeit einer Architektur wie der Peterskirche erheben lässt, dass der Betrachter von Barnett Newmans Gemälde sich selbst als „Vir heroicus sublimis" erfährt. Oder dass er plötzlich Anteil an der körperlichen Giftwirkung der Miß Sara Sampson nimmt, die mit ihrem „Ach!" aus einem lediglich zu deklamierenden Text heraustritt und jähe schicksalhafte Präsenz gewinnt, desgleichen das in Ohnmacht fallende Gretchen. Im Gegenzug wird die schicksallose, entwicklungslose Künstlichkeit des Homunkulus überdeutlich. Gelegentlich von Joseph Haydns Tod vor zweihundert Jahren heißt es in einer Würdigung, es gehe bei ihm um die epochal neue Qualität des musikalischen Werkes, wobei die Form „vom Gehäuse zum Prozess" werde.[45] Diese prozessuale Qualität von Kunstwerken,[46] die in ihrer aktualisierten und aktualisierenden Sprache begründet liegt, und zwar musikalischer, körperlicher, bildnerischer oder verbaler Sprache, die ein Schweigen mit einschließt, hat in der Dritten Moderne mannigfaltige Impulse aus der Ersten bekommen. Und wenn Pina Bausch (1940–2009) über ihr Welttanztheaterprojekt sagt, sie interessiere nicht, *wie* sich ihre Akteure bewegen, sondern *was* sie bewegt,[47] dann wird die Verlebendigungsdimension autonomer Kunstwerke vollends bedeutsam. Denn sie wird erst im Prozess – hier des Tanzens – überhaupt nur erfahrbar, wie die Musik, wie das Theater, wie das literarische Werk auf der inneren Bühne der Lektüre!

Wir hören aus Schillers längstem Gedicht *Die Künstler* (1787/88), welchen Rang er der Kunst stellvertretend für seine Zeitgenossen zumisst, wenn er von den Künstlern sagt: „Der Menschheit Würde ist in eure Hand gegeben, | bewahret sie!"[48] Dass die Künstler, die Dichter voran, sich gern bildhaft in die Höhe und in die Klarheit schwingen (poeta doctus, vates, Inspiration), weshalb sie bevorzugt Parnaß oder Helikon aufsuchen, weil sie von da den Überblick haben, der allerdings auch einsam macht, ist hier nicht weiterzuverfolgen. Im impliziten Auftrag, wo dem Dichter, wie Novalis sagt, die Sprache „Delphi" und damit orakel- wie rätsellösend ist,[49] oder jeder Ort zu einem offenbarenden oder Unheil preisgeben-

---

43 GW 3, S. 190. Georg Büchner, *Lenz. Studienausgabe,* hg. v. Hubert Gersch, Stuttgart 1984, S. 14.
44 Vgl. Achim Aurnhammer/Dieter Martin (Hgg.), *Mythos Pygmalion. Texte von Ovid bis John Updike,* Leipzig 2003.
45 Ferdinand Zehentreiter, *Der Künstler sei ein seriöser Herr,* in: Frankfurter Allgemeine Zeitung, Nr. 125 vom 2. Juni 2009, S. Z3.
46 Vgl. Wielands *Alceste* in: Wieland's Werke, 29. Teil, S. 5–35, hier III/2, S. 20 f.
47 Pina Bausch in mündlicher Überlieferung aus der Umgebung ihres Tanztheaters *Café Müller* (1978).
48 NA 1, S. 201–214, v. 443 f.
49 *Das Allgemeine Brouillon* (1798/99) in: Novalis, Werke, Tagebücher und Briefe Friedrich von Hardenbergs, Bd. 2: Das philosophisch-theoretische Werk, hg. v. Hans-Joachim Mähl, München 1978, S. 495 (Nr. 122).

den „Patmos" wie bei Hölderlin und Celan wird,[50] zugleich Dichtung mit Wahrheit zu verknüpfen, liegt eine auch soziale Bestimmung. Die bringt Goethes *Zueignung* (1784) zum Ausdruck: „Für andre wächs't in mir das edle Gut".[51] Das gilt, auch wenn es nicht immer in gleichem Maße verantwortungsbewusst beherzigt wird, generell für die universale „Sprache der Phantasie".[52]

Autoren des 18. Jahrhunderts entwickeln einen gewissen Argwohn gegenüber einer eurozentrischen Identität, etwa Montesquieu, Diderot, Rousseau oder Alexander von Humboldt. Marivaux, Wieland, sogar der vermeintlich eurozentrische Schiller experimentieren im außereuropäischen Raum, konkret Addison, Bodmer und Gellert mit *Inkle und Yariko*[53], Wieland mit *Koxkox und Kikequetzel*.[54] Die strukturanaloge Öffnung mythischer Vergleichbarkeit, auch den wissenschaftlichen Zugang dazu, hatte Giambattista Vico (1668–1744) gebahnt.[55] Wenn heute – nach Tarzan – auch die außerirdischen Helden mit Spiderman, Spacecraft oder Robotern einbrechen, wird nur die alte beziehungsweise vertraute Welt phantastisch konsequent erweitert.[56]

Protagonisten, das klang schon an, sind im Laboratorium „Literatur" die Dichter, im Laboratorium Kunst die Künstler, in der Regel nicht, auch wenn es gelegentlich so aussieht, die Lehrstuhlinhaber. Diese Laboratoriumsgedanken sind getragen von der Überzeugung, dass Wissenschaft – beobachtend, klassifizierend, deutend – eine dienende Funktion hat. Was taugen Label, wenn sie unmittelbar in Metadiskurse einmünden und wegführen von den Werken und diese nicht lebendig bleiben? Wie schnell und anhaltend sind die Geisteswissenschaften (wie übrigens vielfach die Naturwissenschaften auch) weg von den Phänomenen! Doch was vermag Kunst? Welche Potentiale schlummern in ihr? Aus welchen Anstrengungen sind ihre Werke oftmals hervorgegangen, ohne dass man diese auf der Rezipientenebene auch nur ahnt? Wie können wir ihnen gerecht werden? Beispielsweise wird vom Ende des Epos geunkt[57] – gewissermaßen ex cathedra, statt dass wir den Dichtergarten daraufhin beobachten, was uns aus ihm entgegen wächst. Wenn ein Autor das will, gibt es in der Dritten Moderne, wie in der Ersten oder davor, auch wieder ein Epos, auch als Versepos. Wirklich tot war es nie, was etwa Hans Mag-

---

50 Friedrich Hölderlin, *Patmos* (1801/02), dagegen Paul Celans *Entwurf einer Landschaft* (1958), GW 1, S. 184. Vgl. Klaus Manger, *Paul Celans poetische Geographie*, in: Joseph P. Strelka (Hg.), Psalm und Hawdalah. Zum Werk Paul Celans. Akten des Internationalen Paul Celan-Kolloquiums, New York/Bern 1987, S. 155–160.
51 WA I, 1, S. 3–7, v. 69.
52 Karl Philipp Moritz, Götterlehre oder Mythologische Dichtungen der Alten (1791), Leipzig ²1972, S. 7.
53 Johann Jakob Bodmer, *Inkel und Yariko*, o. O. 1756. Christian Fürchtegott Gellert, *Inkle und Yariko*, in: Werke, hg. v. Gottfried Honnefelder, Frankfurt a. M. 1979, Bd. 1, S. 42–44.
54 Wieland's Werke, 31. Teil, S. 5–64.
55 Giambattista Vico, *La scienza nuova* (1730/1744), Milano 1977.
56 Vgl. Werner Spies, *Ich Tarzan, du Leser. Brief zur Ausstellung in Paris vom 3. Juli 2009*, in: Frankfurter Allgemeine Zeitung, Nr. 152 vom 4. Juli 2009, S. 33.
57 Vgl. Klaus-Detlef Müller, *Verabschiedung einer Gattung: Wielands Oberon*, in: Euphorion 99 (2005), S. 453–468. Vgl. Bernd Auerochs, Art. *Epos*, in: Metzler Lexikon Literatur. Begriffe und Definitionen, Stuttgart/Weimar ³2007, S. 200–202.

nus Enzensbergers *Untergang der Titanik* (1978), Jizchak Katzenelsons *Großer Gesang vom ausgerotteten Jüdischen Volk* (1944, dt. 1994), der tatsächlich als Flaschenpost auf uns gekommen ist,[58] oder Les Murrays nobelpreisverdächtiges australisches Epos *Fredy Neptune* (1998, dt. 2004) genugsam belegen.

Der immerwährende, stets zu erneuernde Bezug auf die autonomen dichterischen Zeugnisse ist unerlässlich, weshalb wir gehalten sind, die Werke immer wieder aus ihren wissenschaftsgeschichtlich geprägten Schubladen herauszuholen. Das Fach Epos ist nicht leer. Man staunt, was die Aufklärungsforschung der letzten drei, vier Jahrzehnte zustande gebracht hat, nach einer Zeit, in der man gewähnt hatte, der Rationalismus der Aufklärung habe die Welt entzaubert. Damit war es vorbei, als man begann, die sinnlich-sittliche Einheit des ganzen Menschen wieder in den Blick zu nehmen,[59] für die in der Ersten Moderne schon die Komplementärformel von Kopf und Herz stand. Jene „deutsche literarische Revolution", von der Goethe spricht,[60] hat die Autoren einerseits zu Protagonisten im Laboratorium „Literatur", anderseits, mit einem Wort aus Albrecht von Hallers *Alpen* (1729), zu „Schüler[n] der Natur" werden lassen.[61] Das ist bei Popes Perspektivierung auf den Menschen mitzubedenken. Es ist also nicht so, oder sollte wenigstens nicht so sein, dass wie bei den Apothekern in Laurence Sternes *Tristram Shandy* aus vorhandenen Mixturen neue gemacht werden, indem wir Wasser aus einem Gefäß ins andere gießen, und dementsprechend aus alten Büchern neue Bücher abgefüllt werden.[62] Das Laboratorium „Literatur" ist keine Apotheke. Wie die Hervorbringung der Werke ist die gattungsgeschichtliche Entwicklung ein dynamischer Prozess. Selbst die uns heute vertraute Gattungstrias von Epik, Dramatik und Lyrik haben die Autoren im Raum von Weimar und Jena erst Ende des 18. Jahrhunderts, wie Stefan Trappen gezeigt hat,[63] entwickelt und etabliert. Die Phänomene, hier die Dichtungen, liegen *vor* den Klassifikationen. Die Gefahr eines Sammlungsschrankes, dessen Schubladen mit „Rationalismus", „Empfindsamkeit", „Rokoko", „Sturm und Drang", „Klassizismus", „Aufklärung", „Klassik", „Romantik", „Idealismus", „Realismus" beschriftet sind, um das 18. Jahrhundert darin zu verstauen, besteht mit einem Bild aus der Zeit darin, dass man vor lauter Wald keine Bäume mehr sieht.[64] Gottfried Gabriel hat gezeigt, wie das Komplementärvermögen unserer Urteilskraft auf Witz und Scharfsinn angewiesen bleibt, um unterscheiden zu können, wie es Goethes Maxime zum Ausdruck bringt: „Um mich zu retten, be-

---

58 Vgl. Wolf Biermann, *Jizchak Katzenelson, ein Jude*, in: Jizchak Katzenelson, Dos lied vunem ojsgehargetn jidischn volk [...], Köln 1994, S. 7–29, hier S. 8.
59 Vgl. beispielsweise Panajotis Kondylis, *Die Aufklärung im Rahmen des neuzeitlichen Rationalismus*, Stuttgart 1981.
60 Goethe, *Aus meinem Leben. Dichtung und Wahrheit* 3/11: WA I, 28, 68.
61 Albrecht von Haller, *Die Alpen und andere Gedichte*, hg. v. Adalbert Elschenbroich, Stuttgart 1968, S. 4, v. 31.
62 Laurence Sterne, *The Life and Opinions of Tristram Shandy, Gentleman* (1759–1767), V/1.
63 Vgl. Stefan Trappen, *Gattungspoetik. Studien zur Poetik des 16. bis 19. Jahrhunderts und zur Geschichte der triadischen Gattungslehre*, Heidelberg 2001.
64 Vgl. Wieland, *Musarion* (1768), in: Wieland's Werke, 14. Teil, S. 26, v. 767 f.; ders., *Geschichte der Abderiten* (1781), V/2, in: Wieland's Werke, 8. Teil, S. 91.

trachte ich alle Erscheinungen als unabhängig von einander und suche sie gewaltsam zu isoliren; dann betrachte ich sie als Correlate, und sie verbinden sich zu einem entschiedenen Leben. Dieß bezieh' ich vorzüglich auf Natur; aber auch in Bezug auf die neueste um uns her bewegte Weltgeschichte ist diese Betrachtungsweise fruchtbar."[65] Und wir werden gewahr, dass wir von dem ungetümen Möbel des Sammlungsschrankes immer auch wieder auf den Dichtergarten gewiesen sind, der weder *Hortus conclusus* noch nur Paradies ist.

Das Laboratorium „Literatur" hat, wie gesehen, mit dem ganzen Menschen[66] und seiner zu perspektivierenden Stellung im Kosmos zu tun. Das schließt die Beobachtung ein, dass der Mensch alle Wesensstufen des Daseins, des Lebens in sich zusammen fasst. In ihm kommt die „ganze Natur", wie Max Scheler (1874–1928) sagt,[67] zur konzentriertesten Einheit ihres Seins. Wenn Menschwerdung zur Weltoffenheit kraft des Geistes erhebt,[68] so lässt sich aus dem Laboratorium Aufklärung heraus veranschaulichen, dass dieser Impuls auch für die Gemeinschaftswerdung gilt. Darin liegen die Wurzeln für die aus der Weltbürgerlichkeit ableitbare Vorstellung eines Weltgesprächs, damit verbunden von Weltliteratur.[69]

Wie die Einzelwissenschaften auf ihre für eine Spezialbetrachtung zurechtgemachten Gegenstände, blickt die Literaturwissenschaft auf Werke der Literatur. Goethes gar nicht leicht überschaubare Maximen und Reflexionen bieten eine Fülle von bedachten Zugangsweisen der Wissenschaften zu ihren Gegenständen und bedeuten gerade dadurch eine besondere Herausforderung, dass sie betrachtetes Objekt und betrachtendes Subjekt sowie den hinter dem Erkennenwollen liegenden Antrieb mitbedenken. Am deutlichsten kommt das beobachtete Beobachten neben den naturwissenschaftlichen Schriften wohl im literarischen Werk *Die Wahlverwandtschaften* (1809) zum Ausdruck, in dem die naturwissenschaftliche Maxime anschaulich wird: „Ist das ganze Dasein ein ewiges Trennen und Verbinden, so folgt auch, dass die Menschen im Betrachten des ungeheuren Zustandes auch bald trennen, bald verbinden werden."[70]

Die literarischen Werke veranlassen den Literaturwissenschaftler, damit er nicht allzu deutlich hinter die Standards der Autoren zurückfällt, einerseits der „Kompartimentalisierung"[71] zu widerstehen, anderseits einem Konzept von Natio-

---

65 Vgl. Gottfried Gabriel, *Ästhetischer ‚Witz' und logischer ‚Scharfsinn'. Zum Verhältnis von wissenschaftlicher und ästhetischer Weltauffassung*, in: Philosophische Fakultät, Antrittsvorlesungen III. Jena 1999 (Jenaer Universitätsreden, 8), S. 180–201. Goethes Maxime: WA II, 11, S. 127 f. Vgl. auch in Sternes *Tristram Shandy* die nach III/20 eingerückte Vorrede des Verfassers.
66 Vgl. Hans-Jürgen Schings (Hg.), *Der ganze Mensch. Anthropologie und Literatur*, DFG-Symposion 1992, Stuttgart/Weimar 1994.
67 Max Scheler, *Die Stellung des Menschen im Kosmos*, Bern/München [7]1966, S. 16.
68 Ebd., S. 40.
69 Vgl. Wielands (um 1790) und Goethes (1827) Verständnis von Weltliteratur. Vgl. Klaus Manger: Art. *Weltliteratur*, in: Fischer Lexikon Literatur, hg. v. Ulfert Ricklefs, Frankfurt a. M. 1996, Bd. 3, S. 1999–2002.
70 WA II, 11, S. 130.
71 Ernst Tugendhat, *Anthropologie statt Metaphysik*, München 2007, S. 18. Vgl. den Beitrag von Heiner Alwart in diesem Band.

nalliteratur mit Skepsis zu begegnen. Scheler spricht von einer gegenseitigen Durchdringung von „Geist und Drang".[72] Inkarnation einer „Vergeistigung der Drangsale" und der „Verlebendigung des Geistes" ist der ewig transzendierende, ewig sublimierende „Faust".[73] Auch wenn der Faust-Mythos ein deutscher Mythos ist, bleibt er wie Don Juan auf keine Nationalkultur eingrenzbar. Dementsprechend lässt sich auch die Wissenschaft von der Literatur – über Philologie und Literaturgeschichte hinaus – nur auf einem wissenschaftsgeschichtlich umsichtigen und methodisch reflektierten Weg betreiben. Auf ihm bleibt man allerdings gehalten, die literarischen Werke, sprich Quellen, nicht aus dem Blick zu verlieren, weil deren Werk-Poetiken genauso wie die prinzipienwissenschaftlichen Poetiken beide im Blick behalten werden müssen.[74] Für diesen Weg bleibt es eine Binsenweisheit, dass die Phänomene jeder Theoriebildung vorausliegen. Deshalb ist das literaturwissenschaftliche Studium immer zuerst der besonderen Dichtung und danach den aus den konkreten Beobachtungen erst abgeleiteten verallgemeinernden Theorien gewidmet.

Damit sei zum Schluss noch einmal auf zwei Werke zurückgeführt, die das Laboratorium „Literatur" noch in anderer und diesmal stärker geschichtlicher Hinsicht bedeutsam machen. 1779 werden zwei Dramen fertig, Goethes Prosa-*Iphigenie*, die am 6. April uraufgeführt wird und 1787 in der Blankversfassung erscheint, und Lessings *Nathan* in Blankversen, der im Frühjahr an die Subskribenten ausgeliefert wird. Es geht dabei jetzt in Anlehnung an die beobachtete Vergegenwärtigung und Verlebendigung nicht nur um die Aktualität dieser Dramen, obzwar es in der 2008 erschienenen Lessing-Biographie von Hugh Barr Nisbet heißt, der *Nathan* habe in jüngster Zeit, besonders seit 2001, mit dem Wiederaufleben des islamischen Fundamentalismus „erneut Aktualität gewonnen".[75] Wieso erneut? Kommt dem Stück, in dem die Titelfigur berichtet, wie seine gesamte Familie von christlichem Fanatismus ausgerottet worden ist, nicht Daueraktualität zu, weil sich die Vertreter dreier Religionen allen Widrigkeiten zum Trotz dennoch freundschaftlich begegnen und zum Schluss sogar als miteinander verwandt erkennen? Aufgeklärtheit und Toleranz treten darin wie Humanität in Goethes *Iphigenie* zutage. Was aber taugen solche Etiketten, wenn verloren geht, was sich damit verbindet?

Die „verteufelt human[e]" Iphigene,[76] selbst vom Schlachtopferaltar weg gerettet und als Priesterin für zu erneuernde Schlachtopfer zuständig, fügt ihrem Parzenlied, einem Lied im Drama (IV/5), eine Strophe an, die eine autonome Sicht auf die Mordkette der Tradition öffnet. In dieser Schlussstrophe, zugleich Ende des vorletzten Aktes, imaginiert sie Tantalus, den Alten und Ahnherrn ihres Geschlechts, und dieser „schüttelt das Haupt" (v. 1766). Womit ist sein Verneinungs-

---

72 Scheler, *Stellung des Menschen*, S. 92.
73 Ebd., S. 56.
74 Vgl. Klaus Weimar, Art. *Literaturwissenschaft*, in: Reallexikon der deutschen Literaturwissenschaft, Bd. II, S. 485–489.
75 Nisbet, *Lessing*, S. 782.
76 Goethe an Schiller am 19. Januar 1802: WA IV, 16, S. 11.

gestus nicht einverstanden? Jorge Sempruns *Bleiche Mutter, zarte Schwester* (1995) hat mit der darin am Ettersberg aufgetretenen Corona Schröter, Weimars erster Iphigenie,[77] bewusst gemacht, dass, wenn Iphigenie das Land der Griechen mit der Seele sucht (v. 12), sie in Barbarenland spricht. Überall, wo diese Iphigenie auftritt, ist Barbarenland. Das Stück, aus seiner „Klassik"-Schublade herausgenommen, lässt Iphigeniens ganze Empörung über das Verhängnis zutage treten, das über ihrem Geschlecht waltet. Die Schuld soll jeweils auf der jüngsten Generation lasten, weil sie sich ihr vom Vatermord und Muttermord her zuwälzt und durch das Opferritual des Brudermordes fortgesetzt zu werden droht? Von dieser Schuldverkettung macht sich Iphigenie im Zeichen des sein Haupt schüttelnden Tantalus frei. In dieser Sonderstellung liegt auch die Binnenkunstform dieses Liedes im Drama begründet.

Vor dem Hintergrund der Aufklärungstheologie hat Wolfdietrich Rasch 1979 das Drama der Autonomie freigelegt.[78] Dadurch wurde unter dem mythischen Tantalidenfluch die christliche Erbsündenlehre sichtbar. Wer sich davon löst, setzt auf der einen Seite die Bedrohung durch den Geschlechterfluch außer Kraft und auf der anderen Seite die durch das jüngste Gericht. Bei Gretchen ist es der Böse Geist, der sie unter dem Eindruck des gleichfalls das jüngste Gericht androhenden „Dies irae" in Schuldphantasien untergehen lässt. Das lenkt auf heilsgeschichtliche Dimensionen, wie sie bis in die Opern des *Don Giovanni* (1787) oder der *Zauberflöte* (1791) hineinreichen. Wem mit dieser alludierten Heilsgeschichte und der gerissenen Kette der Tradition allerdings die Aktualität solcher Schuldverkettungen erledigt zu sein scheint, sei daran erinnert, dass im Generationenvertrag einer modernen Gesellschaft gleichfalls einiges Potential angelegt ist. Es hat sich nur verdreht. Das vernünftige mosaische Gebot, man solle Vater und Mutter ehren, auf dass man lange lebe im Lande (2 Mos 20,12), hat dadurch einen bemerkenswerten Richtungsstoß erfahren, dass die Erwachsenengeneration sich mittlerweile in großem Stil auf Kosten der Kinder und Kindeskinder einzurichten bequemt. So müssen die Nachfahren das Haupt schütteln, wenn sie bedenken, welche Lasten ihnen zugewälzt werden. Darunter verlangen die schwer verantwortbare Anhäufung von Schulden sowie der maßlose Raubbau an der Natur, auch die unentwickelte Folgenabschätzung ihrer Manipulation nach triftigen Lösungen. Ohne Generationengerechtigkeit kann kein Generationenvertrag Bestand haben.

Gesellschaften sind immer auf Ausgleich von Defiziten im sozialen Handeln angewiesen, insbesondere in einschneidenden Umbruchzeiten. Im Jahrhundert des Mündigwerdens hat das zur Folge, dass die im Laboratorium Aufklärung gleichfalls mündig werdende Literatur ihre Gestalten wohl aus der Umklammerung der Offenbarungsreligion befreit, jedoch deren archetypische Veranlagung bewahrt.

---

77 Vgl. Hans Gerhard Gräf, *Goethe über seine Dichtungen*, II/3: Die dramatischen Dichtungen. Frankfurt a. M. 1906, S. 165 f.: 6. und 12. April sowie 12. Juli 1779, mit Musik von Kapellmeister Wolf. Dazu Eduardo Arroyo/Klaus Michael Grüber/Jorge Semprun, *Bleiche Mutter, zarte Schwester*. Kunstfest Weimar 1995, Szene 3, 6, 13, S. 10, 13 u. 22 f.
78 Wolfdietrich Rasch, Goethes „Iphigenie auf Tauris" als Drama der Autonomie, München 1979.

Faust beispielsweise übersetzt in Goethes Drama nicht nur aus der Bibel, hier aus dem Johannes-Evangelium,[79] sondern das Riesenhafte des *Faust* liegt auch darin begründet, dass es Heilsgeschichte – in Welttheater übersetzt – veranschaulicht. Im „engen Bretterhaus" des Theaterdirektors wird der ganze „Kreis der Schöpfung" ausgeschritten (v. 239 f.): eine immanente Transzendenz.

Für Lessings *Nathan* ist von Belang, inwieweit die drei Religionen von Judentum, Islam und Christentum in ihren Vertretern ihren Anspruch als Offenbarungsreligionen aufrecht erhalten oder ob sie ihn in Richtung natürlicher Religion zu relativieren bereit sind. Ein Zeitgenosse sah im Stück „die bitterste Satire gegen die christliche Religion".[80] Der zentralen Ringparabel zufolge – auch sie, wie das lyrische Parzenlied, ein Beispiel für einen, hier epischen Gattungswechsel im Drama, also Kunst in Kunst, – sind die drei Ringe gleichwertig. Die Parabel gibt keine Antwort darauf, welche die echte bzw. wahre Religion ist.[81] Folgen des Handelns, deshalb ist es in die Umgebung militärischer, religiöser Auseinandersetzungen gelegt, bleiben gefährdet. Das bedeutet: die menschliche Verwandtschaft über religiöse Grenzen hinweg, der ewige Friede,[82] wie in der Schlussszene beschworen, bleiben ein immerhin auf der Bühne realisierter Wunsch.

Am deutlichsten wird Lessing in der erläuternden Komplementärschrift zum *Nathan*: *Die Erziehung des Menschengeschlechts*, die im Jahr 1780 erscheint. § 1 dieser Schrift erklärt programmatisch: „Was die Erziehung bei dem einzeln Menschen ist, ist die Offenbarung bei dem ganzen Menschengeschlechte."[83] Die Erziehungsschrift ist eine Offenbarungsschrift. Lessing verfolgt ein triadisches Schema, das aus einer binären Verbindung eine Unendlichkeit hervorgehen lässt. Quellenkritisch bliebe seitens der aufklärerischen Bibelkritik zu prüfen, inwieweit im 18. Jahrhundert die Apokalypse noch zum Kanon gehört. Denn sie scheint in der *Erziehung des Menschengeschlechts* keine Rolle mehr zu spielen. In einem ersten längeren Anlauf entwirft Lessing kulturmorphologisch eine Kindheit der Menschheit, die er im Judentum erkennt und deren Elementarbuch das Alte Testament bildet (§ 8–52). Mit § 53, in dem es heißt: „Christus kam",[84] wird postuliert, ein besserer Pädagoge müsse kommen und dem Kind das erschöpfte Elementarbuch aus den Händen reißen. D. h. das „Knabenalter" (§ 71), dessen Elementarbuch das Neue Testament bildet, macht insofern die Lehre von der Erbsünde heilbar, als der Mensch fern von Lohn und Strafe auf eine Stufe gelangt, dass er moralischen Gesetzen folgen kann (§ 74). Oder soll, fragt § 81, das menschliche Geschlecht auf die

---

79 Faust I: Studirzimmer, v. 1224–1237: WA I, 14, S. 62 f.
80 Nach Nisbet, *Lessing*, S. 801.
81 Ebd., S. 799.
82 Vgl. zur Diskussion um Kants philosophischen Entwurf „Zum ewigen Frieden" (1795) Anita u. Walter Dietze (Hgg.): *Ewiger Friede? Dokumente einer deutschen Diskussion um 1800*, Leipzig/Weimar 1989.
83 Lessings Werke, Tl. 6, S. 64. Vgl. dazu Martin Keßler, „Dieses Buch von einem protestantischen Frauenzimmer". Eine unbekannte Quelle von Lessings „Erziehung des Menschengeschlechts"?, Göttingen 2009.
84 Ebd., S. 74.

höchsten Stufen der Aufklärung und Reinigkeit des Herzens nie kommen? Lessing zeigt sich gewiss, dass im Erwachsenenalter die „Zeit der Vollendung" (§ 85), die Zeit „eines *neuen ewigen Evangeliums*", zu ergänzen ist: der Vernunft, wie es in den Elementarbüchern des Neuen Bundes versprochen worden ist, kommen werde (§ 86). Vorausgesetzt für dieses dritte Zeitalter (§ 89) allerdings wird, dass der Neue Bund ebenso „*antiquieret*" werde,[85] als es der Alte geworden. Diese Historisierung des Neuen Testaments verlangt die Preisgabe der Apokalypse, die schon gar nicht mehr vorkommt. Aus dieser pointiert neu gefassten Traditionsbewusstheit erwächst die Schlussfrage, mit der das aus dem sinnlichen Juden und geistigen Christen neu verlebendigte Ich fragt: „Ist nicht die ganze Ewigkeit mein?" (§§ 93 und 100).[86]

Aus Lessings triadischer Konstruktion die Dritte Moderne abzuleiten, wäre trotz kulturmorphologischer Strukturanalogien zu einfach. Aber aus dem geschlossenen System der Heilsgeschichte mit Schöpfung, Tod und Auferstehung sowie Jüngstem Gericht führt sie heraus, auch über die Unheilsgeschichte des 20. Jahrhunderts hinaus. Diese Mündigkeit – drei Jahre vor der Aufklärungsdebatte in der *Berlinischen Monatsschrift*[87] – wertet die Tradition nicht ab, sondern überführt sie in unser Gedächtnis. Die Immanenz tritt an die Stelle der Transzendenz.[88] „Die Weltgeschichte ist das Weltgericht", heißt das bei Schiller.[89] In dieser Perspektive erhebt sich die bedeutsame Frage, wie „die Zeit eines *neuen ewigen Evangeliums*", vor allem wenn sie von der „Vervollkommnungsfähigkeit" des Menschen ihren Ausgang nimmt,[90] in den Universalsprachen von Weltmusik, Weltliteratur, Welttheater, Ballett, Grafitti bzw. Muralismo, Rap und Hiphop aussehen wird. In der vermeintlich grenzenlosen Freiheit der *Systemöffnungen* gerät der Rapper Curse (geb. 1978) ganz in den Bann der Aufklärung, wenn er das große Gefühl von Freiheit und großen Erwartungen mit großer Verantwortung konfrontiert: „Freiheit heißt es macht manchmal auch Sinn | Dass meine Freiheit da enden muss, Wo die Freiheit eines Anderen beginnt".[91] In Ergänzung zu Paul Klees (1879–1940) Wort: Kunst gebe nicht das Sichtbare wieder, sondern mache sichtbar,[92] ist für die Aktualisierbarkeit zu sagen: Kunst gibt nicht das Leben wieder, sondern macht – mit welchen Mitteln auch immer von neuem anfrischend – lebendig. Es gibt ein Leben ohne Literatur, aber, wie spätestens seit dem anthropologischen Aufklärungsjahrhundert bewusst geworden sein dürfte, keine Literatur und auch keine Wissenschaft ohne Leben. Wird da ein Mensch gemacht? Oder Leben gedoubelt? Der

---

85 Ebd., S. 81, § 88.
86 Ebd., S. 82 f.
87 Vgl. Kant, Erhard, Hamann, Herder, Lessing, Mendelssohn, Riem, Schiller, Wieland, *Was ist Aufklärung: Thesen und Definitionen*, hg. v. Erhard Bahr, Stuttgart 1998.
88 Vgl. Nisbet, *Lessing*, S. 749.
89 *Resignation* (1786), v. 95: NA 1, S. 166–169.
90 Christoph Wilhelm Hufeland, *Die Kunst das menschliche Leben zu verlängern*, Wien/Prag 1797 (ND Hamburg o. J.), Tl. 2, S. 234.
91 Curse: *Freiheit*. Premium-Blend Music Productions GmbH, 2008, Booklet, 02.
92 Paul Klee, *Schöpferische Konfession*, Berlin 1920.

methodische Untertitel auf Goethes naturwissenschaftlichen Heften wirkt wie eine Konfession: „Erfahrung, Betrachtung, Folgerung, durch Lebensereignisse verbunden."[93] Wie im wissenschaftlichen Fokus das Leben, liegt im literarisch-künstlerischen die Lebendigkeit.

---

93 Johann Wolfgang von Goethe, *Zur Naturwissenschaft überhaupt, besonders zur Morphologie*, [...], 2 Reihen, Heft 1–6, Stuttgart/Tübingen 1817–1824. Vgl. Stefan Blechschmidt, *Goethes lebendiges Archiv. Mensch – Morphologie – Geschichte*, Heidelberg 2009.

Heiner Alwart

Begriffe des Rechts

I. Gegenstand und Struktur der Abhandlung

Mit dem Thema „Begriffe des Rechts" ist nicht gemeint, dass Einzelbegriffe innerhalb des Rechts, z. B. juristische Fachtermini, zum Gegenstand von Gedankenexperimenten gemacht werden sollen. Es geht hier also nicht um „Vertrag", „Sachmangel", „Strafe", „Vermögensschaden", „Vorsatz" usw., obwohl solche Wörter durchaus mit Grundbegriffen verbunden sind, zu denen nicht nur der Experte etwas zu sagen weiß, sondern vor allem auch der Philosoph und darüber hinaus jeder, der ein entsprechendes Erkenntnisinteresse entwickelt und dem es gelingt, einen Zugang zu diesen oder ähnlichen Teilbereichen des Rechts zu gewinnen.[1]

Das Ziel der folgenden Überlegungen reicht weiter. So interessant inhaltliche Herleitungen zu den genannten Wörtern und den einschlägigen Sachfragen vielleicht wären, so bilden sie doch nicht den Gegenstand der vorliegenden Abhandlung. Experimentiert werden soll vielmehr mit dem Rechtsbegriff selbst, d.h. mit der Antwort auf die Frage, was das Recht überhaupt ist. Es geht um nicht weniger als um das Ganze des Rechts, ein Ganzes, das nicht mit der Summe seiner Teilbereiche oder Teilbegriffe identisch ist, sondern das auf alle seine Teile hin ausstrahlt. Damit ist kein überirdisches, praxisfernes Geheimnis gemeint, kein Natur- oder Vernunftrecht, auf das wir leichthin vertrauen und das wir beispielsweise mit wesensphilosophischen Mitteln enträtseln könnten. Auch das „Ganze des Rechts" muss – frei von Spekulationen – aus der gemeinsamen Erfahrungswelt heraus mühsam ausdifferenziert und zur Geltung gebracht werden, nicht zuletzt im Nachvollzug eines seinerseits variablen Bedeutungshorizonts. Anders jedenfalls dürfte ein aufgeklärtes Credo als Ausgangspunkt heute nicht lauten.

Bevor im *Laboratorium Aufklärung* aber mit dem Rechtsbegriff oder mit Begriffen des Rechts Experimente durchgeführt werden können, muss die Versuchsanordnung erläutert werden. Dem ist der folgende, für ein Verständnis von Grund auf durchaus zentrale Abschnitt II gewidmet. Dort wird namentlich der methodische Ansatz näher entwickelt und der Boden für die gemeinte begriffliche Explikation bereitet. Zum damit in Anspruch genommenen protojuristischen Ausgangspunkt gehört auch eine bestimmte Phasentheorie der Moderne, die freilich alle Beiträge des vorliegenden Sammelbandes verknüpft und daher an dieser Stelle nicht ausführlich dargelegt wird.

Abschnitt III leitet zu Strukturvergleichen mit Blick auf die einzelnen Phasen der Moderne im thematischen Zusammenhang der Abhandlung über. Der beson-

---

[1] Olaf Breidbach verdanke ich den Anstoß zu einer Umgestaltung der ursprünglichen Textfassung. Frau ref. iur. Nicole Geisler hat mir mit wertvollen Einzelkommentaren geholfen.

dere Kunstgriff besteht nun darin, dass die Konventionen der Philosophiegeschichte unberücksichtigt bleiben und stattdessen exemplarisch auf den Prüfstand gestellte Gegenwartsautoren gleichsam in die Vergangenheit „zurückversetzt" werden (Abschnitte IV bis VI). Ein Laboratorium macht erst dann richtig Spaß, zumal wenn der Spaß Methode hat, wenn in Konfrontation mit zunächst nur historischen Orgelklängen von Freiheit und Vernunft und im Ringen um Authentizität ein gewisses Chaos gewagt wird. Man sollte sich um einer lebendigen Zukunft willen nicht davor fürchten, mit Traditionen auch einmal zu brechen.

In Abschnitt VII wird vollends der Grund gelegt für die Herausbildung einer neuen Rechtslehre in programmatischer Auseinandersetzung mit der Gipfelkultur des langen 18. Jahrhunderts. Die zersplitterten Gesellschaften der Gegenwart bedürfen der Reflexion auf das Ganze des Rechts und die Rolle von Moral. Ein Vorschein von dem, was möglich ist, kann nicht zuletzt durch analytisches Bemühen und philosophisches Denken hervorgebracht werden. Als unexakte oder überpointierte Kurzformel dürfte sich das Mögliche dabei kaum zeigen. Insofern ist vor Illusionen zu warnen.

II. Der protojuristische Ausgangspunkt

Es ist merkwürdig, dass Groß-Gegenstände, die sich nur aus einem beunruhigenden Problemgefühl und dann aus der Suche nach einer für das Selbstverständnis überaus bedeutsamen Frage, nach einer Grundfrage also, ergeben können, heute an allgemeinem Interesse verloren oder, wie man in einem Wissenschafts- und Universitätsbetrieb, der wie alles von ökonomischem Denken dominiert wird, inzwischen zu formulieren pflegt, keine Konjunktur haben. Für diese Erscheinung drängt sich ein ganzes Bündel von Erklärungen auf, die freilich allesamt etwas miteinander zu tun haben. So beklagt Ernst Tugendhat völlig zu Recht die „Kompartimentalisierung der Philosophie".[2] Er wirft einem Denken „ohne zentrale Thematik" unverblümt einen „Verrat an dem, was Philosophie ursprünglich sein wollte", vor. Die tieferen Ursachen dafür, dass der genuin philosophische Impetus weithin erloschen ist, werden sich weiter unten in diesem Abschnitt andeuten. Die entscheidenden Fragen müssen dann aber am Ende lauten: Wie wird ein einmal erloschenes Feuer, wie wird emphatischer Zauber wieder entfacht? Wie lässt sich das machen? Wie könnten geeignete Ansätze aussehen? Darauf wird also viel später zurückzukommen sein.

Ein unengagiertes Geflüster ohne ein unter den Nägeln brennendes Thema führt oftmals dazu, dass mit mehr oder weniger beliebigen Versatzstücken aus der Mottenkiste gespielt wird, anstatt zu versuchen, das Recht als solches in den Blick zu nehmen und dabei die Evolution der Moderne dezidiert ins Spiel zu bringen. Es kommt also darauf an, den Begriff des Rechts in den Fokus von „Aufklärungsphi-

---

2 Ernst Tugendhat, *Anthropologie statt Metaphysik*, München 2007, S. 18.

losophie" zu stellen, die nicht als eine überholte historische Kategorie missverstanden und abgetan werden darf.

Tugendhats These von der Kompartimentalisierung oder – wie man den Vorwurf vielleicht auch auf den Punkt bringen kann – von der brutalen Zerstückelung sinnvollen philosophischen Fragens zugunsten selbstgenügsamer Spezialdisziplinen mit künstlich abgezirkelten Fragestellungen, die jeweils ihre „eigene Vernunft" behaupten,[3] hat bemerkenswerte Entsprechungen, die zur Glaubhaftigkeit dieser These und zu ihrer Überzeugungskraft erheblich beitragen. Da ist zum einen eine mehr äußerliche Entsprechung. Bekanntlich schreckt man in der heutigen Wissenschaftskultur vor der Praxis des *Copy and Paste* nicht zurück. Jemand gibt sich als Autor eines Textes aus und hat doch in Wahrheit nichts anderes getan, als bereits vorhandenes Material zu zerschneiden, was ja gerade am Computer ein Kinderspiel ist, dann die Bruchstücke neu zusammen zu fügen und dadurch den Leser an der Nase herum zu führen. Ein solches *Copy and Paste* muss heutzutage als systemkonform gelten, wodurch der eben angedeutete Täuschungsaspekt selbstverständlich wieder relativiert wird. Ebenso erscheint fast unwichtig, von wem das ursprüngliche Material stammt – vom „Autor" oder, unter Umständen auch nur zum Teil, von einem kopierten Dritten. Denn wenn aus der Not der Gleichgültigkeit und Beliebigkeit eine kulturelle Tugend wird, dann denaturiert das Plagiat allenfalls zur lässlichen Sünde.

Eine bedeutsamere Entsprechung zum Gedanken der Kompartimentalisierung als den collagierten Pseudotext kann man, zum anderen, etwa in Charles Taylors These von der Fragmentierung oder Atomisierung der Gesellschaft finden. Wendet sich also Tugendhat gegen Kompartimentalisierung und Verrat im philosophischen Denken, so warnt Taylor vor der Destruktivität einer „Gesellschaft, deren Angehörigen es immer schwerer fällt, sich mit ihrer politischen Gesellschaft als einer Gemeinschaft zu identifizieren".[4] Nicht im Despotismus traditioneller Gestalt erkennt Taylor eine gegenwärtige politische Gefahr, sondern darin, dass „ein Volk immer weniger imstande ist, sich einen gemeinsamen Zweck zu setzen und diesen zu erfüllen"[5], und darin, dass das „Gefühl der Zugehörigkeit zu einem Kollektiv […] überhaupt verkümmert"[6]. Seine Diagnose lautet, dass die Menschen „immer weniger spüren, dass sie durch gemeinsame Vorhaben und Loyalitäten an ihre Mitbürger gebunden sind".[7] Zwar komme es vor, „dass sie sich durch Gemeinschaftsprojekte mit einigen anderen verbunden fühlen, doch dabei handelt es sich

---

3 Ein irreführendes Plädoyer für Isolation und Ausgrenzung in den Wissenschaften hält z. B. Winfried Hassemer, *Grenzen des Wissens im Strafprozess*, in: Zeitschrift für die gesamte Strafrechtswissenschaft 2009, S. 829–859. So leugnet Hassemer die Möglichkeit eines übergreifenden Freiheitsbegriffs (ebd., S. 846 f.) und meint, dass das Strafrecht „sein eigenes Konzept von Freiheit, Verantwortlichkeit und Schuld" habe (ebd., S. 859). Damit sollte sich aber von vornherein niemand zufrieden geben.
4 Charles Taylor, *Das Unbehagen an der Moderne*, Frankfurt a. M. 1995, S. 131.
5 Ebd., S. 125.
6 Ebd., S. 132.
7 Ebd., S. 126.

nicht um die gesamte Gesellschaft, sondern eher um Teilgruppierungen, wie z. B. eine lokale Gemeinschaft, eine ethnische Minderheit, die Anhänger einer bestimmten Religion oder Ideologie, die Vertreter einer speziellen Interessenrichtung".[8]

Taylors Überlegungen fordern zu der für mitteleuropäische Verhältnisse nicht ganz uninteressanten Frage heraus, ob sie in den Ohren der Ostdeutschen nicht vielleicht etwas anders klingen als in denen der Westdeutschen. Auch mag man sich einmal überlegen, ob die Wiederherstellung der deutschen Einheit nach Friedlicher Revolution und Beitritt als längerfristiges Gemeinschaftsprojekt bisher wirklich überall verinnerlicht worden ist[9] – von der konsequenten Fortsetzung des europäischen Einigungsprozesses ganz zu schweigen. Hier bieten sich in Gegenwart und Zukunft Chancen für lebendige demokratische Prozesse. Aber werden die Chancen auch wahrgenommen werden können? Wird es gelingen, die insgesamt zu neutrale Geisteshaltung zu überwinden? Reichen das Verständnis und der Gestaltungswille?

Tugendhats Kompartimentalisierungs- und Taylors Fragmentierungs-These sei abschließend noch eine weitere Entsprechung an die Seite gestellt: Im letzten Band seiner Deutschen Gesellschaftsgeschichte behauptet Hans-Ulrich Wehler, dass es während der letzten Jahrzehnte in den Geistes-, Sozial- und Rechtswissenschaften keine umstürzenden neuen Paradigmata gegeben habe. „Doch in der Biologie und Medizin", so Wehler, „haben sich dank der Genforschung und Gentechnologie neue Dimensionen aufgetan – bis hin zum Klonen von Menschen".[10]

Es würde den Rahmen sprengen, wollte ich versuchen, die von Wehler nur angedeutete – neutral formuliert – „Unbeweglichkeit" der geistes-, sozial- und rechtswissenschaftlichen Paradigmata hier kritisch zuzuspitzen und die gemeinten Denkungsarten, so weit meine Kompetenz reicht, mit guten Gründen für veraltet oder obsolet zu erklären. An dieser Stelle sei lediglich an die fruchtbare Differenzierung zwischen zwei Modernen erinnert, die ebenfalls gut zu Wehlers Feststellung passt: auf der einen Seite die rasante naturwissenschaftliche, technologisch-industrielle Moderne, auf der anderen Seite die mehr oder weniger im Stillstand befindliche, ideen- oder paradigmengeschichtliche Moderne.[11] Eine große Herausforderung für eine gelingende Aufklärung innerhalb der heutigen Gesellschaft besteht darin, beide Modernen, also die erstarrte, langsame, wehrlose einerseits und die überaus schnelle, ungebändigte andererseits, unter einem Dach zu vereinigen. Oder anders ausgedrückt: Wie nur lassen sich die scheinbar völlig disparaten Entwicklungslinien erfolgreich unter einen Hut bringen? Kann man die eine Moderne dadurch abfedern, dass man die andere in Schwung versetzt? Oder auf den Punkt gebracht:

---

8 Ebd.
9 Vgl. zu diesem Thema ansatzweise Heiner Alwart, *Radbruchsche Formel, Rückwirkungsverbot und die Rolle des Bundesverfassungsgerichts*, in: Walter Pauly (Hg.), Wendepunkte – Beiträge zur Rechtsentwicklung der letzten 100 Jahre, Stuttgart 2009, S. 217–227.
10 Hans-Ulrich Wehler, *Deutsche Gesellschaftsgeschichte* (Band 5), München 2008, S. XIV.
11 Die Unterscheidung bezieht sich auf parallel laufende Modernisierungsprozesse, nicht auf einzelne Phasen im zeitlichen Nacheinander.

Lässt sich die Gesellschaft besser steuern, wenn eine neue Grundlegung versucht wird?

Die gedankliche Durchdringung eines Groß-Gegenstandes, das darf als ein kleines Zwischenfazit festgehalten werden, harmoniert nicht mit der Kultur des *Copy and Paste*, also mit einer Text-„Verarbeitung" ohne Kreativität in der Sache, und nicht mit einem Philosophieren, das nicht von einer zentralen Thematik befeuert wird. Demokratien ohne Gemeinschaftsprojekte sowie Geistes- und Sozialwissenschaften ohne kritisch reflektierte Paradigmata sind ebenso wenig geeignet, innovatives Denken zu befördern. Oder umgekehrt: In den genannten Defiziten spiegelt sich ein Verlust elementarer hermeneutischer Kompetenz mangels Übung einfach nur wider. Sie sind allesamt Ausdruck desselben Problems. Die damit aufgezeigten Korrespondenzverhältnisse mögen zwar etwas gewagt erscheinen, sie waren gleichwohl als möglicherweise gravierende Hindernisse für eine spontan wirksame Durchsetzungskraft der folgenden Untersuchungen zum Rechtsbegriff und deren auf Aufklärung gerichteten Intention offen zu legen.

Nunmehr können die Ausführungen zur ursprünglichen Ankündigung am Anfang wieder zurückkehren, dass es um den Rechtsbegriff als solchen, um das Ganze des Rechts und um eine mit dieser auf das Recht bezogenen Theorie- und Begriffsbildung verbundenen, zentralen Thematik gehen soll. Eine Erläuterung des im Titel der Abhandlung gewählten Plurals – „Begriffe des Rechts" – wird noch nachgeliefert. Nach den bisherigen Darlegungen hätte die Überschrift eher genauso lauten können wie der Buchtitel von H. L. A. Hart aus dem Jahre 1961: *The Concept of Law*[12] oder zu Deutsch *Der Begriff des Rechts*[13]. Hart betonte, was im vorliegenden Zusammenhang nicht uninteressant ist, dass sein Buch, das zu einem unbestrittenen Klassiker der neueren Rechtstheorie avancieren sollte, auch als ein „essay in descriptive sociology" betrachtet werden könne.[14]

Den Gegenstand bildet demnach der Rechtsbegriff. Die Suche nach diesem Begriff, nach der Definition dessen, was das Recht ist, darf man sich nicht in der Weise vorstellen, dass verschiedene Rechtsbegriffe, die etwa in der einschlägigen Fachliteratur, gar in Lehrbüchern der Rechtsphilosophie, realiter vorkommen, zur Kenntnis genommen werden, damit dann unter ihnen eine einfache Auswahl, mit gewissen Gründen natürlich, getroffen werden kann. Ein solches Vorgehen kennen die Juristen namentlich aus dem Bereich der alltäglichen Befassung mit Auslegungsproblemen im Rahmen der Gesetzesanwendung und der Falllösung. Beim Rechtsbegriff aber ähnelt die Situation ebenso wenig der eines Gesetzesanwenders, dem mehrere Optionen offen stehen, wie der eines Autokäufers, der sich zwischen verschiedenen Modellen und Verkaufsangeboten letztlich entscheiden muss. Eher schon fühle *ich* mich an die Situation des *Hosen*kaufs erinnert: Ich bin jedenfalls immer froh, wenn ich die stets offenbar einzige Hose im Kaufhaus in der Jenaer „Goethe" finde, die mir in allen vier Himmelsrichtungen tatsächlich passt, ohne

---

12 H. L. A. Hart, *The Concept of Law*, Oxford 1961.
13 H. L. A. Hart, *Der Begriff des Rechts*, Frankfurt a. M. 1973.
14 Hart, *Concept*, S. VII.

dabei aus den Defiziten eine Tugend zu machen. Das soll im übertragenen Sinne natürlich heißen, dass es überhaupt nur *einen* Begriff des Rechts gibt, der diesen Namen verdient, überhaupt nur *eine* Theorie, von der sich mit Fug und Recht sagen lässt, dass sie auf die Realität passt und dass sie die Grundfrage nach dem Recht zutreffend und mit dem notwendigen Engagement für gewisse Veränderungen und gesellschaftliche Identitätsbildung beantwortet. Alles andere, alle Gegenpositionen können keine Begriffe oder Theorien sein. Es handelt sich bei ihnen zwar nicht eigentlich um Irrtümer, aber eben um Missverständnisse. Der Begriff des Rechts, wie er hic et nunc zu explizieren ist, steht solchen Missverständnissen kompromisslos gegenüber.

Das mag zunächst reichlich seltsam klingen. Damit sollen aber keine Definitionssperren errichtet werden. Erhöbe also jemand Einwände gegen den noch zu unterbreitenden begrifflichen Vorschlag, was ja durchaus zu erwarten ist, dann würde die Replik nicht etwa lauten: Du hast schon per definitionem Unrecht. Das Bestreben ist vielmehr, den von Tugendhat beklagten Verrat an der Philosophie schon im Ansatz zu korrigieren und die demotivierende Haltung einer uninteressierten Sachferne endgültig preiszugeben. Obwohl diesem Aspekt eine große Bedeutung zukommt, kann er hier nicht weiter vertieft werden, insbesondere nicht in Hinsicht auf sämtliche methodologischen Implikationen. Nur so viel sei angedeutet: Die auf den ersten Blick seltsam anmutende Gegenüberstellung von Begriff und Missverständnis hängt mit dem zusammen, was ich den protojuristischen Ausgangspunkt der vorliegenden Untersuchungen nennen möchte. Dieser so genannte protojuristische Ausgangspunkt steckt zwar bereits in allem, was bisher hier ausgeführt worden ist, er verdient aber, eigens noch näher erläutert zu werden. Mit ihm hat es folgende Bewandtnis:

Der Begriff des Rechts – gleichbedeutend ließe sich auch von der Theorie oder der Philosophie des Rechts sprechen – wie er für die Gegenwart verstanden werden muss, erfasst das Recht, wie es wirklich ist, und postuliert nicht, wie es um einer gelungenen Machtkontrolle willen – vielleicht – sein sollte. Der Begriff des Rechts zielt nicht darauf, zeitlose ethische Vernunftmaßstäbe durchzubuchstabieren, sondern auf Formung von Rechtsstäben, auf Bildung und Kompetenz also, d.h. vor allem auf eine spezifische Verständnistiefe in den von solchen „Rechtsstäben" vollzogenen Handlungen, sowie auf die demokratische Grundlage der zugleich freiheitssichernden und freiheitsbeschränkenden Ordnung, die aus den aufeinander abgestimmten Aktionsradien dieser zunehmend multizentrisch organisierten Funktionsträger entsteht. Der protojuristische Ausgangspunkt basiert demnach auf einer Betrachtungsweise, die in die alltägliche Welt der Juristen und der kontingenten Gerechtigkeit weit hineinragt. Recht wird durch interdependente Rechtsregime konstituiert. Es entsteht als nicht unkompliziertes Netzwerk. Faktisches Recht und Recht sind dasselbe (wie etwa auch kulturelle Praxis und Kultur dasselbe sind). Das heißt freilich nicht, dass Recht im emphatischen Sinne hermeneutischer Kompetenz und Bildung schon dadurch generiert wird, dass etwas „Recht" genannt wird.

Ein trotz Praxisbezugs naturgemäß immer noch abstrakter Rechtsbegriff, der einzelne, konkrete Rechtshandlungen allenfalls vorkonturieren kann, der also auf der einen Seite Raum für die Gesetzesanwendung qua Sachverstand der juristischen Experten lässt und lassen muss, speist sich auf der anderen Seite aus den allgemein zugänglichen Quellen von Philosophie, Wissenschaft und Lebenswelt. Darum können sich Juristen und Nicht-Juristen über das Thema „Begriff des Rechts" oder „Begriffe des Rechts" überhaupt nur verständigen. Der Anspruch der ins Auge gefassten Rechts- und Gerechtigkeitslehre, sozusagen der Ausgangspunkt des Ausgangspunktes, besteht gerade darin, sowohl für Juristen als auch für Nicht-Juristen relevant zu sein. Ein Rechtsbegriff des philosophischen Wolkenkuckucksheims ohne Bodenhaftung wäre ähnlich sinnlos wie ein nur vordergründig realistisches Herausstreichen einer von bestimmen Funktionsträgern konstituierten politischen Machtordnung ohne programmatische Einfärbungen von Recht und Moral.

Protojuristisches Denken versteht sich, anders als das traditionelle Natur- oder Vernunftrechtsdenken, durch und durch als Bestandteil der empirischen Welt (ohne ihr etwa ausgeliefert zu sein). Zum einen wird die Rechtstheorie dadurch interdisziplinär geöffnet: Jurisprudenz kann nicht auf Paragrafen plus Politik sowie z. B. auf einen einfachen Gedanken wie den der Mehrheitsentscheidung reduziert werden, zumal sich Wissenschaft und Politik öfters ohnehin nicht miteinander vertragen. Zum anderen aber (und das ist nur schwer zu fassen, jedoch sehr wichtig) ermöglicht der protojuristische Denkansatz eine Art Berücksichtigung der vortheoretischen Prämissen: Wir müssen wenigstens versuchen, uns darüber klar zu werden, dass z. B. die historische Situation immer ein Stück weit mitentscheidet, was gedacht und getan wird. Der Kontext ist nicht bloßer Rahmen für ein angebliches Apriori, das sich realiter entfalten und durchsetzen würde. Der Kontext ist also mehr als Kontext und kann doch nicht im Zuge der Theoriebildung von Grund auf in Rechnung gestellt werden. Er ist Teil der Sache selbst und beeinflusst von daher sogar die leitenden Hinsichten und Motive des erkennenden und handelnden Subjekts.

Aus dem damit skizzierten, komplizierten Zusammenspiel wichtiger Faktoren ergibt sich ein Erkenntnisgegenstand mit Namen Recht, Freiheit und Gerechtigkeit, der weit mehr ist als pure Konstruktion und der auf die erfahrungsorientierte Dichotomie „wahr/unwahr" verweist. Man darf vielleicht vorsichtig so formulieren: Es besteht noch nicht unbedingt die Chance, dass sich Wahrheit zeigt; aber es könnte dann und wann immerhin ein ermutigender Wahrheitsverdacht unter Einschluss der mit ihm verbundenen Möglichkeiten aufkommen. Einerseits verliert alles, was seines Kontextes beraubt wird, jedenfalls seinen Sinn. Andererseits kann ein Kontext von sich aus weder Sinn noch Wahrheit hervorbringen.

Der hier aus der Taufe gehobene protojuristische Ansatz des Rechtsdenkens und gewisse methodologische Implikationen dürften fürs Erste hinreichend deutlich geworden sein. Daran hängt selbstverständlich die provokante Gegenüberstellung von dem einen Begriff des Rechts einerseits und den potenziellen vielen Missverständnissen über das Recht andererseits. Eine Vertiefung des Problems müsste das Verhältnis von Historischem und Unhistorischem, also die Beziehung von historischen und systematischen Perspektiven zueinander, einmal grundsätzlich beleuchten. Sie kann nicht beiläufig geschehen und würde im Augenblick zu weit führen.[15] Man wird aber Folgendes festhalten dürfen: Es gilt, das Systematische und das Historische voneinander zu unterscheiden, ohne die beiden Blickwinkel scharf voneinander trennen zu wollen. Historisches und Unhistorisches sind auf rätselhafte Weise ineinander verschlungen. Sie sind in etwa wie zwei Seiten ein und derselben Medaille.

Von daher wird erklärbar, dass man das 21. Jahrhundert z. B. mit dem historischen Zeitalter der Aufklärung kommunizieren lassen kann, ohne letztlich Auskunft darüber zu geben, wo damals der Begriff war und bei wem in jenem 18. Jahrhundert das Missverständnis lag. Genau das jedoch beansprucht die heutige auf das Ganze zielende Begriffs- und Theoriebildung für ihre ureigene Gegenwart. Ob und wie man zwischen verschiedenen Zeiten (unter Umständen kreuz und quer) Brücken bauen kann, ist zugleich ein Kernproblem und ein Leitmotiv der folgenden Untersuchungen, deren weiterer Fortgang nunmehr in einer Überleitung vorgezeichnet wird.[16] Gemessen an manchen, jeweils für ernst genommenen Luftschlössern gibt der bescheidene protojuristische Ausgangspunkt dabei ganz gewiss keinen besonders sicheren Stand. Mehr ist jedoch nicht zu erwarten und die Unsicherheit nach Lage der Dinge bescheiden in Kauf zu nehmen. Es geht um nicht mehr (aber auch um nicht weniger) als um die Durchführung eines Gedankenexperiments im *Laboratorium Aufklärung*.

III. Überleitung: Abbruch von Traditionen und die Phasentheorie der Moderne

Der eingangs bereits erwähnte Kunstgriff soll im Folgenden darin bestehen, dass nicht auf historische Autoren in der zeitlichen Abfolge der Moderne zurückgegriffen wird, sondern dass Gegenwartsautoren exemplarisch auf den Prüfstand gestellt und zugegebenermaßen etwas gewaltsam vergangenen Epochen zugeordnet werden. Wie einem der Altvordere heute zum inspirativen Geist werden kann, so kann einem der Zeitgenosse unter Umständen wie ein Fossil erscheinen. Insofern gehört Jürgen Habermas (Abschnitt IV) der ersten Phase der Moderne an. Seine philosophische Grundorientierung – das nach den Verstrickungen der Nazizeit wieder belebte Urvertrauen in die Vernunft als gegen Korruption immune Wegweiserin im vermeintlich freien Spiel der Kräfte – mag man sympathisch finden oder nicht. Im Kern ist sie jedenfalls mehr ein utopisches Überbleibsel aus dem 18. Jahrhundert und weniger ein gelungener Brückenbau in das 18. Jahrhundert hinein in Umsetzung eines kompromisslosen Aufklärungsinteresses für die Gegenwart.

---

15 Zum oben nur angedeuteten Problem vgl. die differenzierte, freilich andere Akzente setzende Analyse Ernst Tugendhats in *Egozentrizität und Mystik*, München 2003, S. 163–170.
16 Näher zur „Auffächerung der Moderne in drei Phasen" s. Georg Schmidt, *Wandel durch Vernunft*, München 2009, S. 15.

Norbert Hoerster (Abschnitt V) fällt mit seinem jüngst vorgetragenen Rechtsbegriff in die zweite Phase der Moderne zurück. Sein Ansatz passt gut in den nationalstaatlichen Kontext, wie er sich seit dem 19. Jahrhundert herausgebildet hat. Es war dies und ist es vielleicht z. T. immer noch die Zeit der Schließungstendenzen, also der hierarchisch-linearen Verfestigungen, die sich nicht von ungefähr auch mit militärischer Entschlossenheit und Stärke verbunden haben. Die großen Kodifikationen, die heute noch bedeutsamen Verfassungs- und Gesetzgebungen wurden bekanntlich damals auf den Weg gebracht. Das Denkschema von Befehl und Gehorsam wurde durch diese Entwicklungen eher gefestigt als abgeschafft.

Schwieriger einzuordnen ist der englische Rechtstheoretiker Herbert Hart (Abschnitt VI). Mit seinem oben (Abschnitt II) bereits erwähnten Klassiker *The Concept of Law*, der dort dargelegten Spielanalogie und einer deutlichen Zurückweisung des insbesondere nach 1945 eingeschlagenen, überwiegend politisch motivierten deutschen Sonderweges (Radbruch)[17] gelingt es ihm zwar, das erstarrte Rechtsdenken wieder aufzulockern. Indem er aber den Begriff des Rechts von der Regelhaftigkeit der Sprache her beschreibt und nicht den Handlungsbegriff zur Schlüsselkategorie der Rechtsphilosophie erhebt, muss er auf halbem Wege stehen bleiben. Die volle Wegstrecke zurückzulegen hieße demgegenüber, bewusst an pränationalstaatliche Bedingungen anzuknüpfen, sich der Kreativität der ersten Phase der Moderne zu vergewissern sowie die Begriffe Recht, Gerechtigkeit und Freiheit auf die heutige Gestalt amtlich-hoheitlicher, nicht notwendig staatsgebundener und trotzdem demokratisch legitimierter Praxis zu projizieren. Abschließend (Abschnitt VII) soll also versucht werden, einen protojuristischen Zugang für die Erfüllung der gleichermaßen realen wie wichtigen Aufgabe zu finden, den sozialen Zusammenhalt in der Gegenwart nicht nur zu stärken, sondern ohne zivilisatorische Einbußen für die Zukunft entscheidend zu stabilisieren.

Die getroffenen Zuordnungen und als nahe liegend behaupteten Konstellationen sollen dabei helfen, Residualität in einzelnen rechtsphilosophischen Positionen von heute freizulegen. Es geht darum, nicht überwundene Relikte der Vergangenheit, welche die betreffende Position als Missverständnis und nicht als Begriff mit Wahrheitsgehalt erscheinen lassen, freizulegen. Konzepte, die etwa von einer obsolet gewordenen Hintergrundphilosophie abhängen oder von überholten vortheoretischen Prämissen dominiert werden, können einer protojuristischen Kritik nicht standhalten. Sie stehen einer angemessenen Begriffsbildung im Wege. Wenn die historische und die systematische Perspektive, wie oben (am Ende von Abschnitt II) behauptet, ohnehin nicht scharf voneinander getrennt werden können, dann muss man die beiden Perspektiven auch einmal kräftig durcheinander wirbeln dürfen. Ich weiß ja eben nur, was ich heute für richtig halte und warum. Ich weiß nicht, was ich damals für richtig gehalten hätte, wenn ich vor zwei Jahrhun-

---

17 Näher zum Problem dieses „Sonderweges" in: Heiner Alwart, *Radbruchsche Formel*, und in: ders., *Kontingente Gerechtigkeit* (erscheint voraussichtlich im Jahre 2010 in einem Beiheft des Archivs für Rechts- und Sozialphilosophie, das eine im September 2008 in Tübingen durchgeführte Tagung der IVR dokumentieren wird).

derten schon gelebt hätte. Was hätte ich damals gedacht? Wie hätte ich mich ausgedrückt? Ich kann heute jedenfalls nichts für richtig halten, was im Wesentlichen von aus meiner Sicht toten Prämissen lebt.

Die folgenden Überlegungen sind vor dem Hintergrund von Tugendhats Monitum zu verstehen, wonach die zentralen Thematiken von der Philosophie nicht vergessen werden dürfen, sondern, im Gegenteil, mit großer Konzentration befördert werden müssen. Die Untersuchung beansprucht also nicht, den herangezogenen Gegenwartsautoren in vollem Umfang, in allen Dimensionen ihres jeweiligen Werks gerecht zu werden. Sie werden vielmehr – wiederum durchaus etwas gewaltsam – auf die leitende Hinsicht der vorliegenden Abhandlung reduziert, die eben auf das Ganze des Rechts und in diesem Zusammenhang auf die Explikation eines modernen Selbstverständnisses zielt. Trotz der Einschränkung fehlt der Abhandlung, das darf man nicht verschweigen, immer noch ein ganzes Stück an notwendiger Vertiefung. Vieles kann im Folgenden nur angedeutet werden. Immerhin sollte auf den pluralen Titel – „Begriffe des Rechts" – nunmehr einiges Licht gefallen sein. Wird die historische Seite der Medaille gegenüber der systematischen akzentuiert, so darf sich der Plural von den vielen Rechtsbegriffen durchaus wie von selbst einschleichen und die Redeweise vom „Missverständnis" einmal außen vor bleiben. In Wahrheit aber gelten alle rechtsphilosophischen Bemühungen zu jeder Zeit und an jedem Ort nur dem – jeweils – einen maßgeblichen Begriff des Rechts. Die darin verborgene Paradoxie wird wohl kaum je aufgelöst werden können.

IV. Neukonfiguration des kantischen Vernunftbegriffs

Habermas' Rechtsphilosophie ist für ein Denken typisch, das den Begriff des Rechts im Sinne der vorstehenden Überlegungen schon im Ansatz nicht in den Blick bekommen kann. Sie wird dominiert vom traditionellen Programm eines vermeintlich apriorischen Vernunftgebrauchs und dessen uneinlösbaren Verheißungen, so dass sie sich gleichsam im Nirgendwo zwischen Sein und Sollen verfängt, anstatt der Kontingenz von Recht und Gerechtigkeit konsequent Rechnung zu tragen. Habermas will vielleicht zu wenig Jurist sein – eine Bemerkung, die nicht als Ironie missverstanden werden darf – um wenigstens zu einer protojuristischen Perspektive vordringen zu können. Er bleibt trotz allen Bemühens um Modernisierung letzten Endes doch beim Natur- oder Vernunftrechtsdenken und dessen fragwürdig gewordenen Prämissen stehen.

Von daher muss man sich nicht wundern, dass aus der Sicht des Fachphilosophen die ethische Frage nach der „Geltung" gegenüber der nach einer möglichst realitätsgetreuen Beschreibung und Interpretation des Rechts, d.h. gegenüber der Frage danach, wie die „Faktizität" des Rechts zu verstehen (und noch nicht: wie sie zu beurteilen und wertungsmäßig aufzuarbeiten) ist, schließlich doch die Oberhand gewinnt. Wenn Habermas also Rawls entgegenhält, dass sich dieser auf Fragen der Legitimität des Rechts konzentriere, „ohne die Rechtsform als solche und damit die *institutionelle Dimension* des Rechts zu thematisieren"[18], dann fällt dieser Vorwurf insofern auf Habermas selbst zurück, als das originäre Handlungssein des Rechts auch bei ihm im Dunkeln bleibt. Gewiss kleiden sich Macht und Herrschaft in eine „Rechtsform". An der Positivität des Rechts kann heute niemand mehr vorbeisehen. Was aber charakterisiert die „Rechtsform" oder die Rechtsförmigkeit von „Zwang"? Wo sollte man bei der Beantwortung dieser Frage ansetzen? Der Schritt von der Rechtsform zum Recht ist bei Habermas kein Schritt in die Interpretation der Faktizität, sondern in materiale ethische Geltungsfragen hinein. Nicht von ungefähr verspricht Habermas eine „*Diskurstheorie* des Rechts und des demokratischen Rechtsstaats".[19] Die Wirklichkeit oder Positivität des Rechts, die sich selbstverständlich nur dann erschließt, wenn sie anspruchsvoll konstituiert wird, bleibt mehr oder weniger außen vor. Es ist, so gesehen, nur scheinbar widersinnig, dass sich der auf Normativität setzende Diskurstheoretiker Habermas zu einem Protagonisten und nicht zu einem Kritiker des politischen Systems entwickelt hat. Er betrachtet die unverstandene Evolution der Rechtsregime aus sicherem Abstand.

Die damit skizzierte Perspektive spiegelt sich etwa in der These wider, wonach politischer Macht normative Autorität durch die interne Verbindung mit legitimem Recht zuwachse.[20] Dem mag man sogar zustimmen, ebenso wie der Behauptung, dass autonome Moral und das auf Begründung angewiesene positive Recht in einem *Ergänzungsverhältnis* stünden.[21] Ein hermeneutischer Zugang zum Recht selbst lässt sich auf diese Weise jedoch gerade nicht öffnen. Wer demgegenüber „Recht" und „legitimes Recht" konzeptionell nicht gleichsetzt, ist trotzdem nicht dazu gezwungen, Recht auf einen bloßen Machtfaktor zu reduzieren.

Günter Dux legt den Finger auf die Wunde, indem er kritisch anmerkt, dass für Habermas eine normative Vernunft a priori in der Sprache oder Kommunikation angelegt sei.[22] Habermas gibt seinerseits der Kritik am Vernunftfundamentalismus ausdrücklich nur insofern recht, als sie auf „der Nachträglichkeit der philosophischen Reflexion" beharre.[23] Trotz des von ihm verkündeten Programms einer „Detranszendentalisierung des Geistes"[24] bleibt er damit – übrigens weit über das Feld besagter Kommunikation hinaus – auf der Linie einer Vernunftorientierung im

---

18 Jürgen Habermas, *Faktizität und Geltung*, Frankfurt a. M. 1992, S. 88 (Hervorhebung im Original).
19 Vgl. den Untertitel von *Faktizität und Geltung* (Hervorhebung HA). Die von Habermas formulierte *Definition* des Rechtsbegriffs bleibt geradezu enttäuschend konventionell und erinnert an das entsprechende Paradigma der zweiten Phase der Moderne (ebd., S. 106): „Unter ‚Recht' verstehe ich das moderne gesatzte Recht, das mit dem Anspruch auf systematische Begründung sowie verbindliche Interpretation und Durchsetzung auftritt." Vgl. die Erläuterungen im folgenden Abschnitt V.
20 Vgl. ebd., S. 351.
21 Ebd., S. 137 (Hervorhebung im Original).
22 Günter Dux, *Warum denn Gerechtigkeit – Die Logik des Kapitals*, Weilerswist 2008, S. 321. Nicht zuletzt Ernst Tugendhat ließe sich als Kronzeuge für die Notwendigkeit benennen, eine apriorische Verankerung des Vernunftbegriffs aufzugeben und derartige Denktraditionen überhaupt zu kappen.
23 Jürgen Habermas, *Kritik der Vernunft*, Frankfurt a. M. 2009, S. 16 (Einleitung).
24 Ebd., S. 19.

Kantischen Sinne. Vernunft ist nach wie vor Mitgift und Fluchtpunkt. Mit einem solchen residualen Denkschema aber wird man weder den vielschichtigen protojuristischen Erfordernissen noch der Aufgabe gerecht, das Wesentliche a posteriori zuallererst hervorzubringen. Zudem eignet es sich nicht, das komplexe Zusammenspiel ganz unterschiedlich zentrierter (oder um im Bild zu bleiben: nahezu fluchtpunktresistenter) Rechtsregime, deren jeweiliger Ausstrahlung man sich besser zunächst legitimitätsneutral nähert, begreifbar zu machen.

Natürlich drängt sich die Gegenfrage auf, wie eine philosophisch haltbare Konfiguration von Vernunft und Freiheit, Freiheit und Unfreiheit (Bindung) denn auszusehen hätte, eine Konfiguration, deren Verhältnis zu Kant einmal dahingestellt sein mag, die vor allem imstande wäre, aus dem betreffenden, in der Realität verankerten Gegenstandsbereich heraus aufklärerische Substanz für die Gegenwart zu entfalten. Auf diese berechtigte Frage werde ich am Ende noch einmal zurückkommen. Sie führt freilich in ein eigenes Thema und soll hier nicht ausführlich erörtert werden. Nur so viel sei an dieser Stelle festgehalten: Durch erfolgreiche Menschenrechtspolitik und inzwischen unangefochtenen Egalitarismus hat sich die Aufgabe der Rechtsphilosophie verlagert – vom reinen Sollen im 18. Jahrhundert zur affirmativen Interpretation eines krisengeschüttelten Seins im 21. Jahrhundert.

Die erste Phase der Moderne bedient sich eines Apriorismus, der sich bis in die „nachmetaphysische" Philosophie zeitgenössischer Autoren hinein hartnäckig erhalten hat. Die optimistische Einstellung, wonach der Mensch auf dem Boden absoluter Bestandssicherheit etwas auf die Erde und in das Leben mitbringe, über das er nicht verfügen könne („Vernunft") und dessen Verwirklichung ihm, quasi als Werkzeug der Freiheit, aufgegeben sei, führt heute jedoch in die Irre. Der Mensch erscheint nach allem vielmehr unleugbar als derjenige, der von Grund auf für sich selbst und die gefährdete Mitwelt verantwortlich ist. Dieser Herausforderung der Gegenwart darf nicht durch philosophische Konstruktionen mitsamt aus ihnen abgeleiteter weiterer Verfestigungen ausgewichen werden. Die damit freilich nur angedeutete anthropologische Basis hat naturgemäß Auswirkungen auf das Recht und das Rechtsdenken.

V. Das Moses-Modell des Rechts

Die zweite Phase der Moderne nimmt das Thema von seiner anderen Seite her auf. Für sie kondensiert Recht zur ablesbaren Satzung. Danach handelt es sich beim Recht um Menschenwerk oder genauer: um die vom Menschen gesetzte verbindliche Norm, wie sie namentlich in den nationalstaatlichen Kodifikationen des 19. Jahrhunderts zu einem differenzierten Ausdruck gelangt war. Darin bestehe das Sein oder die Positivität des Rechts. Wenn die Überschrift des vorliegenden Abschnitts ein „Moses-Modell des Rechts" verspricht, so besagt das im Übrigen nicht, dass eine göttliche Autorität in den Vordergrund gerückt werden soll. Für die Genese einer Gesetzestafel kann also z. B. ein Offenbarungsgeschehen in Anspruch genommen werden, muss es aber nicht. Wesentlich hingegen erscheint eine bestimmte Struktur, d.h. die Struktur von Befehl und Gehorsam, (Auf-)Forderung und Akzeptanz, bei der jede Tiefendimension des Rechts, d.h. der so wichtige protojuristische Prüfstand, leicht verloren gehen kann, und zwar nicht nur unter der Prämisse, dass die Kette oder Ableitung nicht schon im Jenseits, sondern erst (gewissermaßen: zu spät) beim geborenen Menschen beginnt. Der scheinbare Fortschritt hat also einen hohen Preis.

Norbert Hoerster bedient sich des säkularisierten Moses-Modells, ohne es als solches zu bezeichnen. Für ihn besteht eine Rechtsordnung „aus Normen".[25] Sein Hauptaugenmerk richtet er dabei, stillschweigend anders als früher,[26] auf die den Amtsträgern qua Rechtsnorm erteilten „Anweisungen zur *Setzung* von Zwangsakten".[27] Den Amtsträgern, zumindest zahlreichen Amtsträgern in führenden Positionen, will Hoerster tiefe Akzeptanz und Loyalität hinsichtlich der speziell an sie adressierten Forderungen zuschreiben oder abverlangen.[28] So weit wie Hans Kelsen, der bekanntlich sogar behauptet hat, dass es gar keine Rechtsnorm gebe, die sich an den Bürger richte und von diesem verletzt werden könne, will Hoerster jedoch nicht gehen.[29] Denn eine solche Sichtweise, für die Kelsen argumentiere, lasse die Realität außer Acht. Es sei „dem Staat ja keineswegs gleichgültig", wie sich die Bürger verhalten.[30] Das ändere freilich nichts daran, dass die Akzeptanz der Verfassung durch die Zwangsakte setzenden Amtsträger die letzte normative Basis von Staat und Rechtsordnung sei.[31] Zugleich aber stünden die an die *Bewohner* eines bestimmten Territoriums gerichteten Gebote im Zentrum einer jeden Rechtsordnung.[32] Wie aber will man, so ist demgegenüber kritisch zu fragen, interne Befehlsstrukturen eines Machtapparats, der von unterschiedlichen Hierarchieebenen geprägt wird, und dessen externes Handeln in die Gesellschaft hinein über einen Kamm scheren? Im Übrigen will sich Hoerster nicht mit einer begrifflichen Differenzierung zwischen Recht und Moral begnügen, sondern – insofern noch ganz im Einklang mit der breiten Strömung analytischer Rechtstheorie – die beiden Begriffe getrennt voneinander halten. Hoerster zitiert zustimmend Kelsen mit dem rätselhaften Satz, dass „jeder beliebige Inhalt Recht sein" könne.[33]

Hier ist gut zu sehen, wie die Verabsolutierung des Setzungsgedankens, der im Moses-Modell zu einem bildhaften Ausdruck gelangt und der bekanntlich später

---

25 Norbert Hoerster, *Was ist Recht?*, München 2006, S. 132. Er entwickelt seine Vorstellungen im Wesentlichen in Auseinandersetzung mit der Theorie Hans Kelsens. Darauf repliziert Robert Walter: *Eine neue Theorie des Rechtspositivismus?*, in: Sandra Hotz (Hg.), Recht, Moral und Faktizität. Festschrift für Walter Ott, Zürich/St. Gallen 2008, S. 105–118.
26 Zum Vergleich: Norbert Hoerster, *Grundthesen analytischer Rechtstheorie*, in: Jahrbuch für Rechtssoziologie und Rechtstheorie 2 (1972), S. 115–132.
27 Norbert Hoerster, *Was ist Recht?*, S. 14 (Hervorhebung im Original). Den eigenen Normbegriff präzisierend: Norbert Hoerster, *Hans Kelsens Grundnormlehre kritisch betrachtet*, in: Juristenzeitung 2008, S. 1023–1027, hier S. 1024.
28 Hoerster, *Was ist Recht?*, S. 26.
29 Ebd., S. 14.
30 Ebd., S. 15.
31 Ebd., S. 27.
32 Ebd., S. 11.
33 Ebd., S. 71.

bis zur Rechtsperversion zugespitzt worden ist und die Botschaft der Aufklärung letztlich in ihr Gegenteil verkehrt hat, das rechtsphilosophische Problemfeld bis zur Unkenntlichkeit zerstückelt, anstatt zu einer zentralen, unter den Nägeln brennenden Thematik des Rechts hinzuführen. Macht man sich die gegenwärtige Massenproduktion von Gesetzen, Rechtsprechung und begleitender Fachliteratur bewusst sowie die Internationalisierung, Globalisierung und – vor allem im Bereich der Wirtschaftsunternehmen – die Privatisierung des Rechtsregimes, dann wird unmittelbar klar, dass man sich eine solche Entwicklung im 19. Jahrhundert noch nicht hat vorstellen können. Je mehr „Satzungen" aber geschaffen, desto kompromissloser muss daran erinnert werden, dass nicht zuletzt die Gesetzgeber und die Richter auf übergreifende Sinnzusammenhänge und deren Entfaltung angewiesen sind. Die Juristen sollten sogar darauf pochen. Die Moses-Volk-Situation des Forderns und Erfüllens setzt einen Kontext voraus; dort geht der protojuristische Standpunkt gleichsam vor Anker. Auch von dieser Seite aus betrachtet kommt es also darauf an, hermeneutische Blindheit („Un-Bildung") zu überwinden und dem Rechtsbegriff wie dem Amtsträgerhandeln kritische Substanz zuzuführen. Nur durch ausdifferenzierte Interpretationen können Vorwürfe der Primitivität und der Oberflächlichkeit abgewehrt werden.

Der hermeneutische Kern im Begriff ineinander verzahnter Rechtsregime kann sich in keiner Weise darin erschöpfen, dass „ein Staat bzw. [...] eine Rechtsordnung" in einem territorial begrenzten Konflikt etwa mit einer Mafiaorganisation „ihre physischen Zwangsakte in aller Regel wirklich durchsetzt"[34]. Es gilt vielmehr, Vernunft, Freiheit und Gerechtigkeit perspektivisch neu zu fassen und auf die Handlungen der Rechtsstäbe zu projizieren. Vermeintlich präzise Theoriebildungen werden nicht selten, warum auch immer, durch die Bereitschaft erkauft, der Sache, um die es ja eigentlich gehen sollte, Gewalt anzutun.

VI. Der Rechtsbegriff nach dem Muster analytischer Sprachphilosophie – ein tauglicher Übergang

Herbert Hart hat früh (wenn auch noch viel zu undeutlich) erkannt, dass der Moderne, wenn sie denn der Atrophie von Freiheit und Vernunft ein Ende bereiten will, nichts anderes übrig bleibt als der Versuch, die Hermeneutik des Rechts auf einem bestimmten Konzept von Handlung aufzubauen. Rechtsregime sind Handlungsordnungen für Funktionsträger. Diese (als solche nicht etwa aus dem Werk Harts abgeleitete) schlichte Feststellung darf nicht als Binsenwahrheit missverstanden, sondern will als profilierte Herausforderung, nach der historischen Aufklärung in eine neue Transformationsphase einzutreten, ernst genommen werden.

Hart jedoch erliegt (mindestens) einem Missverständnis: Er orientiert sich mit dem Begriff der Regel und des Regelfolgens mehr am Sprachverstehen als am

---

[34] Vgl. ebd., S. 28 (ohne die Hervorhebungen des Originals).

Handlungsverstehen und damit am falschen Paradigma. Er sieht die analytische Aufgabe seines Denkansatzes als *sprach*analytische.[35] Die Ordinary Language Philosophy war sein Leitbild. Zur Entfaltung einer hinreichend komplexen, rechtstauglichen Handlungstheorie konnte er auf diese Weise nicht vordringen.[36]

Hart will das Recht als eine objektive gesamtgesellschaftliche Größe begreifen, an der alle partizipieren. Recht sei gleichsam ein Spiel, bei dem alle Mündigen mitspielen. Rechtsregeln besäßen eine ähnliche logische Struktur wie Spielregeln, z. B. wie Fußballregeln. Den Schiedsrichtern würden die Amtspersonen und den Spielern die Bürger entsprechen.

Aus heutiger Sicht ist schwer vorstellbar, wie eine im Ansatz dermaßen „geschlossene" Rechtsauffassung den Bedürfnissen der nicht nur pluralistischen und multikulturellen, sondern globalisierten und unter Zuhilfenahme interdependenter Rechtsregime regierten Gesellschaften soll gerecht werden können. Hart war aber ohnehin im Paradigma theoretischer Begrifflichkeit gefangen und vernachlässigte von Beginn an die Handlungstheorie in ihrer ganzen Vielschichtigkeit und damit die Grundlegung für ein angemessenes Praxisverstehen. Erst eine subtile Analyse möglichen Handlungssinns würde die hermeneutische Realität des Rechts unverfälscht zu erfassen bzw. zu generieren vermögen. Hart aber neigt dazu, um in seiner Metapher von Spiel, sportlichem Wettbewerb und Fairplay bleiben zu können, divergenten Handlungssinn auf einen Nenner zu quälen. Dagegen ist vom protojuristischen Standpunkt aus geltend zu machen, dass sich Recht und Rechtsregime im Handeln von Funktionsträgern und nirgendwo sonst verwirklichen (sollen). An diesem akteurzentrierten Rechtsbegriff und seiner Geltungskraft muss gearbeitet werden.

VII. Ausblick: Moderne Hermeneutik und die Konstituierung juristischer Praxis als demokratisch und gerecht

Bisher sind gewiss mehr Fragen aufgeworfen als beantwortet worden.[37] Wenn sich aber aus einem solchen Ansatz *fruchtbare Fragen* ableiten lassen, dann darf man dem Jenaer *Laboratorium Aufklärung* eine rechtsphilosophische Dimension beimessen und für die Zukunft interessante Forschungsergebnisse erwarten. Wo also liegen wichtige Problemfelder?

---

35 Hart, *Begriff*, S. 7 f.
36 Die kritische Darstellung in diesem Abschnitt folgt z. T. und z. T. wörtlich: Heiner Alwart, Recht und Handlung. Die Rechtsphilosophie in ihrer Entwicklung vom Naturrechtsdenken und vom Positivismus zu einer analytischen Hermeneutik des Rechts, Tübingen 1987, S. 140–146.
37 Ein Stück weit und nur ganz vorläufig stützt sich der Text weiterhin auf den eben zitierten Text. Den deutschen Sonderweg im Rechtsdenken mit seiner extremen Zeitbedingtheit einer kompensatorischen Theoriebildung nach 1945 und 1990 (vgl. Alwart, *Radbruchsche Formel* und *Kontingente Gerechtigkeit*) hatte ich damals, sogar die Vorsokratiker in die historisch-systematischen Untersuchungen einbeziehend (ebd., S. 63), allzu sehr vernachlässigt, als dass ich auf eine gewisse Rezeption meiner Überlegungen in einer, um Jürgen Habermas zu zitieren (vgl. Habermas, *Kritik*, S. 14), immer noch „überpolitisierten" geistigen Atmosphäre hätte rechnen können.

Unter heutigen Bedingungen dürfte es z. B. nicht immer einfach sein, das Handeln von Amts- oder Funktionsträgern von dem von Privatakteuren überhaupt abzugrenzen. Worin besteht etwa die demokratische Legitimation und normative Strukturierung der monatelangen Tätigkeit amerikanischer Rechtsanwälte und Börsenexperten bei der Fa. Siemens anlässlich des jüngsten Korruptionsskandals von weltweiten Ausmaßen? Dürfte die Münchener Staatsanwaltschaft Konsequenzen aus den vom US-amerikanischen Börsenstrafrecht veranlassten Ermittlungen ziehen? Wie verhält sich der im aktuellen Vokabular allgegenwärtige Compliance-Gedanke zum Grund- und Menschenrechtsschutz von Arbeitnehmern?

Solche und ähnliche Fragestellungen haben protojuristische Implikationen, die der gegenwärtigen Grundlagendiskussion noch weitgehend unbekannt sind. Die Rechtslehre hinkt hinter der rasanten Veränderung in Staaten und Gesellschaften weit zurück, weil sie es versäumt hat, sich rechtzeitig ein passendes Rüstzeug zuzulegen.

Zentrale Thematik heutigen Rechtsdenkens ist der Sinn- und Orientierungsverlust (und nicht eine Erkenntnis oder Anerkennung „höherer Wahrheiten"): Wie lassen sich in der Massenkultur, die dem Menschen Tag für Tag hermeneutische Kompetenz, Bildung und die Ernsthaftigkeit eines kompromisslosen Verständnisinteresses geradezu abtrainiert, also gleichsam aus dem Nichts heraus, überhaupt Bedeutungen gewinnen? Ist die Unterscheidung zwischen Wirklichkeit und Fiktion nichts mehr wert?[38] Es erscheint wie ein Offenbarungseid ersten Ranges, wenn das Bundesverfassungsgericht neuerdings glaubt, die Funktion von Gerichtsöffentlichkeit auf die Wahrnehmung von Geräuschen und bewegten Bildern aus einem Gerichtssaal, freilich außerhalb der Verhandlungen, durch das Fernsehpublikum stützen zu können.[39] In diesem Kontext gilt es, Freiheit und Bindung – Vernunft – im Brückenschlag mitten in den Aufbruch und die Transformationsziele der Moderne hinein von Grund auf neu auszutarieren und für Gegenwart und Zukunft weiterzuentwickeln – in zugleich historisch und systematisch aufgeklärter Perspektive.

Auf einem vor wenigen Jahren aus dem Nachlass Ludwig Wittgensteins herausgegebenen Blatt heißt es, indem ein ganz weiter zeitlicher Bogen gespannt wird, dass die Menschheit in der abendländischen Kultur im 18. Jahrhundert ihren vielleicht letzten Gipfel erreicht habe und dass sie mit dem Anfang des (geistigen) 19. Jahrhunderts an die Grenze der abendländischen Kultur gestoßen sei.[40] Heute steht die Menschheit wieder vor der Aufgabe, zu dieser Grenze vorzustoßen, viel-

---

38 Auf einer vom Forschungskolleg Humanwissenschaften, Ein Laboratorium für innovative Wissenschaft in der Gesellschaft, Bad Homburg v. d. Höhe, im Dezember 2009 zum Thema „Literatur, Wahrheit und Gerechtigkeit" durchgeführten Tagung äußerte Peter Kuon die interessante Auffassung, dass der fragwürdige Reiz des SS-Romans *Die Wohlgesinnten* von Jonathan Littell (Berlin 2008) in der „Suggestion von Authentizität" und in einer Art „Bebilderung" des Grauens zu finden sei.

39 Amtliche Sammlung der Entscheidungen des Bundesverfassungsgerichts, Band 119, S. 320. Claus Roxin/Bernd Schünemann, *Strafverfahrensrecht*, München ²⁶2009, Randnumer 47/3, konnten in Bezug auf das ältere Urteil BVerfGE 103, 44 ff., noch von einer „eingehend begründeten Entscheidung" sprechen.

40 Ludwig Wittgenstein, *Licht und Schatten*, hg. v. Ilse Somavilla, Innsbruck-Wien 2004, S. 44 f.

leicht sogar sie zu durchbrechen oder neue Grenzen zu ziehen. Art, Intensität und Kreativität der Auseinandersetzung diesseits und jenseits der Grenze sind das, was in der dritten Phase der Moderne vom Aufbruch des langen 18. Jahrhunderts im Bemühen um individuelle Selbstbestimmung und vernünftige Selbstverpflichtung gelernt werden muss. Wenn in diesem Sinne das Feuer wieder entfacht und die eine oder andere Theorie- und Begriffsbildung gepflegt wird, dann wird nicht zuletzt auch das Rechtsdenken im Sinne des in der vorliegenden Abhandlung begründeten Programms in der für ein gedeihliches Zusammenleben notwendigen Weise gelingen.

ALBRECHT VON MASSOW

Musikalische Autonomieästhetik zwischen Geistes-, Natur- und Sozialwissenschaften

Aus der fundamentalen Diskussion um das menschliche Subjekt als erkenntnisleitende, urteilende und handlungsentscheidende Instanz ergibt sich die weitere Frage nach der Autonomie dieses Subjekts: Existiert sie überhaupt? Wenn ja, lässt sie sich erweisen? Wenn nein, lässt sich ihr Gegenteil erweisen, nämlich Heteronomie? Die heutigen Chancen auf eine überzeugende Wiederaufnahme und Revision des Projekts Aufklärung stehen und fallen mit der Einsicht in die Geltung und Reichweite von Autonomie als Vermögen des menschlichen Subjekts.

Autonomie gilt als Vermögen von Subjekten, und zwar speziell als Vermögen der menschlichen Subjekte. Als Gegensatz zu Autonomie gilt Heteronomie. Die in mehreren Artikeln des *Historischen Wörterbuchs der Philosophie* begegnende Geschichte, Bedeutung und Verwendung der Begriffe „Autonomie" und „Heteronomie" kann zwar belegen, wann und wegen welcher Menschenbilder man beides thematisiert bzw. zum Ausdruck gebracht hat, nicht jedoch, seit wann das durch beide Begriffe gekennzeichnete Vermögen und seine Grenzen bereits existieren und bewusst sind. Es bleibt ferner offen, ob der historische Einstieg in diese Frage anhand derjenigen Phase, welche das Verhältnis von Autonomie und Heteronomie besonders deutlich philosophisch und künstlerisch profiliert – nämlich das europäische 18. Jahrhundert –, auf den philosophischen und künstlerischen Beginn dieses Verhältnisses selbst zu schließen erlaubt, oder ob es sich bei Autonomie um ein grundsätzliches Vermögen und bei Heteronomie um eine grundsätzliche Bedingung in einem hinsichtlich seiner Spezifik für das menschliche Subjekt noch näher zu ergründenden Verhältnis handelt.

Während Heteronomie als Bedingung des menschlichen Subjekts selten strittig erscheint, sondern allenfalls mit der Frage, wie weit sie reicht und woher sie rührt – etwa von „Gott", von der „Gesellschaft" oder von der „Natur" –, erörtert wird, ist die innerhalb der Geistes-, Sozial- und Naturwissenschaften sowie zwischen ihnen verhandelte und befragte Auffassung von Autonomie bis heute Ausdruck eines Dilemmas. So plausibel nämlich Autonomie als Erklärung für moralisch, technisch oder künstlerisch verantwortliches Handeln alltäglich intersubjektiv vorausgesetzt wird, so unplausibel erscheint ihre Herleitbarkeit, zumal aus den oben genannten Instanzen, die – weil sie in der Regel als einzige Herleitungsgründe akzeptiert werden – für eine Herleitung von Autonomie neben der von Heteronomie keinen Platz zu bieten scheinen; denn dies gilt als Widerspruch.

Durch dieses Dilemma wird aber die Frage verdeckt, ob nicht auch eine Herleitung von Heteronomie aus jenen Instanzen unplausibel ist, zumindest solange, wie nicht danach gefragt wird, *wer* hier eigentlich herleitet und unter welchen Prämissen. Schließlich muss gefragt werden, ob Autonomie nur ein Sondervermögen einiger weniger Menschen ist oder ob es sich um ein normales, anthropologisch herleitbares Alltagsvermögen handelt. Ist also Autonomie beispielsweise nur dem künstlerischen Genie vorbehalten – wobei zu klären bliebe, wer ihm dies vorbehält: „Gott", „Gesellschaft", „Natur" oder aber bestimmte menschliche Subjekte sich selbst? Oder wird Autonomie als ein anthropologisches Alltagsvermögen unter Anderem durch moralische, technische und künstlerische Souveränität nur besonders deutlich zum Ausdruck gebracht und kann daher als „sapere aude" zum aufklärerischen Vorbild für die übrige Gesellschaft hinsichtlich ihrer Vermögen und der aus ihnen resultierenden Verantwortung werden?

Die bis heute am meisten diskutierte Auffassung von Autonomie bietet Immanuel Kant, und zwar sowohl bezüglich der Frage, worin sich Autonomie zeigt, als auch bezüglich des Dilemmas, sie nicht herleiten zu können, weil ihre unabdingbare Voraussetzung, nämlich Freiheit – und zwar im Falle des moralischen Handelns als Vermögen des menschlichen Subjekts, sich selbst Gesetze zu geben –, ihrerseits nicht herleitbar scheint:

> Die Autonomie des Willens ist das alleinige Prinzip aller moralischen Gesetze und der ihnen gemäßen Pflichten [...] Also drückt das moralische Gesetz nichts anders aus, als die Autonomie der reinen praktischen Vernunft, d. i. der Freiheit [...], und diese ist selbst die formale Bedingung aller Maximen, unter der sie allein mit dem obersten praktischen Gesetze zusammenstimmen können.[1]

> Wir haben den bestimmten Begriff der Sittlichkeit auf die Idee der Freiheit zuletzt zurückgeführt; diese aber konnten wir als etwas Wirkliches nicht einmal in uns selbst und in der menschlichen Natur beweisen; wir sahen nur, daß wir sie voraussetzen müssen, wenn wir uns ein Wesen als vernünftig und mit Bewußtsein seiner Kausalität in Ansehung der Handlungen, d. i. mit einem Willen begabt, uns denken wollen, und so finden wir, daß wir aus ebendemselben Grunde jedem mit Vernunft und Willen begabten Wesen diese Eigenschaft, sich unter der Idee seiner Freiheit zum Handeln zu bestimmen, beilegen müssen.[2]

Mit der Formulierung „seiner Kausalität", die er an anderer Stelle ausführt als „Vermögen, einen Zustand von selbst anzufangen, dessen Kausalität also nicht nach dem Naturgesetze wiederum unter einer anderen Ursache steht, welche sie der Zeit nach bestimmte",[3] kennzeichnet Kant die Auffassung, dass ein Subjekt aus sich heraus Ursache seines Handelns sei, und zwar im Unterschied zur Fremdverursachung einer Bewegung von Gegenständen in der Natur, genauer gesagt: der übrigen Natur. (Diese gegenüber Kant genauere Formulierung beinhaltet Wesentliches, wie sich noch zeigen wird.)

Hinsichtlich der Kunst differenziert sich die Frage nach der Autonomie des menschlichen Subjekts durch weitere von Kant in der *Kritik der Urteilskraft* aufge-

---

[1] Immanuel Kant, *Kritik der praktischen Vernunft*, § 8. Lehrsatz IV.
[2] Immanuel Kant, *Grundlegung zur Metaphysik der Sitten*, Kapitel *Von dem Interesse, welches den Ideen der Sittlichkeit anhängt*.
[3] Immanuel Kant, *Kritik der reinen Vernunft*, dort Kapitel *Auflösung der kosmologischen Ideen von der Totalität der Ableitung der Weltbegebenheiten aus ihren Ursachen*.

worfene, aber ungeklärt belassene Probleme. Einerseits definiert er das künstlerische Genie als „Naturgabe", welche „der Kunst die Regel gibt", bzw. als „angeborene Gemütslage, *durch welche* die Natur der Kunst die Regel gibt",⁴ wonach die Kunst des Genies als heteronom erscheint, jedenfalls dann, wenn man aus der Naturabkunft des Genies zwangsläufig dessen Heteronomie folgert, ohne zu fragen, *als was* es geboren wird, nämlich ob mit dem Vermögen des freien Willens oder nicht. Andererseits beantwortet Kant die letzte Frage im Grunde genommen mit seiner Auffassung von den Vermögen des Genies, indem er diese des Näheren im Umgang mit von der Natur entliehenen Sujets als „Freiheit vom Gesetze der Assoziation" beschreibt, somit als autonom, insofern vom Genie kraft seiner Vermögen „von der Natur zwar Stoff [als Sujet] geliehen", gleichwohl „zu etwas anderem, nämlich dem, was die Natur übertrifft [...], verarbeitet werden kann".⁵ Kunst bestätigt dieses Vermögen im Umgang des Subjekts mit Sujets der Natur.

Des Weiteren bringt Kant zumindest diejenigen der „schönen Künste", die für ihn „ein von der Naturbestimmung unabhängiges Vermögen fühlen"⁶ lassen, in die Nähe seiner Auffassung von Autonomie. Damit meint er vor allem die Dichtkunst, zumal er ihr Vermögen der Unabhängigkeit des Weiteren auch als Voraussetzung für ihre Fähigkeit zur moralischen Reflexion kennzeichnet, so dass seine Rangordnung im Rahmen der *Vergleichung des ästhetischen Werts der schönen Künste untereinander* sich zugleich aus demjenigen Kriterium ergibt, welches ihm in der *Kritik der praktischen Vernunft* grundsätzlich als Ausweis für das Vermögen zur Autonomie aus Freiheit gilt, nämlich ein moralisches Urteil, welches von der „Heteronomie der Willkür, nämlich Abhängigkeit vom Naturgesetze, irgendeinem Antriebe oder Neigung zu folgen",⁷ unabhängig ist. Die Musik scheint daher bei ihm auf den ersten Blick entfernter vom Vermögen der Autonomie, insofern er sie nicht mit dem Vermögen zur moralischen Reflexion ausgestattet sieht, sondern sie primär dem Bereich der Empfindungen zuordnet, „weil sie bloß mit Empfindungen spielt".⁸ Doch einer vorschnellen Auslegung, dass Musik ausschließlich durch Empfindungen bestimmt sei, somit heteronom, widerspricht Kants Formulierung, dass die Musik mit den Empfindungen „spielt". Denn hierbei stellt sich wieder erstens die Frage, *als was* das menschliche Subjekt geboren wird, nämlich ob mit dem Vermögen des Spielens oder nicht, und zweitens die Frage – wenn es dies Vermögen hat, und dafür spricht bekanntlich vieles –, welcher Art das Vermögen, seinem Spiel Regeln zu geben, letztlich ist: autonom oder heteronom. Als ein Ausdruck von Autonomie begriffen setzt das Vermögen des Spielens das Vermögen der Freiheit voraus. Kant stellt sich allerdings in seiner *Kritik der reinen Vernunft* am

---

4 Immanuel Kant, *Kritik der Urteilskraft*, § 46. Schöne Kunst ist Kunst des Genies.
5 Immanuel Kant, *Kritik der Urteilskraft*, § 49. Von den Vermögen des Gemüts, welche das Genie ausmachen.
6 Immanuel Kant, *Kritik der Urteilskraft*, dort Kapitel *Vergleichung des ästhetischen Werts der schönen Künste untereinander*.
7 Immanuel Kant, *Kritik der praktischen Vernunft*, § 8. Lehrsatz IV.
8 Immanuel Kant, *Kritik der Urteilskraft*, dort Kapitel *Vergleichung des ästhetischen Werts der schönen Künste untereinander*.

Schluss des Kapitels *Vom letzten Zwecke des reinen Gebrauchs unserer Vernunft* die Frage, ob Freiheit, die er als Vermögen des Menschen voraussetzt, ihrerseits wiederum naturale Ursachen hat. Da er aber diese Frage als spekulativ abweist, differenziert er sie nicht genauer, wodurch er in Hinsicht auf seine generelle Auffassung, dass Natur ausschließlich unter dem Gesetz der Kausalität, somit dem der Heteronomie stehe, als einzige Fragerichtung jener Spekulation nahelegt, ob somit auch Freiheit letztlich unter dem Gesetz der Kausalität, somit dem der Heteronomie steht. Damit wird die andere Frage, nämlich ob Natur *ausschließlich* unter dem Gesetz der Kausalität steht und somit aus sich *ausschließlich* Heteronomie erzeugen kann, nicht nahegelegt.

Schließlich wird Kant bis heute vorgeworfen, was er ja selbst schon mehrfach einräumt – unter Anderem in seiner *Grundlegung zur Metaphysik der Sitten* im Kapitel *Vom Interesse, welches den Ideen der Sittlichkeit* anhängt –, dass er die Freiheit als Vermögen des menschlichen Subjekts nicht herleiten, geschweige denn beweisen kann. Dieser Vorwurf muss sich jedoch entgegenhalten lassen, dass er seine Voraussetzungen ebenso wenig klären kann, wenn er seinerseits nicht danach fragt, ob das Gegenteil von Autonomie, nämlich Heteronomie, aus den allgemein postulierten Herleitungsgründen „Gott", „Gesellschaft" oder „Natur" überhaupt herleitbar ist. Vielmehr scheint die unhinterfragte Voraussetzung dieser Herleitbarkeit jenem Vorwurf schon zu genügen, zumal wenn ihm jene Herleitungsgründe ausschließlich als Produzenten von Heteronomie gelten.

I. Autonomie historisch

Wenn man somit die Frage nach Autonomie zunächst historisch zurückverfolgt, um ihr dann zu erneuter Aktualität zu verhelfen, so muss man zunächst die Feststellung machen, dass uns keineswegs schon eine unstreitig anerkannte Auffassung von Autonomie sowie von einer aus ihr zu folgernden Autonomieästhetik des 18. Jahrhunderts zur Verfügung steht, die bloß rekonstruiert und erneut geltend gemacht werden müsste. Vielmehr ist Autonomie als Vermögen des Subjekts mit der Erkenntnis- und Handlungstheorie des 18. Jahrhunderts noch gar nicht hinreichend herzuleiten, obwohl die Kunst sie schon für sich in Anspruch nimmt. Daraus haben wiederum nachfolgende Auffassungen des 19. und 20. Jahrhunderts einerseits der Philosophie ihr Herleitungsdefizit vorgerechnet und andererseits der Kunst ihre angeblich illusionäre Grundlage wieder entzogen. Auffassungen, aus denen schon im 16. Jahrhundert und dann wieder verstärkt im 19. und 20. Jahrhundert bis heute gefolgert wird, dass die Vorstellung von Autonomie als Vermögen des Subjekts eine theologische Fehldeutung, eine transzendentalphilosophische Hybris oder aber eine undurchschaute gesellschaftliche Heteronomie sei, sind unter anderen die nachfolgend unter 1. bis 3. diskutierten Auffassungen, indem sie einer Entmächtigung des Subjekts durch Aberkennung von Autonomie als Erkenntnis- und Handlungsvermögen das Wort reden.

Um Autonomie und eine aus ihr zu folgernde Autonomieästhetik erneut geltend zu machen, müssen solche Auffassungen vor allem in denjenigen Aspekten ihrer Voraussetzungen widerlegt werden, die Autonomie als Vermögen des Subjekts in Abrede stellen. Das heißt aber auch, die Vorstellung von Autonomie sowie eine aus ihr gefolgerte Autonomieästhetik um 1800 zu revidieren, um ihr diejenigen Angriffspunkte zu nehmen, die jene ihr entgegenwirkenden Auffassungen für sich auszunutzen wussten.

Ein „Laboratorium Aufklärung" heute verbliebe somit nicht allein eine historische Aufarbeitung der Aufklärung des 18. Jahrhunderts, sondern würde zur grundlegenden Selbstvergewisserung künstlerischen, wissenschaftlichen und gesellschaftlichen Denkens heute. Musikalische Autonomieästhetik könnte hierbei einer der zunächst marginal erscheinenden Anlässe sein, um in eine konstruktive Auseinandersetzung mit Philosophie und Soziologie sowie insgesamt als Geisteswissenschaften in eine konstruktive Auseinandersetzung mit Naturwissenschaften zu treten. Zudem kann man musikalischer Autonomieästhetik nicht so leicht wie Moraltheologie und Moralphilosophie den Vorwurf machen, dass sie letztlich zur Rechtfertigung grundlegender Voraussetzungen für die Verantwortungs- und Rechtfertigungsfähigkeit des menschlichen Subjekts auf dem Postulat der Autonomie beharre, somit nicht wissenschaftlich vorurteilsfrei und ohne persönliches oder gesellschaftliches Interesse sei, während jener Vorwurf sich etwas darauf zu Gute hält, dass er angeblich völlig vorurteilsfrei und ohne persönliches oder gesellschaftliches Interesse an die Frage der Autonomie herangehe. Zwar kann dies nicht wirklich ein stichhaltiger Vorwurf sein, weil letztlich hier wie dort die Plausibilität des Arguments entscheidet, wobei noch zu klären wäre, worin eine Entscheidung in der Frage, ob man das menschliche Subjekt als „autonom" oder als „heteronom" oder aber als beides ansieht, ihre wissenschaftliche Begründung finden möchte; aber – auch wenn dies als eine gewisse Anbiederung an jenen Vorwurf erscheint, ohne ihm damit schon recht zu geben – einer musikalischen Autonomieästhetik braucht man zumindest nicht zu unterstellen, sie spreche so wie Moraltheologie und Moralphilosophie für die Interessen einer bestimmten oder gar großen und gesellschaftlich einflussreichen Gruppe – etwa Kirche oder Staat. Denn diejenigen, deren Interessen von einer musikalischen Autonomieästhetik geltend gemacht werden könnten – Komponisten, ausübende Musiker oder Musikhörer –, bilden keine große und gesellschaftlich einflussreiche Gruppe und den meisten von ihnen scheint es zumindest heutzutage ziemlich gleichgültig zu sein, ob man ihr Wirken als „heteronom" oder „autonom" einschätzt, denn sie machen sowieso, was sie wollen; und ebenso gleichgültig scheint es ihnen, ob sie gerade durch ihre Eigenwilligkeit das zentrale Postulat einer musikalischen Autonomieästhetik unwillkürlich bestätigen.

Deswegen ist eine musikalische Autonomieästhetik in erster Linie motiviert als Beitrag zu den Kontroversen in Geistes-, Sozial-, und Naturwissenschaften mit der Hoffnung, hier im Blick auf Musik als einer begriffslosen Kunst weitere Argumente mit zu bedenken zu geben, die möglicherweise interdisziplinär sonst übersehen würden.

1. „Gott" als Herleitungsgrund für Heteronomie: *Alternativlose Gottesgelenktheit des Subjekts ohne Willensfreiheit* im Sinne Martin Luthers

Im Streit zwischen Martin Luther (*De servo arbitrio* [1525]) und Erasmus von Rotterdam (*De libero arbitrio diatribae sive collatio* [1524]) steht die Auffassung von der alternativlosen Gottesgelenktheit des Subjekts ohne Willensfreiheit der Auffassung von der Alternativen erlaubenden Gottesbegleitetheit des Subjekts mit Willensfreiheit gegenüber. Diese Kontroverse hat bis heute gravierende Auswirkungen auf die verschiedenen Auslegungen der christlichen Prädestinationslehre wie auch ihrer Äquivalente in anderen Kulturen, nämlich bezüglich der Rechtfertigung und Verantwortlichkeit menschlichen Handelns. Luther folgert aus dem Hervorgehen des menschlichen Subjekts aus Gott die Heteronomie des menschlichen Subjekts und schränkt daher dessen Willensfreiheit ein. Erasmus hingegen sieht zwar ebenso wie Luther das menschliche Subjekt aus Gott hervorgehen, aber von Gott mit dem Vermögen der Willensfreiheit begabt. Für ihn ist daher das menschliche Subjekt nicht ausschließlich durch Gott gelenkt, somit heteronom, sondern in seiner Entscheidungsfreiheit durch Gott begleitet – wobei es sich für oder gegen ihn entscheiden kann –, somit zumindest diesbezüglich autonom. Erasmus traut Gott mehr zu, nämlich die Souveränität, sich ein Lebewesen zu schaffen, welches frei entscheidet, ob es sich von ihm abwendet oder nicht.

Der Tendenz einer Theologie, das Vermögen der Musik als „Donum Dei" heteronom herzuleiten, müsste musikalische Autonomieästhetik mit Erasmus entgegenhalten, dass solches Vermögen vom menschlichen Subjekt eigenständig verwirklicht werden kann und dessen freier Entscheidung bedarf, ob es sich als autonomes Vermögen in den Dienst heteronomer gesellschaftlicher bzw. religiöser Zwecke stellt oder nicht. Die Musikgeschichte ist Ausdruck dieser immer wieder so oder anders gefällten Entscheidung menschlicher Subjekte. Ferner ist die Kontroverse zwischen Luther und Erasmus Teil eines moraltheologischen Diskurses, zu dessen weiteren Kategorien die Unterscheidung zwischen „gut" und „böse" sowie zwischen „wahr" und „unwahr" zählt – Kategorien, unter denen Musik zu beurteilen prinzipiell nicht sinnvoll scheint: Es gibt keine „gute" oder „böse" bzw. „wahre" oder „unwahre" Choralmelodie, Sonatenhauptsatzform, Zwölftonreihe etc. Deswegen kann auch Kants Ansatz zur Herleitung von Autonomie als grundsätzlichem Vermögen des menschlichen Subjekts aus der Sicht einer musikalischen Autonomieästhetik nicht als hinreichend gelten. Hatte spätere Philosophie Kant zu Recht schon vorgeworfen, dass er Autonomie primär aus der Freiheit, Gutes zu tun, herleitet, nicht aber ebenso aus der Freiheit, Böses zu tun, so dass auch bei ihm die Frage nach der Autonomie vorrangig unter dem Gesichtspunkt der moralischen Abwägung gestellt wird,[9] so muss nun zusätzlich erwogen werden, ob die Frage nach der Autonomie nicht noch weiterreichend gestellt werden sollte, nämlich hinsichtlich eines Bereichs menschlichen Denkens und Handelns, der unter Kategorien wie „gut" oder „böse" sowie „wahr" oder „unwahr" seiner Spezifik nach gar

---

9 Vgl. hierzu Gerold Prauss, *Kant über Freiheit als Autonomie*, Frankfurt a. M. 1983.

nicht angemessen beurteilt werden kann. Kurzschlüssig wäre es zu folgern, Musik könne dann eben nicht Ausdruck von Autonomie sein; interdisziplinär erhellend hingegen könnte die Frage sein, wie weit Autonomie überhaupt reicht und welche Arten es von ihr gibt. Schon Kants Herleitung von Autonomie kann als Verlagerung in einen anderen Herleitungsbereich gedeutet werden. Denn seine Unterscheidung zwischen freiem Willen („freie Willkür *[arbitrium liberum]*") und durch sinnliche Antriebe gebundenem Willen („tierisch *[arbitrium brutum]*")[10] überschneidet sich nur teilweise in der lateinischen Wortwahl mit dem moraltheologischen Diskurs Luthers und Erasmus', während Kant dort, wo mit Luthers Wortwahl (*De servo arbitrio*) eine Entscheidung zu dienen oder nicht zu dienen noch als „gut" oder „böse" beurteilt werden könnte, mit dem Hinweis auf tierisches Handeln zumindest die Herleitung von Fremdbestimmtheit als Voraussetzung für Heteronomie nun aus einem Bereich des Handelns unternimmt, der unter Kategorien wie „gut" oder „böse" schwerlich zu fassen ist. Kurzschlüssig wäre es zu folgern, Musik könne eben auch deswegen nicht Ausdruck von Autonomie sein, weil sie als „bloßes Spiel mit Empfindungen" von letzteren bestimmt sei – darin schon ganz nahe an naturaler, nämlich tierischer Fremdbestimmtheit durch sinnliche oder triebhafte Reize – und von daher nur Ausdruck von Heteronomie sein könne. Weiterführend ist hingegen die Frage, ob „Natur" eigentlich ausschließlich als Herleitungsgrund für Heteronomie vorausgesetzt werden kann.

2. „Gesellschaft" als Herleitungsgrund für Heteronomie

2.1 *Volk als Naturnotwendigkeit* im Sinne Richard Wagners

Richard Wagner nimmt in den Diskussionen des 19. Jahrhunderts um die Autonomie des Subjekts aus künstlerischer Sicht eine zentrale und für spätere politische Entwicklungen des 20. Jahrhunderts kaum zu unterschätzende Stellung ein. In seiner Schrift *Das Kunstwerk der Zukunft* leitet er das Vermögen einer Kunst, glaubwürdig im Sinne von „authentisch" zu sein, aus zwei, zudem von ihm aufeinander bezogen gesehenen Kategorien her: „Naturnotwendigkeit" und „Volk". Aus der Sicht beider Kategorien verurteilt er „Willkür" als Kategorie moderner Kunst und Kunstästhetik, um demgegenüber für eine Kunst einzutreten, die sich den Forderungen, wie sie sich für ihn aus dem Junktim von „Naturnotwendigkeit" und „Volk" ergeben, unterstellt, eine Kunst also, die sich für Heteronomie entscheidet. Unter dem Gegenbegriff „absolute Musik" – der sich begriffsgeschichtlich mit dem Begriff „autonome Musik" in den Attributen teilweise überlagert[11] – kritisiert Wagner eine Entwicklung der jüngeren Musik, die sich ihm zufolge sowohl aus dem Verbund der

---

10 Immanuel Kant, *Kritik der reinen Vernunft*, dort Kapitel *Von dem letzten Zwecke des reinen Gebrauchs unserer Vernunft*.

11 Vgl. hierzu Albrecht v. Massow, Art. *Absolute Musik* u. Art. *Autonome Musik*, in: Handwörterbuch der musikalischen Terminologie, hg. von Hans Heinrich Eggebrecht, 22. Auslieferung, Stuttgart 1994.

Künste wie auch aus der Bindung an „Naturnotwendigkeit" und „Volk" gelöst habe. Wagner bezieht in seiner Ludwig Feuerbach gewidmeten Schrift, obwohl er Immanuel Kant bzw. dessen philosophische Schriften – vor allem die *Kritik der Urteilskraft* – nicht erwähnt, eine grundlegende Position gegen Kant. Vor allem die Rechtfertigung von Kunst *durch* Naturnotwendigkeit widerspricht Kants Vorstellung von Kunst als Ausdruck von Freiheit, die er des Näheren als Freiheit *von* Naturnotwendigkeit diskutiert. Schon bei Kant kommt der Begriff „Naturnotwendigkeit" vor, so dass es nahe liegt, hier bei Wagner ein direktes oder aber ein über seine Rezeption der nachkantischen Philosophie vermitteltes Aufgreifen zu vermuten. Ferner spricht auch die ausführliche Einteilung der Künste in Wagners Schrift für eine kritische Bezugnahme auf Kants *Kritik der Urteilskraft*. Ob Wagner den Schwachpunkt Kants, nämlich die Schwierigkeit der Herleitbarkeit von Freiheit als Voraussetzung für das Vermögen der Autonomie, erkannt hat, um ihn für seine Theorie ausnützen zu können, muss dahingestellt bleiben. Dafür spricht allerdings, dass Wagner mit seiner Ablehnung eines Glaubens an „Gott" genau den Herleitungsgrund wegfallen lässt, den Kant sich als metaphysischen Herleitungsgrund für Freiheit allein vorzustellen vermag, während „Natur" hierfür von beiden nicht in Betracht gezogen wird. Wagners Verknüpfung von „Naturnotwendigkeit" und „Volk" lässt wiederum auch nicht mehr die Möglichkeit offen, Freiheit diesseitig herzuleiten, nämlich als ein Vermögen des Subjekts zu gesellschaftlicher Verantwortung und Moral, welches vom Subjekt auch durch die Gesellschaft gefordert würde. Vielmehr benennt „Volk" bei Wagner wegen des Junktims mit „Naturnotwendigkeit" eine durch und durch heteronom erscheinende Auslegung von „Gesellschaft". Dass sich Wagners Denken einer späteren Auslegung durch totalitäre, Freiheit negierende Gesellschaftsbilder des 20. Jahrhunderts hierdurch anbot, scheint evident.

Die von Wagner angegriffene musikalische Autonomieästhetik fände ein zentrales Gegenargument in der Tatsache, dass Wagners kompositorisches Handeln ungeachtet seiner Verlautbarungen von Zeitgenossen als „willkürlich", als völlig gegen tradierte Kompositionsgesetze gerichtet empfunden wurde,[12] so dass eine Verteidigung der Position Wagners bei genauerem Hinsehen auf seine dichterische, musikalische und bühnentechnische Syntax es schwer hätte, jede dieser drei syntaktischen Ebenen wie auch ihr Zusammenwirken im „Gesamtkunstwerk" *nicht* als „autonom", und zwar nicht als „individuell autonom" zu bezeichnen. Ferner kann Wagner „Naturnotwendigkeit" nicht einfach als alternativlos gegebene Kategorie hinstellen, sondern muss die Entscheidung für sie als Kunstkategorie fordern; das setzt voraus, dass eine solche Entscheidung überhaupt getroffen werden kann, setzt somit Entscheidungsfreiheit voraus. „Naturnotwendigkeit" benennt also gar keine wirkliche Heteronomie, sondern allein die Entscheidung für eine solche, und zwar

---

12 Vgl. hierzu, *Zur Würdigung Richard Wagner's* (anonym), in: Neue Zeitschrift für Musik 38 (1853), S. 201–204, S. 213–216, S. 233–237 sowie 39 (1853), S. 85–87, S. 97–100, S. 109–113, S. 121–125, S. 129–132, S. 197–203 u. S. 209–211; vgl. ferner Albrecht von Massow, *Musikalisches Subjekt – Idee und Erscheinung in der Moderne*, Freiburg i. Br. 2001, dort die Kapitel *Hybris* und *Willkür*.

auf syntaktischer wie auf gehaltlicher Ebene der Musik. Bei Wagner gilt dem vor allem die Leitidee des „Organischen", welche er als Erscheinungsform einer Naturnotwendigkeit, weit über die Kunst hinaus, zum Leitbild gesellschaftlichen Wesens und Wirkens machen möchte. Doch es bleibt eben eine Entscheidung des einzelnen Subjekts, sich solcher Heteronomie unter dem Leitbild des „Organischen" zu unterstellen oder nicht. Darüber hinaus manifestiert sich in der durch die Jahrhunderte bis heute währenden Herausbildung von immer neuen und sich teilweise ablösenden kompositorischen Spielregeln – an der gerade auch Wagner maßgeblich beteiligt war – jenes Vermögen, welches als einziges zur Generierung von Regeln in der Lage ist: Autonomie als Vermögen des Subjekts – individuell wie auch intersubjektiv. Wagners Inszenierung des von übergreifenden Kräften gelenkten menschlichen Subjekts im *Ring des Nibelungen* erhellt und verdunkelt zugleich. Sie erhellt, um welche Kräfte es geht, nämlich vor allem um die zunehmende Selbstbindung moderner Gesellschaften an die kapitalistische Ökonomie – personifiziert durch Alberich – sowie an Macht durch Naturzerstörung – personifiziert durch Wotan. Sie verdunkelt, wer jene Kräfte wie auch die Selbstbindung an sie allein erzeugt und wer ihnen sich in der Selbsterkenntnis des eigenen Vermögens zu Autonomie aus Freiheit widersetzen könnte: die menschlichen Subjekte – und nicht etwa an ihrer Stelle und sie bestimmend Instanzen wie „Schicksal", „Natur", „Volk", „Geschichte", „Gesellschaft" oder Ähnliches.

2.2 *Selbstbewegung des Materials* im Sinne Theodor W. Adornos

Unter Adornos Begriff „Material" wird etwas gekennzeichnet, das ontologisch einen Subjektstatus in der Art eines mental handelnden Wesens erheischt:

> Die Forderungen, die vom Material ans Subjekt ergehen, rühren vielmehr davon her, dass das „Material" selber sedimentierter Geist, ein gesellschaftlich, durchs Bewusstsein von Menschen hindurch Präformiertes ist. Als ihrer selbst vergessene, vormalige Subjektivität hat solcher objektive Geist des Materials seine eigenen Bewegungsgesetze. Desselben Ursprungs wie der gesellschaftliche Prozess und stets wieder von dessen Spuren durchsetzt, verläuft, was bloße Selbstbewegung des Materials dünkt, im gleichen Sinne wie die reale Gesellschaft [...][13]

Diese Formulierung scheint sich in der Wortwahl dem Interesse einer musikalischen Autonomieästhetik anzunähern. Gleichwohl sind die „eigenen Bewegungsgesetze", laut Adorno missuzuverstehen als „Selbstbewegung des Materials", gesellschaftlichen Ursprungs. Im Subjektstatus, und zwar als „vergessene, vormalige Subjektivität", nicht aber als gegenwärtige Subjektivität, erscheint hier Gesellschaft; und auch nur ihr sind jene Attribute, die an Autonomie denken lassen, zugesprochen, nicht jedoch der gegenwärtigen Subjektivität. Gesellschaft erscheint

---

[13] Theodor W. Adorno, *Philosophie der neuen Musik* (= Sämtliche Schriften, Bd. 12), hg. von Rolf Tiedemann, Frankfurt a. M 1975, S. 39 f.

hier als etwas den gegenwärtigen Subjekten Vorgängiges, sie Bestimmendes, nicht aber als etwas allein durch je gegenwärtig lebende Subjekte Konstituiertes. Dieser ontologische Status der Gesellschaft als Vorgängiges, welches gleichwohl handeln können soll, wie ein Subjekt, indem es qua Material „Forderungen" stellt, die an die gegenwärtigen Subjekte „ergehen" wie ein Befehl, ist unplausibel. Niemals kann Gesellschaft ihrerseits als ein Subjekt erwiesen werden; sondern stets nur durch Subjekte kann sie intersubjektiv konstituiert werden. Was Adorno hier in Befehlssprache als Ontologie von Gesellschaft im Subjektstatus als Vorgängiges mit Attributen der Autonomie gegenüber den realen Subjekten instantiiert – woraus im Umkehrschluss zugleich deren Heteronomie nahegelegt ist –, wird bei nüchternem Hinsehen zum einem rein spekulativen Sujet einer Soziotheologie, welche allerdings in mancher späterer theoretischen Soziologie – vor allem mit der Systemtheorie Niklas Luhmanns – unheimliche Transformationen von großer interdisziplinärer Breitenwirkung erfährt. Letzteres scheint sich noch am Ehesten aus der Faszination von Heteronomieauffassungen zu erklären; bieten diese bei aller vorgetragenen „Entmächtigung des Subjekts" diesem Subjekt doch zugleich den Trost der Entlastung von der Verantwortlichkeit für sein Handeln.

Eine musikalische Autonomieästhetik müsste demgegenüber darauf beharren, dass die Rede vom musikalischen „Material" – etwa Tonsysteme, Formen, Gattungen etc. – nur Sinn macht, wenn expliziert wird, um *wessen* Material bzw. um welches *durch wen* neu erzeugte oder rekonstruierte bzw. wieder und weiter verwendete Material es sich handelt, um hierfür als möglichen Urheber allein das menschliche Subjekt als belegbar geltend zu machen, wie es sich bewusst oder unbewusst, individuell oder intersubjektiv ausdrücken kann und sich jeweils sein von ihm hierfür als tauglich erachtetes Material neu erzeugt – entweder in Anlehnung an bereits bestehende und von ihm akzeptierte Materialkontexte oder in Absetzung davon. Dies zu entscheiden, ist seine Autonomie, und die neuere Musikgeschichte legt nahe, dass das gewachsene Interesse an der individuellen Absetzung von Materialkontexten als Ausweis solcher Autonomie gedeutet werden will.

3. „Natur" als Herleitungsgrund für Heteronomie: *Neurophysiologischer Empirismus* im Sinne Wolf Singers und Gerhardt Roths

Im Streit zwischen Vertretern des neurophysiologischen Empirismus und ihren Kritikern – vor allem aus Moraltheologie und Moralphilosophie – steht die Auffassung von der alternativlosen Naturgelenktheit des Subjekts ohne Willensfreiheit der Auffassung von dem Alternativen erlaubenden Vermögen des Subjekts, mit sich als Natur in dieser oder jener Weise umzugehen, gegenüber. Diese Kontroverse hat bis heute gravierende Auswirkungen auf die verschiedenen entwicklungsbiologischen und menschheitsgeschichtlichen Auslegungen der darwinistischen Evolutionstheorie. So, wie die durch Luther und Erasmus angestoßene Kontroverse innerhalb und jenseits der Kirche unter dem Druck der Aufklärung des 18. Jahrhunderts fortgeführt wird, begegnet eine verblüffend analoge Kontroverse innerhalb der heutigen

Hirnforschung sowie zwischen ihren Vertretern eines neurophysiologischen Empirismus und Vertretern aus Moraltheologie und Moralphilosophie, wobei an die Seite oder an die Stelle von „Gott" als Herleitungsgrund nun „Natur" als „Empirie" getreten ist. Vertreter eines neurophysiologischen Empirismus folgern aus dem Hervorgehen des menschlichen Subjekts aus der Natur die Heteronomie des menschlichen Subjekts und schränken daher dessen Willensfreiheit ein. Kritiker aus Moraltheologie und Moralphilosophie hingegen sehen zwar ebenso das menschliche Subjekt aus Gott oder aus Natur oder aus beidem hervorgehen, aber mit dem Vermögen der Willensfreiheit begabt. Für sie ist daher das menschliche Subjekt nicht ausschließlich durch Gott oder Natur gelenkt, somit heteronom, sondern mit dem Vermögen, mit sich und Anderem in dieser oder jener Weise abwägend umgehen zu können, somit autonom. Moraltheologie in Anknüpfung an Erasmus und Moralphilosophie trauen Gott und der Natur mehr zu, nämlich die Souveränität, ein Lebewesen zu erzeugen, welches frei entscheidet, wie es mit sich und Anderem umgeht.

Aus der Sicht eines neurophysiologischen Empirismus, der den Glauben an das Vermögen des menschlichen Subjekts zur freien Willensentscheidung zu widerlegen meint, wird die Kategorie „Natur" unhinterfragt als Herleitungsgrund für Heteronomie vorausgesetzt. Sämtliche diesbezüglichen Argumentationsschritte eines neurophysiologischen Empirismus setzen als alleiniges empirisches Gesetz der Natur das Kausalitätsgesetz voraus, dem zu Folge einer nicht-empirischen Willensentscheidung stets eine sie determinierende empirische Gehirnaktivität – das so genannte „Bereitschaftspotential" – vorausgehe. Immer wieder angeführt wird in diesem Zusammenhang der berühmte Versuch der Forschergruppe um Benjamin Libet aus dem Jahre 1983.[14] Gerhard Roth als einer derjenigen, die diesen Versuch als Beleg für die Notwendigkeit einer Revision unseres Bilds vom Vermögen zur freien Willensentscheidung anführen und daraus moralische bzw. strafrechtliche Konsequenzen ableiten, skizziert diesen Versuch, der das zeitliche Vorausgehen des als „unbewusst" und empirisch verursacht geltenden Bereitschaftspotentials vor dem aus ihm erfolgenden Willensakt zu erweisen sucht, folgendermaßen:

> Bei Libets Experimenten zur Beziehung zwischen Bereitschaftspotential und Willensakt (Libet et al., 1983) wurden Versuchspersonen darauf trainiert, innerhalb einer gegebenen Zeit spontan den Entschluss zu fassen, einen Finger der rechten Hand oder die ganze rechte Hand zu beugen. Der Beginn der Bewegung wurde wie üblich über das Elektromyogramm (EMG) gemessen. Dabei blickten die Versuchspersonen auf eine Oszilloskop-Uhr, auf der ein Punkt mit einer Periode von 2,56 Sekunden rotierte. Zu genau dem Zeitpunkt, an dem die Versuchspersonen den Entschluß zur Bewegung fassten, mussten sie sich die Position des rotierenden Punktes auf der Uhr merken. In einer anderen [Versuchs-]Serie genügte es, sich zu merken, ob sie den Entschluss *vor* oder *nach* einem Stop der Rotation gefasst hatten. [...] Bei allen Experimenten wurde das *symmetrische* Bereitschaftspotential gemessen [...].

---

14 Benjamin Libet u. a., *Time of conscious intention to act in relation to onset of cerebral activities (Readiness-potential): the unconscious initiation of a freely voluntary act*, in: Brain 106 (1983), S. 623–642; ferner Benjamin Libet, *Mind Time. Wie das Gehirn Bewusstsein produziert*, Frankfurt a. M. 2005.

> Was war zu erwarten? Wenn der Zeitpunkt des Entschlusses dem Beginn des Bereitschaftspotentials *vorausging* [...], dann war die Willensfreiheit einem empirischen Beweis nähergebracht. Fiel er mit dem Beginn des Bereitschaftspotentials zusammen, dann war nichts verloren, denn man durfte dem immateriellen freien Willen zumuten, dass er *instantan*, d. h. ohne jegliche Verzögerung, auf die Hirnprozesse einwirkt. *Folgte* er jedoch deutlich dem Beginn des Bereitschaftspotentials, dann waren erhebliche Zweifel an der Existenz eines freien Willens als eines *mentalen Verursachers*, der selbst nicht materiell verursacht ist, geboten.
> Es zeigte sich, daß in Libets Experiment, dass das Bereitschaftspotential im Durchschnitt 550–350 ms, mit einem Minimum bei 150 ms und einem Maximum bei 1025 ms, dem Willensentschluß *vorausging*, niemals mit ihm zeitlich zusammen fiel oder ihm etwa folgte [...].[15]

Der Hinweis auf Bruchteile einer Sekunde soll somit die Grundlage für eine Revision des Menschenbilds darstellen, eine Revision, welche das Vermögen des Menschen zum freien und selbstreflexiven Umgang mit sich als Natur in Frage stellt, somit keineswegs nur sein moralisches, sondern auch sein künstlerisches Vermögen. Mit Roths Sekundenbruchteilen verginge auch die freie Willensentscheidung des Komponierens wie auch ihr Vermögen zu Autonomie und müsste sich stattdessen „in Wahrheit" als Produkt limbischer Funktionen anerkennen. Ferner soll das Subjekt sein nicht-empirisches Vermögen, nämlich seinen „imateriellen freien Willen", als empirisch, nämlich „materiell verursacht", anerkennen.

Da Roth selbst einige Einwände diskutiert und auszuräumen meint, die von Anderen gegen die Deutung und die Konsequenzen aus diesem Versuch erhoben wurden, stellen diejenigen Geisteswissenschaften, deren Gegenstand Kunst bzw. künstlerische Kreativität ist – wenn sie überhaupt zu dieser Revision des Menschenbilds Stellung nehmen und sie nicht auf eine rein moralische Frage beschränkt wissen wollen, mit der die Kunst nur am Rande zu tun habe – die Triftigkeit des Versuchs selbst nicht mehr weitergehend in Frage, sondern etablieren vielmehr ihrerseits nun einige kunstbezogene Forschungsinstitutionen, um der Frage nachzugehen, welche kunst- und rezeptionsspezifischen Konsequenzen aus den „Erkenntnissen" dieses Versuchs zu ziehen seien.

Demgegenüber will die nachfolgende Widerlegung nun die Triftigkeit jenes Versuchs wie auch der aus ihm gezogenen Konsequenzen erneut und grundsätzlich in Frage stellen. Hierzu begibt sie sich als Einwand eines musikwissenschaftlichen Autors auf naturwissenschaftliches Terrain, was nahe liegender Weise als Kompetenzmangel ausgelegt werden könnte. Tatsächlich aber berührt die Hirnforschung ihrerseits eine Kompetenz, nämlich die Beurteilung von Fühlen, Denken und Handeln als „künstlerische Freiheit" – eine Kompetenz, hinsichtlich der die Frage erlaubt sein muss, wer für sie eigentlich zuständig ist: Geisteswissenschaft oder Naturwissenschaft oder beide? Um eine ausführliche Diskussion der leitenden Kriterien des Versuchs Libets und der aus ihm gezogenen Konsequenzen wird man

---

15 Gerhardt Roth, *Fühlen, Denken, Handeln. Wie das Gehirn unser Verhalten steuert*, neue vollst. überarb. Ausg., Frankfurt a. M. 2003, S. 519; vgl. ferner zum symmetrischen Bereitschaftspotential ebd. S. 486 ff.

hierbei nicht herum kommen, will man jenen Theorien den Boden für Antworten, die sie mittlerweile auch auf aktuelle Fragen der Musikästhetik bzw. Musikpädagogik zu geben scheinen, wieder entziehen. Die hierbei grundsätzlich zu hinterfragenden Kriterien betreffen Folgendes: das Verhältnis von Bewusstem und Unbewusstem; das Verhältnis von Empirischem und Nicht-Empirischem; die Signifikanz von Gehirnstromaktivitäten.

Kann man das Verhältnis von Bewusstem und Unbewusstem als Verhältnis zweier a priori und fix zueinander stehender Bereiche definieren, um eine Zuordnung des in Libets Versuch Beobachteten zum dem einen oder dem anderen der beiden Bereiche per Ausschlussverfahren zu gewährleisten? – Zu kritisieren ist hier die Unterstellung, beim Bereitschaftspotential handele es sich in jedem Falle um „Unbewusstes". Doch schon indem Libets Probanden sich der Versuchsanordnung unterstellten, bewiesen sie das, was durch den Versuch als widerlegt gilt: Autonomie. Es war ihre freie Entscheidung, sich der Versuchsanordnung zu unterstellen – eine Entscheidung, die sie auch anders hätten treffen können. Ferner hätten sie auch jederzeit aus dem Versuch wieder aussteigen können, eine Entscheidungsmöglichkeit, die ihnen bewusst sein konnte. Schon hier aber, nämlich auch hinsichtlich der Frage, was das Bewusstsein eines Subjekts eigentlich ist, kommt die mit Immanuel Kant so wichtig gewordene Einsicht zum Tragen, dass mit „Subjekt" nicht etwa eine fixe und in Bereiche zu unterteilende Identität bezeichnet ist, sondern *Zeit* und aus ihr abzuleitender *Raum*. Zeit und Raum sind die Formen des Subjekts. Dem zu Folge unterliegt auch jegliche Entscheidung als Bewusstseinsinhalt des Subjekts der Zeit. Somit ist eine Entscheidung nicht nur zu fällen, sondern nachfolgend auch immer wieder vom Subjekt aufrecht zu halten, solange sie gelten soll. Dies Aufrecht-Halten ist eine Entscheidung des Subjekts, von der nicht nachgewiesen werden kann, sie sei a priori und ausschließlich unbewusst. Vielmehr kann gefragt werden, ob nicht hier die Unterscheidung zwischen „unbewusst" und „bewusst" etwas als Gegensatz konstruiert, was vielleicht treffender als „Hintergrundbewusstsein" und „Vordergrundbewusstsein" innerhalb von „Bewusstsein" zu differenzieren wäre. Denn die Probanden können sich zumindest jederzeit die Möglichkeit, aus dem Versuch auszusteigen, bewusst *machen*, bzw. – mit der vorgeschlagenen Differenzierung innerhalb von „Bewusstsein" – als zwischenzeitlich im Hintergrund befindliche Möglichkeit wieder ins Vordergrundbewusstsein holen. Analog ist daher auch hinsichtlich des immer wieder als „unbewusst" hingestellten Bereitschaftspotentials zu fragen, warum diese Hinstellung a priori gelten soll. Ist Sich-für-etwas-bereit-Halten notwendigerweise unbewusst? Ist nicht gerade das Wissen, sich im Rahmen eines Versuchs für eine Versuchstätigkeit bereit zu halten, bewusst und könnte allein schon deswegen die Gehirnstromaktivität des Bereitschaftspotentials erklären? Ist nicht der von der Hirnforschung gewählte Begriff „Bereitschaftspotential" (englisch bei Libet „readiness-potential") auf verräterische Weise kontraproduktiv für die Voraussetzung, einen einer Entscheidung vorausgehenden Vorgang als „unbewusst" hinzustellen, wenn ein Sich-für-etwas-bereit-Halten im Rahmen einer Versuchssituation gerade ein Gegenteil von Unbewusstheit, nämlich erhöhte Aufmerksamkeit vermuten lässt?

Diese Frage führt zu der nächsten Frage, nämlich was die Gehirnstromaktivität des Bereitschaftspotentials eigentlich bezüglich des Verhältnisses zwischen Empirischem und Nicht-Empirischem wirklich anzeigt. Spätestens hier stellt sich zugleich die Kompetenzfrage, nämlich bezüglich der Zuständigkeit von Naturwissenschaften für Nicht-Empirisches als Mentales. Die aus Libets Versuch gezogenen Konsequenzen gehen davon aus, dass das Bereitschaftspotential einer bewussten Willensentscheidung vorausgeht. Entgangen ist ihnen, dass das Bereitschaftspotential eigentlich differenziert hätte voranzeigen müssen, nämlich nicht nur *eine* Willensentscheidung, sondern mindestens *zwei* Willensentscheidungen. Libets Probanden sollten sich nämlich nicht nur entscheiden, einen Finger zu beugen, sondern sie sollten sich auch dazu entscheiden, anhand eines Zeitmessers sich den *Zeit*punkt ihrer Entscheidung, einen Finger zu beugen, zu merken. Das heißt, sie sollten ihr Handeln zugleich beobachten, was dem eingangs als Ausdruck von Freiheit gekennzeichneten Vermögen des abwägenden Umgangs mit sich selbst gleich kommt. Ferner mussten sie, zumindest im Hintergrundbewusstsein, während dieser beiden Entscheidungen ihre grundsätzliche Entscheidung, an diesem Versuch überhaupt teilzunehmen, aufrecht erhalten. Mindestens also die zweite Entscheidung im Vordergrundbewusstsein, möglicherweise aber auch die aufrecht erhaltene Entscheidung im Hintergrundbewusstsein hätte das Bereitschaftspotential differenziert voranzeigen müssen. Weitere Entscheidungen kommen möglicherweise ins Spiel, nämlich einerseits die Entscheidung, sich überhaupt zu entscheiden, andererseits die Entscheidung, *welchen* Finger der rechten Hand man beugen möchte. (Ich sehe davon ab, hier die Frage zu stellen, wie viele Bereitschaftspotentiale pro Sekunde wir für das Spielen von Franz Liszts *Dante-Sonate* unterstellen müssen, erst recht im Falle eines Sich-Verspielens, welches in Sekundenbruchteilen, die den von Libet gemessenen Zeitraum des Bereitschaftspotentials bei weitem unterschreiten, in der Lage ist, sich zu korrigieren.) Da die Interpreten von Libets Versuch von vornherein gar nicht die Frage stellten, wie viele Entscheidungen eigentlich tatsächlich mindestens im Spiel sind oder sein können, hätten sie, wenn das Bereitschaftspotential wirklich etwas einer Entscheidung Vorausgehendes anzeigen soll, objektiv überrascht werden müssen, nämlich durch ein gemäß der Anzahl der zu unterschiedlichen Zeitpunkten im Spiel befindlichen Entscheidungen differenziertes Auftreten *mehrerer* Bereitschaftspotentiale. Letztere aber wurden nicht gemessen, waren also mutmaßlich nicht vorhanden. Auch der Hinweis, es handele sich um ein Summenpotential, enthebt nicht von dem Nachweis seiner spezifisch auf bestimmte Willenentscheidungen gerichteten Aktivität. Natürlich kann man sich jetzt herausreden und vermuten, die damaligen Messinstrumente seien noch nicht differenzierungsfähig genug gewesen. Aber dann wäre es zumindest grob fahrlässig und wissenschaftlich nicht hinreichend gestützt gewesen, aus einem hypothetisch und instrumentell in Wahrheit unzulänglichen Versuch eine Revision des Menschenbilds mit solch weitreichenden moralischen und künstlerischen Konsequenzen in Aussicht zu stellen. Will man sich jedoch nicht herausreden, dann muss man einbekennen, dass es nun auch wieder fraglich ist, was es denn überhaupt ist, was dieses Bereitschaftspotential anzeigt. Betrachten wir daher die im Spiel befindlichen Entscheidungen näher, um zuerst sie zu differenzieren, wenn schon das Bereitschaftspotential sie nicht differenziert. Im Unterschied zu den beiden Entscheidungen im Versuch – die Entscheidung, einen Finger zu beugen, sowie die Entscheidung, sich den Zeitpunkt jener Entscheidung zu merken –, die beide eine Körperbewegung erzeugen – Finger-Beugen, Ablesen des Zeitmessers mit den Augen –, erzeugt das Aufrechterhalten der Entscheidung, am Versuch teilzunehmen, keine Körperbewegung. Zeigte das Bereitschaftspotential schon im Falle zweier Entscheidungen *mit* aus ihnen erfolgender Körperbewegung nicht differenziert an, so zeigte es den Fall einer Entscheidung *ohne* aus ihr erfolgender Körperbewegung gar nicht an. Dieser Fall aber, auch wenn er im Versuch keine Rolle im Vordergrundbewusstsein spielen mag, ist für kunstbezogene Geisteswissenschaften der eigentlich wichtige. Betrifft er doch als Kennzeichnung von Mentalem als eigenständigem nicht-empirischem Vermögen alle jene Entscheidungen, die zwar stattfinden, gleichwohl keine Körperbewegung aus sich erfolgen lassen bzw. den Körper in Ruhe halten, beispielsweise wenn jemand denkt, erfindet, komponiert u. ä., dabei aber nicht auch gleich schreibt oder spricht. Eigentlich müssten daher Bereitschaftspotentiale folgende Fälle differenziert und spezifisch voranzeigen, was aber offenbar nicht der Fall ist: eine unbewusste oder im Hintergrundbewusstsein befindliche Entscheidung ohne aus ihr erfolgende Körperbewegung; eine unbewusste oder im Hintergrundbewusstsein befindliche Entscheidung mit aus ihr erfolgender Körperbewegung; eine bewusste oder im Vordergrundbewusstsein befindliche Entscheidung ohne aus ihr erfolgende Körperbewegung; eine bewusste oder im Vordergrundbewusstsein befindliche Entscheidung mit aus ihr erfolgender Körperbewegung.

Da die Konsequenzen aus dem Versuch Libets nur von einem dieser Fälle, und hierbei auch nur von einem seines tatsächlich zweifachen Auftretens ausgehen, nämlich von dem Fall einer bewusst oder im Vordergrundbewusstsein befindlichen Entscheidung mit aus ihr erfolgender Körperbewegung, stellt sich die Frage, wie indikativ Bereitschaftspotentiale, welche tatsächlich alle genannten und teilweise im Versuch auch aufgetretenen Fälle differenziert und spezifisch hätten voranzeigen müssen, eigentlich überhaupt sind. Die Interpreten von Libets Versuch haben sich diese Frage, die eine grundsätzliche Frage wissenschaftlicher Methodik durch hinreichende Falldifferenzierung ist, gar nicht oder nur unzureichend gestellt.

Wenn nun aber – als weiterer Rettungsversuch der Hypothese – vermutet würde, dass das Bereitschaftspotential von dem zweifach aufgetretenen Entscheidungsfall tatsächlich nur denjenigen vorangezeigt hätte, der den mutmaßlich größeren muskulären Aufwand an Körperbewegung aus sich erfolgen lässt – nämlich Finger-Beugen (wenn es denn wirklich unstrittig sein sollte, in welcher Relation darin ein muskulärer Aufwand als „größer" eingeschätzt wird) –, so läge der Schluss nahe, dass das Bereitschaftspotential in Wahrheit gar nicht die Vorbereitung einer Willensentscheidung, somit gar nicht die Vorbereitung eines mentalen und somit nicht-empirischen Vorgangs anzeigt, sondern vielmehr das Bereithalten des *Körpers* für die Umsetzung einer Willensentscheidung. Das Bereitschaftspotential zeigte so gesehen doch eine aus Mentalem erfolgende Umsetzungsbereitschaft an und nicht etwa – wie der neurophysiologische Empirismus glauben machen möchte – eine angeblich empirisch-unbewusste und Mentales aus sich erfolgen lassende Umsetzungsbereitschaft. Aber selbst das weiß man nicht sicher, solange gar nicht danach gefragt wird, welchen des zweifach aufgetretenen Falls das Bereitschaftspotential anzeigt oder ob es nicht gar etwas gänzlich Anderes anzeigt, von dem wir nicht wissen, was es ist.

Libets Versuch gilt dem Fall einer Willensentscheidung, die eine Körperbewegung zur Folge hat, also dem Fall, wo Nicht-Empirisches, nämlich als Willensentscheidung, sich empirisch verwirklicht, nämlich als Körperbewegung. Nur vom Zeitpunkt dieser empirischen Verwirklichung her zurückgerechnet halten Libet, Singer und Roth die *Auf*einanderfolge als *Aus*einanderfolge von empirisch verursachtem und unbewusstem Bereitschaftspotential, nicht-empirischer Willensentscheidung und deren empirischer Verwirklichung für nachweisbar, wobei für sie allerdings die nicht-empirische Willensentscheidung, den Finger zu beugen, und deren empirische Verwirklichung zeitlich nahezu zusammenfallen. Da sie aber nicht danach fragen, *welche* Willensentscheidung – nämlich die Willensentscheidung, einen Finger zu beugen oder die ihrer Selbstvergegenständlichung – es eigentlich ist, die zeitlich nahe an der empirischen Verwirklichung als Körperbewegung ist, und da sie auch nicht danach fragen, um welche der beiden in Rede stehenden Körperbewegungen es sich eigentlich handelt, ist doch wieder die Frage offen, ob nicht genauso gut die Möglichkeit besteht, dass nicht-empirische Willensentscheidung und Bereitschaftspotential zeitlich zusammenfallen. Denn die bisherige Interpretation von Libets Experiment unterscheidet, wie oben dargelegt, nicht zwischen Willensentscheidung und ihrer nachfolgenden Thematisierung bzw. Selbstvergegenständlichung – nämlich durch das Festhalten-Sollen des Zeitpunkts der Willensentscheidung durch die Probanden –, gibt mithin für diese unterlassene Unterscheidung zwischen Willensentscheidung und ihrer Selbstvergegenständlichung seitens der Probanden auch keine Hypothese bezüglich eines hierfür zu veranschlagenden Zeitraums, welcher – setzte man ihn an – vermutlich ebenso schon jene Sekundenbruchteile erklären helfen könnte. Denn wenn es sich bei der von Libet gemessenen Willensentscheidung in Wahrheit nicht nur um sie selbst, sondern zudem um ihre Selbstvergegenständlichung handelte, so wäre die Willensentscheidung als vorausgehend anzusetzen, fände somit entweder in dem Zeitraum oder sogar zum selben Zeitpunkt statt, der dem angeblich ihr vorausgehenden Bereitschaftspotential zugedacht war. Sehr wahrscheinlich fallen somit Willensentscheidung und Bereitschaftspotential doch zusammen und ziehen ihre empirische Verwirklichung, gegebenenfalls auch ihre Selbstvergegenständlichung nach sich – und das braucht eben Zeit. Ferner aber ist zudem denkbar, dass man auch noch eine Entscheidung zur Willensentscheidung als vorausgehend veranschlagen muss, also die Entscheidung, sich überhaupt zu entscheiden – auch das braucht Zeit. Versucht man wiederum, wie jüngst durch John-Dylan Haynes, zu beweisen, dass das Bereitschaftspotential tatsächlich schon 7 Sekunden vor einem Willensentschluss aktiv wird,[16] dann kann man lieber gleich vermuten, dass das Bereitschaftspotential permanent, nämlich le-

---

16 John-Dylan Haynes u. a., *Unconscious determinants of free decision in human brain*, in: Nature Neuroscience 11 (2008), S. 543–545.

benslang aktiv ist. Dann wiederum lässt sich aber nicht mehr der Zeitpunkt eines für einen spezifischen Willensentschluss spezifischen Beginns des Bereitschaftspotentials angeben, von dem aus gerechnet ein Willensentschluss als nachfolgend angesehen werden müsste. Man könnte nur noch erhöhte von nicht-erhöhter Aktivität unterscheiden, wobei aber zu fragen bleibt, inwieweit von quantifizierbarem Empirischem auf nicht-quantifizierbares Nicht-Empirisches geschlossen werden kann. Abgesehen davon ist auch Wollen als Intentionalität lebenslang anzunehmen,[17] weswegen dann aber kein zwingendes Kausalitätsverhältnis zwischen Empirischem und Nicht-Empirischem zeitlich spezifisch ausgerechnet werden kann. Ferner aber kann ein deutlich länger angenommenes Bereitschaftspotential erst recht nicht den Fall einer blitzschnellen bewussten Entscheidung zwischen Irrtumskorrektur oder Irrtumskaschierung – etwa beim Klavier spielen oder beim Sprechen eines Textes im Schauspiel – erklären. In Bruchteilen von Sekunden können hier in vollem Bewusstsein das Begehen eines Irrtums, das Erkennen eines Irrtums – nämlich als Vorgang einer Selbstvergegenständlichung im Sich-Bewußtwerden, *dass* man einen Fehler begangen hat – sowie die Entscheidung, wie nun damit umzugehen sei, geleistet werden. Innerhalb eines Bereitschaftspotentials von angenommenen sieben Sekunden begehe, erkenne und korrigiere ich locker 3 solcher Irrtümer, ob beim Autofahren, Klavierspielen oder Sprechen. Bezüglich einer bewussten, zwischen mehreren Möglichkeiten abwägenden Entscheidung, die wohl den Meisten von uns innerhalb von drei oder vier Sekunden möglich ist, müsste Haynes behaupten, dass wir das „eigentlich" gar nicht könnten, weil nämlich zuvor unser Bereitschaftspotential von 7 Sekunden erst abgelaufen sein müsste, um uns dann quasi zu „erlauben", welche der möglichen Entscheidungen wir nur treffen können, obwohl wir sie schon längst getroffen haben.

Je mehr man also begründeter Weise in die Hypothese einbezieht, desto mehr sieht man, wie unvollkommen Libets Versuchskriterien und die auf ihnen aufbauenden Interpretationen waren und wie wenig sie geeignet sind, die These von der empirischen Herkunft und unbewussten Vorgängigkeit des Bereitschaftspotentials vor der nicht-empirischen Willensentscheidung aufrecht zu halten, wie wenig sie daher geeignet sind, eine empirische Vorgängigkeit zugleich als deterministische Vorrangigkeit zu erweisen. Letzteres behauptet Libet allerdings auch nicht; denn zumindest ein „Veto-Vermögen", nämlich eine im Zuge des Bereitschaftspotentials unbewusst eingeleitete Willensentscheidung korrigieren zu können bzw. die von ihr nahegelegte Handlung zu unterlassen, lässt er als freie Willensentscheidung gelten.[18] Er kann auch gar nicht anders, denn seine Hypothese lässt sich nur bis zu dem Punkt aufrechterhalten, wo ihr die Grenze durch das evidente Alltagsvermögen von Menschen, Irrtümer zu korrigieren, aufgezeigt wird. Anstatt nun aber wie Singer zu versuchen, nun auch noch dieses evidente Alltagsvermögen als „in Wahrheit" illusionäre Autosuggestion von Menschen, sie hätten diese Möglichkeit der

---

17 Hierzu grundlegend Gerold Prauss, *Die Welt und wir*, Bd. I,1: *Sprache – Subjekt – Zeit*, Stuttgart 1990.
18 Libet, *Mind Time*, S. 177 ff. u. 186 ff.

freien Entscheidung, hinzustellen,[19] muss man mit den vorliegenden Erwägungen eher in die Gegenrichtung fragen, nämlich ob nicht Libets Hypothese schon *vor* Erreichen dieser Grenze widerlegt ist.

In voller Schärfe stellt sich das Problem der zeitlichen Zuordnung von empirischen und nicht-empirischen Aktivitäten aber schon, weil Libet, Singer und Roth – anders als etwa Daniel Dennett – überhaupt noch eine nicht-empirische Ebene gelten lassen. Sie müssen sie gleichwohl gelten lassen, weil die Hirnforschung bis heute nur den empirischen Zugang zu Aktivitäten, nicht aber zu Aktivitäts*inhalten* hat. Dies aber ist entscheidend. Denn bis heute ist es nicht möglich, einer Hirnaktivität bestimmte Inhalte zeitlich zuzuordnen, etwa „Ich – Arnold Schönberg – erfinde gerade den melodischen, klangfarblichen und harmonischen Verlauf des Beginns des zweiten Satzes eines expressiven Violinkonzerts auf der Basis einer von mir selbst gesetzten Zwölftonreihe". Schon äußerst schwierig scheint es bislang, den empirischen Anzeichen dafür, dass irgend solcher komplexer Gedankeninhalt gerade stattfindet, räumlich Aktivitäten bestimmter Hirnregionen präzise zuzuordnen. Lügendetektoren erkennen anhand von Aktivitäten Erregungen, in die das Lügen jemanden versetzen kann, als Anzeichen; sie erkennen jedoch nicht Lügen*inhalte*, somit nicht das Wesentliche der Lüge. Sie können auch nicht spezifisch unterscheiden, ob eine Gehirn-Aktivität durch die Aufregung des Lügens oder durch die Aufregung im Bewusstsein, an einen Lügendetektor angeschlossen zu sein, verursacht wird. Weiter ist die Hirnforschung in dieser Frage – soweit zu sehen, trotz vieler Bild gebender Versuche – bis heute nicht, und es ist fraglich, ob sie hier jemals weiter kommen kann. Weil aber solche Inhalte nachweislich existieren – nämlich als Inhalte von Denken, Fühlen, Träumen, Erfinden etc. –, gleichwohl empirisch anhand von Gehirnstromaktivitäten nicht spezifisch erkennbar sind, gelten sie zu Recht als nicht-empirisch, weswegen ein konsequenter Empirismus schon hier die Grenze seiner Geltung hinnehmen muss. Damit aber ist nun umgekehrt an den Nachweis von empirischen Aktivitäten zurückzufragen, ob er überhaupt beweisen kann, dass es sich um *ausschließlich* empirische Aktivitäten handelt. So ist nämlich schon der Begriff „Bereitschaftspotential" nicht rein empirisch auslegbar. Somit muss man der Suggestion entgegentreten, das Bereitschaftspotential sei unbewusstes Produkt empirischer Aktivitäten des Gehirns. Denn die Bereitschaft zu etwas kann ebenso nicht-empirisch verursacht sein, nämlich als Vermögen zur freien Willensentscheidung, welches, so es das für nötig erachtet, sich in eben solche Bereitschaft hierzu versetzt, um gegebenenfalls sich zu den von ihm als günstig oder angemessen erachteten Zeitpunkten verwirklichen zu können. Die Zeit als Form solcher Intentionalität ist ihrerseits schon allein deswegen nicht-empirisch herzuleiten, weil es für sie als Setzung des Subjekts kein empirisch nachweisbares Aktivitätsprogramm gibt; denn die Zeitpunkte, in Form derer eine Willensentscheidung stattfindet, sind empirisch – etwa als lebenslanger Algorithmus von Gehirnströmen – nicht nachweisbar, sind vielmehr mit dem Anspruch einer naturwissenschaftlichen Kausalerklärung unerklärlich. Wer kann eigentlich ausschließen, dass einer von Libets Pro-

---

19 Wolf Singer, *Der Beobachter im Gehirn. Essays zur Hirnforschung*, Frankfurt a. M. 2002, S. 73 f.

banden von seinem Vermögen, Zeitpunkte zu setzen, Gebrauch macht und die Reihenfolge umdreht, indem er beschließt, nicht den Zeitpunkt seiner Willensentscheidung zu messen, sondern – umgekehrt – den Zeitpunkt seiner Willensentscheidung vorab festzulegen, um sie dann zu diesem von ihm festgelegten Zeitpunkt erfolgen zu lassen? Wie kann man die Richtigkeit seiner diesbezüglichen Angaben empirisch überprüfen? Wer setzt somit eigentlich die Zeitpunkte einer Willensentscheidung? – Wenn man nicht an göttliche Prädestination glaubt, kommt außer dem menschlichen Subjekt hierfür niemand in Frage. Libet, Singer und Roth, die ihrerseits eine theologische Herleitung empirischer wie nicht-empirischer Vermögen grundsätzlich ablehnen, haben auf diese Frage keine Antwort. Eher müssten sie mit ihrer Hypothese das Paradox akzeptieren, dass ein von ihnen als unbewusst angenommenes Bereitschaftspotential zur Einleitung einer Willensentscheidung quasi einen gezielten, also bewussten „Auftrag" bekommen hat, und zwar bezüglich des Zeitpunkts wie auch bezüglich des Inhalts einer Willensentscheidung. Von wem soll dieser „Auftrag" kommen, wenn nicht vom menschlichen Subjekt?

Ebenso unerklärlich wie die Zeitpunkte sind – wie gesagt – auch die Inhalte einer Willensentscheidung. Libet nennt ihr Auftreten ein „Hochsprudeln",[20] vermutlich um der Not zu entgehen, sie als bewussten „Auftrag" kennzeichnen zu müssen und somit der Frage nach dem „Auftraggeber" die Tür öffnen zu müssen. Damit kennzeichnet er das „Hochsprudeln" nicht als Spontaneitätsvermögen des Subjekts, welches dann nämlich als bewusster „Auftraggeber" in Frage käme, sondern als eine zunächst unbewusste, offenbar permanente und ungefilterte Aktivität des Gehirns. Erst das „Veto-Vermögen" sei die bewusste freie Willensentscheidung des Subjekts. Libets Hypothese hat hierin eine große Nähe sowohl zur künstlerischen Inspirationsästhetik vor allem des 19. Jahrhunderts als auch zur Kreativitätstheorie der Psychoanalyse. Nicht ist diese Nähe zu kritisieren, da der hierdurch in den Blick gerückte Fall künstlerischen Handelns mutmaßlich tatsächlich existiert. Wohl aber ist zu kritisieren, dass nur dieser Fall, nicht aber mindestens ein weiterer Fall in Erwägung gezogen wird, nämlich der Fall eines spontanen, bewussten und gezielt bestimmte Wirkungsstrategien kalkulierenden künstlerischen Erfindens und Handelns. Auch hier also fehlt bei Libet und seinen Interpreten die Falldifferenzierung. Dieser zweite Fall ist aber als Erklärung für künstlerische Kreativität ebenso grundlegend wie der erste, vor allem für die Erklärung der Tatsache, warum eigentlich Neues in die Welt kommt, etwa Schönbergs Atonalität. Kein „Gott", keine „Gesellschaft" oder „Naturnotwendigkeit" hat Schönberg dazu gezwungen, Atonalität zu erfinden. Vielmehr sah sich Schönberg durch das überwiegend ablehnende Verhalten gegenüber seiner Atonalität dazu genötigt, sie zu rechtfertigen, indem er sich in den damals vorherrschenden Diskurs um Naturnotwendigkeit und Inspirationsästhetik einklinkte und Atonalität als „organisch" sowie einem „Diktat seines Unterbewussten entsprungen" hinstellte. Tatsächlich aber überzeugen „Gott", „Natur" oder „Gesellschaft" nicht als ausschließliche Herleitungsgründe künstlerischer Kreativität. Mehr noch als der erste Fall des „Hochsprudelns" scheint der Fall des spon-

---

[20] Libet, *Mind Time*, S. 190.

tanen Erzeugens – gerade in der Phase der freien Atonalität, also noch vor der Phase der dodekaphonen Atonalität – dem Begriff „Kreativität" seinen fundamentalen Sinn zu geben, nämlich den von Spontaneität und nicht von Kausalität; ist er doch abgeleitet von dem als göttlich vermuteten, daher seitens der Theologie fälschlicher Weise auch nur Gott vorbehaltenen Vermögen, erste Ursache ohne Ursache zu sein. Doch dieser Fall, wenn nämlich nicht-empirische menschliche Spontaneität als Vorstellungsvermögen bloß weitere nicht-empirische Spontaneität als Vorstellungsvermögen führt – etwa als Komponieren im Kopf, als Erfinden, Phantasieren etc. –, dieser Fall ist derjenige, welchen die Interpreten von Libets Experiment erst gar nicht in Betracht ziehen, weil er durch dieses Experiment, welche nur nach der Freiwilligkeit oder Unfreiwilligkeit einer Willensentscheidung mit aus ihr erfolgender Körperbewegung fragt, nicht abzudecken ist. Dabei ist er in Wahrheit der Normalfall einer freien Willenentscheidung, nämlich als Vorstellungsvermögen, so dass der weitere Fall, nämlich solches Vorstellungsvermögen nachfolgend auch empirisch zu verwirklichen, aus ihm nur als zusätzlicher Fall abgeleitet werden kann – nicht umgekehrt. Dieser Normalfall – wenn nämlich nicht-empirische Spontaneität als Vorstellungsvermögen sich bloß zu weiterer nicht-empirischer Spontaneität als Vorstellungsvermögen verwirklicht – kann durch Libets Experiment gar nicht konstruiert werden, weil diesem Fall die empirische Verwirklichung jenseits des bloßen Vorstellungsvermögens – etwa als Körperbewegung – fehlt. Somit fehlt auch der empirisch nachweisbare Zeitpunkt, von dem aus zurückgerechnet werden könnte auf die weiteren angenommenen Zeitpunkte einer Willensentscheidung und eines Bereitschaftspotentials. Die bloße Messung von Gehirnaktivitäten lässt sich hier im Normalfall einer Willensentscheidung ohne aus ihr erfolgender Körperbewegung weder zurechnen auf Inhalte wie „Ich – Arnold Schönberg – erfinde gerade im Kopf den melodischen, klangfarblichen und harmonischen Verlauf eines Melodrams – mal sehen, was ich davon aufschreibe und was nicht", noch lässt sie sich auf Zeitpunkte solcher Inhalte zurechnen. Weder das Vermögen der Spontaneität, noch wiederum deren Vermögen zu Autonomie – etwa, indem man Schönberg ein Kompositionsgesetz erfindet, dem er seine musikalischen Einfälle unterstellt – ist anhand von Messungen als vorrangig empirischen und unbewussten Ursprungs zu erweisen. Eher ist an Hirnforscher nun zurück zu fragen, wie sie solches Zeitvermögen (das des kompositorischen Töne-Erfindens und Töne-zueinander-in-Beziehung-Setzens Schönbergs ebenso wie auch ihr eigenes naturwissenschaftliches Vermögen im Vergleichen von Zeitpunkten bei Versuchsanordnungen) anders als nicht-empirisch herleiten wollen, wenn sie es empirisch nicht herleiten können. Von diesem Fall einer sich jenseits der Gehirnaktivität nicht empirisch weiter verwirklichenden Willensentscheidung, der in Wahrheit der grundlegende Fall von Willensentscheidung ist – da er in jedem Falle stattfindet, während der Fall seiner empirischen Verwirklichung ein optionaler und somit zusätzlicher ist –, müsste ein Experiment aber ausgehen können, und zwar mit der Voraussetzung, nicht-empirische Inhalte als Zeitsetzung alternativlos bestimmten Gehirnaktivitäten zurechnen zu können, um die Hypothese von der zeitlichen Nachfolge von Nicht-Empirischem auf Gehirnaktivität zu erweisen sowie das hieraus gefolgerte Postulat von der Nachrangigkeit von Nicht-Empirischem als Verantwortlichem zu stützen. Diese Voraussetzung besteht bis heute nicht, und es ist fraglich, ob sie jemals bestehen wird. Solange sie nicht besteht, gilt die Auffassung der Kunst- und Moralphilosophie vom Vermögen zur freien Willensentscheidung, zumal sie als alltägliche Erfahrungstatsache mehrheitlich besteht, weswegen sie den Normalfall darstellt, von dem der Ausnahmefall, etwa durch krankhafte Veränderung der empirischen Bedingungen eines Gehirns, mit vollem Recht abgeleitet werden kann, weswegen dieser Ausnahmefall aber gerade nicht selbst zum Normalfall erklärt werden kann.

Der Tendenz eines neurophysiologischen Empirismus einschließlich seiner Ausläufer in der musikpädagogischen Cognitionspsychologie, das Vermögen der Musik als „Donum Naturae" heteronom herzuleiten – etwa mit dem Versuch, Tonalität naturanthropologisch oder hörphysiologisch als gegeben hinzustellen –, müsste musikalische Autonomieästhetik entgegenhalten, dass solches Vermögen vom menschlichen Subjekt autonom verwirklicht werden kann und der freien Entscheidung bedarf, wie es mit sich als Natur umgeht und ob es sich als autonomes Vermögen in den Dienst heteronomer gesellschaftlicher Zwecke stellt oder nicht. Die Musikgeschichte ist Ausdruck dieser immer wieder so oder anders gefällten Entscheidung des menschlichen Subjekts, gerade auch was die Transformation von Naturalem – etwa Ton- und Geräuschfrequenzen – in kollektiv normierten oder individuell verbleibenden Formen der Intonation betrifft.

II. Autonomie systematisch

Der Blick auf historische Diskussionen, die um die Herleitungsgründe als Voraussetzungen für Autonomie wie für Heteronomie geführt werden oder geführt werden müssten, zeigt, dass beide Voraussetzungen bis heute in Frage gestellt bleiben. Daher müssen nun drei Fragen wieder aufgegriffen werden: 1. Sind „Gott", „Gesellschaft" oder „Natur" ausschließlich Kategorien für Produzenten von Heteronomie? 2. Wer erzeugt und begründet eigentlich die Kategorien „Autonomie" und „Heteronomie" und damit auch deren Herleitung? 3. Ist Autonomie ein Sondervermögen einiger weniger Menschen oder ist es ein normales anthropologisches Alltagsvermögen?

1. Sind „Gott", „Gesellschaft" oder „Natur" ausschließlich Kategorien für Produzenten von Heteronomie?

Die Erfahrung, Selbstverursachung unseres Handelns sein zu können – im Unterschied zur Fremdverursachung –, gibt uns nach Kant Anlass, „jedem mit Vernunft und Willen begabten Wesen diese Eigenschaft, sich unter der Idee seiner Freiheit zum Handeln zu bestimmen", beizulegen.[21] Woher diese Begabung kommt, lässt

---
21 Immanuel Kant, *Grundlegung zur Metaphysik der Sitten*, dort Kapitel *Von dem Interesse, welches den Ideen der Sittlichkeit anhängt*.

Kant offen. An anderen Stellen sowohl in der *Kritik der reinen Vernunft*, der *Kritik der praktischen Vernunft* sowie der *Grundlegung zur Metaphysik der Sitten* legt er gleichwohl nahe, dass er sich eine andere Herkunft dieser Begabung als eine metaphysisch bzw. göttlich bewirkte nicht vorstellen kann. Denn „Natur" – als weitere Möglichkeit – kommt für ihn als Erstursache für Freiheit nicht in Frage, da er Naturales ausschließlich als unter dem Kausalitätsgesetz stehend ansieht und somit Natur nur zur Produktion von Heteronomie als geeignet erachtet. Dieser Auffassung von „Natur" folgt unter Anderen auch der neurophysiologische Empirismus und leitet hieraus – weil er an eine metaphysische bzw. göttliche Erstursache nicht glaubt – die Heteronomie des menschlichen Subjekts ab, nämlich bewirkt durch „Gehirn" als rein empirisch-naturaler Fremdursache innerhalb des Subjekts. Demgegenüber differenzieren Gerold Prauss und Hubert Markl die Voraussetzung einer naturalen Herkunft als Erstursache, indem sie die Frage, *durch was* wir entstehen, ersetzen oder erweitern um die Frage, *als wa*s wir entstehen, nämlich ob als Subjekte mit dem Vermögen zu Autonomie aus Freiheit:

> Die Frage nach Entstehung und Erklärung von etwas vermag deswegen einen für Erfahrung als das Selbstverhältnis eines Selbstbewußtseins eigentümlichen und haltbar-positiven Sinn auch überhaupt erst anzunehmen, nämlich insoweit Sie sie als Frage nach seinem *Wodurch* wohlüberlegt auf sich beruhen lassen und von daher nur noch anders stellen. So gewiß es *aus* Natur einmal entstanden ist und immer wieder *aus* Natur entsteht, doch prinzipiell nicht *durch* Natur entstanden sein oder entstehen und sich darum auch nicht *durch* Natur erklären lassen kann [...], so gewiß läßt sich nach so etwas wie Selbstbewußtsein als dem Selbstverhältnis der Erfahrung prinzipiell auch nur wie folgt noch fragen: Nicht mehr in dem Sinn, *wodurch* es jedesmal *entsteht* oder entstanden *ist*, sondern allein in dem, *als was* es jedesmal, *wenn* es entstanden *ist* oder *entsteht*, enstanden sein oder entstehen *muß*, um überhaupt als Selbstbewußtsein eines Selbstverhältnisses entstanden sein oder entstehen zu *können* [...][22]

Genetisch, so möchte man es scheinbar paradox formulieren (scheinbar, da dem eine falsche Vorstellung vom Zwangsbestimmungscharakter von Erbanlagen zugrunde liegt!), genetisch ist dem Menschen vor allem kreative Freiheit zur individuellen und sozialen Verhaltensverwirklichung angeboren. Dazu steht durchaus nicht im Widerspruch, dass genetisch eine Fülle von Grundverhaltensweisen – sozusagen die Infrastruktur der Psyche, von Herzschlag und Atmung, Biorhythmik, Nahrungsaufnahme, Temperaturhaushalt und Ausscheidungsdrang bis hin zum aufrechtem Stand, zweibeinigem Lauf und einer ganzen Grundausstattung an Körperempfindungen und neuroendoktrin gesteuerten Emotionen – vorgegeben oder jedenfalls für Übung und Lernanreicherung vorbereitet sind.[23]

Diese Erweiterung der Prämissen betrifft auch die Herleitung von Heteronomie; wird doch nun offenkundig, dass es erstens keineswegs erwiesen ist, welcher Art die

---

22 Prauss, *Die Welt und wir*, Bd. I,1, S. 252.
23 Vgl. hierzu Hubert Markl, *Gehirn und Geist. Biologie und Psychologie auf der Suche nach dem ganzen Menschen*, in: Merkur 668 (2004) S. 1063–1077; vgl. ferner Gerold Prauss, *Die Welt und wir*, Bd. II/2: Subjekt und Objekt der Praxis: Die Grenzen einer Absicht, Stuttgart 2006, S. 548.

jeweilig angenommene Erstursache ist – nämlich ob „Gott", „Gesellschaft" oder „Natur" –, und dass zweitens, auch wenn man eine oder zwei jener Erstursachen ausschließt, keineswegs nur Heteronomie als zwangsläufiges und ausschließliches Produkt einer solchen Erstursache erwiesen werden kann.

Wenn man daher nun die Frage, *aus was* und *wodurch* wir entstehen, beantwortet mit dem, was wir belegen können, nämlich „Natur", während wir „Gott" als Ursache und „Gesellschaft" als den Subjekten Vorgängiges nicht belegen, sondern im Falle von „Gott" nur als etwas durch Subjekte Konstruiertes und im Falle von „Gesellschaft" nur als etwas durch Subjekte intersubjektiv Konstituiertes annehmen können, so führt die weitere Frage, nämlich *als was* wir entstehen, zu einer Hypothese im Rahmen einer erweiterten Naturphilosophie. Was wir „Natur" nennen, kann dann neben allem Übrigen, was aus Natur entstanden ist, auch uns hervorgebracht haben, und zwar einschließlich des alltäglichen Vermögens, uns frei für oder gegen etwas entscheiden zu können und uns selbst Gesetze geben zu können. Eine Herleitung von „tatsächlicher" Heteronomie „hinter" dieser alltäglichen Selbstverwirklichung und Selbsterfahrung bleibt demgegenüber auf unabsehbare Zeit reine Spekulation, somit um keinen Deut beweisbarer als eine metaphysisch hergeleitete Autonomie. Wenn nun jenes alltägliche Vermögen der anthropologische Normalfall ist, so kann auch nur von ihm der Krankheitsfall abgeleitet werden – nicht umgekehrt. Wenn man ferner beide Fälle hinsichtlich des menschlichen Subjekts unterscheidet als „Selbstbestimmung" und „Fremdbestimmtheit" – letztere etwa im Falle einer endogenen krankhaften Veränderung des Gehirns – und wenn man hinsichtlich der Natur jenseits des Subjekts zwei weitere Fälle unterscheidet als „Selbstverursachung" – wie beispielsweise mit der „Kopenhagener Deutung" der Quantenphysik – und „Fremdverursachung" – nämlich unter dem Kausalitätsgesetz stehend –, so ergeben sich insgesamt vier Fälle von Natur, von denen der erste, „Selbstbestimmung" zugleich das Vermögen zu Autonomie bedeutet. Zur Folge hat die Differenzierung dieser vier Fälle, wie sie aus der Sicht der Hypothese einer erweiterten Naturphilosophie aus Natur hervorgehen können, die Umordnung der geläufigen kategorialen Gegenüberstellung von „Natur" als „Empirisches" und „Seele/Geist" als „Nicht-Empirisches". Geläufig ist herkömmlich die Zuordnung von empirischer „Selbstverursachung" und „Fremdverursachung" unter der Kategorie „Natur" sowie die Zuordnung von nicht-empirischer „Selbstbestimmung" und „Fremdbestimmtheit" unter der Kategorie „Seele/Geist". Hingegen im Rahmen einer erweiterten Naturphilosophie wird „Natur" zur übergeordneten Kategorie, unter der alle vier Möglichkeiten der Fall sein können, wobei zwei von Ihnen – nämlich „Selbstbestimmung" und „Fremdbestimmtheit", ebenso wie die beiden anderen Fälle empirisch aus Natur hervorgegangen – zudem noch als Fälle von „Seele/Geist", somit also zudem noch als nicht-empirisch zu gelten haben, hingegen die beiden anderen Fälle als nur-empirisch. Alles Empirische wie auch Nicht-Empirische ist so gesehen aus Natur hervorgegangen.[24] Ebenso mög-

---

24 Vgl. hierzu Gerold Prauss, *Die Welt und wir*, Bd. I/2: *Raum – Substanz – Kausalität*, Stuttgart 1993, S. 931 f.

lich scheint damit, dass im Rahmen von Evolution bestimmte empirische Prozesse um nicht-empirische Vermögen erweitert und somit zu Tier oder Mensch werden, wobei bislang mutmaßlich nur der Mensch es vermag, sein nicht-empirisches Vermögen zum Vermögen der Autonomie weiter zu entwickeln. Wie sich dieses Vermögen evolutionär entwickelte, wissen wir nicht; aber dass wir es haben, kann uns durch alltägliche Erfahrung mit uns selbst offenkundig werden.

Jegliches Vermögen als menschliches Subjekt ist so gesehen aus Natur entstanden und verwirklicht sich je und je als immer wieder aus Natur Fortbestehendes, gleichwohl in einer spezifischen Art des Entstandenseins, nämlich mit dem Vermögen zu Autonomie aus Freiheit.[25] Damit ist auch die Zeit als nicht-empirische Form des Subjekts nichts jenseits der Natur – wie es mit Kant anzunehmen wäre[26] –, sondern aus Natur entstanden. Ferner steht auch „Gehirn" als „Empirisches" nicht kategorial mit „Subjekt" als „Nicht-Empirischem" auf einer Ebene, sondern „Subjekt" als übergeordnete Kategorie benennt eine Wechselwirkung aus Gehirn als Empirischem und Seele/Geist als Nicht-Empirischem, wobei der neurophysiologische Versuch, jene Wechselwirkung einseitig als Ursache-Wirkungsverhältnis festzuschreiben, unplausibel bleibt.

Auch weiterhin nicht zu erklären ist das Wechselverhältnis als Wechselwirkung zwischen Empirischem und Nicht-Empirischem, wenngleich nun unstrittig ist, dass Subjekt-Sein aus diesem Wechselverhältnis als Wechselwirkung besteht. Unplausibel erscheint allerdings die Voraussetzung, wie sie unter Anderem vom neurophysiologischen Empirismus gemacht wird, dass es sich bei diesem Wechselverhältnis um das Verhältnis zweier fix zueinander stehender Bereiche handele, von denen man nachweisen könne, dass der eine den anderen determiniere. Eine solche Voraussetzung missachtet die Zeit als Form auch eines solchen Wechselverhältnisses, die aber nicht missachtet werden darf, weil sie diejenige fundamentale Kategorie ist, unter der jegliches Verhältnis, auch ein Wechselverhältnis, als veränderlich gedeutet werden kann. Veränderlich wäre so gesehen auch der mögliche Fall einer Determiniertheit, nämlich hin zum Fall einer Indeterminiertheit, und umgekehrt. Dies bedeutet, dass wir das Vermögen zu Freiheit und Autonomie zwar haben, aber keineswegs *immer* haben. Somit können Empirisches und Nicht-Empirisches im Wechselverhältnis zueinander sich ändern, wenngleich sie, gerade wenn man sie in ihrem Sein als Subjekt als Einheit deutet, sich nicht voneinander trennen können. Bedenkenswert in diesem Zusammenhang ist daher schon Kants Einwand gegen Moses Mendelssohns in Fortführung mythologischer und religiöser Traditionen erneuerte Auffassung von der Unsterblichkeit der Seele im Unterschied zur Sterblichkeit des Körpers. Kant deutet die Seele demgegenüber als ebenso sterblich, somit in ihrer Intensität als zunehmend oder nachlassend. Die Seele ist so gesehen ebenso wie alles Empirische und gebunden an bestimmte Empirie ver-

---

25 Ebd., S.936 f.
26 Immanuel Kant, *Kritik der reinen Vernunft*, Kapitel *Möglichkeit der Kausalität durch Freiheit, in Vereinigung mit dem allgemeinen Gesetze der Naturnotwendigkeit.*

gänglich.²⁷ Ob man dies als endgültige Absage an den Glauben an ein jenseitiges Fortleben deuten muss, bleibt dennoch ungewiss, weil wir zwar durch die Erkenntnisse der modernen Hirnforschung mehr denn je auf die unauflöslich erscheinende Einheit von Empirischem und Nicht-Empirischem verwiesen sind, gleichwohl aber nicht ausschließen können, dass die Natur möglicherweise für uns auch noch eine posthume Transformation jener Einheit bereithält, weil wir nicht wissen, was sie neben dem, was wir von ihr nun zu wissen glauben, sonst noch alles produziert. Und auch „Gott" als Gegenstand eines Glaubens ist dadurch nicht widerlegt, sondern kann für alles Mögliche weiterhin in Frage kommen, sofern man in „Gott" nicht zugleich den Herleitungsgrund eines Beweises erblickt. Möglich ist alles – aber wie wahrscheinlich es ist, muss dahingestellt bleiben.

2. Wer erzeugt und begründet eigentlich die Kategorien „Autonomie" und „Heteronomie" und damit auch deren Herleitung?

Eine zweite Frage hierbei ist, ob es sich bei der Entgegensetzung von „Heteronomie" und „Autonomie" um eine symmetrische handelt, der zu Folge sowohl „Heteronomie" als auch „Autonomie" wechselseitig aus einander ableitbar erscheinen, oder ob Eines von beiden als Ableitung aus dem Anderen begriffen werden muss. Dabei ist die erste Frage, *wer* eigentlich Beides für existent hält oder das Eine als Ableitung aus dem Anderen begreift, keineswegs marginal, sondern möglicherweise der Schlüssel zur Antwort auf die zweite Frage.

Gerold Prauss verweist mit Kant darauf, dass das Subjekt niemals zum empirischen Erkenntnis*gegenstand* eines Beweises von Heteronomie oder Autonomie gemacht werden kann, weil es sich als Empirisches nur unter Herleitungskategorien zum Reflexionsgegenstand machen kann, die es als nicht-empirische Kategorien aus sich selbst erzeugt. Er verdeutlicht dies mit der Frage, woher die Annahme des Kausalitätsgesetzes eigentlich stammt.²⁸ Prauss zufolge setzt das menschliche Subjekt ursprünglich und stets aufs Neue sich selbst als Herleitungsgrund voraus, und zwar dergestalt, dass es sich mit seinem Vermögen zur Selbstverursachung – nämlich aus seiner Willensentscheidung Handlung erfolgen zu lassen – als „Kausalität" erkennt. Unter dieser Kategorie der „Kausalität" als Kennzeichnung seines Vermögens zur Selbstverursachung unterstellt es nun auch jegliche Bewegung außerhalb von sich als „subjektiv" im Sinne von: „mit dem Vermögen der Selbstverursachung begabt", also auch etwa die Bewegung eines Astes im Wind. Jedoch mit der Erkenntnis, dass Äste keine Subjekte sind – was durchaus zunächst nicht selbstverständlich ist, weswegen ein frühkindlicher Animismus erst durch spätere Reflexion auf sich selbst zur Unterscheidung zwischen sich und anderer Subjektivität sowie zwischen sich und Nicht-Subjektivität gelangen kann – leitet das Subjekt aus seiner

---

27 Immanuel Kant, *Kritik der reinen Vernunft*, dort Kapitel *Widerlegung des Mendelssohnschen Beweises der Beharrlichkeit der Seele*.
28 Prauss, *Die Welt und wir*, Bd. II,2, dort das Kapitel *Wir als Tier und Mensch, und unser Animismus*.

Art der Kausalität ex negativo eine andere Art von Kausalität ab, nämlich „nicht selbstverursacht", sondern „fremdverursacht". Diese andere Art ist die, die wir traditionell als ursprüngliche Kausalität aus der Natur meinen abzuleiten, somit aus ihr auch alle Naturgesetze, weswegen alles aus Natur Entstandene als „heteronom" gilt. Prauss dreht die Herleitungsrichtung um und leitet das Kausalitätsgesetz wie auch ein weiteres, aus dessen Negation erschlossenes Gesetz aus der Selbst- und Fremderkenntnis des Subjekts her. Wie das Subjekt überhaupt zu solcher Selbsterkenntnis und Fremderkenntnis gelangt, leitet Prauss konsequent im Rahmen seiner systematischen Philosophie her, die zu diskutieren hier gleichwohl nicht der Platz ist. Wenn man allerdings seine Deduktion als schlüssig beurteilt, so ergibt sich aus der Herleitung von Kausalität als ursprünglichem Vermögen des Subjekts zur Selbstverursachung auch die Herleitung von Autonomie, nämlich als Vermögen dieses Subjekts, das von ihm Verursachte als Intendiertes – was es auch sei – unter von ihm, dem Subjekt, selbst gestifteten Gesetzen bzw. Regeln zu verwirklichen bzw. zu reflektieren. Ferner ergeben sich auch die oben erörterten vier Fälle von Natur letztlich aus dem Herleitungsgrund „Subjekt": „Selbstbestimmtheit" als „autonom" ist die ursprüngliche vom Subjekt erzeugte Kategorie; aus ihr leitet es ex negativo „Fremdbestimmtheit" ab, worunter es den Fall der Bedingtheit von Subjektivität – empirisch oder nicht-empirisch – als „heteronom" kennzeichnet, um des Weiteren zwei weitere Fälle als „nicht-subjektiv", somit als „nur-empirisch" ex negativo aus „Subjektivität" abzuleiten, nämlich „Selbstverursachung" sowie aus ihr wiederum ex negativo „Fremdverursachung". „Heteronomie" ist somit nicht ausgeschlossen, sondern sie ist aus der Erkenntnis des Subjekts seiner selbst als „autonom" abgeleitet, nämlich ex negativo – etwa bezüglich physischer oder psychischer Bedingtheiten – im Sinne von „nicht-autonom". Des Weiteren kann das Subjekt sich als autonomes fremden Zwecken unterstellen; es kann sich für „heteronom" erklären oder ansehen.

Indem sich nun das menschliche Subjekt als Herleitungsgrund von „Autonomie" begreift wie auch aus ihr „Heteronomie" ex negativo ableitet, langt es in seiner Selbstaufklärung bei sich selbst bzw. bei seiner Alltagserfahrung in der Verwirklichung seiner Vermögen und Grenzen an, dort also, wo die oben diskutierten Auffassungen am wenigsten Aufklärung wollen, nämlich bezüglich der offenkundigen Vermögen des Subjekts. Doch die Behauptung solcher Offenkundigkeit können wir gegen diese Auffassungen innerhalb der Geistes-, Sozial- und Naturwissenschaften solange aufrecht erhalten, solange wir die Argumente, die unsere Autonomie als uns offenkundig gewordenes Vermögen zu widerlegen versuchen, ihrerseits widerlegen können, indem wir zeigen, dass rein spekulative oder dogmatische Herleitungsgründe für beides – für Autonomie wie für Heteronomie –, gerade weil sie rein spekulativ oder dogmatisch bleiben, Offenkundigkeit nicht zu ersetzen vermögen. Offenkundigkeit dieser Art ist – weil es sich nicht um eine empirische, sondern nur um eine nicht-empirische Offenkundigkeit handelt – zwar auch kein Beweis; aber mit dieser Art von Offenkundigkeit, die aus der Bekundung unserer Selbsterfahrung resultiert und intersubjektiv verhandelt werden kann, sind wir näher beim Ursprung des Kriteriums „Offenkundigkeit oder Spekulation", nämlich bei uns als diejenigen, die dieses Kriterium als Kriterium wissenschaftlicher Argumentation dort erzeugen, wo wissenschaftlicher Beweis nicht möglich scheint.

Indem aber jene Strömungen innerhalb der Wissenschaften dieses Subjekt bzw. Autonomie aus Freiheit als dessen Vermögen verkennen, verkennen sie die notwendige Bedingung ihrer selbst als Wissenschaft, welche nämlich als Voraussetzung jeglicher Argumentation Freiheit als Freiheit des Theoriebildens, Urteilens und Abwägens zu Grunde legt. Diese Voraussetzung von Wissenschaft ist nicht verhandelbar, ohne den Anspruch von Wissenschaft aufzugeben.

Ferner aber erscheint nun der Geltungsbereich des wissenschaftlichen Erweisens stärker eingeschränkt. „Natur" und „Gott" können jeglichem Versuch, nicht-empirische Vermögen als „autonom" oder als „heteronom" zu erweisen, nicht als nicht-empirischer oder empirischer Herleitungsgrund gelten. Alles was wir über „Gott" oder „Natur" als Herleitungsgrund annehmen, ist Spekulation, bei der das Subjekt der Annahme sich als tatsächlichen Herleitungsgrund samt seiner jeweiligen Motivation nicht verkennen sollte. „Gesellschaft" wiederum kommt als nicht-empirischer Herleitungsgrund zwar in Frage, dies gleichwohl als ausschließlich durch Subjekte erzeugter, deren jeweilige Motivationen bei dessen Konstituierung in wechselseitiger Macht und Ohnmacht ebenfalls nicht als „heteronom" verkannt, sondern als Aufeinandertreffen vieler und vielfältiger Autonomien erkannt werden sollte. Kraft solcher Autonomie ist Gesellschaft ursprünglich Selbstvergesellschaftung des Subjekts, die je und je zu erneuern oder zu verweigern eine Entscheidung eben dieses Subjekts ist. Gerade die Erfahrung gesellschaftlichen Zwangs, die grundlegend ist für Adornos Annahme von der Heteronomie des Subjekts, belegt im Umkehrschluss dasjenige, wogegen Zwang sich nur richten kann, nämlich Freiheit, und woraus daher „Zwang" auch nur als Negation abgeleitet werden kann, nämlich aus „Freiheit". Wenn daher „Autonomie" als „Vermögen aus Freiheit" ebenso wenig wie „Heteronomie" hergeleitet werden kann aus „Gott", „Natur" oder „Gesellschaft" als „subjektunabhängig" angenommenen Kategorien, wenn ferner als Herleitungsgrund von „Autonomie", aus dem „Heteronomie" nur als Negation abgeleitet werden kann, das Subjekt sich selbst erkennt, so kann auch als Bedingung der Möglichkeit allen Erweisens eben dieses Subjekt nur von sich selbst ausgehen, um sich zugleich intersubjektiv zu reflektieren mit der Frage, *wer wem* etwas erweisen will und *warum* und mit *welchen* aus sich erzeugten Herleitungsgründen. So gesehen ist auch der „Satz vom Widerspruch" ein vom Subjekt erzeugter Anspruch der Wahrheitsfindung, wobei es in der Freiheit der Entscheidung dieses Subjekt liegt, sich zu diesem Anspruch zu bekennen oder nicht.[29]

---

29 Ausführlich ebd., dort das Kapitel *Nachweis unserer Willensfreiheit durch das Widerspruchsprinzip als ein Absichtlichkeitsgesetz.*

3. Ist Autonomie ein Sondervermögen einiger weniger Menschen oder ist es ein normales anthropologisches Alltagsvermögen?

Das, was wir von uns als Natur wissen, unterliegt immer der Kategorie der Zeit. Somit ist auch Autonomie nicht als ein immer währendes Vermögen aufzufassen – weder entwicklungsbiologisch noch menschheitsgeschichtlich. Wir wissen nicht, seit wann sie existiert. Aber es gibt frühe Indikatoren der menschlichen Alltagsbewältigung, die auf sie als Vermögen hinweisen, nämlich überall dort, wo Menschen nicht bloß Natur sind, sondern mit sich als Natur umzugehen verstehen, und zwar unter diesen oder jenen von ihnen gestifteten oder wieder fallen gelassenen Gesetzmäßigkeiten bzw. Regeln. Ausdrückliche Explikationen dieses Vermögens sind Moral, Technik, Kunst und Sprache – in dieser Reihenfolge deswegen, weil weiterhin offen bleiben muss, inwiefern Autonomie ursprünglich als ein begriffsloses Vermögen existiert und immer wieder erneuert werden muss, solange es möglich scheint, so dass Sprache der Fall einer begrifflichen Thematisierung dieses begriffslosen Vermögens wäre, somit zwar ein gleichursprüngliches Vermögen des menschlichen Subjekts, nicht aber der Herleitungsgrund für dessen begriffsloses Vermögen. Moral, Technik und Kunst sind unterschiedliche Entfaltungen des Vermögens zur Autonomie im Umgang der menschlichen Subjekte mit sich als Natur sowie mit anderer Natur. Technik scheint hierbei die am meisten unter ihnen verbreitete Entfaltung jenes Vermögens, Moral die schon etwas weniger verbreitete und Kunst die nur wenig verbreitete. Doch allein schon diese Unterteilung in Arten von Autonomie – weitere sind denkbar – legt nahe, Autonomie nicht grundsätzlich, sondern nur manche Arten von Autonomie als Sondervermögen einiger weniger Menschen anzusehen. Hierbei scheint es keineswegs ausgemacht, dass die Entfaltung einer seltenen Art von Autonomie nicht erlernbar, sondern nur als Begabung möglich ist. Vermutlich können viel mehr Menschen Musik komponieren, als sie es von sich glauben. Anthropologische Voraussetzung hierfür ist das Vermögen von Zeit und Raum, welches mit Kant nicht als eine ontologische Rahmenbedingung jenseits des Subjekts erwiesen, sondern nur als Vermögen des Subjekts, somit als die Form seines Ontologisierens erschlossen werden kann, und zwar anhand seines Handelns als Wahrnehmen und Gestalten. Als Form des Ontologisierens im Wahrnehmen und Gestalten sind Zeit und Raum ein Vermögen aller menschlichen Subjekte, dem sie – je nach Interesse, Bedarf und Begabung – Gesetze geben können. So gesehen ist Autonomie anthropologisch. Eine spezifische Art, dem Vermögen von Zeit und Raum Gesetze zu geben, ist die Musik. Sie als spezifische Art von Autonomie zu kennzeichnen, heißt ihre Begriffslosigkeit zur Kenntnis zu nehmen, um somit Autonomie grundsätzlich zu unterscheiden in begriffslose und begriffliche Arten. Autonomie kann somit nicht zwangsläufig aus dem Vermögen der Sprache hergeleitet werden, sondern Sprache ist eine Art von Autonomie. Unter den Arten der musikalischen Selbstgesetzgebung im Blick auf Tondauer (Zeit) und Tonhöhe (Raum) ist Mathematik eine häufige, aber nicht die einzige. Tondauer wie Tonhöhe können auch nicht-mathematisch, nämlich unpräzisiert verwirklicht werden; dies zeigt sich schon in demjenigen begriffslosen Bereich der

Sprache, der eine gemeinsame Wurzel mit der Musik hat, nämlich im Sprachtonfall. Klangfarbe – ebenso eine Form der Selbstgesetzgebung, nämlich durch Vorgaben vokaler oder instrumentaler Spielweisen und Artikulationen – scheint mathematisch gar nicht kalkulierbar.

Eine wichtige Voraussetzung für Musikmachen – nämlich ein Einfall, eine Idee oder ein Sujet als künstlerische Phantasietätigkeit – kann ebenfalls nicht zwangsläufig als „heteronom" hergeleitet werden. Musikalische Autonomieästhetik müsste der Auffassung von der ausschließlich heteronomen Herkunft künstlerischer Phantasien entgegenhalten, dass der Fall einer heteronom erzeugten Phantasievorstellung aus dem Unterbewusstsein zwar möglich und vielfach belegt erscheint, nicht aber als *einzig* möglicher Fall von Phantasietätigkeit gelten kann. Denn mindestens der weitere Fall, nämlich eine Phantasievorstellung gezielt und absichtlich zu erzeugen und mit ihr nach selbst gesetzten oder akzeptierten Regeln weiter zu verfahren, kann im Falle von Tagträumen, Komponieren, Improvisieren ebenso gegeben sein. Ferner kann auch eine ursprünglich unterbewusst bewirkte Phantasievorstellung als Sujet zum Gegenstand einer gezielten, absichtlichen und nach selbst gesetzten oder akzeptierten Regeln erfolgenden Weiterverwendung werden. Regeln zu erzeugen wie auch bereits intersubjektiv geltende Regeln zu akzeptieren, ist eine Entscheidung des Subjekts. Dabei ist kaum ein Fall bekannt, bei dem eine Akzeptanz von Regeln nicht immer auch eine, und wenn nur geringfügige Umdeutung oder individuelle Auslegung von Regeln bedeutet. Schon hierin zeigt sich die Autonomie des Subjekts, etwa im Umgang mit tradierten musikalischen Formpostulaten. Spezifische Entwicklungen innerhalb der europäischen Kunst seit dem 18. Jahrhundert können insofern aus der Perspektive einer Autonomieästhetik gedeutet werden, als sie das anthropologische Vermögen zu Autonomie nun ausdrücklich zu demonstrieren, zu thematisieren und gezielt auszuspielen scheinen, um einer gesellschaftlichen Vereinnahmung als „heteronom" sich zu entwinden. Dass sie das konnten und können, muss gleichwohl nicht als spezifisch europäische Leistung gesehen werden. Eher könnte der Blick sich auch auf frühere und außereuropäische Phänomene der Kunst richten, um zu erforschen, inwieweit hier vielleicht Formen einer verhüllten Autonomie begegnen, die offen zu zeigen unter dem gesellschaftlichen Druck, sich als „heteronom" anzusehen, gefährlich hätte sein können. Während hierbei eine Absetzung gegen das Heteronomiepostulat durch Worte in ihrer konkreten Begrifflichkeit oder Bilder in ihrer konkret-gegenständlichen Begriffslosigkeit nur in äußerst vorsichtigen Andeutungen möglich scheint, kann Musik wegen ihrer abstrakten Begriffslosigkeit, die nicht so leicht expliziter Subversion oder gar Opposition bezichtigt werden kann, dem Vermögen zur Autonomie als Selbstbestimmtheit auf eine Weise Nachdruck verleihen, die in ihrer Wirkung nicht unterschätzt werden sollte, nämlich durch Emotionalität. Freiheit und Autonomie sind als menschliche Vermögen erst hinreichend zu verwirklichen durch *Drängen*, als *Bedürfnis*, als *Wollen*. Dem emotional und zugleich gezielt Nachdruck zu verleihen, könnte ein wesentlicher Beitrag der Musik zu einer heutigen Aufklärung sein, den zu reflektieren wiederum die Aufgabe einer musikalischen Autonomieästhetik wäre.

HARTMUT ROSA

Autonomieerwartung und Authentizitätsanspruch

Das Versprechen der Aufklärung und die Orientierungskrise der Gegenwart

I. Einleitung

Das Grundversprechen der Aufklärung, das zentrale „Projekt der Moderne", besteht in der Idee der Selbstbestimmung: Jedes Individuum soll frei sein oder frei werden, über die Grundparameter seiner Lebensführung – Ziele, Werte, Praxismuster – selbst zu entscheiden. Der die Lebenspraxis bestimmende ethische Wille des Subjekts sollte sich gegenüber Tradition, Konvention und letztlich sogar gegenüber den Zwängen und Knappheiten der Natur emanzipieren können und dürfen – was nicht zwangsläufig die Abkehr von Sitte und Gemeinschaft bedeutet, sondern nur die Abhängigkeit ihrer Geltung von der inneren Zustimmung der Subjekte impliziert. Dies setzt freilich einerseits voraus, dass die Subjekte willens und in der Lage sind, Verantwortung für sich und ihr Leben zu übernehmen, während andererseits auch die institutionellen Möglichkeiten für die Entwicklung eigener Lebensführungsmuster gegeben sein müssen. Dass Autonomie in diesem Sinne[1] zu einer ideell wie institutionell wirkmächtigen Grundidee der Moderne werden konnte,[2] war die Konsequenz einer Vielzahl von ineinandergreifenden strukturellen, politischen und auch ideengeschichtlich-kulturellen Entwicklungen; daran waren die sich herausbildenden marktwirtschaftlichen Praktiken ebenso beteiligt wie bestimmte religiöse Entwicklungen oder wie etwa Kants Vorschläge zur praktischen Vernunft und Schillers Überlegungen zur ästhetischen Erziehung des Menschen. Einen paradigmatischen Ausdruck findet der Anspruch auf Autonomie in diesem Sinne in dem 1776 in der amerikanischen Revolution formulierten Kernsatz des „pursuit of happiness" als unveräußerlichem individuellem Recht, als imperativem Anspruch. Betrachtet man die Moderne als ein kulturelles Projekt und nicht nur als einen „blindlaufenden", sich hinter dem Rücken der Akteure vollziehenden Prozess, dann ist dieser Anspruch für moderne Gesellschaften schlechterdings unhintergehbar.[3]

---

[1] Wichtig ist in diesem Zusammenhang, dass Autonomie hier nicht als moralische Selbstgesetzgebung im deontologischen Sinne Kants, sondern als ethische Autonomie im Sinne einer selbstbestimmten Lebensführung verstanden wird. Diese ist letztlich immer an einer impliziten oder expliziten Konzeption des *gelingenden Lebens* orientiert.

[2] Vgl. dazu auch Jóhann P. Árnason, *Autonomy and Axiality*, in: Jóhann P. Árnason/Peter Murphy (Hg.), Agon, Logos, Polis. The Greek Achievement and its Aftermath, Stuttgart 2001, S. 155–206.

[3] In diesem Punkt stimmen die Modernediagnosen etwa von Charles Taylor (*Quellen des Selbst. Die Entstehung der neuzeitlichen Identität*, Frankfurt a. M. 1994) und Jürgen Habermas (*Der philosophische Diskurs der Moderne. 12 Vorlesungen*, Frankfurt a. M 1988) überein, und selbst Michel

Die spätmoderne Gegenwartsgesellschaft scheint dieses Versprechen einerseits in historisch einmaliger Weise eingelöst zu haben: Subjekte können ihren Beruf, ihren Wohnort, ihren Lebensstil, ihre Religion, ja sogar ihren Stromanbieter, ihren Handytarif und ihre Krankenversicherung, an den äußersten Grenzen sogar ihr Geschlecht und ihren Körper, im Rahmen der Möglichkeiten „frei" wählen. Zugleich aber scheint die Verheißungsqualität jenes Versprechens rapide zu verblassen: Die Zunahme der Kontingenzen erweist sich nicht notwendig als Freiheitsgewinn, vor allem dann nicht, wenn den Subjekten gleichzeitig die Bestimmungsgründe für „gute" Entscheidungen ausgehen. Folgt man den Diagnosen Alain Ehrenbergs oder Axel Honneths, so scheinen aus den gegebenen institutionellen und kulturellen Bedingungen der Spätmoderne und den daraus resultierenden Flexibilitäts- und Kreativitätszumutungen eher „erschöpfte" als autonome Subjekte zu resultieren.[4]

Im Folgenden möchte ich zeigen, dass der Autonomieanspruch der Moderne als normatives Ideal einerseits auf „entgegenkommende" soziale Institutionen angewiesen ist, um als attraktiv und realisierbar zu erscheinen, und andererseits konzeptuell der Ergänzung durch das Ideal der Authentizität bedarf.[5] Unter „Authentizität" verstehe ich dabei die kulturwirksame und handlungsleitende Vorstellung, dass Subjekte Wesen „mit innerer Tiefe"[6] oder mit einem „inneren Kern"[7] sind, die in sich hineinhorchen müssen, um richtigen Gebrauch der als Autonomie verstandenen Freiräume machen zu können. Das daraus resultierende Zusammenspiel zwischen Idealen und Institutionen einerseits und zwischen Autonomiegedanken und Authentizitätsvorstellung andererseits veränderte in der bisherigen Entwicklungsgeschichte der Moderne mindestens zweimal seine Gestalt in signifikanter Weise. Während in der ersten Phase der Moderne sich der aufklärerisch-rationalistische Autonomiediskurs und der etwas später einsetzende romantisch-expressivistische Authentizitätsdiskurs[8] nicht nur ohne entsprechenden institutionellen und sozialpraktischen „Unterbau", sondern gegen manifest widerständige soziale Insti-

---

Foucaults Arbeiten stellen nicht in Frage, dass die Moderne den Anspruch auf ethische Selbstbestimmung in diesem Sinne erhebt – sie zielen nur darauf ab, dessen Grenzen, Kontingenzen und Machtwirkungen sichtbar zu machen.

4 Alain Ehrenberg, *Das erschöpfte Selbst. Depression und Gesellschaft in der Gegenwart*, Frankfurt a. M. 2008, Axel Honneth, *Organisierte Selbstverwirklichung. Paradoxien der Individualisierung*, in: ders. (Hg.), Befreiung aus der Mündigkeit. Paradoxien des gegenwärtigen Kapitalismus, Frankfurt a. M. 2003, S. 141–158.

5 Vgl. Alessandro Ferrara, *Authenticity and the Project of Modernity*, in: European Journal of Philosophy 2 (1994), S. 241–273 sowie Charles Taylor, *The Ethics of Authenticity*, Cambridge, M.A./ London 1991.

6 Taylor, *Quellen des Selbst*, S. 330-353.

7 Gerhard Schulze, *Die Erlebnisgesellschaft. Kultursoziologie der Gegenwart*. Frankfurt a. M. u. a. 1997, S. 312-321.

8 Vgl. Taylor, *Quellen des Selbst*, S. 539-681. Vgl. dazu auch ausführlich Hartmut Rosa, *Identität und kulturelle Praxis. Politische Philosophie nach Charles Taylor*, Frankfurt a. M. 1998. Vgl. Jörn Lamla, *Authentizitätsmythos und Verbraucherautonomie*, in: Manuel Franzmann (Hg.), Bedingungsloses Grundeinkommen als Antwort auf die Krise der Arbeitsgesellschaft, Weilerswist 2010, S. 392–419.

tutionen und Praktiken entfaltete, entstanden in der zweiten „organisierten" Phase der Moderne[9] rasch ökonomische, politische, rechtliche und kulturelle Institutionen, die auf die Autonomiefähigkeit und -willigkeit der Subjekte angewiesen waren. Autonomieansprüche wurden nun nicht nur als kulturelle Leitidee von den Subjekten erhoben, sondern gleichsam funktional in den bürgerlichen Institutionen verankert.[10] Dem schließt sich nun eine durch die Beschleunigungs- und Globalisierungseffekte der digitalen und politischen Revolutionen vor und nach 1989 geprägte dritte („spätmoderne") Phase an, in der viele Institutionen der organisierten Moderne fragil oder brüchig und in ihrer Tauglichkeit für die Verfolgung von Autonomieansprüchen fragwürdig geworden sind. Zugleich scheinen die Ideale der Autonomie wie der Authentizität im 21. Jahrhundert nicht nur durch den Einfluss außereuropäischer Traditionen, sondern auch durch die „eigenlogische" Herausbildung neuer Subjektivierungsweisen und sich verselbständigender Sachzwänge nachhaltig in Frage gestellt zu sein. Damit zeigt sich die „Dritte Moderne" in ihren kulturellen und normativen Ansprüchen nicht nur in erheblichem Maße in der „Ersten Moderne" fundiert, sondern sie befindet sich zugleich in einer gewissen kulturellen und strukturellen Nähe zu ihr: Das 18. wie das 21. Jahrhundert sehen sich mit wirkmächtigen Autonomie- und Authentizitätsansprüchen konfrontiert, die einerseits kulturell umstritten und intern wie extern herausgefordert sind, während andererseits über die institutionelle Realisierung und Realisierbarkeit jener Ansprüche große Unsicherheit herrscht. Um diese These zu plausibilisieren, möchte ich nun die Konfliktlagen der drei Formationsphasen sukzessive untersuchen.

II. Das „Projekt der Moderne":
Autonomie und Authentizität im 18. Jahrhundert

Es bedarf keiner weitschweifigen Darlegung, um deutlich zu machen, wie weitreichend die Umstellung von den vormodernen, ständischen Zuteilungs- und Zuschreibungsmechanismen zum modernen Prinzip der Selbstbestimmung und der mit ihr verknüpften Konkurrenzlogik ist, wenn es um die Frage der Lebensführung geht. Nach und nach entwickelt sich der Anspruch auf Selbstbestimmung in nahezu allen Lebensbereichen: Ethische Autonomie meint Selbstbestimmung in materiellen, kulturellen und instrumentellen Belangen, d.h. im Blick auf Beruf, Partnerschaft und Familie ebenso wie in Fragen des Wohnorts, des Glaubens oder der politischen Orientierung, in Fragen der Bildung ebenso wie in Fragen der Kleidung oder des ästhetischen Geschmacks. Auch wenn nicht alle praktischen An-

---

9 Die Rede von einer „organisierten Moderne", der eine restringierte liberale Moderne voran ging und eine erweiterte liberale Moderne folgte, orientiert sich natürlich eng an: Peter Wagner, *Soziologie der Moderne. Freiheit und Disziplin*, Frankfurt a. M. 1995.
10 Die Funktionalität des Autonomieanspruchs für moderne Institutionen ist Gegenstand des Habilitationsprojekts von Jörg Oberthür, dem ich einige wertvolle Hinweise für diesen Aufsatz verdanke.

sprüche historisch zugleich erhoben wurden – es müssen sich erst Parteien, warenförmige Kulturgüter und Bildungswege herausbilden, ehe man sich für oder gegen sie entscheiden kann – folgt ihre Entfaltung doch einer gemeinsamen Entwicklungslogik, die im aufklärerischen Freiheitsanspruch grundgelegt ist und an deren Ende heute Forderungen nicht nur nach sexueller, sondern tendenziell sogar nach genetischer Selbstbestimmung stehen. Wie zentral dieser Autonomiegedanke für die Kultur der Moderne von Anfang an ist, lässt sich auch daran ablesen, dass der politische Kampf des Bürgertums und des Liberalismus von Anfang an auf die Durchsetzung von Freiheits- und Abwehrrechten zielte, welche die autonome Selbstbestimmung in den genannten Sphären – etwa durch die Gewährleistung der Glaubens- und Gewissensfreiheit, der Versammlungs- und Meinungsfreiheit, der Freizügigkeit etc. – schützen und sichern sollten. Der Autonomiegedanke liegt darüber hinaus auch an der Wurzel der Attraktivität des Geldes: Über je mehr ein Subjekt verfügt, umso größer ist sein Gestaltungsspielraum; Geld sichert materialiter die Möglichkeit, unabhängig von den Umständen und den Meinungen der anderen zu bestimmen, wo wir wohnen, was wir essen oder anziehen, wohin wir reisen wollen etc. Geld und Recht werden damit zu den Basismedien der modernen Autonomiesicherung.

Seit dem 18. Jahrhundert kommt es für die Subjekte also entscheidend darauf an, dass ihnen die Parameter ihrer Lebensführung als ihre eigenen Entscheidungen zugerechnet werden können, dass sie selbst entscheiden und Verantwortung übernehmen können, dass sie so viel Ko-Autorenschaft wie möglich über ihr Leben gewinnen. Dabei zeigte sich jedoch rasch, dass es nicht ausreicht, „selbst" bestimmen zu können, sondern dass es darum geht, sich selbst „richtig" zu bestimmen. Denn der Autonomiegedanke ist notwendig leer im Blick auf die inhaltliche Bestimmung: Die Frage nach der richtigen Lebensführung wird durch die Idee der Selbstbestimmung nicht beantwortet, sondern sie gewinnt durch sie zu allererst höchste kulturelle Relevanz: Dass sich ein Subjekt selbst zu bestimmen vermag im Blick auf Beruf, Wohnort, Glauben, Familie etc. lässt ihm diese Selbstbestimmung zu einem ethischen Orientierungsproblem werden: Autonomie setzt voraus, dass keine äußeren Autoritäten oder metaphysischen Gewissheiten einspringen können, um die korrespondierenden Entscheidungsfragen zu beantworten. Die Ergänzung des Autonomieideals durch den Authentizitätsgedanken ist daher kein kontingenter Umstand, sondern folgt einer inneren Notwendigkeit. In der etwa von Herder, teilweise aber auch im Pietismus und in der Kultur der „Empfindsamkeit"[11] entwickelten und dann in der Romantik weiter entfalteten und artikulierten Vorstellung, dass die „innere Natur" des menschlichen Wesens nicht nur je individuell verschieden ist, sondern zugleich die richtige Orientierung in Fragen der Selbstbestimmung zu liefern vermag, liegt ein unverzichtbares Korrelat für das Verständnis des modernen Autonomiegedankens. Wenn Herder formuliert, jeder Mensch habe „ein eigenes Maß, gleichsam eine eigne Stimmung aller seiner sinnlichen Gefühle zueinander", und Rousseau nahelegt, man müsse auf die Stimme der (inneren)

---

11 Vgl. Gerhard Sauder (Hg.), *Theorie der Empfindsamkeit und des Sturm und Drang*, Stuttgart 2003.

Natur hören, um ein sicheres Gefühl für die eigene Existenz zu gewinnen,[12] so legen sie damit das Fundament für die kulturwirksame Vorstellung moderner Subjekte, sie seien Wesen mit je individueller, komplexer, tendenziell unauslotbarer „innerer Tiefe", die letztlich die Maßstäbe und Kriterien dafür liefert, richtige von falschen Lebensführungsentscheidungen, d.h. „authentische", diesem Wesen korrespondierende, von „inauthentischen", also von außen nahegelegten oder aufgezwungenen Praktiken zu unterscheiden. Für die Subjekte der Moderne kommt es daher nicht nur darauf an, die wesentlichen Lebensentscheidungen selbst zu treffen, sondern auch, sie „richtig", d.h. den eigenen Anlagen und Bedürfnissen gemäß zu treffen. Um zu wissen, was sie (wirklich) *wollen*, müssen sie herausfinden, *wer (und wie) sie sind*, so lautet der Kern des modernen Authentizitätsgedankens. Während *Autonomie* (als Selbstgesetzgebung) erfordert, dass wir *selbst* uns die maßgeblichen Gesetze unseres Handelns bzw. unserer Lebensführung auferlegen, verlangt *Authentizität (*als Selbstübereinstimmung), dass wir dies in Übereinstimmung mit unseren wahren, inneren oder eben „authentischen" Wünschen, Bedürfnissen, Fähigkeiten und Neigungen tun. Wie sehr etwa auch die psychoanalytische und -therapeutische Kultur der organisierten Moderne diesem Authentizitätsgedanken aufruht, hat nicht zuletzt Michel Foucaults Kritik des „Authentizitätsterrors" der Aufklärung deutlich werden lassen. Ganz grundsätzlich gilt, dass die Moderne jene grundsätzlichste aller Fragen – wie sollen wir aber leben?![13] – mit der Empfehlung an den Einzelnen beantwortet, nach innen zu hören, auf die innere Stimme zu lauschen, die eigenen Fähigkeiten, Neigungen und Bedürfnisse zu erkunden etc.

Die Idee der Autonomie gewinnt daher in der korrelierenden Authentizitätsvorstellung zugleich ein Ziel und eine Methode: es geht nicht nur darum, sich „irgendwie" selbst zu bestimmen, sondern darum, sich „richtig" zu bestimmen, was stets die Möglichkeit impliziert, sich zu „verfehlen". Damit dies nicht geschieht, gilt es, sich mit Hilfe der (richtigen Praktiken der) Innenwendung zu orientieren. Wie kulturwirksam diese Idee bis heute geblieben ist, zeigt sich rasch und unmissverständlich in biographischen Interviews, wie wir sie in Jena etwa im Rahmen der Forschungen eines Teilprojektes des SFB 580 zum bürgerschaftlichen Engagement bzw. zur Rekonstruktion der handlungsleitenden „moralischen Landkarte" von Akteuren in großer Zahl erhoben haben. Nahezu invariant erklären die Interviewten biographisch relevante Entscheidungen, insbesondere dort, wo sie von eingespielten Routinen abwichen, damit, dass sie sich „nicht verbiegen lassen" wollten, dass sie „sich treu bleiben mussten", dass es in schwierigen Situationen darauf ankomme, auf seine „innere Stimme zu hören" oder herauszufinden, „wer man wirklich ist", dass sich die aufgegebenen Routinen „nicht richtig anfühlten" oder „nicht mein Ding" waren – oder schlicht „nicht passten".[14] Ein derartiger kultureller Gebrauch des modernen „Authentizitätsgedankens" ist dabei durchaus nicht auf ein

---

12 Vgl. dazu ausführlich Rosa, *Identität*, S. 196 ff.
13 Max Weber, *Wissenschaft als Beruf*, hg. von Johannes Winkelmann, Tübingen 1988, S. 582–613.
14 Vgl. dazu auch Michael Corsten/Michael Kauppert/Hartmut Rosa, *Quellen bürgerschaftlichen Engagements. Die biographische Entwicklung von Wir-Sinn und fokussierten Motiven*, Wiesbaden 2008.

„essentialistisches" Verständnis des Selbst angewiesen: Selbst-Übereinstimmung kann auch dann ein Ziel und eine Ressource der Lebensführung sein, wenn das Selbst als historisch geworden, nicht als a priori gegeben aufgefasst wird.[15]

Natürlich blieb dieses moderne Konzept eines „authentischen" Gebrauchs von Autonomie von Anfang an kulturell umstritten: Es stieß nicht nur auf den Widerstand der überlieferten religiösen und politischen Autoritäten, sondern rief auch sogleich die Sorge um einen möglichen Sittenzerfall, um die Herrschaft ungeregelter Willkür, um die Zersetzung des Gemeinwesens und den Verlust der soziokulturellen Reproduktionsfähigkeit hervor. Wie Peter Wagner dargelegt hat, entwickelten sich im „Laboratorium Aufklärung", das von Anfang an einen Experimentierraum heterogener und oft inkonsistenter Ideen und Praktiken bildete, gleich drei Konzepte einer möglicherweise notwendigen Begrenzung individueller Autonomie: Die menschliche Selbstbestimmung, so legten schon die Aufklärer im eigentlichen Sinne nahe, sollte entweder durch die Gebote der Vernunft, oder aber durch die Forderungen der Natur oder schließlich durch die Notwendigkeiten des *Gemeinwohls* begrenzt werden.[16] Vernunft, Natur und/oder Gemeinwohl sind jene drei Prinzipien, welche Kultur und Gemeinschaft gegen die „Willkürfreiheit" der individuellen Entscheidungen sichern sollten und z.T. bis heute sollen und welche die Grundlage dafür liefern, bestimmte Formen der Selbstbestimmung „von außen", d.h. am Willen der Subjekte vorbei zu kritisieren. So sehr das Zwillingspaar der Autonomie und Authentizität damit als die beiden „Hypergüter" der Moderne betrachtet werden können – sie lassen sich als Basis der „starken Wertungen" mehr oder minder aller Subjekte in modernen Gesellschaften rekonstruieren –[17], so sehr bleiben sie im Horizont der Moderne in ihrer Reichweite und in ihrem Geltungsanspruch auch umstritten.

Bedeutsamer noch ist freilich die Tatsache, dass Autonomie und Authentizität jenseits des philosophisch-literarischen Diskurses eine kulturwirksame, lebenspraktische Rolle erst im Zuge der Herausbildung des modernen Institutionenensembles gewinnen konnten: (Bürgerliche) Subjekte können erst dann und dort einen Anspruch auf autonome und authentische Lebensführung erheben, wo sich die entsprechenden Praktiken der Selbstbestimmung und der Selbsterforschung entwickelt haben. Zentral wurden hierfür im Prozess der Modernisierung die Institutionen der Bildungs- und Berufswahl, der religiösen und politischen Selbstbestimmung, der familialen Gestaltung und schließlich, im 20. Jahrhundert, der konsum-

---

15 Vgl. dazu insbesondere Alessandro Ferrara, *Authenticity Without a True Self*, in: Phillip Vannini/Patrick Williams (Hgg.), Authenticity in Culture, Self and Society, Farnham/Surrey/Burlington 2009, S. 21–36, aber auch die anderen Beiträge in diesem Band.
16 Wagner, *Soziologie der Moderne*.
17 Vgl. Taylor, *The Ethics* und ders., *Quellen des Selbst*. Vgl. ebenso Hartmut Rosa, *Hypergüter der Moderne. Die konfliktreiche moralische Landkarte der Gegenwart*, in: Politische Vierteljahreszeitschrift 36 (1995), S. 505–522 und ders., *Identität*. Eine empirische Überprüfung und Konkretisierung dieser Behauptung soll in der jetzt angelaufenen dritten Phase des Teilprojekts C4 des SFB 580 „Gesellschaftliche Entwicklungen nach dem Systemumbruch. Diskontinuität, Tradition, Strukturbildung" an den Universitäten Jena und Halle zur Rekonstruktion soziomoralischer Landkarten erfolgen.

tiven Identitätsentfaltung. Das dafür erforderliche Bildungs- und Berufssystem, die Institutionen der Partnerwahl, das politische Parteiensystem, die Konfessionswahl und schließlich die Institutionen und Praktiken der Massenkultur standen in der ersten Phase der Moderne noch gar nicht zur Verfügung. Wirtschaft, Politik und Staat sowie die kulturellen Institutionen des 18. Jahrhundert waren noch weitgehend von der Zuschreibungslogik der ständischen Ordnung bestimmt, sie waren funktional nicht auf autonome Akteursorientierungen angewiesen; ganz im Gegenteil erwiesen sich diese zunächst als dysfunktional und irritierend. In gleicher Weise hatte sich auch noch keine „Privatsphäre" für die kulturelle Suche nach Authentizität herausgebildet. Jenseits der pietistischen Selbsterforschungstechniken standen noch keine Medien und alltagstauglichen Techniken der kulturellen „Innenwendung" zur Verfügung, wie sie uns Heutigen nicht nur aus der Psychotherapie, sondern etwa auch aus den literarischen und cineastischen Medien geläufig sind und mit deren Hilfe wir die Frage zu beantworten suchen, wer wir („wirklich") sind und sein wollen. Die Lebensführung folgte in der Regel entweder der Notwendigkeit oder der sozialen Konvention. Autonomie und Authentizität als maßgebende kulturelle Impulse des „Laboratoriums Aufklärung" trafen zunächst also auf eine teils widerständige, teils unpassende institutionelle Ordnung; über die kulturellen Praktiken ihrer Realisierung herrschte deshalb in der ersten Phase der Moderne eine konstitutive Unsicherheit. Institutionell war die ständische Ordnung, die dem Einzelnen seinen Platz im sozialen und kulturellen Universum als gleichsam fraglos zuwies, noch nicht überwunden, und subjektiv waren Anspruch, Habitus und „Langsicht" (Elias) zur Formulierung und Gestaltung eines je individuellen „Lebensprojektes", noch nicht entwickelt. Dies änderte sich erst im Zuge der Formierung und Organisierung der Gesellschaft in der „Zweiten Moderne".

III. Die Institutionalisierung der Autonomie in der „organisierten" Moderne des 19. und 20. Jahrhunderts

Im Zuge der Entwicklung und Entfaltung der nationalstaatlichen Institutionenordnung und der bürgerlichen Gesellschaft im 19. und 20. Jahrhundert erfuhr das Ideal der bürgerlichen Autonomie mittels einer authentizitäts-orientierten Selbstbestimmungspraxis eine umfassende strukturelle Verankerung sowohl in der institutionellen als auch in der kulturellen Sphäre.

Als die zentralen „Arenen" der Selbstbestimmung bildeten sich dabei die Berufswelt, die Familiensphäre, die politische Welt und schließlich die religiöse Welthaltung heraus. „Finde Deinen Beruf", „gründe eine Familie", aber auch: „positioniere Dich als konservativ oder liberal, progressiv oder sozialistisch in der politischen Welt" und „entscheide Dich in der ‚Gretchenfrage' bzw. für oder gegen eine Konfession" lauteten die konstitutiven Bildungsaufträge zunächst für das (männliche) bürgerliche Subjekt, später aber für immer weitere Bevölkerungsschichten. Waren in der ständischen Welt in der Regel sowohl Beruf als auch Familienstruktur häufig inter-generational vorgegeben und die Sphären der Politik und der Religion der subjektiven Positionierung systematisch entzogen, wurden sie nun soweit dynamisiert, dass sie sich im Generationenwechsel als die Grundparameter der autonomie- und authentizitätsorientierten Subjektformung und Identitätsfindung etablieren konnten.[18] Generationen wurden dabei und dadurch, wie etwa Ansgar Weyman bemerkt, zu den Innovationsträgern der Gesellschaft.[19] Ganz wie es die seit der Wende zum 19. Jahrhundert entstehenden „Bildungs- und Entwicklungsromane" vormachen, entwickelt sich dabei die Adoleszenz zur entscheidenden Phase der Selbstfindung: In der Adoleszenzkrise gilt es gemäß der bürgerlichen Philosophie, Psychologie und Pädagogik, die vorgegebenen Formen der Herkunftsfamilie zu Gunsten einer eigenen Positionierung in der Welt zu verlassen oder zumindest zu hinterfragen. Im Ergebnis dieses als krisenhaft und metaphorisch häufig als „Wanderschaft" konzeptualisierten Selbsterforschungs- und -bestimmungsprozesses sollte dann aber – gemäß der nun sich herausbildenden kulturellen Konzeption – ein stabiler und gefestigter „eigener Platz", eine „neue Heimat" in der Welt gefunden sein.[20] Damit und dadurch werden die Ideale der Autonomie und Authentizität fest verknüpft mit der Konzeption einer zeitlichen Entwicklung und Entfaltung: Auf die Phase der „Selbstfindung" folgt nach dieser kulturellen Logik die lange Phase des Wachsens und/oder Entfaltens des je individuellen „Lebensprojektes" in der beruflichen und familialen, religiösen und politischen und schließlich auch „ästhetischen" Entwicklung.

Kulturell wird dieses Muster, mit Alois Hahn zu reden, gewissermaßen zu einem umfassenden „Biographiegenerator"[21]: Das Konzept einer autonomen Selbstbestimmung mittels authentischer Selbsterforschung leitet und orientiert die Identitätsfindung ebenso wie die (narrative) Biographiekonstruktion moderner Subjekte. Damit sie gelingen können, bedarf es der kulturellen Etablierung spezifisch moderner „Biographiegeneratoren", d.h. Institutionen wie der Psychotherapie und Praktiken wie der Autobiographie, welche die Möglichkeiten und Formen der „institutionellen Selbstthematisierungen"[22] als kulturelle Realisierungen des Authentizitätsgedankens breitenwirksam ermöglichen. Wenn Identität die Antwort auf die Frage danach, *wer man ist* beantwortet, dann ist es offensichtlich, wie in der für die Moderne typischen Antwort auf diese Frage Autonomie- und Authentizitätsansprüche zusammenlaufen: Sie wird in der Regel über eine berufliche, familiale, re-

---

18 Zu Herausbildung und Wandel der modernen (bürgerlichen) Subjektformen vgl. umfassend Andreas Reckwitz, *Das hybride Subjekt. Eine Theorie der Subjektkulturen von der bürgerlichen Moderne zur Postmoderne*, Weilerswist 2007.
19 Ansgar Weyman, *Sozialer Wandel, Generationenverhältnisse und Technikgenerationen*, in: Martin Kohli/Marc Szydlik (Hgg.), Generationen in Familie und Gesellschaft, Opladen 2000, S. 44.
20 Die Grundform dieses Konzepts spiegelt sich m. E. etwa auch in der Identitätspsychologie Erik Eriksons und seiner Nachfolger (vgl. Erik Erikson, *Jugend und Krise. Die Psychodynamik im sozialen Wandel*, Berlin 1981).
21 Alois Hahn/Volker Kapp, *Selbstthematisierung und Selbstzeugnis: Bekenntnis und Geständnis*, Frankfurt a. M. 1987, bes. S. 9–27.
22 Vgl. Herbert Willems, *Institutionelle Selbstthematisierung und Identitätsbildungen im Modernisierungsprozess*, in: ders./Alois Hahn (Hgg.), Identität und Moderne, Frankfurt a. M. 1999, S. 62–101.

ligiöse und politische (und später auch über eine konsumstilspezifische) Positionierung gegeben, zu der die Subjekte in variablen Selbstthematisierungspraktiken gelangen, die dominant an der Idee der Authentizität, d.h. der Erforschung, wer und wie man „wirklich" ist und sein möchte, orientiert sind.

Die so beschreibbare Subjektivierung von Autonomie und Authentizität vollzieht sich indessen, wie die Soziologie der Individualisierung und die Lebenslaufforschung gezeigt haben, keineswegs nur auf der Grundlage kultureller Entwicklungen. Sie hat ihr „materielles" Korrelat in der Herausbildung der modernen Institutionenordnung, die sich im 19. und 20. Jahrhundert so umbildete, dass sie nun auf die Autonomiefähigkeit und -willigkeit der Subjekte angewiesen ist: Marktwirtschaft, Demokratie, Wissenschaft und viele sozialstaatliche Institutionen sind nur funktionsfähig, wenn ihnen autonom handlungsfähige Akteure gegenüberstehen. Insofern diese Institutionen auf zurechnungs- und entscheidungsfähige (und darüber hinaus kreative und anpassungsfähige) Subjekte angewiesen sind, ist Autonomie nicht nur ein normativer Anspruch, sondern ein funktionales Erfordernis moderner Gesellschaften. Ohne sie würde nicht nur der Sinn demokratischer Wahlen und politischer Partizipation unterlaufen, sondern etwa auch derjenige des modernen Bildungssystems sowie der kapitalistischen Produktions- und Konsumtionssphären; ja selbst die räumliche Ein- und Ausrichtung eines Supermarktes setzt ein bis zu einem bestimmten Grad entscheidungsfähiges und selbstbestimmtes Subjekt voraus, das in der Lage ist, nicht nur seine Präferenzen zu bestimmen, sondern sie auch an seinen Mitteln auszurichten.[23]

Bildungswege, Arbeitsmarkt, Parteienkonkurrenz, die Koexistenz konkurrierender Religionen und Konfessionen, ja selbst der Immobilienmarkt, die Partnerfindungspraktiken und die Kultur- sowie die Tourismusindustrie appellieren ihrer Struktur und ihrer Funktionsweise nach an autonome, am Authentizitätsgedanken orientierte Subjekte, auf die sie in gewisser Weise angewiesen sind und denen sie zugleich Bewährungs- und Erprobungsfelder zur Verfügung stellen. Zugleich sind die Rechtsansprüche und -garantieren, welche die individuelle Wahrnehmung der Autonomie sichern sollen, im Verlauf des Modernisierungsprozesses immer weiter ausgedehnt worden. Diese Ausweitung, so hat T.H. Marshall gezeigt, verlief historisch vom 18. bis zum 20. Jahrhundert von der Sicherung der bürgerlichen Freiheitsrechte über die Durchsetzung politischer Partizipationsrechte zur Gewährleistung sozialer und kultureller Teilhaberechte im Wohlfahrtsstaat.[24]

Wie insbesondere Martin Kohli detailliert herausgearbeitet hat, ist die dargelegte Konzeption einer Selbstbestimmung entlang der Berufs- und Bildungssphäre einerseits und der Logik der kernfamilialen Entwicklung andererseits (und darüber hinaus auch entlang der religiösen Positionierung) dem Ensemble der Bildungs-,

---

23 Umgekehrt bedeutet dies, dass sich erfolgreiche Marketingstrategien von Unternehmen gezielt an den Autonomie- und Authentizitätsansprüche der Subjekte orientieren; vgl. dazu Thomas Kühn/Kay-Volker Koschel/Jens Barczewski, *Identität als Schlüssel zum Verständnis von Kunden und Marken*, in: planung & analyse. Zeitschrift für Marktforschung und Marketing 03 (2008), S. 1–5.
24 Thomas H. Marshall, *Bürgerrechte und soziale Klassen. Zur Soziologie des Wohlfahrtsstaates*, Frankfurt a. M. 1992.

Berufs- und Alterssicherungsinstitutionen, aber auch der sozialstaatlichen und versicherungsrechtlichen Einrichtungen und Bestimmungen derart „eingeschrieben", dass das im „Laboratorium der Aufklärung" zunächst weitgehend „amorphe" Konzept der Selbstbestimmung in der „organisierten" Moderne die Form einer (in der äußeren und zeitlichen Gestalt, nicht in der inneren Substanz) erwartbaren, selbstbestimmten „Normalbiographie" gewinnt. „Der Modernisierungsprozess ist ein Übergang von einem Muster der relativen Zufälligkeiten der Lebensereignisse zu einem des vorhersehbaren Lebenslaufs", konstatiert er[25] und weist darauf hin, dass der nach zeitlichen Sequenzen gegliederte Lebenslauf hier eine doppelte Funktion hat: Er liegt einerseits der institutionellen Ordnung des Sozialstaates – im Ausbildungssystem, im Sozialversicherungssystem, in der Altervorsorge etc. – zugrunde und wird umgekehrt durch dieses Institutionensystem zur sozialverbindlichen Vorgabe, stiftet andererseits aber in der Konzeption der „Normalbiographie", die ein jeweils dreigliedriges „Ablaufprogramm" für die Beruflichkeit (*Ausbildung, Erwerbsarbeit, Rentenalter*) und die familiale Strukturierung des Lebens (*Kindheit in der Herkunftsfamilie, eigene Familie mit Kindern, Altersphase nach dem Auszug der Kinder*) vorsieht, ein identitätsleitendes biographisches Orientierungsschema (vgl. Abb. 1).

Ausbildung	Berufstätigkeit		Ruhestand			
Herkunftsfamilie	Heirat	Kinder	*empty nest*			

0   10   20   30   40   50   60   70   80   Jahre → Alter

Abb. 1: Institutionelle Verankerung des Anspruchs auf Autonomie und Authentizität: Form und Verlauf der Selbstbestimmung werden erwartbar bzw. „organisiert".

Autonomie und Authentizität gewinnen damit im 19. und 20. Jahrhundert kulturell in der Konzeption der „Normalbiographie" und institutionell im „Lebenslaufregime" des Sozialstaates eine normativ und funktional ebenso bestimmte wie unhintergehbare Rolle. Der Autonomieimpuls der Aufklärung wurde damit in dieser zweiten Phase der Moderne umfassend institutionalisiert und „normalisiert". Damit ist nicht behauptet, die mit dem Doppelideal von Autonomie und Authentizi-

---

25 Martin Kohli, *Gesellschaftszeit und Lebenszeit. Der Lebenslauf im Strukturwandel der Moderne*, in: Johannes Berger (Hg.), Die Moderne – Kontinuitäten und Zäsuren, Göttingen 1986, S. 185; vgl. Harald Wenzel, *Gibt es ein postmodernes Selbst? Neuere Theorien und Diagnosen der Identität in fortgeschrittenen Gesellschaften*, in: Berliner Journal für Soziologie 1 (1995), S. 113-131. Wenzel formuliert im Anschluss an Anthony Giddens: „Das [moderne] Individuum denkt autobiographisch, erzeugt eine kohärente, kontinuierende Identität, *indem es seine Lebensgeschichte gestaltet, seine Zukunft in einer strategischen, kalkulierenden Haltung antizipiert, einen Lebensplankalender hat*" (ebd., S. 127, Hervorhebung HR).

tät verbundenen Ansprüche seien in der Phase der „organisierten" Moderne für alle Bevölkerungsgruppen *de facto* realisierbar geworden: Ohne Zweifel blieben insbesondere die disprivilegierten Schichten aufgrund ökonomischer und anderer Zwänge weit entfernt davon, ein selbstbestimmtes Leben zu führen. Aber auch ihr kultureller und normativer Horizont wurde von jenem Ideal definiert. Für die weitere kulturelle und institutionelle Entwicklung ist es dabei von erheblicher Relevanz, dass sich mit dieser beidseitigen Etablierung der Autonomie- und Authentizitätserwartungen zugleich die Möglichkeit oder Gefahr eines entfremdeten Lebens konstituiert: Das moderne Konzept der Entfremdung bezeichnet einen Zustand, in dem Autonomie und insbesondere Authentizitätsansprüche erhoben, aber nicht erfüllt werden. Entfremdung entsteht nicht durch einfachen heteronomen Zwang, sondern sie resultiert aus einer Situation, in der die Individuen sich in Institutionen bewegen oder Handlungsweisen verfolgen, für die sie zwar selbst die Verantwortung tragen, die sie jedoch nicht „wirklich" oder „authentisch" wollen können.[26]

IV. Der Autonomieanspruch unter den Bedingungen der globalisierten Spätmoderne des 21. Jahrhunderts

Während es nun keine Hinweise darauf gibt, dass die Autonomieansprüche und Authentizitätserwartungen der Subjekte in der Gegenwart verschwunden oder durch andere leitende Konzeptionen ersetzt worden wären, kann doch, wie ich im Folgenden darlegen möchte, wenig Zweifel daran bestehen, dass zumindest ihre spezifischen Institutionalisierungs- und Praxisformen unter den Bedingungen der „globalisierten" und beschleunigten Spätmoderne des 21. Jahrhunderts in eine Krise geraten sind. Die These, die ich nun abschließend entfalten möchte, lautet also, dass die Selbstbestimmungspraktiken der „organisierten" Moderne nicht mehr aufrechterhalten werden können und dass dadurch die korrespondierenden Autonomie- und Authentizitätsimpulse ins Leere zu laufen drohen.

Vielleicht lässt sich die Natur der Krise am ehesten darin erkennen, dass das zentrale Instrument zur Erweiterung von Autonomiespielräumen, nämlich die Steigerung von Entscheidungsmöglichkeiten und Optionen, heute nicht nur seinen Dienst zu versagen scheint, sondern sogar in sein Gegenteil umzuschlagen, d.h. die Idee einer autonomen und authentischen Lebensführung gleichermaßen zu unterminieren droht. Ein treibender Grundgedanke der kulturellen und institutionellen Entwicklung der Moderne (von der Entwicklung des Konsumangebots über die Einrichtung der Verkehrswege bis zur Ausgestaltung des Rechtssystems) ist die Auffassung, dass die Vermehrung und Sicherung von Wahl- und Entschei-

---

26 Zum Zusammenhang zwischen Authentizität und Entfremdung vgl. Rosa, *Identität*, S. 195 ff. Zum Verhältnis von Autonomie und Entfremdung siehe ferner ders., *Kritik der Zeitverhältnisse. Beschleunigung und Entfremdung als Schlüsselbegriffe der Sozialkritik*, in: Rahel Jaeggi/Tilo Wesche (Hgg.), Was ist Kritik?, Frankfurt a. M. 2009, S. 23–54.

dungsmöglichkeiten den Individuen eine möglichst große Kontrolle über die für sie zentralen Lebensbereiche gibt. Dieser Logik folgt selbst die Gestaltung der modernsten Kommunikationsmedien wie des iPhones: Indem es die Zahl der Möglichkeiten ins nahezu Unermessliche steigert, verleiht es dem Benutzer das Gefühl, eine größere Autonomie über seine Lebensumstände zu erlangen, etwa, indem ihm zu jedem beliebigen Zeitpunkt an nahezu jedem beliebigen Ort das gesamte Weltwissen erreichbar wird. Und in der Tat: erst wenn ich etwa meine Religion, meinen Beruf und meinen Lebenspartner *wählen* kann, gewinne ich (ein bestimmtes Maß an) Autonomie über mein Leben in diesen Sphären. In der Spätmoderne zeigen sich indessen zwei schwerwiegende Probleme dieser Entwicklungslogik: Zum einen ist die Optionenvermehrung und die Sicherung zukünftiger Anschlusschancen nun selbst zu einem blindlaufenden Zwang geworden, welcher die Lebensführungsautonomie der Individuen untergräbt. Wenn der kategorische Imperativ der Spätmoderne uns dazu zwingt, jederzeit so zu handeln, dass sich die Zahl unserer Anschlussoptionen und Entscheidungsmöglichkeiten erhöht,[27] so wird diese Logik der Optionensteigerung (in einem System des alle Gesellschaftssphären durchdringenden sozialen Wettbewerbs) zu einem Selbstzweck, der nicht nur die Autonomiespielräume einengt, sondern die Handlungs- und Lebensführungsmuster in der Spätmoderne so sehr bestimmt, dass die Vorstellung einer „authentischen" Formulierung und Verfolgung selbstbestimmter Lebensziele unplausibel werden lässt. Tatsächlich erweist es sich unter den Bedingungen eines globalisierten und entfesselten Wettbewerbs, dass das Offenhalten von Optionen nur über die Aufrechterhaltung der je eigenen (ökonomischen und sozialen) Wettbewerbsfähigkeit möglich ist – und dass dies mehr und mehr den Einsatz aller physischen, psychischen, sozialen und moralischen Ressourcen erfordert.[28] Die Idee einer autonomen und authentischen Lebensführung wird dabei graduell durch die Vorstellung einer erfolgreichen Marktbehauptung ersetzt.

Zum anderen wird in der Lebenspraxis der Subjekte immer deutlicher, dass die Vermehrung von Kontingenzen keineswegs eine Steigerung von autonomen Gestaltungsmöglichkeiten bedeuten muss. Die Tatsachen, dass ich jederzeit meinen Job verlieren könnte, dass meine professionellen Kenntnisse und Fertigkeiten schon morgen durch die Entwicklung neuer Technologien wertlos werden könnten oder dass meine Frau mich jederzeit verlassen kann, steigern nicht nur nicht unser Autonomiegefühl, sondern sie untergraben es geradezu: Wir kontrollieren unsere Lebensumstände *nicht*. Schlimmer noch: Das autonomiesichernde Grundversprechen der Moderne liegt darin, dass Subjekte so weit wie möglich in die Lage versetzt werden sollten, ihre Wert- und Zielvorstellungen auch über sich verändernde und möglicherweise widrige Umstände hinweg zu verfolgen. Eine gewisse Zeitresistenz wohnt dem Autonomiegedanken also konstitutiv inne: Autonomie

---

[27] Vgl. dazu (im Anschluss an Heinz von Förster) Hartmut Rosa, *Beschleunigung. Die Veränderung der Zeitstrukturen in der Moderne,* Frankfurt a. M. 2005, S. 221 ff. u. 454 ff.

[28] Vgl. dazu ausführlich Hartmut Rosa, *Wettbewerb als Interaktionsmodus. Kulturelle und Sozialstrukturelle Konsequenzen der Konkurrenzgesellschaft,* in: Leviathan 34 (2006), S. 82–104.

entwickelt sich nur und erst dort, wo ein (Lebens-) Projekt auch gegen Widerstände und Hindernisse verfolgt und verteidigt wird und werden kann. Eben diese Vorstellung ist auch konstitutiv für das moderne Verständnis von Authentizität: Die inneren Anlagen, Neigungen und Fähigkeiten sollen auch dann und dort zur Entfaltung gebracht werden können, wo die Hintergrundbedingungen dies zunächst unwahrscheinlich machen: Eben dieses Konzept liefert die Grundlage nicht nur für unzählige *Coming-of-Age*-Filme, sondern auch für die narrative Identität moderner Subjekte. Sie lässt sich indessen nicht aufrecht erhalten in einer hoch kontingenten und außerordentlich dynamischen Welt, welche Subjekte mit ständigen Flexibilisierungs- und Dynamisierungszumutungen konfrontiert und in der Subjekte niemals wissen können, wie sich ihre Umstände und Möglichkeiten, ihre Ressourcen und Limitationen verändern werden und welche Wünsche, Ansprüche und Bedürfnisse sie selbst entwickeln mögen.

Dies führt zunächst und empirisch überprüfbar zu einer „De-Institutionalisierung" des Lebenslaufregimes und zu einer Erosion der kulturellen und normativen Orientierungskraft der „Normalbiographie". Spätmoderne Subjekte sind, was sie sind, stets nur vorläufig und „im Moment". Sie sind nicht mehr Bäcker, sie *arbeiten im Moment* als Bäcker, sie sind nicht mehr konservativ oder progressiv, sie haben lediglich „das letzte Mal" vielleicht links oder rechts gewählt, sie sind nicht mehr Münchnerin, sondern leben „seit drei Jahren" in München usw. Identitätsprädikate werden auf diese Weise „temporalisiert", sie sind zunehmend frei kombinierbar und nahezu beliebig revidierbar.[29] Tendenzielle De-Institutionalisierung des Lebenslaufregimes meint dabei auch und insbesondere die Erosion der sequentiellen Verknüpfung und Erwartbarkeit von Lebensereignissen: An die Stelle einer mehr oder minder linearen Bildungs- und Berufskarriere treten erwerbsbiographische Brüche, Umorientierungen, Unwägbarkeiten und gelegentlich auch Rückschritte, und ähnliches gilt für den Verlauf des privaten Familienlebens (Abb. 2).

Ausbildung	Arbeitslos		Berufstätig	Umschulung		Ruhestand	500-Euro-Job	
Herkunftsfamilie 1	H-Familie 2	Kind	Heirat	Scheidung	Neue Heirat	Kinder	*empty nest*	Kinder ziehen zurück
								→ Alter
0	10	20	30	40	50	60	70	80 Jahre

Abb. 2: Institutionelle Entankerung von Autonomie und Authentizität:
Form und Verlauf der Selbstbestimmung werden kontingent und individualisiert.

---

29 *Frei kombinierbar* bedeutet hier, dass Identitäten nicht mehr aus kollektiven Prädikatsbündeln bestehen, die zugleich eine gewisse Pfadabhängigkeit schaffen. Solche Bündel waren etwa *Bergarbeiter, Mitglieder der Arbeiterwohlfahrt, SPD-Wähler und Schalke-Fan* oder *Absolvent des humanistischen Gymnasiums, Katholik, CDU-Wähler, Richter*. Revidierbar meint schlicht die Reversibilität aller identitätskonstituierenden Entscheidungen – sie wird deutlich anhand wachsender Scheidungsraten, kürzerer durchschnittlicher Dauer von Beschäftigungsverhältnissen und Betriebszugehörigkeiten, wachsender politischer und religiöser Volatilität etc.

Diese Entwicklung vollzog sich indessen keineswegs strikt gegen die Autonomie- und Authentizitätsansprüche der Subjekte, sondern in einem nicht unerheblichen Maße auch und gerade *durch* sie: Wie die sogenannte „Künstlerkritik" an der kapitalistischen Gesellschaft, die insbesondere in der „68er-Generation" dominant wurde,[30] mit Nachdruck und in den unterschiedlichsten gesellschaftlichen Kontexten deutlich gemacht hat, entfalteten „Normalbiographie" und „Lebenslaufregime" nicht nur autonomie- und authentizitätsermöglichende, sondern mindestens ebenso sehr sie unterminierende Wirkungen, weil sie mit normierenden und disziplinierenden Erwartungen und Zumutungen an die Lebensführung der Subjekte einhergehen, welche von individuellen Wünschen, Bedürfnissen und Entwicklungen gerade absehen. Ihre Erosion und Flexibilisierung erscheint daher zunächst nahezu uneingeschränkt als *Autonomiegewinn* – dass dieser dann jedoch tendenziell dazu führt, die Bedingungen der Möglichkeit moderner Lebensführungsautonomie zu untergraben, gehört zu den von Martin Hartmann und Axel Honneth identifizierten großen Paradoxien des zeitgenössischen (kapitalistischen) Modernisierungsprozesses.[31]

Das Bestreben, die Kontrolle über das je eigene Leben zu gewinnen und zu behalten richtet sich fortan jedenfalls nicht mehr auf die Gewinnung und Verteidigung fester sozialer und kultureller Positionen, sondern auf die flexible und *performative* Eröffnung und Nutzung neuer Chancen und Anschlussmöglichkeiten.[32] Autonomie bedeutet nun weniger die Verwirklichung eines biographischen Projektes als vielmehr die Fähigkeit, die stetigen „performativen" Neuausrichtungen und Anpassungen in einem hoch kontingenten Umfeld zu kontrollieren und zu beherrschen. Spätmoderne Subjekte, sofern es ihnen gelingt, sich nicht einfach heteronom vom unabsehbaren Spiel der Zu- und Wechselfälle bestimmen zu lassen,[33] behaupten sich genau dann erfolgreich, wenn sie in der Lage sind, neue Chancen zu erkennen und rechtzeitig „zu springen". Die Metapher des *Surfens*

---

30 Vgl. dazu Luc Boltanski/Ève Chiapello, *Der neue Geist des Kapitalismus,* Konstanz 2003.
31 Martin Hartmann/Axel Honneth, *Paradoxien des Kapitalismus,* in: Berliner Debatte/Initial 15.1 (2004), S. 4–17.
32 Dazu ausführlich Hartmut Rosa, *Von der stabilen Position zur dynamischen Performanz. Beschleunigung und Anerkennung in der Spätmoderne,* in: Rainer Forst u. a. (Hgg.), Sozialphilosophie und Kritik, Frankfurt a. M. 2009, S. 655–671. Interessanterweise scheint der Trend, sich nicht an berufliche, geographische oder familiale Positionen zu klammern, sondern je nach Performanz (d.h. nach der eigenen Befriedigung und nach der äußeren situativen Entwicklung) veränderungsbereit zu bleiben, sich auf dem Gebiet der geistig-kulturellen Orientierung fortzusetzen: Einerseits verzichten Subjekte im 21. Jahrhundert – anders als noch ihre Vorfahren der 1968er-Generation – häufig darauf, sich überhaupt zu positionieren, wo dies vermeidbar ist (das indiziert die große Zahl der „Ich weiß nicht"-Antworten auf Fragen wie: *Sind Sie für oder gegen Atomkraft, sind Sie für oder gegen Kriegseinsätze der Bundeswehr, glauben Sie an Gott, sind Sie für oder gegen Abtreibung,* etc.). Andererseits wächst die politische und religiöse Volatilität, was belegt, dass die religiöse oder politische Zugehörigkeit ebenfalls unter Performanzüberwachung gestellt wird.
33 Tatsächlich scheinen subjektive und kollektive Ohnmachtserfahrungen, die den Autonomieansprüchen der Moderne diametral entgegengesetzt sind, weil sie die Welt und das Leben unbegreifbar, ungestaltbar und unbeherrschbar erscheinen lassen, ein zentrales Signum der Spätmoderne zu sein; vgl. dazu ausführlich Rosa, *Beschleunigung,* S. 379 ff.

oder *Wellenreitens* scheint mir diese Subjektbewegungen am besten zu beschreiben. Lebenskunst besteht dabei darin, nicht unterzugehen, sondern erfolgreich von Berg zu Berg zu springen – während die Gesamtrichtung unbestimmbar wird. Der amerikanische Sozialpsychologe Kenneth Gergen macht in seinem Buch *The Saturated Self* sehr deutlich, dass der Preis dieses „Wellenreitens" im *Verlust der Autonomie* im Sinne des Anspruches, (Ko-) Autor des eigenen Lebens zu sein, besteht. In der Einleitung zur Neuauflage seines Buches beschreibt er seine eigene Erfahrung in einem bezeichnenderweise *Out of Control* betitelten Abschnitt folgendermaßen: „Slowly I am learning the pleasures of relinquishing the desire to gain control of all that surrounds me. *It is the difference between swimming with deliberation to a point in the ocean – mastering the waves to reach a goal – and floating harmoniously with the unpredictable movements of the waves.*"[34] Diese Form des „Sich-Treiben-Lassens" darf zweifellos nicht missverstanden werden als ein Lebensstil der *Passivität*: Das so entstehende „situative Selbst"[35] mag kontextabhängig gewaltige Anstrengungen auf sich nehmen, um seine Ziele zu erreichen und/oder soziale Ansprüche zu erfüllen, aber es verzichtet darauf, sich langfristig bindende, kontextübergreifende „Lebensziele" zu setzen. Es entwickelt stattdessen nicht nur eine „Bastelbiographie"[36], sondern auch eine „Pastiche-Personalität".[37] Diese sind, wohlgemerkt, weniger das Ergebnis einer eigenständigen kulturellen Entwicklung als vielmehr die Folge einer gravierenden, wettbewerbsgetriebenen Dynamisierung der sozialen Verhältnisse seit den 1970er Jahren, welche den Zwang zur stetigen biographischen Flexibilität und zur kreativen Neubestimmung und Neuverortung erzeugt. An die Stelle der generationalen Innovation ist in der Spätmoderne die Idee permanenter Veränderung getreten, die nicht nur *jedes Jahr* (oder gar *jeden Tag*) *eine neue Welt* entstehen lässt,[38] sondern auch Subjekte erfordert, die jedes Jahr (oder gar jeden Tag) *ein anderer* sind. Wer an der Idee eines autonomen Lebensprojektes oder Lebensziels – dem „Punkt im Ozean" – festhält, droht nicht nur, im rauen und unberechenbaren Seegang unterzugehen, sondern er riskiert auch, dass die anvisierte Insel ihre Lage, ihre Gestalt und ihre Qualität mehrfach und dramatisch verändert hat, wenn er ankommt.

Tatsächlich scheint es mir nicht unplausibel zu vermuten, dass die wachsende Unmöglichkeit, das eigene Leben bzw. die eigene Lebensgeschichte als die Entfal-

---

34 Kenneth Gergen, *The Saturated Self. Dilemmas of Identity in Contemporay Life*, New York 2000, S. XVIII. (Hervorhebungen HR).
35 Zur spätmodernen Subjektform des „situativen Selbst" siehe Rosa, *Beschleunigung*, S. 352–390.
36 Für eine explizite Entgegensetzung von „Bastelbiographie" und Autonomie vgl. Ulrich Beck/Elisabeth Beck-Gernsheim, *Nicht Autonomie, sondern Bastelbiographie. Anmerkungen zur Individualisierungsdiskussion am Beispiel des Aufsatzes von Günter Burkart*, in: Zeitschrift für Soziologie 22.3 (1993), S. 178–187.
37 „The pastiche personality is a social chameleon, constantly borrowing bits and pieces of identity from whatever sources are available and constructing them as useful or desirable in a given situation." Gergen, *The Saturated Self*, S. 150.
38 *Jeden Tag eine neue Welt* heißt beispielsweise eine Aktion der Tchibo-Kette (http://de.coupondoo.com/gutscheine/jeden-tag-eine-neue-welt), und auch *Facebook* wirbt bezeichnenderweise mit dem Spruch ‚Jeder Tag ist eine neue Welt' (http://www.facebook.com/pages/Everyday-is-a-new-world/)

tung eines autonom bestimmten, authentischen Lebensprojekts oder -entwurfs zu verstehen und zu erzählen, das quantitative und kulturelle Erstarken zweier Subjektformen begünstigt, welche – einmal freiwillig, das andere mal unfreiwillig – den „klassisch-modernen" Autonomie- und Authentizitätsanspruch auf andere Weise preisgeben: Der religiöse und politische Fundamentalist verzichtet auf authentische Selbsterforschung und autonome Selbstbestimmung zu Gunsten einer essentialisierten und ontologisierten Kollektiv-Eigenschaft (als definitorisch festgeschriebene „Insel" im Ozean), während der *Depressive* angesichts der Unfähigkeit, einen inneren Kern zu entdecken oder eine die Selbstbestimmung orientierende und motivierende innere Stimme zu vernehmen (d.h. überhaupt einen richtungsweisenden Punkt im Ozean zu finden), sich erschöpft und verzweifelt.[39] Subjekte, welche an den Kontinuitätsansprüchen der organisierten Moderne festhalten, sind, so steht zu vermuten, in der Gefahr, nur noch zwischen diesen beiden Varianten wählen zu können, solange sie sich weigern oder unfähig sind, Wellenreiter zu werden.

Nun lässt sich allerdings einwenden, dass der *Wellenreiter* nicht unbedingt die Idee der Autonomie im Sinne der selbstbestimmten Lebensführung per se preisgibt, sondern nur ihre der „organisierten Moderne" entsprechende Gestalt. Offensichtlich ist dabei indessen, dass sich auch das korrelierte Konzept der Authentizität unter den Bedingungen der hochdynamischen Spätmoderne nicht aufrechterhalten lässt. Die Idee eines „inneren Kerns" und die Suche nach einer „inneren Stimme", welche unserem „wahren Selbst" Ausdruck verleiht, dem es treu zu bleiben gilt, verlieren ihre kulturelle Plausibilität in einem institutionellen Kontext, der eine stetige Neudefinition des Subjekts und eine permanente Umwertung seiner leitenden Wertvorstellungen begünstigt und erfordert. Die Preisgabe der klassischen Authentizitätsidee zugunsten der flexiblen und kreativen „Pastiche-Personality" bedeutet dabei natürlich nicht den Verzicht auf die Suche nach einem gelingenden Leben – ganz im Gegenteil, wie Gergen versichert: „The rewards can be substantial – the devotion of one's intimates, happy children, professional success, the achievement of community goals, personal popularity, and so on. All are possible if one avoids looking back to locate a true and enduring self, and simply acts to full potential in the moment at hand."[40] Vor diesem Hintergrund scheint es kein Zufall zu sein, dass die Popularität der Psychotherapie, die auf die nahezu zeitresistenten Tiefenschichten des Selbst zielt, seit den letzten beiden Dekaden des 20. Jahrhunderts deutlich gesunken ist gegenüber verschiedenen Formen der *Verhaltenstherapie*, welche auf eine rasche und kreative Anpassung des Subjekts ausgerichtet ist.

Auch hier lässt sich indessen argumentieren, dass nicht die Idee der Authentizität als solche im kulturellen Niedergang begriffen ist, sondern nur ihre „klassisch-moderne" Form einer Orientierung an einem „inneren Kern". Tatsächlich zeigt nicht erst die soziologische Forschung, sondern schon ein Blick auf die aktuelle

---

39 Ehrenberg, *Das erschöpfte Selbst*.
40 Gergen, *The Saturated Self*, S. 150.

Ratgeberliteratur, dass das Ideal der „Authentizität" im Sinne von *Glaubwürdigkeit* und *Selbstübereinstimmung* nicht nur Hochkonjunktur feiert, sondern geradezu als unverzichtbar nicht nur für den Verkauf von Produkten, Moden, Lebensstilen und Urlaubsorten, sondern auch für den beruflichen Erfolg gilt.[41]

Was im 21. Jahrhundert zur Disposition steht, sind also zunächst nicht die Autonomie- und Authentizitätsimpulse der Moderne, sondern die im 19. und 20. Jahrhundert entwickelten Praktiken und Institutionen ihrer kulturellen Inszenierung und Realisierung. Autonomie und Authentizität bleiben nicht nur wirkmächtige Impulsgeber der subjektiven Lebensführung, sondern sie sind auch weiterhin ein funktionales Erfordernis der Institutionenordnung: Wirtschaft und Gesellschaft, Politik und Bildungssystem, Recht und Kunst bleiben in ihrer Funktionsweise auch weiterhin auf selbstbestimmte, entscheidungsfähige, kreative und bisweilen leidenschaftliche Subjekte angewiesen. In welche biographisch-institutionelle Form sich jene Impulse indessen im 21. Jahrhundert werden umsetzen lassen, in welchen Praktiken sie entfaltet und verfolgt werden können und zu welchen Subjektformen sie unter den Bedingungen der Spätmoderne führen mögen, lässt sich heute noch nicht absehen. Denkbar ist auch ein schleichender kultureller und institutioneller Umbau der sozialen Ordnung, an dessen Ende dynamisierte und fluidisierte Identitätsmuster und eine über Sachzwänge gesteuerte Institutionenordnung stehen werden, welche ohne Autonomie- und Authentizitätsansprüche auszukommen vermögen. Erst wenn sich eine solche Umgestaltung vollzogen hat, befinden wir uns jenseits der Moderne.

---

41 Für die Forschung vgl. Vannini/Williams (Hgg.), *Authenticity* und Lamla, *Authentizitätsmythos*, S. 392–419. Für die Ratgeberliteratur Lukas Huter, *Consumer Confusion: Authentizität und Berechenbarkeit als Voraussetzung für Kundenvertrauen und langfristige Kundenbindung im Handel*, Saarbrücken 2009 und Rainer Niermeyer, *Mythos Authentizität. Die Kunst die richtigen Führungsrollen zu spielen*, Frankfurt a. M./New York 2008.

HELLMUT SEEMANN

Aufklärung und kulturelles Erbe

Notizen aus der Praxis

„Wir leben in bewegten Zeiten. Aber allen Kassandra-Rufen zum Trotz meine ich, dass die von Gottfried Wilhelm Leibniz – in seiner 1710 veröffentlichten Theodizee – geäußerte These auch heute nichts von ihrer Gültigkeit eingebüßt hat: Diese Welt ist die beste aller möglichen. Vielleicht ist ja das Maß der Dinge etwas aus den Fugen geraten, möglicherweise hat man an Bodenhaftung verloren. Doch was wäre unsere Welt ohne Illusionen, Ideale, Pläne."[1] Ein Bericht aus der Praxis, wie er hier erstattet werden soll, hat zu konstatieren, dass die „bewegten Zeiten", die das Zitat beschwört, in Wahrheit eine euphemistische Umschreibung einer tiefen Krise sind. Aber dies braucht die Klassik Stiftung Weimar nicht zu schrecken. Denn sie ist eine Stiftung, die ein kulturelles Erbe, nämlich das in der Klassik Stiftung Weimar zusammengefasste, zu bewahren, zu ergänzen, zu erschließen, zu erforschen und zu vermitteln hat. Sie soll „die an den Orten ihrer Entstehung erhaltenen Sammlungen in ihrem historischen von der Aufklärung bis zur Gegenwart reichenden Zusammenhang erfahrbar (zu) machen und zu einem in Deutschland und der Welt wirksamen Zentrum der Kultur, der Wissenschaft und der Bildung fort (zu) entwickeln."[2]

Zeiten der Krise sind für Stiftungen nichts Erschreckendes. Denn genau für diese Zeiten, in denen die Vielfalt des kulturellen Lebens durch allerlei Turbulenzen durcheinandergeschüttelt wird, gerade für diese Zeiten wurden Stiftungen einst errichtet: Sie sind Häfen für Schiffe, die eine Fracht transportieren, die unter keinen Umständen, eben auch nicht unter Umständen der wirtschaftlichen Krise, in ihrer Substanz gefährdet werden dürfen. Das ist fast schon eine Definition für das kulturelle Erbe; es wäre der Bestand, der selbst unter ungünstigsten Rahmenbedingungen nicht zur Disposition gestellt wird.

Kulturelles Erbe als Auftrag und die Stiftung als Rechtsform sind also, der Idee nach, wie geschaffen füreinander. Fraglich ist nur, ob die Rechtsform der Stiftung vor der Erosion aller vorgeblich sicheren Strukturen im Zeitalter des entfesselten Kapitals bewahrt werden kann einerseits und andererseits, ob das kulturelle Erbe zu den Ansprüchen der Aufklärung wirklich so gut passt, wie es auf den ersten Blick den Anschein hat. Beide Fragen sollten mit einem gehörigen Maß an Skepsis beantwortet werden. Zudem sollte die Frage, ob eine Praxis der Erhaltung und Vermittlung des kulturellen Erbes überhaupt eine Chance hat, in den „bewegten Zeiten" erfolgreich zu operieren, nicht aus dem Blick geraten. Das eingangs ange-

---

1 Zitat aus der Broschüre „Stiftungsmanagement. Impulse für Stiftungen" der Baden-Württembergischen Bank, Ausgabe I/2009, Bl. 3.
2 Vgl. *Satzung der Klassik Stiftung Weimar*, §2 Stiftungszweck.

führte Zitat jedenfalls stammt aus der Hochglanzbroschüre einer deutschen Landesbank bzw. einer dieser Landesbank zugeordneten Spezialbank, nämlich der Baden-Württembergischen Bank. Die Landesbank Baden-Württemberg, vor wenigen Jahren noch als eine der gesündesten und profitträchtigsten Häuser hoch geschätzt und renommiert, ist in rasanter Geschwindigkeit zu einer der gigantischsten Umverteilungsbörsen mutiert, über die private Verluste volkswirtschaftlich sozialisiert werden. Der zitierte Werktags-Hymnus des alltäglichen Bankrotteurs, der sich des kulturellen Erbes bedient, um Trost, Hoffnung und Zuversicht – vor allem bei den Verantwortlichen für das Desaster, also bei sich selbst – zu verbreiten, knüpft sozusagen nicht umsonst, wenn auch vergeblich, an Leibniz' Theodizee an, die ja im Kern eine Rechtfertigungslehre ist.

Wie der Herr, so's Gescherr: Die Hochglanzbroschüre wird überreicht, verbunden mit einem Schreiben der für das Stiftungsgeschäft zuständigen Mitarbeiter der besagten Bank, die sich ihrerseits an die Verantwortlichen in den von der Finanzkrise gebeutelten Stiftungen mit den einleitenden Sätzen wenden: „... ‚die linden Lüfte sind erwacht, die Luft kommt blau geflossen, Frühling lässt sein blaues Band', jubelten die romantischen Dichter. Wer kennt nicht die berühmten Verse, die schon Generationen begeisterten. Nach langem, eisigen Winter sehnen sich die Menschen nach Licht und Wärme, hoffen, wie Ludwig Uhland, ‚die Welt wird schöner mit jedem Tag, nun muss sich alles alles wenden.'"

Die Empfänger dieser arkadischen Finanzmarktlyrik werden sich die Augen reiben. Der lange eisige Winter hat ihre Stiftungspflänzchen zugrunde gerichtet oder doch um Jahre zurückgeworfen. Sie könnten Aufklärung verlangen, anstatt vom Jubel der romantischen Dichter eingenebelt zu werden. Auch diese Romantik, kein Zweifel, gehört zum kulturellen Erbe, aber: Derzeit sehnt man sich nach Aufklärung und nicht nach Romantik. Man wünschte sich in dieser Situation den gedanklich nachvollziehbaren Argumentationsstil von Bankern, die an der Gelehrtenkultur der Aufklärung orientiert wären, oder die normative Klassizität einer belastbaren Formulierung, anstatt mit der „Infinitisierung"[3], also ausgerechnet mit dem verwischenden und die klaren Konturen aufhebenden Stil, der für die Romantik und eben auch den Finanzmarkt typisch ist, abgespeist zu werden.

Die Welt, kein Zweifel, ist aus dem Lot, was sich kongenial darin ausdrückt, dass gerade die Strukturen, die für Zeiten, in denen die Welt aus dem Lot ist, vorgesehen sind, ihrerseits keine Verankerung mehr zu haben scheinen. Die für das kulturelle Erbe zuständigen privaten Stiftungen haben im Winter 2008 mehr Kapital verloren als sie in den letzten zwölf Jahren gewonnen hatten. Kulturelles Erbe ist die eiserne Ration und die Kapitalausstattung der Stiftungen, die dieses kulturelle Erbe tragen, ist das Verfallsdatum, das dieser eisernen Ration unsichtbar aufgeprägt ist. Dieser Zeitraum bis zum hypothetischen Datum des Verfalls ist erheblich zusammengeschrumpft.

---

3 Vgl. Stefan Matuscheks Beitrag *Aufklärung, Klassik, Romantik. Drei gleichzeitige Intentionen in der deutschen Literatur um 1800* in diesem Band.

Nun hat Jacob Burckhardt schon vor annähernd 140 Jahren in seinen *Weltgeschichtlichen Betrachtungen* aus der Volatilität des Kulturellen keinen Hehl gemacht[4], sodass die Frage allemal erlaubt sein muss, ob nicht das kulturelle Erbe, wie wir es uns seit geraumer Zeit als Idee zurechtgelegt haben, nicht überhaupt eine falsche Hypostasierung darstellt, die dem Wesen des Kulturellen widerspricht und immer wieder zu seltsamen Missbrauchshandlungen führt. So kann, um ein Beispiel zu nennen, kein Zweifel daran bestehen, dass das kulturelle Erbe in Zeiten der Moderne und Postmoderne, in der die Menschen gelegentlich unter transzendentaler Obdachlosigkeit zu leiden haben, immer wieder mal als Religionsderivat in Anspruch genommen wird. Wir können diesen Abusus dem schwäbischen Bankerzitat oben ablesen. In solch offensichtlich auswegloser Situation, aus der heraus jener eigentlich ja Verantwortliche spricht, rief man in vormodernen Zeiten unweigerlich nach dem Allerhöchsten oder man nahm ehrenhalber die Pistole zur Hand. An diese Stelle des Herrgotts und des Ehren-Finales rückt nunmehr die eiserne Ration des kulturellen Erbes: „Frühling, ja, du bist's, dich hab ich vernommen", säuselt der zum Hasardeur mutierte Banker.

Wir könnten also in erhebliche Zweifel geraten, wenn wir an das „und" denken, das Aufklärung und kulturelles Erbe im Titel dieses Berichts verbindet. Passen sie wirklich zusammen? Aber ja! werden die Wohlmeinenden versichern, selbstverständlich passen kulturelles Erbe und Aufklärung im Allgemeinen und erst recht in einer Stiftung zusammen, die für ein kulturelles Erbe Verantwortung trägt. Die Aufklärung als Epoche unserer Geistesgeschichte ist unangefochten Teil unseres kulturellen Erbes und sie wird es, solange wir überhaupt von einem solchen Erbe sprechen, auch bleiben. Und umgekehrt wäre das kulturelle Erbe, so wie wir es heute verstehen, ohne diese Epoche der Aufklärung gar nicht denkbar. Beide, Aufklärung und kulturelles Erbe, sind wechselseitig ineinander aufgehoben – werden die Wohlmeinenden sagen.

Und wie Recht sie haben! Kaum ein Ereignis der letzten Jahre scheint diesen Zusammenhang von Aufklärung und kulturellem Erbe so klar zum Sprechen zu bringen, wie die Kulturkatastrophe von Bamiyan. Bamiyan, ein Tal im Norden von Afghanistan, wo bis zum Jahre 2001 die beiden größten Buddha-Statuen der Welt bewundert werden konnten. Ein Tal aus Stein und Staub, in dem sich im 5. und 6. Jahrhundert nach Christus die Gandhara-Kultur festsetzte und zu erstaunlicher Blüte entfaltete. Die Gandhara-Kultur entzückt gerade den europäischen Besucher, sieht man in ihr doch eine stilistische Melange aus römisch-hellenistischen und indisch-buddhistischen Formen.[5] 2009 wurde im Berliner Martin-Gropius-Bau über diese faszinierende Kultur, die sich ab dem ersten nachchristlichen Jahrhundert entlang der Seidenstraße von Nordindien über den Hindukusch

---

4 Jacob Burckhardt, *Weltgeschichtliche Betrachtungen*, Stuttgart 1978, S. 57.
5 Vgl. *Buddhas und Menschen in Bamiyan*. Begleitheft zur Ausstellung „Der Bazar in Kabul. Schnittpunkt der Kulturen" im Völkerkundemuseum St. Gallen, hg. v. Habibo Brechna u. Roland Steffan, St. Gallen 2002, S. 21.

bis nach Persien ausbreitete, eine große Ausstellung gezeigt.[6] Hier entstanden, bis heute ist völlig ungeklärt: wie, die beiden Monumentalstatuen. Die kleinere maß 38 Meter, die größere 55 Meter. Sie gehören in die Spätzeit der Gandhara-Kultur. Im 8. Jahrhundert drang der Islam in den Hindukusch vor, lebte zunächst ökumenisch neben der buddhistischen Kultur, bis er hinreichend erstarkte, um diese zu vertreiben.[7] Allerdings dauerte es noch fast 1200 Jahre, bis die Stunde des Untergangs für die Buddha-Statuen schlug. Erst mussten die Russen dort Einzug halten, um schließlich den Boden für die Taliban zu bereiten.[8] 2001 erließ Mullah Mohammed Omar den Befehl, alle Götzenbilder zu zerstören. Diesem Befehl fielen die wichtigsten buddhistischen Kunstwerke des Nationalmuseums in Kabul zum Opfer, aber eben auch die einzigartigen Statuen von Bamiyan. Die verlotterten Krieger der Taliban hatten bereits drei Jahre zuvor das Gesicht der kleineren Statue zerstört. Nun bewaffneten sie sich mit Geschützen, Panzern und Raketen, um ihr Werk zu vollenden. 26 Tage waren sie damit beschäftigt, mit allem, was ihnen zur Verfügung stand, auf die Giganten loszugehen. Erst mit gigantischen Sprengsätzen gelang es ihnen schließlich, die Statuen im Wesentlichen zu vernichten. Welch ein verbohrter Aberglaube, will uns scheinen, veranlasst solche Verwüstungen! Wie unaufgeklärt muss eine Religion über sich selbst sein, wenn sie glaubt, dass sie ihrem Gott solches Zerstörungswerk schuldet! Kann es einen Beleg geben, der schlagender beweist, dass die Erhaltung des kulturellen Erbes und die Aufklärung über sich selbst und die Welt eigentlich mehr oder weniger ein und dasselbe sind? Wo Aufklärung dominiert, dort ist auch kulturelles Erbe; und wo Aufklärung unterdrückt wird, dort ist auch das kulturelle Erbe bedroht.

Peinlich ist nur, dass dieses große Vernichtungswerk, das die UNESCO 2003 veranlasst hat, die noch erhaltenen Reste von Bamiyan auf die Liste des Weltkulturerbes zu setzen, keineswegs erst mit dem rasenden Aberwitz der Taliban begann. Schon am Beginn der afghanischen Nation, die von Amir Amanullah im Jahre 1919 gegen die Kolonialmacht der Briten durchgesetzt wurde, und damit in einem sehr viel legitimeren historischen Zusammenhang als dem Barbarentum der islamistischen Gotteskrieger, steht – gleichsam wie eine Grundsteinlegung dieser afghanischen Nation – der Versuch des Freiheitskämpfers Amir Amanullah, die buddhistischen Zeugnisse zu zerstören. Er empfand sie als skandalös unafghanisch und ließ sie deshalb mit Kanonen beschießen. Selbstverständlich ein vollkommen untauglicher Versuch: Wie die Salven aus den Maschinenpistolen der Nationalgardisten am Brustkorb von King Kong abprallen, so scheiterten die Geschosse des afghanischen Staatsgründers an den göttlichen Statuen. Aber auch dieser Wüterich im nationalen Befreiungskampf war keinesfalls der erste. Schon fast ein Jahrtausend zuvor hatte Mahmud von Gasnah, der Gründer der Dynastie der persischen Gasneviden, Gesichtern und Armen der Skulpturen zugesetzt. Dieser Bildnissturm findet Jahrhunderte später einen ebenso eifrigen wie aufgeklärten Fürsprecher: „Als

---

6 *Gandhara. Das buddhistische Erbe Pakistans. Legenden, Klöster und Paradiese*, Mainz 2009.
7 Vgl. *Buddhas und Menschen*, S. 24.
8 Vgl. Michael Jansen, *Gandhara. Eine Kulturgeographie*, in: Gandhara, S. 35.

eifrigster Mahometaner beweis't er sich unermüdlich und streng in der Ausbreitung seines Glaubens und Zerstörung des Götzendienstes. Der Glaube an den einigen Gott wirkt immer geisterhebend, indem er den Menschen auf die Einheit seines eignen Innern zurückweis't."[9] Der Aufklärer weiß genau, gegen welche Barbarei mit dieser Zerstörung des kulturellen Erbes vorgegangen werden soll: „Die indische Lehre taugte von Haus aus nichts, sowie denn gegenwärtig ihre vielen tausend Götter, und zwar nicht etwa untergeordnete, sondern alle gleich unbedingt mächtige Götter, die Zufälligkeiten des Lebens nur noch mehr verwirren, den Unsinn jeder Leidenschaft fördern und die Verrücktheit des Lasters, als die höchste Stufe der Heiligkeit und Seligkeit, begünstigen."[10] Dem trat, mit voller Billigung unseres Aufklärers, der große Mahmud entgegen. Und wenn dabei auch schnöde Habgier eine Rolle gespielt haben mag – hieß es doch, die riesigen Statuen seien von oben bis unten mit Schätzen gefüllt gewesen – so muss sein Handeln dennoch entschieden gutgeheißen werden: „Billigen wir nun den Eifer des Götzenstürmers Mahmud, so gönnen wir ihm die zu gleicher Zeit gewonnenen unendlichen Schätze, und verehren besonders in ihm den Stifter persischer Dichtkunst und höherer Kultur."[11] Stifter höherer Kultur – ob das auch für Stiftungen gilt, wollen wir hintanstellen –, soll das heißen, können in den Regionen der niederen Kulturstufen auch als auslöschende Zerstörer durchaus legitim sein.

In den *Noten und Abhandlungen zum besseren Verständniß des West-östlichen Divans* hat Goethe Mahmud von Gasnah ein veritables Denkmal errichtet und zwar unter ausdrücklicher Billigung seiner Götzen vernichtenden Bilderstürmerei. Goethe, ein Vorläufer der Taliban? Nein, das denn wohl doch nicht; wohl aber war Goethe, dessen kulturelles Erbe zu bewahren die vornehmste Aufgabe der Klassik Stiftung ist, offenbar der Meinung, dass im Zuge der Entwicklung des menschlichen Geistes gelegentlich auch – wenn man es so ausdrücken darf – Gepäck, kulturelles Erbe inbegriffen, abgeworfen werden kann, vielleicht sogar muss. Aufklärung kann, so gesehen, durchaus mit der Vernichtung historischen kulturellen Erbes einhergehen. Goethe jedenfalls war kein historistisch geschulter Kultur-Relativist, auch wenn er sich für das kulturelle Erbe der ganzen Welt – je älter er wurde, umso mehr – lebhaft interessierte.

In diesem Zusammenhang mag es sinnvoll sein, einen Blick auf die historische Epoche zu werfen, in der Goethe selbst lebte und agierte. Denn in ihr kommt die Aufklärung erstmals zu großer Entfaltung und Blüte, entscheidende Fortschritte werden in der Sicherung und Bewahrung des kulturellen Erbes der Welt erzielt, zugleich ist es aber auch die Epoche der ersten großen systematischen Vernichtung von kulturellem Erbe in der Neuzeit, die den Bilderstürmen der Reformationszeit in nichts nachsteht. Natürlich ist hier von der Säkularisation die Rede. Dazu

---

9 Johann Wolfgang Goethe, *Noten und Abhandlungen zum besseren Verständniß des West-östlichen Divans*, in: Goethes Werke (WA), I. Abteilung, Bd. 7, hg. v. Carl Siegfried u. Bernhard Seuffert, Weimar 1888, S. 42.
10 Ebd., S. 43.
11 Ebd.

möchte ich hier eine ganz und gar parteiische Darstellung des Vorgangs geben und mich der Stimme einer mecklenburgischen Gräfin bedienen, die, ihrer Herkunft zum Trotz, in der Mitte ihres Lebens konvertierte. Ida von Hahn-Hahn schildert die Vorgänge ein halbes Jahrhundert nach den Ereignissen mit folgenden Worten:

> „Dem revolutionierenden, vom Glauben abgefallenen und daher aller Sittlichkeit fremden Geiste des Jahrhunderts erlagen zuerst die geistlichen Churfürsten, welche zum Teil selbst diesen Geist gepflegt und begünstigt hatten, in ahnungsloser Kurzsichtigkeit über dessen Richtung sich täuschend. Als so die ersten Fürsten des deutschen Reiches gefallen waren, hielten es die weltlichen Herrscher für angemessen, den weltlichen Besitz aller Kirchenfürsten, der Bischöfe, der Kapitel, der Stifte und Klöster einzuziehen und Staatsschatz und Land durch das Kirchengut zu bereichern und zu vergrößern. Sie erfanden für diesen kolossalen Raubzug ein eigenes Wort: die Säkularisation. Als das Werk schauerlicher Ungerechtigkeit vollendet und der revolutionierende Geist in seiner gemeinsten Richtung, durch Antastung fremden Eigentums, so unbefangen an's Tageslicht getreten war, kam die Vergeltung über die weltlichen Fürsten: das alte, ehrwürdige, römisch-deutsche Kaisertum ging unter nach tausendjährigem Bestande und alle Throne krachten und wankten in ihren Fugen vor der Gottesgeißel, welche der korsikanische Sprößling der Revolution über Europa schwang, um den Fürsten und den Völkern zu zeigen, was das sei: Macht ohne Gerechtigkeit. Nachdem die Dom- und Stiftsherren wie ausgediente Beamte gleichsam in Ruhestand und auf Pensionen gesetzt worden waren, kam es vor, daß mancher sich selbst säkularisierte, nämlich zum Weltgeist sich hielt und nicht bloß in, sondern auch mit der Welt so gründlich sich einlebte, wie der niedere Sinn es vielleicht schon längst begehrt hatte."[12]

Während unsere gräfliche Romancienne vor allem auf die Ereignisse in Deutschland Bezug nimmt und die Vorgeschichte des Reichsdeputationshauptschlusses von 1803 und dessen Folgen darstellt, sollte nicht in Vergessenheit geraten, dass das erste große Kapitel der Säkularisation aus dem Geist der Aufklärung auf deutschsprachigem Boden weder von der Französischen Revolution noch von Napoleon ausgelöst wurde, sondern durch Seine Majestät,[13] den österreichischen Kaiser Joseph II., der bereits 1782 alle Klöster aufheben ließ, die sich nicht der Erziehung und Krankenpflege widmeten.[14] 738 Klöster, ein Drittel der uralten österreichischen Klosterkultur, fielen mit ihren ungeheuren Kulturschätzen dieser Maßnahme zum Opfer.[15]

---

12 Ida von Hahn-Hahn, *Maria Regina*, in: dies., Gesammelte Werke, Bd. 1, Regensburg 1900, S. 13 f.
13 Und auch diese systematische Säkularisation hatte in anderer Ausrichtung bereits zuvor gewichtige Impulse bekommen. Der Säkularisierungsbewegung, die im Zuge der Aufklärung im 18. Jahrhundert zunächst die unreflektierte Selbstverständlichkeit religiöser Lebensformen in Frage stellte, muss in diesem Zusammenhang besondere Bedeutung zugesprochen werden, vgl. Engelbert Plassmann, *Büchervernichtung – Bücherverschiebung – neuer Aufbruch. Eine Nachlese zum Säkularisationsjubiläum 2003*, Berlin 2005, S. 11.
14 Vgl. Elisabeth Kovács, *Josephinische Klosteraufhebungen 1782–1789*, in: Österreich zur Zeit Kaiser Josephs II. Mitregent Kaiserin Maria Theresias, Ausstellungskatalog „Kaiser und Landesfürst", Wien 1980, S. 169–173, hier S. 171.
15 Vgl. ebd., S. 172.

Der Monarch durfte sich dabei durchaus auf Jean-Jacques Rousseau beziehen, der schon in der Mitte des 18. Jahrhunderts konstatierte, dass die alte Musik, namentlich der Kontrapunkt und die Fuge, dem Ohr weh täten und dass die Vernunft sie nicht rechtfertigen könne, weil sie Überreste der Barbarei und des verdorbenen Geschmacks seien. Dieses Geschmacksurteil in ein analogisches Bild setzend, fährt Rousseau sodann fort: „wie die Portale unserer gotischen Kirchen nur noch zur Schande ihrer geduldigen Verfertiger aufbewahrt zu werden verdienen." Das kulturelle Erbe tritt hier in die Funktion ein, den Nachgeborenen das Gefühl ihrer aufgeklärten Superiorität zu vermitteln. Jacob Burckhardt, dem ich dieses Zitat verdanke, kommentiert: „Und von da bis zur Zerstörung war der Schritt nicht mehr weit."

Die Agenten der Säkularisation waren sich der säkularen, weltgeschichtlichen Bedeutung ihrer Maßnahmen durchaus bewusst. Paradigmatisch sind in diesem Zusammenhang die Äußerungen des Freiherrn Johann Christoph von Aretin, der sowohl als Staatsrechtler wie als Historiker hervorgetreten ist. Aretin wurde 1803 Vorsitzender der bayerischen Bibliothekskommission und 1804 Oberhofbibliothekar in München. Der rechte Mann am rechten Ort zur rechten Zeit. Im Urteil der Nachwelt gilt Aretin den einen als Bücherräuber und Schänder der Klosterbibliotheken, den anderen als umsichtiger Organisator, dem die Zusammenführung und damit Rettung der Klosterbestände zu verdanken ist.[16]

Bereits in einem Brief von 1803 wird deutlich, dass Aretin über sein eigenes Tun als Organisator der Säkularisierung geschichtsphilosophisch aufgeklärt war und eine deutliche Vorstellung von seiner historischen Mission und ihren zu erwartenden segensreichen Folgen besaß:

> „Zwischen gestern und heute stand eine Kluft von tausend Jahren [...]. Von heute an datiert sich eine Epoche der bayerischen Geschichte, so wichtig, als in der derselben bisher noch keine zu finden war. Von heute an wird die sittliche, geistliche und physische Kultur des Landes eine ganz veränderte Gestalt gewinnen. Nach tausend Jahren noch wird man die Folgen dieses Schrittes empfinden. Die philosophischen Geschichtsschreiber werden von der Aufhebung der Klöster, wie sie von der Aufhebung des Faustrechts taten, eine neue Zeitrechnung anfangen, und man wird sich dann den Ruinen der Abteien ungefähr mit eben dem gemischten Gefühle nähern, mit welchem wir jetzt die Trümmer der alten Raubschlösser betrachten."[17]

Aretin begann darüber hinaus bereits 1803 damit, gezielte Öffentlichkeitsarbeit für die Säkularisation der Klosterbibliotheken zu betreiben. Von 1803 bis 1807 erschienen die von ihm herausgegebenen *Beyträge zur Geschichte und Literatur*, vor-

---

16 Dennoch beschreibt gerade er die Säkularisation auch als „gegenwärtige Katastrophe" und weiß um die Bedeutung des Verlustes für die Betroffenen; vgl. Dieter Kudorfer, *Die Säkularisation und das Bibliothekswesen. Traditionsbruch und Neuanfang für die Wissenschaft*, in: Ausstellungskatalog „Lebendiges Büchererbe. Säkularisation, Mediatisierung und die Bayerische Staatsbibliothek", hg. v. Cornelia Jahn u. Dieter Kudorfer, München 2003, S. 9–20.
17 Zitat nach: Claus Grimm, *Kunstbewahrung und Kunstverlust*, in: Glanz und Ende der alten Klöster. Säkularisation im bayerischen Oberland 1803. Katalogbuch zur Ausstellung im Kloster Benediktbeuren, hg. v. Josef Kirmeier u. Manfred Treml, München 1991, S. 78–86, hier S. 81.

züglich aus den Schätzen der Königl. Hof- und Centralbibliothek in München[18], in denen vorwiegend Neuerwerbungen klösterlicher Provenienz vorgestellt und besprochen wurden, insbesondere griechische Handschriften.

Überhaupt gingen die Organisatoren der Säkularisation überaus planvoll vor. Wie die Kommissare, die den Napoleonischen Kunstraub abwickelten, folgt die Selektion der für den Staat zu gewinnenden Güter den damals gültigen Wertmaßstäben der historischen Forschung. Was für die öffentlichen Sammlungen brauchbar schien, wurde in der Regel sorgsam behandelt, sodass es allenfalls durch die insgesamt komplexe Logistik der Operation zu Verlusten kam. Verloren ging hingegen weitgehend, was nach dem Verständnis der staatlichen Bildungsarbeit und der akademischen Forschung nicht weiter nützlich war. Darunter ist Vieles, dessen Verlust wir heute beklagen.[19]

So wurden, nach der aufgeklärten Auswahl des Nützlichen, die Reste makuliert. Je nach Struktur der betroffenen Klosterbibliothek konnten das gewaltige Mengen sein. Aus Rottenbuch wurden knapp 8000 Bände für die Münchner Hofbibliothek, die Universität Landshut sowie diverse Schulen gesichert. Den Rest, 95 Zentner Bücher, holte der Münchner Papiermüller Kaut unter Einsatz von acht vierspännigen Wagen ab.[20] Die größten Fehleinschätzungen unterliefen den Säkularisierungskommissionen aus heutiger Sicht auf dem Gebiet der Kunstwerke und insbesondere der Baukunst. Kulturelles Erbe wurde massenhaft zum Materialwert verschleudert. Glocken, Kirchensilber, mit Gold- und Silberfäden durchwirkte Paramente, aber auch Münzsammlungen wurden eingeschmolzen. Raumausstattungen und Holzbildwerke gingen ebenso verloren wie nahezu der gesamte Bereich der religiösen Volkskunst. Klosterbauten, die sich nicht für eine staatliche Nachnutzung oder als private Fabrikations- und Lagerräume eigneten, wurden oftmals abgerissen, um das Baumaterial zu vermarkten. Wo der Kunstwert auch nach dem Maßstab der Säkularisationszeit über dem Materialwert lag und die entsprechenden Gegenstände in staatliche Sammlungen gelangten, zerstörte die Translozierung den ursprünglichen Überlieferungszusammenhang und fragmentierte Altäre und andere Teile der Innenausstattung von Kirchen und Klöstern zu Kunstobjekten.[21]

Diesen letzteren Verlustzusammenhang, also die Herauslösung des kulturellen Erbes aus seinem Entstehungszusammenhang, beklagte auch Goethe. Allerdings bezog er sich dabei nicht auf die Kulturrevolution in Deutschland in den Jahren 1803ff., sondern reflektierte das Geschehen, das sich bereits Jahre zuvor im Zusammenhang mit dem napoleonischen Kriegszug durch Italien zutrug. In der Einleitung zu den *Propyläen* (1798) beschreibt er mit Blick auf die Etablierung des napoleonischen Zentralmuseums im Louvre den Verlust des ursprünglichen räumlichen

---

18 Vgl. Johann Christoph von Aretin, *Beyträge zur Geschichte und Literatur, vorzüglich aus den Schätzen der Königl. Hof- und Centralbibliothek zu München*, München/Sulzbach 1803–1808.
19 Vgl. Hermann Hauke, *Die Bedeutung der Säkularisation für die bayerischen Bibliotheken*, in: Glanz und Ende der alten Klöster, S. 90 f.
20 Vgl. Grimm, *Kunstbewahrung*, S. 78.
21 Vgl. ebd., S. 79.

Zusammenhangs und die Zerstückelung des italienischen Kulturerbes durch die Konfiskationen der napoleonischen Kunstkommissare.[22]

Zugleich aber benennt er die Chancen, die in diesem Geschehen liegen: Die Etablierung eines „idealen Kunstkörpers". Was in der physischen Realität durch Zentralisierung der Bestände verloren gegangen ist, kann auf eine veränderte Weise im intellegiblen Bereich der Wissenschaften und Künste auferstehen.

> „Für die Bildung des Künstlers, für den Genuß des Kunstfreundes war es von jeher von der größten Bedeutung, an welchem Orte sich Kunstwerke befanden; es war eine Zeit, in der sie, geringere Dislokationen abgerechnet, meistens an Ort und Stelle blieben; nun aber hat sich eine große Veränderung zugetragen, welche für die Kunst im ganzen sowohl als im besondern wichtige Folgen haben wird. Man hat vielleicht jetzo mehr Ursache als jemals, Italien als einen großen Kunstkörper zu betrachten, wie er vor kurzem noch bestand. Ist es möglich, davon eine Übersicht zu geben, so wird sich alsdann erst zeigen, was die Welt in diesem Augenblicke verliert, da so viele Teile von diesem großen und alten Ganzen abgerissen wurden.
> Was in dem Akt des Abreißens selbst zugrunde gegangen, wird wohl ewig ein Geheimnis bleiben; allein eine Darstellung jenes neuen Kunstkörpers, der sich in Paris bildet, wird in einigen Jahren möglich werden; die Methode, wie ein Künstler und Kunstliebhaber Frankreich und Italien zu nutzen hat, wird sich angeben lassen, so wie dabei noch eine wichtige und schöne Frage zu erörtern ist: was andere Nationen, besonders Deutschland und England, tun sollten, um in dieser Zeit der Zerstreuung und des Verlustes mit einem wahren weltbürgerlichen Sinne, der vielleicht nirgends reiner als bei Künsten und Wissenschaften stattfinden kann, die mannigfaltigen Kunstschätze, die bei ihnen zerstreut niedergelegt sind, allgemein brauchbar zu machen und einen idealen Kunstkörper bilden zu helfen, der uns mit der Zeit für das, was uns der gegenwärtige Augenblick zerreißt, wo nicht entreißt, vielleicht glücklich zu entschädigen vermöchte."

Das ist herrliche goethesche Prosa, doch so recht glücklich vermag sie uns, vor dem Hintergrund der fast 200 Jahre, die seit ihrer Entstehung vergangen sind, dennoch nicht zu machen. Der napoleonische Kunstraub und die Säkularisation setzen das kulturelle Erbe aus seinen überkommenen Bindungen frei und übertragen es in den Bereich der aufgeklärten, akademischen Wissenschaft, die dadurch erst in vollem Sinne möglich wird und tatsächlich im eigentlichen Sinn eines universitären Faches genau zu diesem Zeitpunkt auch erst entstanden ist.

Dieser Vorgang hat eine logistische Seite (zentrale Verfügbarkeit und Pflege des Kunstguts), aber auch eine geschichtsphilosophische: Mit dem Statuswandel der Objekte von Kultgegenständen bzw. Objekten der Klosterkultur zu Gegenständen der modernen Wissenschaft ist notwendig ein Bedeutungsverlust verbunden.[23] Die

---

22 Vgl. Johann Wolfgang Goethe, *Propyläen. Zur Kunst*, in: Goethes sämtliche Werke, Bd. 30, Stuttgart 1885, S. 27 f.
23 Die auf den Reichsdeputationshauptschluss von 1803 folgende Säkularisation ist wesentlich umfangreicher und daher auch radikaler als alle äquivalenten Aktionen Josephs II. zuvor, sie wurde in ihren Ausmaßen erst 1945/49 übertroffen, vgl. Hans-Ulrich Wehler, *Deutsche Gesellschaftsgeschichte. Bd. 1: Vom Feudalismus des Alten Reiches bis zur defensiven Modernisierung der Reformära. 1700–1815*, München 1987, S. 365–367.

Säkularisation, man könnte auch sagen: der so verstandene „Bildersturm der Aufklärung", ist nicht nur Ausdruck und Konkretion des historischen Vorgangs, den wir Säkularisierung nennen, sondern er zerreißt sozusagen auch jedes einzelne Objekt. Heute unternehmen wir allerhand museumspädagogische Anstrengungen, um diesen inneren Bedeutungsverlust des „Kunstkörpers" zu kompensieren. Hochbegehrt sind, um ein Beispiel zu nennen, die Führungen, die von der Klassik Stiftung Weimar regelmäßig unter dem Titel „Sichtbarer Glaube" am Sonntagmorgen im Schlossmuseum zu Weimar angeboten werden: Ein Theologe und ein Kunsthistoriker präsentieren gemeinsam ein Sakralwerk.

Womit ich also bei der Praxis der Klassik Stiftung Weimar angekommen wäre. Praxis beginnt bei einer Stiftung, die sich dem kulturellen Erbe widmet, jedenfalls dann, wenn sie hinreichend über ihren Gegenstand aufgeklärt ist, nicht erst im Hier und Heute. Vielmehr kann man im Gegenteil sagen, dass es diese Stiftung eigentlich nur deshalb gibt, weil Goethe die zweite Hälfte seines Lebens auf den Versuch verwandt hat, aus Weimar einen Kunstkörper zu machen, in dem Idealität und Authentizität in einer neuen Stiftung zusammenfallen sollten, um die Risse, Zerreißungen und Verluste, die seine Lebenszeit und seine Lebenserfahrung begleiteten und prägten, in etwas Neuem aufzuheben, das künstlich, man darf, in seinem Sinne, auch sagen: ideal und zugleich, nämlich als goethescher Lebenszusammenhang, konkret ist. Über diesen Zusammenhang muss aufgeklärt sein bzw. sich ständig erneut aufklären, wer in Weimar als für das kulturelle Erbe Verantwortlicher tätig ist. Bereits eine Translozierung vom Frauenplan zum Stadtschloss – oder umgekehrt – kann in Weimar den Charakter eines Sakrilegs annehmen. Das macht die Arbeit so spannend und gelegentlich auch geradezu verrückt. Als Beispiel für die diffizile Praxis der Pflege von kulturellem Erbe kann der Umgang – sowohl der historische wie auch derjenige der Stiftung – mit dem vermeintlichen Schädel Friedrich Schillers dienen.

In einem einfachen Holzsarg wurde Schiller in der Nacht vom 11. auf den 12. Mai 1805 im Kassengewölbe des Jakobskirchhofs bestattet. Zuvor war allerdings Ferdinand Jagemann an das Totenbett geeilt, um eine Zeichnung des Verblichenen zu fertigen und auch Ludwig Klauer fand sich unmittelbar nach Beendigung der Leichensektion im Arbeitszimmer des Toten ein, um eine Maske von seinem ganzen Kopf samt Hals abzunehmen.[24]

Schon bald nach seinem Tod wurden der Dichter und sein Werk Gegenstand intensiver Verehrung. Als konkrete Anknüpfungspunkte standen für solche Bedürfnisse die heroisch-klassizistische Büste Friedrich Schillers von Heinrich Dannecker und verschiedene mehr oder weniger lebensechte Porträts zur Verfügung. Wirklich authentische Hinterlassenschaften hingegen gab es kaum. Der eine oder andere erhielt aus den Händen der Witwe ein Autograph, meist nur ein Schnipsel, wenn nämlich ein Blatt für mehrere Interessenten reichen musste. Von Mitgliedern der Familie authentifizierte Haarlocken kamen in Umlauf. Dennoch wurde

---

[24] Jonas Maatsch/Christoph Schmälzle (Hgg.), *Schillers Schädel. Physiognomie einer fixen Idee*, Göttingen 2009.

die Tatsache, dass man den Sänger der Freiheit und Dichter der Deutschen nicht an seiner Grabstätte verehren konnte, mehr und mehr als Desiderat empfunden. Warum konnte man nicht an Schillers Grabstätte pilgern? Nun, weil er eben im Kassengewölbe bestattet worden war, einer Einrichtung, die der standesgemäßen Beerdigung von Personen, die einerseits keine eigene Gruft hatten, andererseits aber auch nicht einfach in der Erde bestattet sein wollten, da das als nicht standesgemäß galt, zur Verfügung stand. Ein Massengrab, richtig, aber kein Armengrab. So wurden denn auch im Kassengewölbe in den Jahren nach Schillers Tod immer wieder einmal neue Beisetzungen vorgenommen.

Als Kronprinz Ludwig von Bayern Weimar im Jahre 1814 besuchte, wünschte er, an Schillers Sarg geführt zu werden. Man musste dem hohen Herrn seine Bitte abschlagen; die unterirdische Gruft sah solche Besuche nicht vor. Gelegentlich, insbesondere wenn wieder einmal Zuwachs zu Raumproblemen führte, wurden verwitterte Särge zusammengeräumt und die verbliebenen Knochen „versenkt". Genau dieses Prozedere stand auch im Jahr 1826 wieder einmal an. Dies kam dem Bürgermeister zu Ohren, Karl Leberecht Schwabe, der als junger Mann dabei gewesen war, als Schillers Sarg zu mitternächtlicher Stunde in das Kassengewölbe getragen worden war. Schwabe, ein schwärmerischer Schiller-Verehrer, verabredete sich mit Gesinnungsgenossen, um am 13. März 1826 in der Gruft nach Schillers Schädel zu suchen. Was sich den Blicken der Männer darbot, war grauenvoll. Im Gewölbe war ein Chaos von Moder und Fäulnis. Mehrere Nächte lang musste Schwabe mit seinen Helfern in der Gruft zu Werke gehen, um endlich, am 19. März, mit einer Ausbeute von 23 Schädeln, die man in einen Sack gestopft hatte, zu nächtlicher Stunde in seine Wohnung zurückzukehren. Es dauerte nicht lange, bis die fleißigen Schädel-Sammler den richtigen Schädel gefunden hatten, denn für sie musste Schillers Schädel einfach der größte Schädel sein. Fehlte nur die Kinnlade. Also ging Schwabe nochmals in die Gruft und suchte aus dem aufgeschichteten Knochenhaufen die Kinnladen heraus, unter denen wiederum nur eine gefunden wurde, die vollständig zu dem identifizierten Schädel passte. Jetzt war die Stunde der Totenmaske gekommen. Ein Gremium von Ärzten versammelte sich, um den Schädel mit der Totenmaske zu vergleichen und man kam rasch zu demselben Ergebnis, das auch Schwabe schon herausgefunden hatte: Der Schädel Schillers war gefunden!

Aber was sollte nunmehr damit geschehen? Man beriet sich und kam zu einem durchaus seltsamen Beschluss: In die Bibliothek wollte man den Schädel bringen, um den teuren Knochen dort in dem Podestschränkchen, auf dem die Büste Heinrich Danneckers aufgestellt war, niederzulegen. Tatsächlich geschah dies in einer kleinen Feierstunde, an der auch der jüngste Sohn Schillers, Ernst, teilnahm, am 17. September 1826. Goethe aber blieb diesem feierlichen Akt fern, doch wurde ihm noch am selben Tage der Schlüssel übergeben, der das Reliquienschränkchen zu öffnen vermochte. So konnte Goethe den Schädel am 18. September in aller Ruhe einer ersten Betrachtung unterziehen.

Dabei aber blieb es nicht. Statt dessen ließ Goethe den Schädel bereits am 24. September an den Frauenplan bringen, wo die Fachleute, die er eigens zu diesem Zwecke aus Jena hatte anreisen lassen, darunter der Prosektor des Jenaer anatomischen Kabinetts, den Schädel zunächst reinigten, um ihn sodann, gebettet auf ein blausamtenes Kissen, unter ein Glasgehäuse zu legen, das Goethe eigens zu diesem Zweck hatte anfertigen lassen. Noch in der Nacht vom 25. auf den 26. September 1826 schrieb Goethe sein berühmtes Gedicht *Im ernsten Beinhaus war's, wo ich beschaute*. Bei Goethe verblieb der Schädel über Monate, vermutlich bis in den August des Folgejahres, als es der Besuch Königs Ludwigs I. von Bayern notwendig machte, ihn in die Bibliothek zurückzubringen. Im selben Jahr beschloss Großherzog Carl August, Schillers Schädel sowie die inzwischen ebenfalls im Kassengewölbe zusammengesammelten Knochen in der soeben fertiggestellten Fürstengruft in einem würdigen Sarkophag zu bestatten. Eben dies geschah am 16. Dezember 1827, wiederum im Rahmen eines feierlichen Aktes, an dem Goethe wiederum nicht teilnahm. Auch diesmal wurde der Schlüssel für den Sarg an ihn ausgehändigt.

Wie hinreichend bekannt, kam es im Laufe des 19. und 20. Jahrhunderts zu einer ganzen Reihe von Untersuchungen, die sich immer wieder mit der Echtheit des Schillerschen Schädels und der Schillerschen Knochen beschäftigten. Im Zuge dieser Untersuchungen wurden im Jahre 1911 erneut Grabungen im längst aufgegebenen Kassengewölbe durchgeführt, die zur Auffindung eines weiteren Schiller-Schädels führten. Diesmal hatte man aus nicht weniger als 63 Schädeln den richtigen herausgepickt. Erst eine DNA-Untersuchung, die 2006 eingeleitet und 2008 abgeschlossen wurde, konnte über die Authentizität der Gebeine und insbesondere der Schädel eindeutige Aussagen treffen: Weder die Schädel noch die Gebeine, die untersuchungsfähiges Material zu liefern imstande waren, können Friedrich Schiller zugeordnet werden. Der Sarkophag, der weiterhin in der Fürstengruft steht, ist seitdem leer und mithin zum Kenotaph mutiert. Wohin aber mit den Relikten? Hinsichtlich der herrenlosen Knochen, die mindestens von vier unterschiedlichen Menschen herrühren, wird es wahrscheinlich darauf hinauslaufen, dass man diese zu gegebener Zeit in einer angemessenen Art und Weise und unter Einhaltung der insoweit geltenden Vorschriften erneut beisetzen wird und zwar vermutlich auf dem Jakobskirchhof. Was aber geschieht mit dem Schädel? Wird man ihn ebenfalls mit den sonstigen Gebeinen beisetzen? Die lebhafte Diskussion während und nach der DNA-Analyse von den Schiller zugeschriebenen Gebeinen kritisierte das Projekt unter Aufbietung von drei Argumenten, die sich an ganz unterschiedlichen Perspektiven orientierten.

Das einfachste Argument zu Beginn: Die Stiftung sei einfach dumm, wenn sie sich eine der großen Attraktionen Weimars, nämlich Stätte der Aufbewahrung von Schillers Gebeinen zu sein, ohne Not verscherze. Ein Argument, geprägt von touristischem Kaufmannsgeist, aber wegen der darin zum Ausdruck kommenden zynischen Verachtung der Besucher dieser Stadt nicht besonders schwer zu widerlegen.

Das zweite Argument kam meist aus Kreisen der Schiller-Verehrer. Die Untersuchung der Gebeine sei pietätlos, man störe die Totenruhe des Dichters und insbesondere seiner seit fast 200 Jahren friedlich ruhenden Verwandten nicht, um eine solche Zweifelsfrage aufzuklären. Diesem Argument war nicht so leicht entgegenzutreten, denn es brachte einen echten Zielkonflikt zum Ausdruck: Darf die Wissbegierde der Pietät vorgezogen werden? Gegenüber diesen Streitern habe ich den Schlachtruf der Aufklärung: „Sapere aude!" ins Feld geführt: Aufklärung ist die Bereitschaft, das, was man wissen kann, auch tatsächlich wissen zu wollen.

Das dritte Argument ist zweifellos das triftigste: Die Stiftung, die unter Zerstörung eines Teils der überkommenen Relikte, glaubt, die Wahrheit über Schillers Schädel mit Hilfe einer DNA-Untersuchung herauszufinden, verfehlt ihren Gegenstand. Ob der Schädel tatsächlich von Schiller stammt, ist gar nicht die entscheidende Frage, vielmehr hat es im Zusammenhang mit einem solchen Relikt um die Tradierung eines kulturhistorischen Zusammenhangs zu gehen. Erstens werde auf diese Weise die Frage aller Voraussicht nach nicht zu klären sein, vor allem aber sei dies gar nicht die entscheidende Frage. Auch diesem kulturgeschichtlich argumentierenden Ansatz kann man, wie ich denke, nur mit dem „Sapere aude!" entgegentreten. Denn es ist zwar richtig, dass das kulturgeschichtlich aufgeladene Objekt dadurch, dass es naturwissenschaftlich untersucht wird, seinen eigentlichen Gehalt nicht herausrückt. Das heißt aber nicht, dass die naturwissenschaftlich zu erhebenden Fakten deshalb bei einem solchen Objekt ohne Interesse wären. Vielmehr rückt auch das naturwissenschaftlich zu erhebende Wissen über einen Gegenstand kulturgeschichtlicher Bedeutung in die kulturgeschichtliche Überlieferungslinie dieses Gegenstandes ein. Dieser methodologische Zusammenhang zeigte sich in unserem Fall von Schillers Schädel ganz praktisch-kustodisch, als eintrat, was viele erwartet hatten: nämlich sich herausstellte, dass der lange Zeit und auch von Goethe für echt befundene Schädel sich als nicht authentisch erwies. Was fängt man mit diesem Schädel nun an?

Im Sinn streng aufgeklärter Sichtweise müsste man diesen Schädel aus dem Sammlungszusammenhang entfernen. Denn ein Schädel, der einem x-beliebigen Menschen gehörte, hat in einer Einrichtung des kulturellen Erbes einfach nichts zu suchen. Aber Goethe hielt den Schädel, diesen für Schillers Schädel erachtend, in seinen Händen. In seinen Anblick versunken, bildeten sich in seinem Kopf die herrlichen Terzinen, mit denen der alte Mann, der sich schon selbst historisch geworden war, noch einmal seine Naturphilosophie zusammenfasste. An diesem Schädel und der Geschichte seiner Aufbewahrung lässt sich die Geschichte einer Epoche, der ihre hergebrachten Sitten fremd geworden waren, studieren: Wie geht eine säkularisierte Gesellschaft mit dem Phänomen des Todes um? An diesem Knochen lassen sich Phänomene der Re-Sakralisierung der natürlichen Welt studieren, und er ist zugleich für die Geschichte der modernen Anthropologie ein ganz zentraler Gegenstand. Kann man einen solchen Gegenstand des kulturellen Erbes einfach aus dem Verkehr ziehen, weil eine DNA-Untersuchung negativ ausgefallen ist? Ich glaube persönlich nicht, dass man dies tun sollte. Damit allerdings ist die Frage, wie wir denn nun in Zukunft damit umgehen, keineswegs beantwortet. Darüber wird sich – wie schon seit 200 Jahren – auch weiterhin trefflich streiten lassen.

Das *Laboratorium Aufklärung* in Jena und Halle

Unter dem Titel Laboratorium Aufklärung wurde an den Universitäten Jena und Halle ein Forschungsschwerpunkt etabliert, der die Grundlagen moderner Gesellschaften dort untersucht, wo sie vorrangig gelegt wurden: im „langen" 18. Jahrhundert. In diesem Forschungsschwerpunkt wirken Einrichtungen beider Standorte zusammen, betreiben gemeinsame Forschungsprojekte und koordinieren in einem komplementären Sinn ihre strukturelle Weiterentwicklung.

An der Friedrich-Schiller-Universität Jena wurde im Januar 2008 das Forschungszentrum *Laboratorium Aufklärung* als Institutionalisierung des Schwerpunktbereichs gegründet. Im Sinne einer langfristigen und nachhaltigen geistes- und sozialwissenschaftlichen Profilbildung fördert das Forschungszentrum wissenschaftliche Projekte und Arbeiten, die sich mit Grundlagen, Werden und Wirken von Aufklärung, Klassik, Idealismus und Romantik sowie verwandten Themen, mit der Inszenierung des Kulturraums Weimar-Jena, komparatistischen Untersuchungen zu anderen Kulturzentren sowie Fragen und Folgen der Aufklärung in der Gegenwart beschäftigen. Es ist interdisziplinär angelegt, vereinigt Wissenschaftler aus vier Fakultäten und wird vom Land Thüringen gefördert. Strategisches Ziel des Zentrums ist es, die innovative gegenwartsbezogene Aufklärungsforschung in Jena als einen national wie international sichtbaren, leistungsstarken und konkurrenzfähigen Schwerpunkt in Forschung und Lehre zu etablieren. Neben der engen Zusammenarbeit des Jenaer Zentrums mit den Institutionen in Halle besteht eine umfassende Kooperation mit der Klassik Stiftung Weimar. Mit dem Ziel wissenschaftliche Projekte und Verbünde im Bereich der Aufklärungsforschung ins Leben zu rufen, sollen auch die Verbindungen zu regionalen Bildungs- und Kulturinstitutionen sowie ähnlichen universitären Schwerpunktprogrammen oder -zentren intensiviert werden. Das Forschungszentrum besteht aus drei Säulen, die durch Forschungs- und Lehraktivitäten miteinander verbunden sind und sich wechselseitig sowohl inhaltlich wie auch strukturell befördern. Zum Ersten ist es das Forschungskolleg, bestehend aus fünf Juniorprofessuren, der Schiller-Professur sowie aus freigestellten Jenaer Wissenschaftlern und Gastforschern, die Projekte mit der Schwerpunktsetzung „Aufklärung" verfolgen. Zum Zweiten ist es die interdisziplinäre Doktorandenschule, in der Forschungsprojekte zur Aufklärung und zu verschiedenen Transformationsphasen der Moderne verfolgt werden. Zum Dritten sind es die von verschiedenen Instituten der Philosophischen, Biologisch Pharmazeutischen wie der Fakultät für Sozial- und Verhaltenswissenschaften angebotenen und in den Schwerpunkt integrierten Master-Studiengänge.

An der Martin-Luther-Universität Halle-Wittenberg besteht seit 2006 das Netzwerk *Aufklärung – Religion – Wissen*, das die seit 1989/90 ausgebauten Forschungsschwerpunkte der Universität zur Kultur-, Sozial- und Religionsgeschichte der Aufklärungszeit bündelt und die beiden Interdisziplinären Zentren für die Erforschung der Europäischen Aufklärung und für Pietismusforschung integriert. In der Arbeit des Exzellenznetzwerks *Aufklärung – Religion – Wissen* begegnet die MLU auch ihrer eigenen Geschichte. Denn die Hallesche Universität bildete in der ersten Hälfte des 18. Jahrhunderts in Deutschland das Zentrum sowohl wissenschaftlicher Neuansätze im Zuge der Aufklärung als auch des Pietismus als der wichtigsten theologischen und kulturellen Erneuerungsbewegung innerhalb des europäischen Protestantismus. So ist die Arbeit des Netzwerks auf das 18. Jahrhundert als einer Epoche fokussiert, in der in Wissenschaft, Religion und Gesellschaft die Moderne beginnt.

Im Exzellenznetzwerk arbeiten Nachwuchswissenschaftler und Professoren der Martin-Luther-Universität in elf Forschungsbereichen und in einem interdisziplinären und internationalen Graduiertenkolleg zusammen. Die Zusammenarbeit im Kolleg öffnet den interdisziplinären Horizont ihrer Forschungsprojekte. Basis für die Lehre im Kolleg ist der neu etablierte Master-Studiengang „Aufklärung – Religion – Wissen", der den Studierenden eine fächerübergreifende wissenschaftliche und zugleich praxisbezogene Ausbildung vermittelt. Besondere Bedeutung haben dabei die berufspraktischen Lehranteile, die in enger Kooperation mit benachbarten Kultureinrichtungen wie den Franckeschen Stiftungen oder der Kulturstiftung DessauWörlitz angeboten werden. Das Netzwerk in Halle nutzt auf diese Weise den Standortvorteil, Aufklärungsforschung an historisch wichtigen und noch heute für ein breites Publikum attraktiven Schauplätzen betreiben zu können.

Personenregister

Addison, Joseph 142
Adenauer, Konrad 69
Adorno, Theodor W. 27, 81–83, 177f., 195
Afanas'ev, Nikolaj 106
Amanullah, Amir 220
Anna Amalia, Hrzgn. v. Sachsen-Weimar-Eisenach 139
Aretin, Johann Christoph v. 223

Bastian, Hans-Dieter 89
Baumgarten, Alexander Gottlieb 117
Bausch, Pina 141
Beck, Ulrich *28*
Benedict, Ruth 39
Benjamin, Walter *46*, 62, 88
Berger, Peter L. 98
Berkeley, George 70
Berlin, Isaiah 77
Beza, Theodor 104
Bismarck, Otto von 30
Bodmer, Johann Jakob 142
Bollenbeck, Georg 39, 70
Bouterwek, Friedrich *73*
Bultmann, Rudolf 93, 102–104
Burckhardt, Jacob 43–50, 219, 223

Calvin, Johann 104
Cagliostro, Alessandro 139
Cardano, Girolamo 57f.
Carl August, Hrzg. v. Sachsen-Weimar-Eisenach 139, 228
Casanova, Giacomo 139
Castoriadis, Cornelius 10
Celan, Paul 140, 142
Cohen, Hermann 103
Curse 148

D'Alembert, Jean-Baptiste le Rond 12

Dannecker, Heinrich 226f.
Dennett, Daniel 186
Derrida, Jacques *46*, 81–83
De Sade, Donatien Alphonse François 139
Descartes, René 74
Diderot, Denis 54, 142
Döbereiner, Johann W. 118
Droysen, Johann Gustav 19f., *44*f.
Dux, Günter 161
Dylan, Bob 91

Ehrenberg, Alain 200
Elias, Norbert 205
Ellwein, Thomas 29
Enzensberger, Hans Magnus 143
Erikson, Erik *206*
Eucken, Rudolf 71
Euripides 64

Fernow, Carl Ludwig 135
Feuerbach, Ludwig 176
Feyerabend, Paul 114
Fichte, Johann Gottlieb *73*, 75, 77f., 80
Foucault, Michel 40, *46*, 200, 203
Fries, Jakob Friedrich *73*, 118

Gabriel, Gottfried 143
Gasnah, Mahmud v. 220f.
Geertz, Clifford *39*
Gellert, Christian Fürchtegott 142
Gergen, Kenneth 213f.
Gerigk, Horst-Jürgen 133, 135
Giddens, Anthony 9, *208*
Ginzburg, Carlo 22
Goethe, Johann Wolfgang von 14, 42, 52, 55–60, 62–69, 117f., *139*,

142–145, 147, 149, 155, 221, 224, 226–229
Gropius, Martin   219

Habermas, Jürgen   82, 158, 160f., *165, 199*
Hagen, Nina   91
Hahn, Alois   206
Hahn-Hahn, Ida v.   222
Haller, Albrecht v.   143
Hamann, Johann Georg   76
Hamilton, Paul   *46*
Hardenberg, Georg Friedrich Philipp Freiherr v.   78
Hart, Herbert Lionel Adolphus   155, 159, 164f.
Hartmann, Martin   212
Hassemer, Winfried   *153*
Haydn, Joseph   141
Haynes, John-Dylan   184f.
Hegel, Georg Wilhelm Friedrich   69, 71f., 77f., 80, 83, 118
Heidegger, Martin   81–83
Herder, Johann Gottfried   14, 42, 58, 66, 76, 202
Hesse, Hermann   91
Heyne, Christian Gottlob   58
Hobbes, Thomas   12, 74
Hoerster, Norbert   159, 163
Hölderlin, Friedrich   142
Honneth, Axel   200, 212
Horaz   139
Horkheimer, Max   27, 81
Horstmann, Rolf-Peter   *78*
Humboldt, Alexander v.   142
Humboldt, Wilhelm v.   44
Hyun Kyung, Chung   109f.

Jacobi, Friedrich Heinrich   *73*, 75f., 78
Jagemann, Ferdinand   226
Jellinek, Georg   29
Joseph II., Kaiser   222, *225*

Kant, Immanuel   7, 10f., 69, 71–78, 80, *83*, 117, *147*, 162, 170–172, 174–176, 181, 189f., 192f., 196, 199
Katzenelson, Jizchak   143
Kelsen, Hans   163
Kierkegaard, Søren   81
Klauer, Ludwig   226
Klee, Paul   148
Kohli, Martin   207
Koselleck, Reinhart   20, 40
Kroner, Richard   71
Krug, Wilhelm Traugott   *73*
Kugler, Franz   45
Kuon, Peter   *166*

Lacan, Jacques   *46*
La Mettrie, Julien Offray de   12
Lange, Ernst   *95*
Laplace, Pierre-Simon de   10
Leibniz, Gottfried Wilhelm   74, 217f.
Le Roy Ladurie, Emmanuel   22
Lessing, Gotthold Ephraim   136f., 145, 147f.
Libet, Benjamin   179–188
Linné, Carl   116
Liszt, Franz   182
Littell, Jonathan   *166*
Locke, John   74
Lübbe, Hermann   89
Luckmann, Thomas   89
Ludwig I., Kg. v. Bayern   227f.
Ludwig XIV., Kg. v. Frankreich   52
Luhmann, Niklas   *40*, 178
Luise, Hrzgn. v. Sachsen-Weimar-Eisenach   *139*
Luther, Hennig   108
Luther, Martin   26, 44, 89, 97, 104, 174f., 178

Mandelstamm, Ossip   140
Mannheim, Karl   *42*
Marivaux, Pierre Carlet de   142
Markl, Hubert   190

Marshall, Thomas H. 207
Marti, Kurt 101
Maupertuis, Pierre-Louis
 Moreau de 12
Medick, Hans 22
Meinecke, Friedrich 40
Mendelssohn, Moses 12, 192
Michelet, Jules 10
Mommsen, Wolfgang *42*
Montesquieu, Charles-Louis
 de Secondat Baron de 142
Müller, Johannes 118
Münch, Richard 9
Murray, Leslie Allan 143

Napoleon I. Bonaparte,
 Kaiser v. Frankreich *47*, 222
Newman, Barnett 135, 141
Nicolai, Friedrich 54
Nietzsche, Friedrich 81
Nisbet, Hugh Barr 145
Novalis *73*, 118, 141

Obertühr, Jörg *201*
Oesterreich, Peter L. *56*
Oken, Lorenz 118
Omar, Mohammed 220

Pascal, Blaise 74
Platon 70
Pope, Alexander 136, 139, 143
Popper, Karl 73
Prauss, Gerold 190, 193f.
Ptolemaeus, Claudius 58
Pütz, Peter *41*

Racine, Jean 52
Ranke, Leopold von *44,* 45
Rasch, Wolfdietrich 146
Rawls, John 160
Rigney, Ann *49*
Röhr, Johann Friedrich 97
Roth, Gerhardt 170–180, 184,
 186f.

Rothko, Mark 135
Rotterdam, Erasmus v. 174f., 178f.
Rousseau, Jean-Jacques 76, 142, 202,
 223
Roxin, Claus *166*
Rüsen, Jörn 21, 23

Safranski, Rüdiger 69f.
Scheler, Max 144f.
Schelling, Friedrich Wilhelm
 Joseph *73*, 77f., 80, 118
Schiller, Friedrich 14, 19f., 23f., 42,
 50, 69, 134–136, *139*–142, 148,
 199, 226–229
Schiller, Ernst 227
Schlaffer, Hannelore 48–50
Schlaffer, Heinz 48–50
Schlegel, August Wilhelm 42, 54,
 62
Schlegel, Friedrich 42, 54, 60-63,
 73, 78
Schleiden, Matthias Jacob 117
Schnädelbach, Herbert *81*
Schönberg, Arnold 186-188
Schopenhauer, Arthur 80f., 91
Schünemann, Bernd *166*
Schwabe, Karl Leberecht 227
Schweitzer, Albert 110f.
Semprun, Jorge 146
Seume, Johann Gottfried 135
Singer, Wolf 178, 184-187
Spinoza, Baruch de 74f.
Sterne, Laurence 143

Taylor, Charles 153f., *199*
Textor, Johann Wolfgang 57
Thomasius, Christian 117
Tieck, Ludwig 62-68
Tillich, Paul 89
Trappen, Stefan 143
Troeltsch, Ernst 42
Tugendhat, Ernst 152-154, 156,
 160*f.*

Uhland, Ludwig 218

Vico, Giambattista 12, 58, 66, 76, 142
Voigt, Christian Gottlob 11
Voltaire 11f., 54

Wagner, Peter 8-10, *201*, 204
Wagner, Richard 175–177
Wehler, Hans-Ulrich 154
Welker, Michael 104f., 110

Wenzel, Harald *208*
Weyman, Ansgar 206
Wieland, Christoph Martin 14, 54, 62–68, *139*, 142
Winckelmann, Johann Joachim 7
Windelband, Wilhelm 70
Winkler, Heinrich August 26
Wittgenstein, Ludwig 166
Wolff, Christian 117

Zemon Davies, Natalie 22

Autorenverzeichnis

HEINER ALWART, Prof. Dr.
Rechtswissenschaftliche Fakultät der Friedrich-Schiller-Universität Jena

OLAF BREIDBACH, Prof. Dr. Dr.
Institut für Geschichte der Medizin, Naturwissenschaft und Technik
„Ernst-Haeckel-Haus" der Friedrich-Schiller-Universität Jena

DANIEL FULDA, Prof. Dr.
Germanistisches Institut der Martin-Luther-Universität Halle-Wittenberg

RALF KOERRENZ, Prof. Dr. Dr.
Institut für Bildung und Kultur der Friedrich-Schiller-Universität Jena

ALBRECHT VON MASSOW, Prof. Dr.
Institut für Musikwissenschaft Weimar-Jena an der Hochschule für Musik
Franz Liszt Weimar und der Friedrich-Schiller-Universität Jena

KLAUS MANGER, Prof. Dr.
Institut für Germanistische Literaturwissenschaft der
Friedrich-Schiller-Universität Jena

STEFAN MATUSCHEK, Prof. Dr.
Institut für Germanistische Literaturwissenschaft der
Friedrich-Schiller-Universität Jena

HARTMUT ROSA, Prof. Dr.
Institut für Soziologie der Friedrich-Schiller-Universität Jena

BIRGIT SANDKAULEN, Prof. Dr.
Institut für Philosophie der Friedrich-Schiller-Universität Jena

HELLMUT SEEMANN
Präsident der Klassik Stiftung Weimar

GEORG SCHMIDT, Prof. Dr.
Historisches Institut der Friedrich-Schiller-Universität Jena